U0903248

百年甘南实录

1

中国人民政治协商会议甘南藏族自治州委员会 编

民族出版社

《百年甘南实录》编委会

编辑部组成人员

《百年甘南》(1–7卷)总目录

第一卷目录

考察随笔

第二卷目录

甘南见闻

甘南回忆

甘南钩沉

第三卷目录

红色记忆

农民起义

甘南大事

甘南人物

历史珍档

第四卷目录

甘南解放

建政经过

社会变迁

城乡记忆

第五卷目录

领导视察

亲力亲为

社会巨变

脱贫移民

第六卷目录

开放岁月

社会事业

民俗风情

第七卷目录

教育记事

高教园地

人物风采

附　录

前言

为全面真实记录辛亥革命以来百年间甘南的历史巨变和甘南各族群众的奋斗史，甘南藏族自治州启动了《百年甘南实录》的征编工作。

征编工作自2016年4月启动以来，从原有资料的搜集整理到向社会各界人士广泛征集，从甄别筛选到编辑修改，从内容归类到编目，编辑部全体工作人员以高度的政治责任感和使命感，以时不我待的紧迫感，殚精竭虑，不辞辛劳，数易其稿，经过艰苦努力，终于付梓。

甘南地处青藏高原东北边缘，是唐蕃古道的重要通道，历史悠久、文化厚重。早在新石器时代，就已经有先民在这片土地上生存，随处遗留着先民开拓前行的印迹。《百年甘南实录》的征编，是甘南州全面实施“文化撑州”战略，大力建设“文化甘南”的又一重大举措。出版这套文史丛书，反映甘南各族群众百年来火热的社会实践，是民心所向，亦是民之所愿盼。

现在，甘南这片4.5万平方公里的广袤土地上，藏、汉、回、蒙等73万各族群众生活其间，互相依存，和谐相处，呈现出政治稳定、经济发展、宗教和顺、民族团结的喜人局面。甘南这片土地，也曾经历了血与火的洗礼。辛亥革命以来的100年间，甘南人民和全国人民一道，为中国革命、建设和改革洒下了汗水、做出了贡献，见证了历史沧桑，经历了伟大巨变。在中国共产党的领导下，甘南各族群众投身于推翻三座大山的斗争，在抗日战争、解放战争中，书写了可歌可泣的篇章。新中国成立以来特别是改革开放以来，在党的民族宗教政策的光辉照耀下，牢固树立“三个离不开”和“五个认同”的思想，甘南各族人民艰苦奋斗、开拓进取，经济社会各项事业长足发展，人民生活水平不断提高，甘南的面貌发生了翻天覆地的变化，与共和国繁荣发展壮大的脉搏同频震动。

《百年甘南实录》这套文史资料，主要以20世纪甘南社会的沧桑巨变为内核，通过亲历、亲见、亲闻的“三亲”史料，着重反映在中国共产党的领导下，甘南州各族人民百年来在中国革命和社会主义建设中的生动实践，特别是改革开放以来甘南政治、经济、教育、文化、体育、医药卫生事业发展所取得的巨大成就，与此相关的重大事件、重大变迁、重要人物，以及民族文艺、习俗礼仪、宗教信仰等发展情况，是甘南历史上第一部百科全书式的文史资料，全面、客观地反映了甘南各族群众百年来在各领域中做出的历史贡献、积累的成功经验以及需要记取的惨痛教训，再现了甘南各族群众不畏艰难、自立自强、奋发有为的精神风貌。

这套文史资料的出版，以其巨大的史料价值、统战价值、文学价值以及收藏价值，充分发挥文史资料“存史、资政、团结、育人”的社会功能，为后人了解甘南、研究甘南留下宝贵资料。

观古知今，彰往察来。撰史资政，是为盛世壮举、太平伟业。这套丛书的出版，必将激发起甘南各族群众高度的民族自豪感和文化自信心，在习近平新时代中国特色社会主义思想指引下，苦干、实干、加油干，为实现全面小康、最终实现“两个一百年”奋斗目标做出甘南人民应有的贡献。

《百年甘南实录》编委会

2018年5月

综述

张来成[①]

甘南藏族自治州（以下简称“甘南州”）位于甘肃省西南部，地处青藏高原东北边缘与黄土高原西部过渡地带，在甘、青、川三省交界处，全州总面积4.5万平方公里。地势西北高、东南低，海拔在1100—4900米之间，大部分地区海拔在3000米以上。全州分三个自然类型区，南部为岷迭山区，群峦叠嶂，山大沟深，气候比较温和，是全省重要林区之一；东部为丘陵山地，高寒阴湿，农林牧兼营；西北部为广阔的草甸草原，是全省主要牧区。甘南藏族自治州成立于1953年，是全国十个涉藏自治州之一。甘南州下辖合作市和夏河、临潭、卓尼、碌曲、玛曲、迭部、舟曲七县，共95个乡镇4个街道、664个行政村，2016年常住总人口71.02万，有藏、汉、回、土、蒙、满等24个民族，其中藏族40.34万，占总人口的56.8%；农牧业人口48.29万，占总人口的68.0%。

辛亥革命推翻了统治中国几千年的君主专制，传播了民主思想。1921年中国共产党的成立，给灾难深重的中国人民带来了光明和希望，她像光芒四射的灯塔，给中国各族人民指明了前进的方向。从那时起，展开甘南近百年的历史，我们看到的是在中国

① 张来成，中共甘南州委党史研究室副主任。

共产党的领导下，甘南州各族人民砥砺奋起，辛勤耕耘，用勤劳和智慧铸就的波澜壮阔的奋斗史。昔日贫穷落后的甘南，走上了富裕文明、繁荣和谐的康庄大道，美丽的甘南大地发生了任何时代都未曾有过的巨大变化。雪域高原从贫困走向了富裕，从落后走向了繁荣，从封闭走向了开放，甘南州呈现出经济发展、政治安定、文化繁荣、社会进步、民族团结、宗教和顺、生态良好、各族人民安居乐业的美好景象。当前，甘南正以文明、开放、进取的姿态，书写着新的时代篇章。

一

百年沧桑巨变，雪原换了人间。

甘南历史悠久，新石器时代在三河一江流域就有人类开发这块亘古荒原。在历史发展的长河中，甘南地区是多民族繁衍生息的地方，各民族人民共同开拓、创造了甘南的历史文明。但在新中国和自治州成立前，甘南交通闭塞，生产落后，社会发展严重滞后，各族人民深受阶级压迫和民族压迫，经济文化十分落后，人民生活十分贫苦。中国共产党是中国人民的大救星，是甘南人民的大救星。中国共产党在成立之初就十分关注和领导甘南人民的民族解放斗争。1926 年，我党早期的优秀共产党员宣侠父帮助甘南藏族人民成立“甘青藏民大同盟”，开展反抗军阀压迫的斗争并取得了胜利。红军长征两次过甘南，主张“红军是各族穷苦人民的军队，是解放弱小民族的”，“番民与汉人一律平等”，宣传党的民族平等、反对民族压迫和民族歧视的政策。在共产党和红军革命主张的影响下，1943 年甘南爆发农民起义，以汉、回、藏、东乡、土族为主体的民族大联合开展了反抗国民党暴政的斗争，唤醒了人民的觉悟，动摇了国民党在甘南的统治。在解放战争强大的攻势下，国民党统治土崩瓦解，甘南民族上层人士和各族人民热忱欢迎解放军进驻甘南地区。1949 年 12 月，甘南全境和平解放，开辟了甘南历史的新时代。

甘南解放初，土司制度和藏传佛教寺院“政教合一”的统治体制依然存在，存在着严峻的民族间和民族内部的矛盾纠纷。党采取“慎重、稳进”的一系列方针政策，团结民族宗教界中上层人士，广泛建立统一战线，认真贯彻执行宗教信仰自由政策，妥善解决和消除影响民族关系和民族团结的问题，不断增进民族平等团结。1953 年 10 月，甘南藏族自治区成立（1955 年 7 月改为甘南藏族自治州），实行民族区域自治制度，标志着甘南地区千百年来被分裂、歧视的藏族等各族人民团结起来，在党的领导下翻身作主人。

自治州成立后，在党和政府的领导下，完成了对生产资料私有制的社会主义三大改造。1958 年反封建斗争的民主改革运动，彻底推翻了千百年来的封建压迫剥削制度，完成了民主革命的历史任务，建立了以计划经济为主体的公有制度，实现了甘南有史以来最伟大、最深刻的社会历史变革。

中国共产党的十一届三中全会后，全州及时把工作重点转移到社会主义现代化建设上来，拨乱反正，调整社会关系，解决历史遗留问题，积极推行农牧村经济责任制，开展经济结构调整工作，促进了全州经济的良性发展。在经济领域改革取得成功的基础上，全面推行教育、科技、文化、医疗卫生等方面的体制改革，改革推动了甘南经济和社会各项事业全面发展。消除“左”的思想禁锢，全面落实党的民族宗教政策，恢复党的宗教信仰自由政策，大力培养少数民族干部，发展少数民族教育文化，不断提高全州各族人民当家作主的能力。中央和甘肃省都大力支持甘南的发展，中央领导多次到甘南调查研究和关怀指导工作，省委、省政府多次召开全省甘南工作会议，研究制定了一系列支持甘南发展的优惠政策，帮助甘南结合实际确定发展目标，为甘南州经济、政治、文化的发展创造了有利条件，有力地保证了甘南州改革开放的顺利进行和经济社会各项事业的全面发展。

党的十四大后，甘南州以建立社会主义市场经济体制为目标的改革开放迈出了重大步伐并取得了进展和突破，其标志是：国有企业改革和股份制试点步伐加快；粮价和分配放开，闯过了价格改革重要的一关；农牧村改革深化，统分结合的双层经营体制初步建立；统一所得税，为不同所有制性质企业的竞争创造了前提；分税制出台，财政体制改革迈出坚实步伐；价格改革，搞活流通，建立了一定规模的市场体系。此后，甘南州的改革进入了整体配套、重点突破和全面攻坚的新阶段。甘南在深化改革、建立社会主义市场经济的过程中，积极实施“科教兴州”和“以法治州”战略，“二七”（用七年时间，解决全州国扶三县州列四县23个贫困乡24.65万农牧村贫困人口的温饱问题）扶贫计划和教育“普初”（普及初等教育）工作有很大进展。全州基础设施建设发展很快，市政、交通道路、广播电视、通讯等方面的建设有了较大地发展。合作市的设立掀起了全州市政建设的高潮，也带动加快了全州小城镇建设的步伐，全州经济社会各项事业呈现出勃勃生机。

新世纪初，党中央、国务院作出实施西部大开发的战略决策，给甘南的发展带来了难得的机遇。以西部大开发和国家政策倾斜、产业结构调整为契机，甘南大力进行基础设施建设，改善投资环境，加大招商引资力度，加快了优势资源开发步伐。根据甘南州的实际情况，按照科学发展观要求，科学制定“1422253”发展战略，指导甘南依托优势资源，特色产业开发实现了重大突破，水电、旅游、矿产等已成为甘南新的支柱产业，甘南的经济建设步入了加速发展的快车道。1999年实施天然林保护工程后，全州进一步提高环境保护意识，资源开发的重点放到水电、旅游、藏药等可再生资源上。2003年，甘南州全面完成了国有企业改革工作，按照转产权、转机制、变身份的思路，以企业产权转让、国有资本退出竞争性行业等方式，全州153家国有企业采取股份制改制、产权转让、破产重组等形式，建立起了多元投资的规范法人治理结构。大力改革投融资体制，实行全方位的对外开放和招商引资，建立多元投资主体和发展格局，项目建设和招商引资成为甘南资源配置的最有效形式，外商和民间资本可以投资各种领域。以农牧业产业化为目标，实施农牧互补战略，坚持以草为本，农牧结合，通过产业化龙头企业的带动，获得规模经济效益，实现了畜牧业从粗放向集约经营发展。随着改革力度的加大，社会体制改革随之深入。深化教育体制改革，优化教育资源配置，逐步缩小城乡教育发展差距，推动公共教育协调发展；深化文化体制改革，把发展公益文化事业作为保障人民文化权益的主要途径；深化医疗卫生体制改革，建立起了覆盖城乡居民基本卫生保健网络。

进入新世纪，根据科学发展观和构建和谐社会的思想，甘南统筹经济社会发展，统筹城乡发展，正确处理持续发展与资源环境的关系，重视关注和解决贫困、就业、教育、医疗、公共卫生以及社会公正等有关民生的社会问题，推进扶贫工作和新农牧村建设，搞好生态环境保护，全面推行社会保障和救济扶困等工作，让发展的成果惠及全州人民，提高了全州发展的质量和整体水平。进一步加强民主政治建设，积极发挥人民政协的优势和作用，认真做好民族宗教工作，全面促进全州民族团结进步事业，团结一切可以团结的力量，调动一切积极因素，为甘南经济发展和社会进步服务。创新社会治安管理工作，大力推进“平安甘南”建设，确保了全州社会政治稳定，为经济社会发展起到了保驾护航的作用。

党的十八大以来，甘南州委、州政府坚持以习近平新时代中国特色社会主义思想为指导，深入贯彻落实习近平总书记系列讲话精神，抓住国家支持藏区经济社会发展和扩大内需的历史机遇，紧紧围绕实施“五大战略”、建设“五大甘南”的总体思路，坚持“保护、发展、稳定”并重的原则，始终牢牢抓住发展和稳定两件大事，攻坚克难，有效应对各种重大风险挑战，全面加强经济、政治、文化、社会、生态文明和党的建设各项工作，经济建设和社会发展取得了巨大的成就，综合实力显著提升，基础设施和生态环境建设取得显著成效，特色产业发展势头强劲，社会事业全面进步，民族文化繁荣发展，人民群众生活水平显著提高，成功举办建州60周年大庆，圆满完成舟曲“8·8”特大山洪泥石流和“7·22”地震灾后重建任务，谱写了甘南发展史上浓墨重彩的崭新篇章。

二

百载发展进步，铸就辉煌成就。

在中国共产党的正确领导和党的民族政策光辉照耀下，伴随着共和国前进的历史脚步，甘南民族地区与祖国同行，实现了经济社会发展的历史性进步，实现了少数民族群众生产方式和生活水平的历史性飞跃，实现了全州各族人民群众思想道德素质、科学文化素质和健康素质的全面提高，甘南地区发生了翻天覆地的变化。甘南民族地区的持续发展，积累了巨大的物质财富和精神财富，奠定了进一步发展进步的强大基础，成功实践的经验必将引领甘南在新的历史起点上取得更大成就。

(一) 各族人民翻身当家作主，民主政治深入发展

中华人民共和国成立前，甘南地区曾是封建土司制度和“政教合一”体制；同时，国民党政府也在这里实行其统治。例如，国民党政府在临潭、西固等地区推行保甲制度，在卓尼设洮岷路保安司令部和卓尼设治局，在夏河设拉卜楞保安司令部，借这些制度和机构对甘南各族人民进行统治和剥削。再者，国民政府还

在甘南实行白色恐怖，对广大人民横征暴敛、巧取豪夺，大肆搜刮民脂民膏，甘南各族人民处于水深火热之中。

甘南解放初，中国共产党采取“慎重、稳进”的一系列方针政策，妥善解决和消除影响民族关系和民族团结的问题，增进了甘南各民族间的团结和友谊。建州后，甘南各族人民在党的带领下，推翻千百年来的封建压迫剥削制度，建立社会主义制度，实行民族区域自治，设立自治机关，行使自治权，第一次获得了在政治、经济、文化等各方面当家作主的权利，与全国人民一道走上共同繁荣发展的道路。在社会主义建设时期，完善社会主义民主制度，丰富民主形式，不断推进民主政治的制度化、规范化和程序化。甘南州人大根据《中华人民共和国宪法》和《民族区域自治法》赋予的自治权利，结合本地区经济、政治、文化和民族特点，制定自治条例和单行条例，决定辖区内重大事项，于1991年颁布了《甘南藏族自治州自治条例》，之后相继颁布了有关经济社会发展、文化教育、民族语言文字、资源保护、医疗卫生、计划生育等方面的单行条例，发布了大量的决议、决定。这些地方性法规体现了甘南的特点，有利于甘南各项事务的管理和社会发展。人民代表和群众的参政议政意识和能力逐步增强，各族群众的民主法制观念、选举意识和选举质量也逐步提高，各级人大发挥了越来越重要的作用。充分发挥各级人民政协联系面广、便于协调各种社会矛盾的特殊功能作用，真正做到与党外人士合作共事、肝胆相照，爱国统一战线得到巩固扩大。健全了民主选举、民主决策、民主管理、民主监督和村务公开、政务公开、财务公开为重点的基层群众自治制度，保障了人民群众的知情权、参与权、表达权、监督权。健全了全州法治体系，加快依法治州进程，广泛开展普法教育，形成了州、县（市）、乡镇（街道）、村（社区）四级法制宣传教育工作网络，宪法和国家基本法律知识得到普及，全民学法用法自觉性和法制观念不断增强，各项工作走上法治化轨道。发展社会主义民主，健全社会主义法治，充分保障了甘南各族人民当家作主的权利，调动了各方面的积极性，维护了安定有序的社会秩序，为全州经济社会发展创造了良好的政治环境。

(二) 经济快速发展，经济实力日益增强

甘南建州前基本是单一的自给自足的农牧业经济，工业是空白，经济整体非常落后。建州后全州实现了生产资料公有制改造，建立了社会主义经济制度，在大力发展农牧传统产业的同时，建立了本州的工业体系和商贸流通网络，全州经济快速发展。

改革开放以来，在中央和甘肃省的特殊关怀和大力支持下，经过全州各族人民的艰苦奋斗，甘南地区经济建设取得了巨大的成就，经济面貌大为改观，经济实力明显增强。通过经济体制改革，甘南州经济实现了从计划经济向社会主义市场经济、从单一农牧经济向农、工、服务业现代复合经济、从单一公有经济向各种经济成分并存共荣转变。2016 年，全州地区生产总值达到 138.1 亿元，全州人均生产总值达到 19213 元；固定资产投资达到 201.2 亿元，公共财政预算收入 8.17 亿元，社会消费品零售总额 45.7 亿元，城镇居民家庭人均可支配收入 21425 元，农村居民人均可支配收入 6521 元。全州一、二、三产业增加值在国内生产总值中的比例关系由 1953 年的 95.71∶2.51∶1.78 和 1978 年的 66.50∶19.68∶13.82 调整为 2016 年的 21.42∶16.07∶62.51，全州经济格局大为改观。

农牧业生产方式发生根本变化，生产力水平和生产效益大幅提高。在国家的大力支持下，甘南兴修水利，改造农田，改良牧场，极大地改善了农牧业生产基础条件。大力推广科学种田、科学养畜技术，进行农牧业综合开发，农牧业开始向现代化方向迈进。2016 年，全州第一产业增加值 29.26 亿元，粮食总产量达到

8.81 万吨；牲畜存栏数 368.24 万头（只），肉类总产量 7.44 万吨，牛奶产量 8.46 万吨，甘南成为全省重要的畜产品生产基地。

现代工业从无到有，逐步成为带动甘南经济快速发展的支柱产业。建立起以水电、采矿、冶金、畜产品加工、建材为主体的多门类的具有甘南特色的工业体系，涌现了如燎原乳业公司、华羚干酪素厂、夏河水泥厂、玛曲格尔珂黄金矿业公司等一批自主创新能力强、具有核心竞争力的行业龙头企业。2016 年，第二产业增加值 31.09 亿元，工业企业实现利润总额 1.56 亿元，发电量 26.61 万千瓦时，黄金产量 5988 千克，乳制品 3672 吨，水泥 78.88 万吨。

第三产业已成为甘南第一大产业。旅游、邮电、现代商贸、饮食服务、文化娱乐、信息技术等新兴产业迅猛发展。全州已建成 6 个 4A 级景区，10 个 3A 级景区，11 个 2A 级景区；全州已有农牧家乐 971 户，其中星级 85 户。2016 年共接待国内外游客 1003.15 万人，实现旅游综合收入 46.78 亿元。2016 年邮电业务总量 16.96 亿元，固定电话用户 5.42 万户，移动电话 60.41 万户，互联网 7.95 万户。第三产业增加值达到 75.6 亿元，在全州国内生产总值构成中居于首位。

（三）基础设施不断改善，城乡面貌日新月异

解放前，甘南交通闭塞，只有一条由岷县通向夏河县拉卜楞寺的简易公路，其他城乡基础设施近于空白。

建州后，国家投资改善甘南基础条件，甘南城乡面貌有所改观。改革开放以来，国家逐年加大对甘南州城乡基础建设的投资，特别是西部大开发后，甘南州上抢抓机遇，全力争取项目和建设资金，建成了一大批交通、通讯、电网、水利、城镇改造、社会事业等骨干项目和生态保护项目。这些项目的建成，使全州基础

设施差的瓶颈基本打开。全州交通建设步伐不断加快，完成了合临、王达、碌则、江迭等公路建设，改造和提升了合郎、定新、巴代等公路的技术等级，一批通乡油路、通乡等级公路和通村公路及农牧村站点建成。夏河机场通航，临合高速通车，结束了甘南不通航、不通高速路的历史。2016 年，全州公路总里程达 7705 公里，实现县县通二级公路、所有乡镇和 95% 建制村通硬化路，形成以州府合作为中心、“二纵三横”为主骨架、县乡公路为支干的公路网络。城镇建设日新月异，以合作市和七县城为代表的一座座草原新城拔地而起，各乡镇基本建设有很大进展。天然气长输管道正式通气，8 县市城区实现全覆盖；光缆通畅、宽带覆盖、网络扩容全面提升，城乡信息化建设加快；供水供热、道路与排水、污水处理等城乡市政基础功能更加完善；城镇规模不断扩大，城镇功能日趋完善，县市城区面积扩大到 41.62 平方公里，全州城镇化水平达到 32.0%，城镇综合服务和辐射带动能力显著提高。

(四) 科教文化不断进步，人民素质全面提升

历史上，甘南是游牧文化与农耕文化、羌蕃文化与中原文化交会过渡地带，藏民族与汉回等各民族杂居，有各种文化交融共存、潜移涵化的传统。但由于交通闭塞，长期的部落分割统治，落后的生产方式，文化形态建立在自然经济之上。建州初，全州文盲率高达 95%。党和政府大办民族教育，大力发展科学、卫生、文化事业，全州已建立从幼儿园、小学、中学到大学完整的教育体系。2016 年，全州共有各类学校 453 所，在校学生达 11.05 万人。全州全面实现了“两基”(基本普及九年义务教育、基本扫除青壮年文盲) 目标，九年义务教育巩固率达到 92.9%，高中阶段毛入学率达到 83.6%。健全了医疗、预防、保健体系，全州共有各级各类医疗卫生和计划生育服务机构 1568 所，有各级各类卫生

计生专业人员4272人，各级各类医疗卫生机构拥有床位2811张，每千人拥有床位数3.98张，人民健康保障水平显著提高。广播和电视人口覆盖率均达到100%。全州科技、体育、艺术等事业也得到较快发展。同时，大力加强精神文明建设，坚持马列主义、毛泽东思想在意识形态的指导地位，深入进行中国特色社会主义理论体系宣传教育，努力用社会主义的先进文化占领民族地区文化阵地。人民群众的精神文化生活日益丰富，学习科学、崇尚文明蔚然成风，新思想、新观念正在引领着人们新的生产和生活方式，提高了全社会文明程度。

（五）民生有效改善，人民生活大幅提高

甘南州属高寒阴湿地区，生活条件恶劣，自然灾害频繁，长期以来农牧民群众特别是少数民族群众生产方式落后，生活观念陈旧，经济收入低，贫困面大。

甘南州各级党政组织坚持以人为本，始终把发展生产、改善生活条件，带领农牧民脱贫致富奔小康作为农牧村工作的首要任务。增加投入，不断改善农牧业生产条件，大力推广科学种田、科学养畜，进行农牧业综合开发，提高农牧业生产水平。加大扶贫攻坚力度，走整村推进、开发式扶贫的路子，把与群众生产生活密切相关的基本生产、基本生活、基本教育、基本医疗和生存环境建设作为扶贫重点，帮助群众发展多种经济和拓宽增收渠道，贫困面和贫困人口大幅下降。全面落实党的各项惠民政策，不断加强民生工作，围绕就业、社会保障、上学、看病、住房、行路、用电、饮水、环保、安全生产等，解决了一大批人民群众最关心最直接最现实的利益问题，人民群众不断得到更多实惠。加强社会保障体系建设，2016年全州城乡各项社会保险参保人数62.26万人，城乡居民基本养老保险参保人数36.21万人，参保

率 98.51%；城镇居民基本医疗保险率和新型农村合作医疗参合率都达到 99% 以上。全面实施城镇居民保障性住房和农牧村危房改造工程，城乡居民住房条件有了较大改善。城乡居民的消费水平、消费结构和消费环境发生了明显变化，用于住、行、游、文化娱乐和发展方面的消费支出不断提高，小汽车、商品房等高档消费品进入了寻常百姓家，人民生活水平实现了由贫穷到温饱和逐步迈入小康的历史性跨越。

（六）生态保护成效显著，城乡环境更加优美

甘南草原辽阔，草畜资源得天独厚；森林面积大，蓄积量占甘肃省的 45%，林区蕴藏着丰富的野生动植物资源。甘南湿地面积较大且保存完好，全州湿地面积达 640 多万亩，其中玛曲湿地是目前国内状态最原始，特征最明显的高原湿地，对黄河水源起着非常重要的涵养作用，素有“黄河之肾”“黄河蓄水池”之称。但是，由于气候变暖、降雨量减少等自然因素，加上人口持续增加、草原超载放牧、森林过度采伐等人为原因，以及其他复杂因素的多重作用，一段时间里甘南发生着生态与经济的逆向演替，生态环境日趋恶化，直接威胁到黄河长江流域生态安全。甘南的生态环境问题，关系黄河、长江源头及其中下游地区的可持续发展，关乎整个黄河流域的生态及全州人民群众生产生活的安全。面对生态系统失衡、生存环境日益恶化的严峻趋势，甘南州从贯彻落实科学发展观的高度出发，把生态环境保护与建设工作作为遏制环境恶化、维护生态平衡、实现全州可持续发展的战略举措来抓，采取了一系列强有力的工作措施，推进了生态环境的保护与建设，取得了一定成效。

21 世纪以来，全州生态环境保护力度不断加大，全力以赴抓好生态治理，“三化”（退化、沙化、盐碱化）草场和水土流失治

理、天然林保护、退耕还林、退牧还草、自然保护区等工程项目持续推进，甘南黄河重要水源补给区生态功能保护与建设、草原生态奖补、天然林保护一、二期等一批重大生态工程建设成效显著，生态环境整体恶化趋势得到有效遏制。全面启动实施生态文明小康村建设，为广大农牧民群众架起了脱贫致富的“畅通桥”，开辟了圆梦小康的“新天地”。综合运用宣传、组织、统战和经济、行政、法律等多种手段，大打城乡环境卫生综合整治攻坚战和持久战，初步形成了大规模、全覆盖、综合性、常态化的工作局面，打破了过去“脏乱差”的桎梏，实现了4.5万平方公里青山绿水大草原“全域无垃圾”的预期目标。

（七）各民族团结和睦，新型民族关系不断巩固

中国共产党在甘南始终坚持各民族平等、坚持民族团结的马列主义根本原理，并把它作为解决甘南民族问题的基本政策。甘南州各级党和政府从促进民族团结出发，合理调处历史遗留下来的民族、部落、草山纠纷等矛盾，妥善解决和消除影响民族关系和民族团结的问题，增进了甘南各民族间的团结；团结民族宗教中上层人士，建立民族团结统一战线；各级党政负责干部带头做好统战工作，充分发扬民主，广开言路，广交朋友，适当安排民族宗教人士在政权机关和统战组织中任职，建立健全民主协商制度，以团结大多数群众为出发点，调动各方面积极性参加社会主义建设；在广大党员干部和各族群众中坚持不懈地进行马列主义民族观、爱国主义和党的民族政策教育，始终把加强民族团结进步教育作为全局工作的重中之重；扎实开展创建民族团结先进集体、争做民族团结先进个人活动，全州已有8个单位和15名个人荣获国务院民族团结进步模范称号，68个先进集体和123名先进个人受到省委、省政府表彰，州、县（市）定期召开民族团结进步

表彰大会，在教育、卫生、企业、乡村、寺庙、军队中命名了10个民族团结进步教育示范基地；既依法保护正当宗教活动，又坚持对寺庙、僧人开展爱国主义、政策法律教育，依法加强对宗教场所的管理，坚决制止、依法惩处违法宗教活动，鼓励宗教界进行自身改革，积极引导宗教与社会主义相适应；积极开展多种形式的宣传教育活动，开展马克思主义民族观、“三个离不开”“四个维护”和“四个认同”教育，广大党员干部、青少年学生以及宗教职业者、农牧民群众接受了比较全面的民族宗教政策及法律法规教育，筑牢了各族干部群众维护民族团结、维护社会稳定的思想基础。把民族团结进步教育纳入公民道德教育全过程、社会主义精神文明建设全过程，形成了有利于民族团结进步的社会文明风尚。

（八）党的执政能力不断提高，在群众中享有崇高威望

党在带领全州各族人民艰苦奋斗、改变贫穷落后面貌的过程中，按照党要管党、从严治党的方针，围绕全州改革、发展、稳定的大局，大力加强党的基层组织建设、领导班子和干部队伍建设以及人才工作，组织机构不断健全，工作机制不断完善，党的领导核心作用不断加强，为全州各项事业的发展提供了坚强的组织保证和智力支持。开展经常性教育和集中教育活动，用中国特色社会主义理论教育武装党员干部，努力保持党的先进性，不断提高党员干部能力素质和执政水平。采取综合措施，切实加强和改进农牧村、企业、机关、学校、事业单位等基层党组织建设，增强了基层党组织的凝聚力、战斗力。适应时代发展的需要，深化干部人事制度改革，建立健全干部选拔任用、考核评价、教育管理、激励约束机制，加强了领导班子建设和干部队伍建设，各级领导班子结构进一步优化，整体功能不断增强。大力实施人才强州战略，不断创新和完善人才工作体制机制，全州人才总量不

断壮大，人才素质不断提高。以立党为公、执政为民、真抓实干为内容，不断加强作风建设，密切了党群干群关系。根据甘南民族地区党建工作特点，建立完善了一系列党建工作制度，提高了党建工作科学化水平。

甘南州加强党员干部密切联系群众教育，建立领导干部联系贫困村、贫困户制度，把群众满意不满意、高兴不高兴作为检验工作成效的标准；把关心群众疾苦、为群众办实事、解决实际问题、带领群众改变贫困面貌的业绩作为干部考核的重要内容，引导基层党组织做建设新农牧村的主心骨，党员做解决群众困难的贴心人，干部做群众发家致富的引路人，密切了党群干群关系，提高了党组织的凝聚力和号召力，筑牢了构建和谐社会的群众基础。全州3536个各级党组织、6.5万名共产党员和4.7万名各级干部，在全州各行各业、各条战线上充分发挥着战斗堡垒和模范带头作用，成为全州改革开放和现代化建设坚强的领导核心和骨干力量。

抚今追昔，既要认真总结过去，更要充分认清甘南在科学发展进程中的阶段性特征，准确把握时代脉搏，走正走好发展道路。

一要充分认清：甘南正处在总体欠发达的初级发展阶段。虽然甘南的建设和发展取得了巨大成就和进步，但基础条件差、社会发育程度低、经济总量小、产业结构单一、农牧村贫困面宽程度深等是基本州情。全州经济发展方式粗放、城乡发展不平衡、经济社会发展不平衡和工业化城镇化水平低、非公经济比重低等欠发达的状况尚未根本改观。

二要充分认清：甘南正处在调整经济结构的转型发展阶段。甘南欠发达的基本州情，特别是在经济结构不优、创新能力不强、资源环境脆弱的大背景下，经济实力和竞争力亟待提升，正面临着做大总量和提升质量的双重任务，面临着破解加快发展和转型发展的双重课题，提高经济增长质量和抗风险能力的任务十分紧迫而艰巨。

三要充分认清：甘南正处在错综复杂的社会矛盾凸显阶段。在经济转轨、社会转型过程中，各种社会矛盾和问题集中显现，导致各种社会矛盾和利益相互摩擦碰撞；改革难题新旧交织，民生期待水涨船高，由于经济欠发达、发展不充分，解决长期积累的社会矛盾困难较大；社会管理规范化程度较低，社会稳定的基础还不够牢固，反分裂、反渗透和维护社会长治久安的任务艰巨。

四要充分认清：甘南正处在大有可为的重要战略机遇期，甘南已经具备了加快发展的现实基础。国家进一步统筹区域发展，实施扩大内需和新一轮西部大开发战略，专门制定了支持甘肃加快发展的政策性文件，甘南的发展将得到国家更多的支持。尤其是中央第六次西藏工作座谈会和甘肃省委藏区工作会议，为甘南量身定做了一系列优惠扶持政策，这为我们在更高平台、更大空间、更宽领域争取国家支持，促进改革发展稳定各项事业必将产生重要的政策聚合放大效应。同时，经过多年来的不懈努力，我们推进长足发展和长治久安的物质基础更加坚实，发展后劲进一步增强，各级党员干部应对风险挑战的能力和水平不断提高，提速发展的“底气”和“劲头”充分积攒。

三

同步实现小康，展现美好前景。

甘南州的发展巨变，充分展现了中国特色社会主义制度的巨大优越性。历史雄辩地证明，只有坚持中国共产党的领导，坚持中国特色社会主义制度，坚持民族区域自治制度，甘南才有繁荣进步的今天和更加美好的明天。今天，甘南州已经进入全面建成小康社会、跨越发展的黄金时期。紧紧抓住机遇，主动迎接挑战，推进经济社会又好又快发展，是全州各族人民的共同心声，是时代赋予我们的历史使命。

（一）同步建成小康，勾画甘南发展美好前景

面向未来，甘南已经站在一个全新的历史起点上。州第十二次党代会为今后五年发展指明了前进方向，制定了行动纲领，确定了战略目标，绘就了宏伟蓝图。我们必须全面贯彻“创新、协调、绿色、开放、共享”发展理念，始终坚守稳定底线、严守生态红线、突出发展主线，继续推进“五大战略”，精准聚焦“绚丽多彩的自然生态、和谐稳定的社会生态、朝气蓬勃的经济生态、光辉灿烂的人文生态、团结奋进的政治生态”主攻方向，紧盯“打赢一场战役、实现两个翻番、做到四个率先、确保四个提升”奋斗目标，以项目建设为抓手，深入实施“十三五”规划，坚定不移推动科学发展，坚定不移维护和谐稳定，坚定不移深化改革开放，坚定不移做强特色产业，坚定不移保障改善民生，确保经济健康发展，确保社会长治久安，确保生态环境持续良好，确保人民生活水平不断提高，确保2020年与全省全国一道全面建成小康社会。这些目标任务，使甘南的发展具有了广阔的前景。所制定的各项工作措施，科学具体，气势宏伟。随着全面小康建设目标任务的完成，甘南的面貌将会发生根本改变。

（二）两大首位产业为引擎，建立现代产业新格局

打造朝气蓬勃的经济生态，紧紧依托得天独厚的资源禀赋，高度重视项目建设，坚决打破基础瓶颈制约，切实发挥文化旅游和现代农牧两大首位产业的引擎带动作用，培育壮大非公经济，加快形成多元支撑、活力迸发的现代产业格局，大力推动资源优势向特色优势、产业优势、经济优势转变，真正使甘南在区域竞争和转型发展中立于不败之地。率先创建国家全域旅游示范区，

推动文化旅游深度融合发展，构建“一核、三带、三点、四线、六板块”全域旅游发展大格局。加快旅游景区基础设施建设，开发旅游新业态，着力打造四季游项目，做大做强环九寨北线和丝绸之路南线精品线路，主动融入“黄河上游大草原”和“大香格里拉”旅游经济圈。推动重点景区晋等升级，全州5A级景区达到5个以上，4A级景区达到8个以上，3A级景区达到15个以上。全力打造10大旅游名镇，高标准建设200个以上旅游专业村和1000户示范性农家乐。到2021年，全州旅游人数达到1500万人，综合收入突破100亿元。加快建设高原农牧业示范区、生态畜牧业实验区和有机产业园区，全力打造全国绿色农畜产品生产基地和中国牦牛乳都，重点发展牦牛、藏羊、奶牛繁育、育肥、特色养殖“五大畜牧业产业带”，扩大高原绿色优质畜牧业生产规模，发挥产业聚集效应和规模优势，促进生态畜牧业提质增效。发展特色种植业和设施农业，建设藏中药材、优质青稞、杂交油菜、经济林果、高原夏菜“五大种植业产业带”，扩大羊肚菌等名优新特产品种植规模。加快培育新型农牧业经营主体，大力扶持安多、华羚、燎原、雪顿、天玛、百草、西正开、青藏源等“十大农牧业龙头企业”，推进种养加、产供销、贸工农为一体的农牧业全产业链开发。促进县域协作发展，紧紧围绕两大首位产业，立足县域优势，以合作夏河为中心，打造以技术研发、农牧产品加工、现代服务、快递物流、金融保险和电子商务为主的北部经济区；以临潭卓尼为中心，打造以农产品生产、藏中药材种植、民族手工业和民族商贸为主的东部经济区；以迭部舟曲为中心，打造以生物资源开发、林副产品和农特产品加工为主的南部经济区；以玛曲碌曲为中心，打造生态畜牧业、畜产品深加工和藏药制剂为主的西部经济区。以优化产业布局、延伸产业链条、创新产业业态为主线，促进形成新的国民经济战略性支柱产业，真正把首位产业摆在经济发展的首位。

（三）坚持以项目建设为引擎，着力推进城乡基础设施建设

项目建设是加快发展的最大引擎，是优化经济结构的关键。要牢固树立“抓项目就是抓发展、抓发展必须抓项目”的理念，加快落实藏区“十三五”建设项目规划方案，大力实施8大百亿元工程、35个十亿元以上和71个亿元以上项目，真正把抓发展的注意力聚焦到项目上、稳增长的着力点集中到项目上、调结构的突破口锁定到项目上，切实发挥重大项目的“千斤顶”和“大引擎”作用。将按照“科学规划、因地制宜、突出特色、梯次推进”的原则，统筹城乡协调发展。以州府合作市为中心、7县县城为骨干，30个重点乡镇为依托、1500个绿色生态文明村为基础，形成城乡一体化发展的城镇框架体系。促进特色产业向县城和重点乡镇集聚，提高城镇综合承载能力，鼓励农牧村人口加快向小城镇集中，加快推进城镇化进程。统筹推进城乡基础设施建设，推动城镇公共服务向农牧村延展，引导人才、技术、资金、物资等要素城乡互动，形成以合作市为中心，辐射县城、建制镇的城乡一体化发展格局，城镇化率达到36%。加快城乡道路、桥梁、给排水、污水管网、垃圾处理、集中供热等项目建设，加大棚户区、农牧村危房和危旧僧舍改造力度，提升城乡综合承载能力和公共服务能力。发展城郊经济，补齐城乡结合部发展短板。努力打破制约甘南经济社会发展的各种硬件障碍，确保今后一个时期全州基础条件和发展面貌发生历史性变化。

（四）广泛落实惠民政策，保障全州人民幸福生活

各级党委、政府将围绕解决群众就业、就学、就医、行路、

饮水、住房、社保、扶贫等问题，把关系民生的各项政策、规定、优惠待遇全部落到实处，把省、州每年承诺的为民要办的实事全部落到实处。想方设法促进城乡居民收入稳定增长，坚决扭转城乡居民增收渠道狭窄、收入水平过低的局面，确保农牧民人均纯收入增幅高于全省平均水平。千方百计扩大和稳定就业，实施好就业民生实事项目。继续扩大社会保险覆盖面，大幅度提高城镇各项社会保险参保人数和城镇居民社会养老保险参保率。深入推进精准扶贫行动，加快实施特色产业、培训输转、易地搬迁、生态保护、教育支持、医疗卫生、低保兜底“七大脱贫工程”和生态文明小康村建设、城乡环境卫生综合整治“两大提升工程”，突出抓好车巴河流域、阿木去乎地区和九甸峡库区三大特困片区脱贫工作，努力实现扶贫方式从主要依靠外部输血向增强自我造血功能拓展，扶贫政策从顶层设计、整体推进向持续落细落地拓展，扶贫效果从逐步脱贫向稳定脱贫致富拓展。坚持开发式扶贫方式，充分发挥贫困群众的主体作用，积极引导和保障贫困群众的参与权、知情权、选择权、监督权，处理好国家、社会帮扶和自身努力的关系，发扬自力更生、艰苦奋斗、勤劳致富精神，注重扶贫先扶志，增强贫困人口自我发展能力。努力使发展的成果由人民共享，不断提高人民群众生活质量和幸福指数，让全州各族人民的生活一天更比一天好。

（五）繁荣地区文化，充分满足人民群众精神需求

甘南将打造光辉灿烂的人文生态，将牢牢抓住华夏文明传承创新区建设的重大历史机遇，进一步保护和传承优秀文化成果，加快推动民族传统文化与社会主义核心价值体系融合互促、与民族团结进步事业相辅相成、与经济社会发展同频共振，努力把文化产业打造成国民经济的支柱产业，不断提升文化竞争力，增强

文化辐射力，扩大文化影响力，推动文化软实力向经济支撑力转变，以文化事业的大发展大繁荣增进血脉认同、缔结心灵纽带、厚植人文情怀、构建精神家园。全面加大州县两级图书馆、文化馆、博物馆、体育馆、演艺中心、数字影院等为重点的公共文化基础设施建设力度，加强农牧村、社区、企业、行业和校园文化阵地建设，发挥好应有的作用。大力发展体育事业，广泛开展民族体育运动，提升文化体育综合服务能力。加强藏语言文字工作，提升藏语影视产品和藏文出版物生产能力。依托甘南州六大文化资源优势，创作和挖掘一批在全省、全国有影响力、具有甘南特点的代表作品，培育壮大一批优势明显、特色鲜明的文化产业基地和文化产业园区，推出一批具有地方特点和民族特色的文化精品，打造一批具有市场竞争力的文化企业。牢固树立以人为本的理念，坚持贴近实际、贴近生活、贴近群众，统筹城乡公共文化服务，更好地保障人民群众的基本文化权益。坚持以文化包容开阔胸怀、增进团结，用社会主义先进文化引领甘南地方各种文化互尊互重、互赏互惜，构建各族人民共同精神家园。

（六）创建民族团结进步示范州，凝心聚力再创甘南辉煌

全面正确地贯彻执行党的民族政策、增进各民族的团结与交流、实现各民族共同繁荣进步是甘南发展稳定的前提条件。创建全国民族团结进步示范州是解决藏区特殊矛盾的战略平台，是维护社会稳定、实现长治久安的必由之路。要坚定不移地贯彻党的民族区域自治制度和民族宗教政策，把加快推进持续稳定、长期稳定、全面稳定作为硬任务，以维护祖国统一、加强民族团结为着力点，扎实推进“依法治州”进程和“平安甘南”建设，努力为全面建成小康社会奠定团结统一的思想基础、凝心聚力的群众

基础、和谐稳定的社会基础。继续坚持用马克思主义民族观武装各级干部、特别是领导干部的思想，使每个干部成为党和国家民族政策的忠实执行者；充分发挥基层组织在民族团结进步事业的基础作用，使基层组织真正成为民族团结进步事业的有力推动者；教育引导广大干部群众积极参与民族团结进步创建活动，使各族干部群众自觉成为民族团结进步事业的积极实践者。继续大力培养选拔少数民族干部和各类人才，切实发挥少数民族干部在促进甘南发展、维护民族团结中不可替代的重要作用。大力实施“全覆盖”工程，“经济提速”工程、“文化引领”工程、“民心满意”工程、“生态文明建设”工程、“权益保障”工程、“精准滴灌”工程、青少年“金种子”工程、“精神家园”工程等九大工程，以创新的思维、明确的目标、强有力的举措扎实推进民族团结进步事业。要把党的民族政策和有关法律法规纳入普法全过程，把民族理论、民族政策、民族法规和民族基本知识纳入国民教育序列，使民族团结的思想观念深深扎根于各族青少年心中。要扎实开展民族团结进步模范表彰活动，激发全州各族干部群众牢固树立“三个离不开”的思想，为全州经济社会跨越式发展做出新的更大贡献。

（七）积极保护生态环境，全面提高绿色发展软实力

甘南将打造绚丽多彩的自然生态，将延续发展各族群众“崇尚自然、向往绿色、敬畏生态”的真挚情怀，激活放大甘南人朴素的“生态基因”和“生态自觉”，着力保护生态环境，大力发展生态经济，加快建设生态文明，扎实推进生态文明小康村建设和城乡环境卫生综合整治，真正把属于大自然的青山绿水还给大自然、把属于老百姓的生态红利交给老百姓、把属于下一代的宝贵财富留给下一代。以水源涵养、草原治理、河湖和湿地保护为重

点，全面保护草原、森林、湿地和生物多样性，构建国家青藏高原生态安全屏障功能特区。实施甘南国家主体功能区试点、“两江一水”区域综合治理规划，推进甘南国家生态文明先行示范区、国家生态文明示范工程试点、水生态文明县试点建设。继续推进黄河重要水源补给生态功能区保护与建设，促进水源涵养区生态保护与修复。加强天然林保护，扩大退耕还林还草工程范围。全面落实新一轮草原生态保护补奖政策，大力推行草原禁牧休牧轮牧。持续加大大气、水体、土壤污染防治力度，全力改善环境质量。培育生态文化旅游、生态农牧、商贸物流、生物制药、绿色能源、碳汇产业等六大绿色产业为主的低碳循环产业体系，构建绿色生态经济示范区，全力打造区域绿色经济增长极。把城乡环境卫生综合整治作为革除陈规陋习，树立现代文明的主抓手，深化拓展环境卫生整治的内涵和外延，促进全社会生活方式转变。大力倡导节约、低碳、循环的绿色生活理念，培育全民生态道德，提高绿色消费意识，形成绿色消费方式。创建绿色家庭、绿色社区、绿色学校，弘扬绿色生态文化，广泛普及生态文明理念，提高绿色发展软实力。一个山川秀美、天蓝水碧的新甘南，一个健康、文明、环保、舒适的人居环境和生态家园，一个人与自然和谐发展的理想图景必将逐渐显露在世人面前。

回顾历史，我们感到无比骄傲和自豪；放眼未来，甘南正在全面建设小康的道路上高歌猛进，正以崭新的面貌和更大的步伐走向全国、走向世界。百年甘南所取得的一切成就已载入史册，未来的辉煌需要我们付出更多的心血和劳动。我们坚信，有党中央、国务院和省委、省政府的正确领导，有全州各级干部、6万多名共产党员和70万各族甘南儿女的团结拼搏、艰苦奋斗，甘南州一定能够在新的历史起点上开启新征程、再创新辉煌！

历史是由人民创造的，甘南的历史是由甘南各族人民创造的。在党的光辉照耀下，成千上万共产党员、各级干部和各界人士与甘南同步发展，在各个历史阶段、各行各业涌现出大批优秀分子，在各自的工作岗位上做出了不凡的业绩，共同书写了甘南辉煌历史。《百年甘南实录》的作者们，是甘南这段历史的见证者、参与者、创造者，在他们的文章中，如实记载了亲历、亲见、亲闻的甘南故事，实录了甘南州的发展历程、社会变革、重要事件、重点人物的基本史实。这些鲜活的历史资料，从不同层次、不同角度、不同侧面展现了百年甘南的历史画卷，是全面了解甘南、认识甘南的可贵资料，是激励我们热爱甘南、建设甘南、发展甘南的生动教科书。今天的实践是明天的历史，让我们立足岗位，团结一心，扎实工作，发挥每个人的聪明才智，为创造甘南幸福美好的明天而奋斗，让甘南发展的业绩更加辉煌，让甘南大地更加壮丽多彩！

2017 年 9 月于合作

目录

考察随笔

考察随笔

生活在卓尼喇嘛寺

约瑟夫·洛克[①] 著　　香却南杰[②] 译

对中国甘肃省一个很少被人们所了解的藏族部落寺院里神秘剧和酥油花节的描述。

1924年冬季，我的探险队离开了云南。做去甘肃的准备，那是中国遥远的西北地区。最后的终点是到达阿尼玛卿山地区。

我与大约三亿中国人以及很多外国人一样，对于卓尼的存在，是完全不知道的。它是我为寻找山金花植物而到偏僻地区旅行的一个经历。我听说的这里是由一个世袭土司来统治着的一个古老的藏族部落。

我了解到，从卓尼向北走五天的路程，就可以到拉卜楞寺，也可以容易地到达黄河边上的拉加，再从那里到阿尼玛卿山脉，即我原来计划去探险的地方。因此，我便和我的随行人员出发去卓尼。1925年4月23日，我们到了那个村庄，并且受到了土司杨

① 约瑟夫·洛克（Joseph Charles Francis Rock，1884—1962），美籍奥地利人，探险家、植物学家、地理学家和语言学家。20世纪初，以美国《国家地理》杂志、美国农业部、哈佛大学植物研究所的探险家、撰稿人、摄影家的身份到中国西部考察；在美国《国家地理》杂志发表过《从穿越亚洲大河谷》《喇嘛教黄教区域》《一个孤独的地理学家》等文章。

② 香却南杰，汉名杨正，最后一代卓尼土司杨复兴之长子；中华人民共和国成立后，曾任卓尼县县长、甘肃政法学院公安系党总支书记。

积庆的热情欢迎，他许诺向我们提供一切可能的帮助。

我的总部在这里驻了两年多。

我居住在寺院的“衙门”里，即我们叫官邸的地方。寺院位于这个村庄以西，五百多英尺高的山丘上面。我的住所是个很可爱的地方，有一个小院落，栽满了卓尼芍药、丁香及其他花草。

卓尼土司在我留住期间，给了我非常热情的招待，他命令寺院帮助我照相，同时，还允许我参加一切宗教仪式和庆典，而且给了我显要的地位，因而我才能获得我所需要的各种资料。

1404 年开始的土司家族统治

藏族与汉族不同，他们很少保存一些事件的记录和日期，因而很少知道卓尼的早期历史，卓尼这个名字起源于藏语中“卓”和“尼”这两个字，卓是松树，尼是“二”——两棵松树。

卓尼土司向我介绍了他的祖先如何得到了这块土地的所有权。他描述了二十二个世代，但这不是直系遗传下来的。他的祖先是一个西藏官员家族，离开了自己的土地，朝着这个方向，经过四川和岷山山脉，于 1404 年来到甘肃洮河沿岸，并在沿途征服和平定了许多部落和村庄，向明朝北京的宫廷报告了他们征服的地域，于是他们被封为卓尼的世袭首领，并且承认了其部落的土地。与此同时，永乐皇帝还赐予他们一枚印章和汉族的姓氏——杨。

卓尼土司的祖先同亲王或称王爷即清朝统治阿拉善地区的亲王有内部通婚的习惯。

在世袭制度下，如果土司有两个儿子，则长子继承土司的位置，次子就成为寺院里的僧官。但是，如果只有一个儿子，他就兼任两个位置。杨积庆土司就既是世俗统治者，又是僧官。喇嘛寺的衙门，即我们现在住的地方，就是僧官的官邸。但是，自从卓尼土司居住在村里的大衙门以来，因为他是僧俗兼于一身，于是寺院衙门实际上承担着图书馆的作用。

藏族的卓尼六百年没有变化

卓尼位于甘肃省的西南部，虽然卓尼是土司领地的首府，但它只有四百多户，近两千居民，居民都是藏族血统。实际上，很少有真正的汉族人。这个村庄，是比甘肃省最好的地方还要好。在土司的领地里，我从东到西、从南到北的旅行中，它也是最好的地方。此外，在甘肃再没有别的地方有如此之多的森林和无可比拟的风景。

这个村庄在它存在的六个世纪中，可能只发生了很小的变化。洮河在南门以下三分之一英里的地方流过，供应着村镇和寺院的用水。妇女们用木桶往村里担水，贫穷的僧侣往寺院运水还要再走五百英尺的路程。

……

寺院以她的神秘宁静著称

卓尼寺周围由土墙环绕（土墙是一种特殊的黏土和沙的混合物），一座石制的大门，坐北朝南。在大门上方，镌刻着：勅赐禅定寺。在1736年立起的石碑上，记载着寺院的铭文是1710年由康熙皇帝在召见卓尼活佛禅灵时，亲笔题写赐予的。在禅灵回到卓尼以后，他又从群众中募米三千两白银，这在当时是一笔很大的数目，用于寺院内的庙宇和经堂建设。现在在寺院内有一百七十二个建筑物，其中还不包括10个大小经堂。

在杨禄统治时期，寺院里住着三千八百个喇嘛，但是现在只有七百个，寺院里比较年长的成员被选为“昂司”即经头（僧侣主席），这样的选举每三年举行一次。住在官邸里有一名年长的和一名年少的监视员，还有十七名代表或“班头”相应地做次要的审判员。我住这里期间，寺院的大活佛是杨土司，也是杨土司家族的成员。

在卓尼的10个经堂中有两个是相当大的，一座是经常使用的，前面有个正方形广场，在那里喇嘛们表演舞蹈和庆祝酥油花节，在这个经堂的侧翼还有三个建筑物。

最大的经堂是一个大约二百年历史的建筑，它紧接着前一个的背后。它可以容纳四百个喇嘛，它的屋顶是用八十根红漆大柱支撑的。在这个经堂的主要佛像是文殊菩萨或称嘉木样[①]，她是智慧之神。

在节日的那天，这个经堂用锦缎装饰得很美丽，从天花板上吊下长长的帐幕，柱子是用华丽的手工织地毯包起来的，这些地毯是蒙古阿拉善王爷赠送的礼物。经堂只在特别情况下才开放。如燃灯节，那时，喇嘛们召集起来，从晚上开始念经。

卓尼最早的经堂，大约建立在五百年以前。不过现在它很少使用，除了作为贮藏室放酥油塑像外，还供奉着一尊大型宗喀巴镀金坐像，他是黄教教派的创立者，还放着他的两个门徒的塑像。

祈祷者祈年的一个转轮

在主要经堂的左面，是一个很大的木质多门的诵经圆柱，圆柱是八边形的建筑，其中放着全套的甘加[②]和单加[③]，即藏经中最有价值的部分。前者有一百零八卷，后者——注释有二百零九卷。在圆柱上系着细长条，并刻着花纹，圆柱中间的轴可以转动，信徒们在转完一圈的时候，就等于念完了三百一十七卷经的内容，

① 有误，应为“绛白央”。——编者注

② 甘加：《甘珠尔》。——编者注

③ 单加：《丹珠尔》。——编者注

这的确是祈祷者祈祷的聪明办法。

在主要经堂下方，院子靠左的一侧是慈善报应庙堂。据说在1679—1681年间，由兄弟二人朱松和南旺建造的。他们的母亲曾在遗嘱中告诫他们，不要把他们的钱放在放荡的生活上面，而要他们去修建庙宇。并相信她在另一个世界上享受着神的赐福。这是一座三层楼的建筑物，包括鼓楼和钟楼。里面收藏着一尊镀金泥塑如来佛，高四十英尺。这尊偶像大约有二百五十年之久的历史。

一个有趣的小建筑是土地神的监狱，它坐落在我们前面说过的花园中间，这是一个地堡形房子，连屋顶只有十英尺高，而且没有窗子，这尊神被赋予丑恶的形象被埋在这个像下，以避免他干坏事。如散布瘟疫或降其他灾难去伤害人和牲畜。

卓尼经堂都是用石块建造的，墙有几英尺厚并且表面都上了油彩。梁柱上都雕有花纹。把杜鹃花的正方形图案画到墙上，达到装饰的效果。进入经堂，目光就集中在用青铜或黄铜制的喇嘛教的象征物上了。

卓尼版大藏经现在收藏在国会图书馆

卓尼寺存有《甘珠尔》和《丹珠尔》两部经的印板，在其他多数寺院中，如得治和拉加只有《甘珠尔》印板，很少有《丹珠尔》印板。事实上，卓尼可以被称为除了拉萨以外唯一拥有《丹珠尔》印板的喇嘛寺，这个印板是没有差错的最好板，而且有印刷的权力。这是众所周知的。

这两部经的印板已有五百多年，大量的经页我还没有弄清，但只《丹珠尔》一部的刻板，就用了十六年的时间雕刻。杨土司说，他曾建议变成活动印板，但喇嘛们拒绝采纳他的想法。

负责管经的官员告诉我，刊印《甘珠尔》需要四十五个喇嘛用三个月的时间，而刊印《丹珠尔》需要将近六个月的时间，这还不包括消耗在印刷人员准备纸张的时间。

印刷用的纸是从巩昌（今陇西——译者注）买的，它在甘肃东部，距离卓尼步行有几天的路程。这种纸非常薄，喇嘛们把八张纸粘在一起作为一张来印书。当三百一十七卷全部印完后，谁能猜出用了多少时间和劳动？参加印经的喇嘛每天可以得到二百五十枚小铜钱，只相当于5美分，再加上大麦面的食品、茶和一些牦牛奶制的酥油。

美国首都华盛顿国立图书馆通过沃尔特博士委托我从卓尼喇嘛寺买一整套大藏经。这些藏经被装在九十二个箱子里，由驮队用七天运到兰州，再从那里用包裹寄往上海。不幸的是，他们恰恰在西安被围以前到达，这样就在那里停留了一年多，并经过了在这个城市存放的全部艰难过程，一年后才到达上海。

在卓尼喇嘛寺，隆重的庆典，每年只有几次定期的活动。在阴历一月十三日有一次舞蹈，酥油花节是在一月十五日，这是一次宗教仪式。另一次舞蹈是在十六日。释迦牟尼诞辰在春天，是阴历的二月三十日，这也是一次庆典。在阴历六月六日也跳一种传统舞蹈“扎莫优瓦”，这是我记得的所有仪式中最有趣的活动。

有一次，跳神会从阴历十月二十四日延续到二十五日燃灯节，这是为了纪念宗喀巴圆寂，二十六日又是一次跳神会。卓尼喇嘛寺，为了庆祝新选的住持就职，每三年在阴历一月十六日举行，这是一个特别的戏剧性节日，当地人叫“打章嘎尔”（铁坛城）。

在两个庆典中间的时间里，喇嘛们忙于在一定的天数里把经念完。但在其他时候，大体上是闲荡着。万一信徒生了病，喇嘛们就被请去念经，并相信会产生有益于健康的后果。如果开一次最大的经堂，其用费是三百两白银（相当二百美元）。如果加快读完这些经卷，需要集中五百个喇嘛，把经的页数分开，每人读一部分正文，这是一个相当不连贯的办法，但显然关系不大，如果各自从自己的一部分开始读，这就有可能在一天之内，从头至尾把一百零八卷《甘珠尔》全部读完。

喇嘛早起晒佛

我在卓尼目睹的第一次宗教仪式就是晒佛。天方破晓，这时一切还都在一片宁静和安定中。一个喇嘛爬上了比我们住处低一点的一个经堂的房顶，用力敲打大钟发出了洪亮的声音，当这声音完全消失以后，他又敲了第二下，并让这最后一下深深地回响消失到寂静的黎明之中。在中断了几分钟以后，他又连续地快速敲钟，唤醒沉睡的喇嘛们。

喇嘛们迅速完成了他们简单的装束，当然这不包括洗手和洗脸。他们匆忙地涌进经堂，去执行他们早晨的祈祷。一会儿，几百个喇嘛诵经的低沉声音和偶尔的铃声、吹喇叭声就传到了我们的住所，与此相混杂的还有在我们花园中土地神屋顶上鸟儿欢快的歌唱声。

在念经的过程中，经堂前的台上撒满了靴子，这是出于喇嘛们的虔诚而赤脚的缘故。大多数靴子是用很粗劣的羊毛布制而成的，靴底是毡的或牦牛皮的，喇嘛不穿裤子和袜子，甚至活佛也是光着脚穿齐膝长的靴子，并在膝盖以下系上带子以防滑落。

在念经者们进入大经堂，连续念经几小时以后，给他们送去了酥油茶和糌粑（青稞炒面），每个喇嘛在他宽大的外衣里带着一只他自己的木质茶碗，这是他们的唯一用具，几个手指起着餐叉的作用。

十点钟的时候，经头和喇嘛们从寒冷阴暗的经堂里鱼贯而出，匆匆穿上他们的靴子，整理好他们的大红的羊毛外罩，用冠顶饰有黄色褶皱的奇特的头盔形的帽子，盖住他们剃光的头，走出寺院，下一个小的黄土坡。在那里上面是一个陡峭的山崖，那里悬着一个体现艺术的作品“敦巴沙伽突帕”，在中文中是释迦佛（在印度称沙伽——译者注）。这幅织锦有五十多英尺长，至少有三百多年历史，这个作品是用大量的丝绸缝饰而成的，它的颜色柔和，做工精致。

在这幅织锦佛像的前面，安置着一个摆着供品的桌子，一些最年轻的喇嘛盘腿坐在铺在供桌两边的地毯上。一群喇嘛围在宝座的周围，在一把大黄伞的下面，坐着一位穿着黄服的尊贵高僧。所有诵经的人都跟着六个身穿黄绸衣的喇嘛齐诵。这六个人围站在桌子周围，手持供品，其他两个人为念经的人击钗伴奏。

到下午，仪式转入寺院的院内，一尊偶像被安置在一个带轮子的椅子上，停在主要经堂前，一个喇嘛站在它背后，打着一把五彩缤纷的伞，就像一个神兵。他后面跟着一个身穿黄僧衣，戴着黄僧帽的活佛。在很短的诵经和朝拜仪式以后，他们推着偶像出了寺院大门，这里剩下的喇嘛又继续念经。

复杂的古老舞蹈

每年阴历六月六日，在我们住的喇嘛寺是一个重要的日子。这一天，阳光明亮灿烂，没有更好的日子可以被选来表演“钦姆刚瓦”这样一种古老舞蹈的时候了。上午我来到经堂，发现喇嘛们在打扫灰尘和摆出了一些面具和相应的服装。这些祭服上所注明的日期是清朝的，上面华贵的绣花到这时已被管事们用旧了。面具是用制型纸制成的，每一个大约有十磅重，是卓越的艺术品。

当这些道具都准备好的时候，喇嘛们在他们的红袈裟上罩上祭服。在他们戴面具以前，先戴上羊毛帽子的衬垫，保护他们的前额、脖子和脸的边沿，再用头巾从下巴下面绕过头顶把帽子拴紧，在这些帽子上，他们再调整好面具，用这样的方法可以使他们通过眼睛看到外面。为了跳舞，他们全身披挂，在这样的仲夏天气，跳舞的喇嘛披上了沉重的衣服。

正中午，舞蹈开始，大群的人集中并围满了院子，墙上及附近建筑物的屋顶上都挤满了各个藏族部落的人群，这些是中国甘肃的特色。在主要经堂楼上的座位，是为卓尼土司和他的客人们准备的。一群喇嘛排在经堂前厅前的台子上。同时，一些小喇嘛挤在建筑物对面的楼上，但并不是爬到为我们准备的楼座上。卓尼土司和我选择了一个靠近乐队而面对主要经堂的地点。

这个乐队是富有奇趣的，主要乐器是几个大的圆形鼓，并用一根支柱固定在鼓的边缘，支撑为直立。镰刀形的木棒用来作为鼓槌，其他乐器是几个十至十五米长的青铜喇叭，海豚形的小喇叭、铜钹和长笛。

没有舞台，院子被当作哑剧演出的场地，在演出过程中，除了偶尔的呐喊和突然呼喊外，不说一句话。

随着喇叭、锣、钹和大鼓响亮的演奏，经堂大门徐徐打开，四个七至十岁左右的小男孩出现在场地上，身穿长条花纹的绸子衬衣和红色的短上衣。他们所表现的守护神被称为“太刚”，他们戴的面具很像印度教的脸谱，有突出的鼻子并且在头顶上有圆锥形的红帽子，在尖上装有绒毛球。这些孩子们演的守护神舞是配成对的，各自抬起一只脚跳到空中，同时又有一个急速转动的手势。

接着前一个舞蹈，又来了一伙由八个人组成的凶恶的活骷髅的队伍，他们重现了已经死去的妖精。他们身着合适的紧身外衣，在上面缝有裁剪的很像骷髅骨的鲜红布条，有模仿虎皮花纹的裙子，袖口和手套上有虎的大爪尖，加上红眼窝的白象牙头颅，构成了全套服装。这些由青年男子跳的舞，动作非常灵活。他们猛烈的跳跃占有了整个院子，这期间一直伴有乐队的伴奏。

跟在骷髅舞后面的是两个八岁小男孩的表演，他们服装相似，表现了印度达吉林的居民。他们各自拿一根权杖，他们把权杖放到地上，表演了几个孩子气的旋转动作，然后退下。

在宗教戏剧中也有喜剧

下一个出场的是节目表中的喜剧。这一部分对观众来说，不管他们是怎样经常的看到它，他们还是怀着最大的兴趣盼望着。首先出场的角色是一个老汉和一个没牙的老妇，他们衣着破烂，每人挥动一根棍子，当他们在院子的两边站定了各自的位置，这时从前门出现了一个滑稽的矮胖角色，他头戴一顶大个的笑着的面具，这个角色被称作“奈旦”，他装成胖得走路都很困难的样子，他下台阶时，老汉和老妇过来把他左右扶住，来到院子。在扶的时候老汉和老妇又把他推得左右摇摆，他们一直把他推搡到院子中心一块铺着地毯的地方，在这块地毯上，三个人都跪下了，那两个老人表现出像尽了最大努力去迫使胖子叩头。

他们推着他转向四面八方进行叩头，直到胖角色连站都很困难为止。这种叩头要让这个懒散的丑角进行三次，然后护卫的人摘下了他的数珠（念珠）放在他前面，一个和尚拿来一盘大麦，表面上奉献给他，但护卫满满抓了一把，不断用谷粒向他脸上抛洒，并引起旁观者的高兴。在这个滑稽剧结尾时，护卫的人拾起数珠，猛力地套在丑角的脖子上，所有这些都引起了观众们的大笑。

伴随这个丑角的还有四个小侍从，他们的服装和丑角相像，并搬着香炉和钹。在哑剧结束时，他们都摇晃得像醉了的人，上了台阶，消失在经堂里。

以政治和宗教宣传为主

“奈旦”被解释为一个中国内地和尚的代表，在公元8世纪，他从内地到西藏，去参加同西藏喇嘛的宗教辩论。后来，由于西藏喇嘛的机智（西藏人自己的主张）智胜了和尚，并把他作为一个嘲弄的对象。从此以后，这种专为观众取笑的开场剧，就毋庸置疑地被作为政治宣传的一个片段，用来强调西藏喇嘛高于内地，这些人他们是很憎恨的。

这场滑稽剧以后，老汉和老婆又回到了原来的地方。之后再一次出现的是八个活骷髅，这次他们拿着用披巾包着的三角木盘，他们带着木盘跳舞，后来又把它放到院子中央，托盘上覆盖的蓝色平布下面，放着一个完全裸露乳房的女守护神，她是用红色的大麦面团捏成的。分离出地狱的八个主宰，在院子的两边各有四个，随着快速密集的钹和鼓的节奏跳着舞。

几分钟以后，他们冲进了经堂消失了，紧跟着的是“莎哇”。这是一只鹿，是“亚玛”的使者，表示死神。“莎哇”穿得很破，戴着鹿的面目，头上有一对鹿角，张着大嘴，他右手拿着一把刀，左手拿着一只颅骨杯，腰间系着一根有铃铛的绳子。

他表演了真正不平常的舞蹈，全部动作非常敏捷。随着飞快的伴奏，急密的乐器声，他发狂地在院子中旋转。他时而表现出失去控制的旋转，时而下蹲舞蹈，他下坐的姿势很像一种俄罗斯舞。他跳着接近了在托盘上的守护神，并最后坐在守护神前面的毯子上，他的身体随着音乐的节奏颤动。他挥舞着一把刀，做出要埋葬这个偶像的动作，他把塑像砍成碎块最后砍下了她的头，他把碎块洒向四面八方。

被戳烂的守护神残余，被老汉和老婆用棍子挑起扔到了人群中，“鹿”还继续狂乱地跳舞，这时那只托盘也被两个老人拿走了。

死神主宰着舞蹈

乐队现在改变了拍节，大喇叭吹出了一声长音，同时混杂着单调的乐器的小声吹奏和钹的撞击声，这预示着“亚玛”的到来，他是地下世界的恐怖统治者。他从经堂门厅出现，站在台阶的顶端，然后徐徐进入院子；他身穿豪华的盛装，上面刺绣着华丽的跃出大海的金龙，一副奢华的金色锦缎大领盖住了他的双肩；他的面具极其恐怖，表现了一只饰有火焰头巾中的头，头上有金角，用灿烂的蓝色涂面，猩红的鼻子，前额上用五个人头颅骨作装饰；他的右手握着主管生死的权杖，权杖的顶端也嵌有一个人头颅骨，在他的左手是一只头盖骨的杯子并带有一缕红穗子。

在台阶顶部，“亚玛”的跳舞动作很慢，他转身优雅，先抬起了第一只脚，然后又抬起另一只，他时而坐在经堂的门槛上，时而又立起，最后摇晃着权杖和头骨杯迈着有节奏的步调走入院子。这时，乐队奏出了好像发自地狱的雷鸣般的音乐，在他背后，跟着三个侍从，戴着类似的面具：一个黄色，一个红色，还有一个白色，他们都握着长刀和头骨杯，他们在院子周围跳得很慢。这时，观众中一片寂静。在一个短暂的中断后，另外十七个舞蹈者加入了他们的队伍，并由“亚玛”带领这一班人演出。

这二十一个守护神被认为是“包娃”，其中的首领是“高木包”或叫“玛哈嘎拉”，即六手的蓝色守护神，还有“巴登拉毛”，传说她从前是亚玛的配偶，并和他有了儿子，这个孩子被预言将会变成残害佛教的敌人，她因此就杀死了她的儿子，并剥了他的皮，用来装饰她骡子的鞍，骑着这骡子，她逃出了“亚玛”的国土。

对维多利亚女皇的奇怪赞扬

由于拉萨的达赖喇嘛不满很多年以前英国对西藏的侵犯，他讲了英国维多利亚女王是“巴登拉毛”这个女守护神的复生，所有的疾病都装在她身边的一个袋子里。这个袋子偶尔打开向四面八方散布瘟疫，平息的时候就是她收回了这些疾病。她还是拉萨的女庇护人，在那里，每年第一个月的头一天，就是庆祝她的节目。

其他的男女守护神也应加以说明，但很难获得关于他们的资料（注：洛克博士可以讲汉语，但卓尼喇嘛对汉话知道的很少，因而交谈还是有困难）。被围在院子中间的是两个穿着古怪服装的舞蹈者，他们表示“阿玛尼索达”和“阿玛尼涛巴”，后者可能被认为是一个印度的谋士。

在一次很短的中断以后，表演者在“亚玛”的带领下再次出现。这次演员穿着“纳木斯”的装束，即财神。他穿着金银圆片缀成的华丽服装，他的面具是深粉红色，面具的上冠是金的，并配有两条龙。他的左手握着一把金扇子，右手握着权杖，由八个徒弟伴随。这八个人戴着和他相似的面具，只是颜色不同，在他们背后，腰带上扎着五颜六色带穗子的小旗。“纳木斯”领他们跳一致的舞，手里拿着剑和头骨碗。

舞蹈演员摆姿势照相

全部舞蹈由“嘉木样瓦”作为结束，全部仪式用了大约三个小时，除了在舞蹈前一段很短的时间，卓尼土司和我出来，在铺在院子中间的小地毯上，双手合十，在大庙前叩了三个头以外，在整个舞蹈过程中他还命令每个演员出来让我给他们拍照。我后来了解到，这些舞蹈者并不喜欢让他们的照片公之于众，但是还是服从了他们的统治者的命令。在其他寺院，是完全不可能允许我获得如此之多的照片的。

阴历十月二十五日是庆祝一名名人的节目。公元1417年的这一天，诞生了宗喀巴，他的出现是寺院发生变革的里程碑，他在向更多的人宣讲以后，他的教派不断扩大影响，并把他理想化，上升到了天堂。他创立的黄教，即改革了的教派成了西藏的正统教派。

正是由于这一原因，喇嘛寺衙门的大院子被装饰得很漂亮。一具展开的天篷盖住整个院子的上空，并在上面挂了许多彩色的丝绸和羊毛织物，缝制得很美的大花毯挂在天篷的北面，在中央的丝绸绣花挂锦上，色泽柔和、淡雅，搭配得极美，这是宗喀巴像。

在院子中央，宗喀巴像前树立一尊像塔一样构造极其精致的彩色酥油制品，在塔内还坐着一位神，黄脸，也用酥油塑成，表现出了一些艺术性。其他很少塑成塔形，而是塑成玫瑰或别的花形，等等。所有酥油都是彩色的，被排列在主要的酥油塔的两边，几百盏点燃的酥油灯间隔地摆在每一份（一个没有花饰的酥油盘里盛着一个糌粑小塔）的中间。在这些陈列品中还加有水果、一碗碗的大麦和其他供品。

中午，卓尼土司转告我，喇嘛们已经集中，并请我参加典礼。三个喇嘛坐在高处铺着地毯的椅子上，次要的同事们都蹲坐在铺着地毯的地板上，两个喇嘛披着全红的打着褶的斗篷站在椅子上领读咒语。

在诵经持续了一个多小时以后，坐在后面的喇嘛起身提来了一大桶大米和羊肉块煮成的粥，这种精美食品每年只给所有的喇嘛供应一次。

在晚上，崇拜者们又一次聚集到衙门，大量的酥油灯全部点燃，还有一株铁制松树，在它的枝杈上放着一百零八盏灯，看起来就像大家都知道的圣诞树。喇嘛们坐在地上，并利用酥油灯发出的时明时暗的光亮伴着他们诵经到午夜。

类似的典礼也在衙门举行，并展出了各种丝绸缝饰的锦缎，每个人都很高兴，所有的人都被允许进入衙门去欢度佳节。小小的卓尼，已经为宗喀巴的理想做出了最好的庆祝。在午夜过了很久以后，喇嘛们还一直打着他们的鼓并在经堂的屋顶上吹着他们的喇叭，这声音并不是为人们所听的，而是作为神的启示。

给刺客以荣誉的新舞蹈

“差木斯豪玛”这种新的舞蹈，也叫黑帽舞，它在宗喀巴节日的前一天和后一天演出，它是纪念拉隆·贝吉多杰和尚杀死臭名昭著的残害佛教的朗达玛王的节目。传说朗达玛杀害了他的哥哥——一个虔诚的佛教徒，并大约在公元899年登上了西藏的王位宝座，以后朗达玛开始迫害喇嘛，并企图灭绝佛教，他焚烧了经卷，毁坏了庙宇和喇嘛寺，并使喇嘛受到极大的亵渎。

贝吉多杰扮装成一个跳黑帽舞的流浪艺人的样子，并被允许在国王面前跳舞，在他的长袍的袖子里藏着弓和箭，且乘机就射杀了朗达玛王。之后，他骑了一匹白马逃走，他把他的白马用烟灰涂成黑色。当敌人追上来时，他又把马骑进一条河，马身上的烟灰被河水冲掉又成了一匹白马；他又把他的外衣翻穿上，露出白色羊毛衬衫，就靠这样的伪装，巧妙地逃避了追踪他的人们。黑帽舞戏剧性地再现了这个故事的全部事迹。

舞蹈前的仪仗队

黑帽舞的仪式从早上十点钟开始，这时身穿长袍的高僧和喇嘛簇拥着塑得逼真的释迦佛像，列队进入老经堂前的场地，乐队带着十面大鼓，垂直地举在鼓手们头顶，有两支十二英尺长的喇叭和大量的钹、长笛以及小喇叭。一些喇嘛提着有链条可以摇摆的香炉。当他们到了场地，他们在长条毯子前站成一排，在乐队的伴奏下诵读祷文和藏经。同时，一个喇嘛监视员在行列中间走动，去看他们的举动是否适当。

在诵经以后，舞蹈开始，这次的舞蹈也和前几次的大同小异，只是骷髅没有出现，代替他们的是喇嘛们成对地跳舞，每对服装相同，一对黄面具、一对绿面具和一对红面具，他们头上戴着红绳子用来模仿头发。

下一个出场的是丑角，这是个很难被漏掉的节目，因为它能引起观众的兴趣，从而冲淡那些喇嘛用他们可怕的面具带来的紧张。

接在和尚后面的是这次的主要节目，演员穿着一套华丽的丝绸绣花外衣，不过没有戴面具。头上戴着一顶大的环形帽子，并在宽边上饰有兽毛，顶部是金饰的上冠，带孔的上冠上安着一个人头骷髅骨；手里挥舞着一把三刃匕首（金刚杵）和一只头骨杯子。这个舞蹈表现的是拉隆·贝吉多杰和尚。跳了一阵以后，他和起初出现过的十六个戴面具跳黑帽舞的喇嘛合到了一处。

卓尼为酥油花节作准备

在保持的长久不变的习惯中，庆祝酥油花节是在阴历的正月十五日。两天以前，一种神秘的，就像前面已经描述过的舞蹈就已经开始排练。

卓尼挤满了参观者，他们来自各处，到这里观看一年一度的最盛大的节日。大多数是游牧的藏民，有些人他们居住在岷山南坡。岷山大约有一千三百英尺高，就是骑牦牛，翻越被白雪覆盖的大山也是很困难的。这里还有洮河沿岸的藏民，卓尼藏民和混血族的甘肃汉民他们住在岷山北部的村庄。靠着这些大批的人群，喇嘛们从他们那里得到大量的收获，有现金、靴子、酥油及其他有用的物品。

各种酥油塑像，大约需要十个喇嘛用一个多月的时间来塑造。寺院里的活佛和富裕的施主为塑酥油塑像要捐赠一千斤约折合一千三百磅酥油，这些东西，到了临近节日的时候，总是价格猛增。

塑造塑像是喇嘛们的艰巨任务

在隆冬季节，做塑像的任务被认为是相当艰巨的。为了体态成形，必须在一间冷房间里工作，同时艺术家在塑的时候，还必须每取一块酥油就要在冷水里沾一下手指。从事这一工作的喇嘛，都是真正的艺术家。他们中的大多数属于一伙同信仰的江湖艺人，他们游走于各寺院寻找工作。最好的塑匠是很需要的，喇嘛寺之间为雇佣他们而竞争。每个有手艺的喇嘛都被分配给塑造两个或更多的代表特定神的塑像的任务。塑像是彩色的，但它不是在完成以后着色，而是在塑神像前就把各种颜色的粉末调和到酥油里，这些颜色是极其优美协调的，而且往往一种颜色就有二十多种不同深浅供人使用，放塑像的画板是黑色的木板。

这些像塑成以后被排列在一个锥形的支架上，摆在主要神龛的前面。越是富有的喇嘛寺陈列的规模越大，虽然卓尼的塑像做工优美，但在画板的数量方面就比不上拉卜楞寺院和在“库库诺尔”(青海湖)边界的“衮本寺”(塔尔寺)。

傍晚，喇嘛们开始准备陈列。大的立柱支撑着五个木质框架，树立在老经堂前面。喇嘛们从边房里取出这些塑像，用绳子把放着酥油塑像的画板固定在架子上。到这时，这些塑像才算到了真正的位置。这时天已黑了，数百盏摆在塑像前架子上的酥油灯都点燃了，它们发出灿烂的白光，没有丝毫黄的痕迹，除了彩色照片，再没有什么词汇可以再现这种图景的美丽。

这里聚集了成千上万的观众，妇女们半裸上身冒着严寒带着她们的婴儿。这里的游牧妇女甚至在零度的天气下，也把一支肩膀和一半胸部露在外面，婴儿就被包在唯一的羊皮袄里休息。

经堂前的广场上挤满了人，用桦木棍武装起来的喇嘛抽打着他们所能触及得到的拥挤者。有七个打手去驱赶群众并殴打观看者的头。前排的人往往是蹲下闪避，但是站在后面的人，如果不及时移动就会受到惩罚。所有的人都是憨厚的，他们把挨打看成是很自然的。

在典礼前，卓尼土司在他的士兵的护卫下，并由这些人给他开路，通过人群来到大院，并在一块地毯上朝酥油塑像拜倒叩了三次头。

在院子中央集中了喇嘛和乐队，其中一个喇嘛头背着小活佛策墨林（西藏四大林之一），他身穿一套黄绸子服，他们站在塑像的前面。虽然有土司的士兵护卫，但在这样人多拥挤的情况下，想要保持一块平静的地方是极其困难的。

我和土司进了经堂对面的楼里，楼上的走廊是专门为我们及土司的妻子、孩子们观看场面而准备的。

卫生球用作除臭剂

在我们下面，每一英寸可以利用的地方都被占用了，同时还不断有新来的人推挤着又进入院子。从这些从未洗浴的人群中发出一股陈腐酥油的臭气，这是一种极令人作呕的恶臭，臭气一直上升到我们走廊。使我感到可笑的是，土司也讨厌这种臭味，他用闻卫生球的办法驱逐这种气味。小孩不断发出尖声的哭喊，母亲则努力保护他们不受鞭打。喇嘛们开始用低沉的声音诵经。一阵阵大喇叭的声音从安放大型释迦牟尼泥塑的房顶上传来。

在群众头上二十米处，从一边到另一边有两条金属线，还有两条是从经堂到我们楼上交叉系在院子上空，形成井字形，在这些金属线的交叉处，悬挂着用木和彩色纸制成的庙宇，看起来好像飘浮在人群上空，它用酥油灯做装饰，并由灯发出的热推动转轮转动，在转轮上写着“噢、嘛呢、帕蒂姆、哈姆”（噢，珍宝在莲花里，但愿如此）的祷语，这句祷语总是在虔诚的藏民嘴里诵念。

木偶振奋了虔诚的藏族人群

随着喇叭的嘟嘟声，两个像莲花形的篮子，每个篮子支撑着一只大的纸蝴蝶，这些篮子和蝴蝶沿着铁丝被送向空中的庙宇。在这些篮子里，通过线由喇嘛的手操纵的是一些古怪的偶像，它们表现为佛教中的神。这些活动的木偶神，形象完整，并且急速转动，这就引起伸长脖子观看的人群中人们的惊奇。一会一批木偶神由他们操纵和篮子一起收回，一会又换上另一组新的，这些篮子出现十二次，每次都有不同的形象。

在这些表面上看起来无休止的表演之后，人群的注意力转向中央的塔形架子顶上的一个小红经堂，当红经堂前的红黄条花的帷幕拉开，一个木偶的小红喇嘛出来表演，他在一个圆圈中跳舞，这一个比其他都显得庄严，他留在舞台中央，举着手指挥跳舞。

与此同时，一场正规的英国木偶剧《潘赤和朱利》的表演出现在酥油灯上方的木阁上。两个小人开始了一场斗打，在斗打中一只骆驼摔下了它的骑手，这些平时很规矩的藏民们发出了吼叫和笑声。

在《潘赤和朱利》表演以后，莲花花篮再一次出现。表演会到此结束。

喇嘛们勉强许可照相

整个表演是极其朴素的，然而它又是通常卓尼最出色的庆典。它唯一的变化是在年复一年的酥油花板上表现了不同的神。

酥油花节显然是夜间的事，这些塑像在早上四点以前就要被搬走，在仪式中间用闪光灯照相是不可能的，因为这样可能在那些简单的草原上的孩子中间造成恐慌。但是我非常渴望拍下全部酥油塑像，于是我请求土司，是否让这些塑像留在原地，直到太阳出来以后。

感谢我的主人，喇嘛们被告知，这些塑像留在原地直到我拍下二十四张底片为止，这是真正第一次酥油神像的照片。

只有当你知道其他寺院的喇嘛的敌视态度时，你才会感到这是一种关照（在衮本寺，一个教会人员参加酥油节被打了一顿牛皮鞭）。这件事可以说明卓尼喇嘛是很有教养的，他们在过了节第二天上午 10 点，我照完相很久以后，一个喇嘛头来问我，他们是否能把塑像搬走。从这里也可以看到卓尼土司的友情，看来他的命令是被遵从了，这就真正保证了这篇文章中的照片插图。

由于中国其他地方的混乱情况，我决定不经过内地离开卓尼，我想从迭部地区途经西藏的路离去。由于要穿越大雪山，而路又被雪所阻塞，我不得不把我离开的日期推迟到 1927 年 3 月。

这次耽搁使我能看到另一次酥油节，这次就更有意思。“赖昌喳克”节，这是标志经头喇嘛就职的日子，也是从卓尼驱赶和消除恶魔的日子，这样的庆典每三年才有一次，日期是酥油节的第二天。

庆典的这天，对喇嘛们是够忙的了。从清早就下雪，一直下了一整天，这对照像也不利。大约早上四点，一个喇嘛就上了庙的犀顶，打起一面大锣，唤醒锣声范围内的每一个人，他的这种骚扰声持续了两个小时。庆典开始得也很早，一直延续到下午四点才结束。

一群名副其实的乌合之众，聚集在一起目睹焚烧魔鬼的全过程。所有经堂、阳台、屋顶都挤满了人。用刀剑、嫩白杨树干制成的粗木棒以及无处不有的桦木鞭子武装起来的喇嘛，负责维持秩序。令人可笑的是，看到那些质朴的藏民，躲过鞭子打他们的头以后又把他们用厚羊皮包垫着的后背送去挨打，有些甚至有意激怒喇嘛去打他们。

在老经堂的院子里，两边有四排喇嘛坐在地毯上，在前排的是有职务的，他们衣着考究，是大红的毛织外套，很像罗马人的宽外袍，并饰有很长的绣花飘带挂在他们背后的两肩之间。坐在他们身后的，穿得比较贫寒，是比较次要的喇嘛。在前排的有20个喇嘛击铜钹齐奏，还有10面大鼓，每边5面，直树起来用弯曲的鼓槌敲打。在卓尼喇嘛寺主持了三年的经头喇嘛——昂司，慢慢地在通道上来回踱步，领导着喇嘛们用低音诵经。他穿得很讲究，戴着黄色的礼帽；在他手里握着一把彩饰短棒，在棒的一端插着一枝正在燃烧的香。

诵经以后，喇嘛们用雨点般的抽打把群众赶远，然后舞蹈者进入场地，他们戴着可怕的面具，有白的、深蓝的、红的、绿的。他们又表演了前面描述过的舞蹈。

对异教徒的警告

一个用红色生面捏成的弯曲身体的小人塑像，在塑像上还有沉重的铁链，被放在一个大托盘上端了上来。这个形象代表异教徒或是坏人，在托盘旁摆着一条红色长凳，凳子上放着一根王杖，一把宝剑，一只人头骨的杯子，一把三刃匕首（金刚杵），一条三叉戟，一个表示雷电的塑形，一只钟，一把短柄斧和一种木槌。

为首者，一手拿着杯子，另一只手握着匕首（金刚杵），走到塑像前，在杯子里还有一个糌粑球，上面倒了一点液体。黑帽舞的舞蹈者出场，他慢慢摇晃着，足足摇晃了几分钟，然后把球抛到地上，这个动作重复了好几次，最后从旁边的一个酥油盘子里取了一个红面球和一个红的圆锥体大麦面团放在那个杯子里，又像前面的面球那样扔到地下，这个舞蹈简直是跳了一整天才终止的，最后，舞蹈者跪在锁链捆住的塑像前，在用凳子上的每一件器具吓唬以后就把它刺倒。在这样无力的报复以后塑像就被取走了。

戴面具的舞蹈者们排成了队，每十个人站在一边。这时喇嘛们拿来了长长的羊毛地毯，从院子的一头铺到另一头。喇嘛们在地毯上坐好以后，戴面具的舞蹈者站在经堂的前面。这时喇嘛们又是诵经祈祷，他们用沙石和大块的砖垒出一个炉子，把一口大铜锅放在临时搭的炉子上，用大木桶往锅里倒了一桶菜油，然后开始在锅下面烧火。

在经堂下面的台阶上坐着一排喇嘛，他们中间有一个新“昂司”（经头）当选并主持今后三年的寺院。今天在这里驱赶所有妖魔就是他的职责。在他前面的一个小凳上有一张三角形的画着像棋盘一样图案的白纸，他把守护神的咒语写在上面，去诅咒异教徒和不信喇嘛不念经的人。所有的妖魔都被这位新继承者用咒语的形式和魔力把它们拘进了那张白纸。

在喇嘛念经的同时，锅里的油越烧越热，直到冒起火来，黑烟从燃烧的壶里升起。这时新“昂司”起身，他站得像一座塑像，随后他在他的右手上缠了几绕绸巾，三角形的纸被固定在长枝的两叉之间，高举在锅的上空。

士兵和荷枪实弹的步枪队恭敬地站在一定距离以外，风吹着火焰使群众自动地向后退，这时全部油都开始燃烧，火焰冒起到空中 20 多英尺高。

“昂司”慢慢地向冒出火焰的锅移动，在他的手里拿着一只碗，碗里盛着用红葡萄酒调和的硫黄和盐。他非常谨慎，无疑他记得，有一位前任由于过失在一次庆典中受到伤害而死去。所有的眼睛都注视着他，最后他走过去，把他碗里的东西倒进火中，顿时，蓝色的火焰冲向空中，把咒符的纸灰吹起来，士兵一起开枪，三年的倒霉和很多妖魔都用浓烟赶走了。

1982 年 11 月 6 日晚译于卓尼

本文选自中国人民政治协商会议卓尼县委员会文史资料研究委员会：《卓尼文史资料选辑》，第一辑，1984 年 8 月。

俄拉草地的蹄迹

宣侠父[①]

从兰州到俄拉[②]去，导河城[③]是必经之路。但是这时兰州与导河间的大路被战事所封闭了。狄道方面，双方主力军正在剧战中，所以我们决计抄着小路走导河，再从导河向俄拉前进。

熙攘往来的人们，在晨光中奔波着。我们这一行远征的旅客，从人丛中款地叚出[④]了兰州西城。

在未出发以前，我们曾费了好几天的筹备，因为向这人烟寥落的草地上去旅行，应须携带的用具，真会使我们和迁地搬家感觉一样的繁锁，光是铁锅、篷帐、铁铲一类的家具，我们整整地装满了三个大骡驮子，这样笨重而杂碎的行装，从来是最容易引起旅行者的厌恶心的，但是到了后来，却件件都给我们以不少的受用。

我们这个旅行队，共是七个人，萨丹夫妇和我三人以外，一

① 宣侠父（1899—1938），浙江省诸暨市人。1923年参加社会主义青年团，不久加入中国共产党。1925年与张一悟、钱崝泉秘密创建了甘肃第一个党组织——中共甘肃特别支部，并担任支部委员。1926年秋，他作为甘肃督办代表前往甘南藏区考察，耐心听取藏区各界人士的意见和要求，鼓励藏族僧俗加强团结，坚决反对军阀压迫。本文为他前往甘南藏区的见闻录。

② 俄拉：现甘肃省玛曲县欧拉乡。——编者注

③ 导河城：现甘肃省临夏市。——编者注

④ 款地叚出：疑有误，原文献如此。——编者注

个是我的传事兵刘瑞龙，一个是萨丹的仆人罕塞，其余两个人，一个是拉卜楞寺的喇嘛，他的名字我忘了，瘦小的身材，动作间都有一种冷隽的滑稽意味，每每使同伴者发笑，但是到了河州以后，他就和我们分道扬镳了；一个是白崖寺的喇嘛，名字叫作准提，他是一个胖子，每天只是静静地独自坐在鞍上，用微笑的沉默对付着人和自然界的一切，这真是一尊永远坐在山门前的布袋和尚。一路上，我虽然常常用不完全而幼稚的藏语去打破他的沉默，但是他的答语，总是非常简单的，微笑仍然展开在团团的脸上。

在街上最引人注目的，是萨丹的夫人，她穿着大红的番服，头上梳着许多的小发辫，发辫总结在项后，结上挂着一块红缎的饰物，饰物上面，普通的藏妇都是缀着四十五块铜片，而她却缀了四十五块银圆，这样累赘的重物挂在发辫上，我真替她一发千钧的担忧了。据说，她本来是拉卜楞方面有名的美妇，这时却已经变成半老的徐娘了。

出了西城，渐渐地走入山间。经过几处荒凉的山村，曲曲折折地盘上一条岭，走入一片平坦的高原，我们在一个山村里打了尖[①]。草草地完毕了午饭，鞭马走上村后之高岭，崎岖的山路，马行非常困难，有时蹄铁击着山石，发出一闪即灭的火花，我们为顾惜马力计算，缓缓地鱼贯进行，到达岭巅以后，山路又渐渐平坦，绿竹数百竿，围住了近巅的山村，炊烟如云雾般从竹丛中飘出来。

五六里后，我们都牵着马走下峻险的山坡，天色已是近暮，阴云遮蔽了日光，一切景物，使人情绪不欢。大家在一条深涧里，沉默地骑着马缓缓走着，马蹄蹴石的声音，响震两岸的断崖。黄昏时分，才转入平地，投宿在一个称为张店的小镇上。

从张店出发，走过了一片平畴，转入一条山溪内，两岸夹着峻峭的山峰，溪流非常湍急，马蹄所激起的水花，常常飞溅着衣

---

① 打尖：停下来小憩，随便吃点东西。——编者注

襟。走出了山口，到达洮河岸上，我们将所有的骡马都牵入渡船内。因水流的湍急，所以渡船都用滑车系在离水两丈多高隔岸架着的铁索上，船夫拉收着系在隔岸大石上的绳子，于是船就沿着铁索前进了。

渡过了洮河，在近渡的茅店内，完毕了早餐，走入一条浅涸的山溪，沿着沙滩，弯弯曲曲地到达一带红石积成的山下，我们的行程，转入万山丛沓的仄径中了。

我们的马头尾衔接地登越这高插云霄的牛心山①，险峨的山径，使我们不敢左右瞻顾。有时通过万丈悬崖上逼仄的狭道，心旌摇摇地，使我感受一种压迫，紧紧地拉着丝缰，两眼却只是注视着远天的白云，我已将命运完全交给马蹄去支配了，如果要是偶尔失足，当然的，一切一切，都粉碎在这不幸的一刹那间，让空中盘旋的馋鹰，去享受这一次幸运的聚餐罢了。

控马在万山之巅，除了白云和太阳以外，一切都在我们的足底，马蹄踹着起伏的冈峦南进。天色近暮，才投宿在一个山村内。

山内的住民，多半是回教徒，我有时口渴，命刘瑞龙向他们乞水解渴，他们看到是兵大爷，当然是不敢拒绝的。可是当我喝完了水，道谢走了之后，他们就将盛水的瓷碗抛弃不用了。这是萨丹事后告诉我的，回汉两民族间深深的鸿沟，在这个瓷碗的抛弃中，我们可以知道其大概了。

从锁南坝②出发，山路渐渐地盘旋着下降，在三十里以后，我们才走入平地，日影晌午，就进了导河城，宿在一家客店内。我和萨丹商议，在这里停留两天，以便采办一切途上应用的物品，因为这是必要的。

在街上，买了些手巾、胰子③、香烟一类的零星什物。近晚，

---

① 牛心山：山名，在甘肃省东乡族自治县境内。

② 锁南坝：今甘肃省东乡族自治县锁南镇。

③ 胰子：香皂。

我就去见河州镇守使裴建准，在镇署门前，看到许多士兵和官长，都是些烟容满面的病夫，衙署的形式，也完全保存着清朝总兵衙门原有的气象。

裴氏本来只有一营不完全的军队，命令的力量不能出导河城一步，因为导河是马麟、马廷勷、马定国等回族中拥有重兵者的桑梓地，回教徒的势力，也因此非常膨胀。加且在这弹丸的导河城，却俨然像两个营垒，汉人都住在城内，回人都住在南关，不相混杂。所以只要南关出了什么事，裴氏就无力处置了。

裴氏本身，是一个聪明而有才干的军人，他善于画马，因此更喜欢养马。在甘肃，只要有人得到一纸裴将军所画的马，就会和宝物一般地珍贵着的。然而甘肃的社会，使他的朝气完全消磨了，除了画马一事以外，他依样过度着一般官僚的生活。当我走入他的书室内的时候，一般浓厚的鸦片气味从间壁起居室内传入鼻内，大约他又在过他的大瘾了。

在谈话中，他对我表示很恳切的友谊，一种耿耿的目光和威毅的态度，更引起我直觉的敬意。他频频抚案叹息着自己的抱负无所施展，但是这些叹息，旁人是最难于劝慰的，所以我只是默默静听着罢了。

第二天，裴建准请我和萨丹两人吃晚饭，在席上，他告诉我："今天上午10时，接到刘氏的电报，国民军南路已于昨天攻破了天水关，东路也已经攻入平凉城，孔繁锦、张兆钾、黄得贵等完全向陕西溃退了。"

这一个战讯，未免使我感觉惊奇。从我离开兰州城，直到现在，仅仅不过四天工夫，在这样短促的时日中，不想到国民军竟直捣了张兆钾、孔繁锦的巢穴了，行军的神速，真使我怀疑这是一种含有宣传作用的战讯。所以旧式军队，大抵都是用虎皮纸糊成的方相[①]。

第三天的朝晨，我们出了导河的南门，横渡了大夏河，因为桥梁太窄了，骡马不易行走，就择河流较浅的地方，涉流过去。沿路的人烟，非常稠密，农村中都显出安静的快乐的气象。

平常我称呼萨丹的夫人为阿姆，这个藏语的称呼，本来是萨丹教我的，在路上，我都是这样称呼她。但是有一天，在一家村店中，我依然这样去称呼她时，她竟提出抗议了，她含着薄嗔，用藏语对我说："你不应称呼我为阿姆，你既然和萨丹是好朋友，当然和兄弟一样，应该称我为嫂子。"我听了她这句教训话，不觉微微有些面热起来了。萨丹却只是在旁边发笑，我当时就笑问萨丹："这是什么意思？"但他只是汩汩地笑而不言，好像埋葬一种神秘似的。后来我才完全明白所以碰这个钉子的原因，原来萨丹夫人还认为自己是停留在青春的黄金宫殿里，她否认自己已经走入所谓衰老的境界内，从来阿姆是对于老年人的称呼，因此她对于阿姆的称呼，发生憎恶了。当然，人们都不愿衰老的袭来，我也希望萨丹夫人永远能够保持她固有的美丽，可恨的，就是无情的皱纹，深深地将人们逝去的年华，不刻画在人体隐蔽的部分，偏偏刻画在最易被人发觉的额上，这真是无可奈何的事情。不过从此以后，我却不能不改称她为嫂子了。其实嫂子也不一定是青年人物所有的称呼。

这一天，我们的行程，是窬越西倾山脉而走入藏民聚居的区域，七匹马和三匹骡驮子缓缓地进了山口。初秋的丛林渲染着赫红的颜色，山色的微醉的状态中，有一泓的清溪，潺潺地向山外奔流，四山喧扰着溪水的回声。我们穿过了无数的丛林，沿着溪岸，认着依稀的樵径前进，有时几乎怀疑层嶂遮断了我们的去路，可是一转折间，我们却又走入另一幅画图中了。

---

① 方相：原意为职掌"驱鬼"之官。旧时迷信，模拟其凶恶可怕的形象，作为驱逐疫鬼和出丧时开道之用。

我为这清幽而奇秀的秋景所陶醉，只感觉兴奋而愉快，赞叹着自然的美丽，但愿永远留恋在这初秋的西倾山中。但是我们的马为这崎岖不平的山径所疲惫，不断地喘嘶着，而且汗流遍体了。

准提仍是微笑而沉默地坐在马背上，一摇一摇地走着，肥胖的身躯，压得他所骑的红马口吐白沫，不时仰天长嘶，在山谷中起了悲壮的回声。我回头带笑向他说："喂，准提师，你的马被你压坏了，你下来，扛着你的马走罢！"他仍然微微笑着，过了半晌才慢慢地说："扛不动，怎样办？马就是给人骑的。"从此他微笑的沉默，又羼入在无言的四山秋景中了。

走了三十里的山路，到达了一片平冈上的草地，我们就搭起篷帐，解鞍休息，将马足系了绳子，放在山上。罕塞和准提，就用三块大石搭了一架临时锅灶，从骡驮上解下了预先收藏着的干羊粪，打着了火石，然后加上一些马粪，再向溪内取水来，煮茶解渴。萨丹笑着告诉我，以后路上的生活，除了有寺院的地方，大约总是这样的。

这样我就开始了新的生活，眼前的一切，都使我感到兴趣，在这草地上，东一堆西一堆的石头，都留着火焰烧灼的痕迹，不言而喻这是过去的旅客所遗留下来的锅灶。他们又留下了马粪，给我们作燃料。同时，我们也将留下不少的马粪，给后来的旅客作燃料，这是人类在不知不觉中进行着的互助生活。

喝茶以后，我们又开始烧面吃，在河州，我买了两袋面粉，作为我们的粮食，因为一入了游牧生活的藏民部落境界内，我们就不容易再去寻取麦米来果腹了。

午饭就这样完毕了，我们收拾了篷帐、铁锅和碗、筷一类的杂物，将四散在山间的骡马牵了回来，重新给它们加上羁勒，压上了重负，开始我们继续登山的行程。

从这片草地到山巅，还有十里路程，在这十里内，我们已是看不到丛生的树木，大约是因为山太高了，气温过低，不易生长的缘故。满山只有绿油油的青草，山巅被白云封住，我们这一队骑士，渐渐走入这棉絮般的白云堆里，萨丹从马上回头对我说："这是瘴气，你得留心一点！"我听了，取了几粒人丹，噙在口内，同时又吸着纸烟，因为烟草可以抵抗瘴气的。渐渐地窬越了山巅，穿过了白云的迷阵，这里已经是藏民的地域了。我们沿着一条小溪，向山的南麓走去，在长途旅行的经历中，骑马下山，是最感费力的事情，幸而这边山路的斜度，没有上山时那样的陡峻，因为山南的地势高于山北的缘故。

完全在曲曲折折的山峡中行进，野兔常常从草丛中跃出，二十里后，我们在溪边的沙滩上又搭下了篷帐，大家从事休息，马匹都解去鞍驮，放在溪岸的草地上。这里距刚察寺[①]仅有五里多路，萨丹命罕塞骑马去通知寺内的喇嘛，说是扎希崔伦来了。

扎希崔伦，就是黄正清和萨丹给我所取的藏名。半年以后，我曾经为援助他们费了不少的心力，虽然实际上没有丝毫的功效，但是我所有忠实的同情，已经被甘边藏民所接受了。所以寺僧们多是知道我的名字的。

骡马都饱了，我们就收拾起程，沿着溪流南行，走出了山峡，道路渐见平坦，远远地有一带葱郁的树林，林外隐隐爆出红墙的一角，眼前就是刚察寺。转过了树林，全寺暴露出金碧辉煌的建筑和宏大的规模，包含着目所未见的壮丽，夕阳映照着寺殿的金顶，更显出庄严无比的宝相，在这样荒僻的草地上，看到这样壮丽的建筑，我怀疑这只是我的眼花，或者是一座空中的蜃楼。

马蹄杂沓地到了寺前，许多喇嘛都在寺前迎候，有一个喇嘛，就拉着我的马，引入寺旁嘉木样的行台。

一切行李都搬入了嘉木样的行台，我和萨丹住在一所精致的平房内，室内没有桌椅，仅有蒲团供我们趺坐。洁净的矮几和光滑的地板，使我回忆着当年在日本所度过的学生生活。

---

① 刚察寺：在甘肃省合作市佐盖曼玛乡境内。——编者注

等了一会，刚察寺的僧官前来访问。他是嘉木样所派定的刚察寺一带权力者，他不但管理着刚察寺的喇嘛，而且统治着附近一带村落的居民。在进门的时候，双手捧过一条白绫，这是他们代表名刺的，普通的藏民，平时互相通候或慰问的时候，都是交换着一条白纱布，地位高的喇嘛和酋长，就用黄绫、白绫或蓝绫了。我因为藏语太幼稚，让萨丹给我翻译，略略地谈了一会，他就走出了。

从河州出发时，我们又多了两个伙伴，一个是西军统领马定国的差弁，一个是回教中的阿訇，就是回教中的传教师。他俩是奉马定国的委派去问候嘉木样，顺便买取马匹的。在路上，他们和我们，除了煮茶以外，总是两锅分炊着。今天因为僧官给我送来一只羊，萨丹送了他们一大块的羊肉，但是他们一定推辞着不要。后来才知道，凡是汉民和藏民所宰的羊，他们总是不要吃的。当时我就对萨丹说："以后若再有羊，叫他们宰杀好了。"因为这两位回教徒说，照藏人的方法来宰羊，羊肉是不干净的。从此以后，一路上凡是有羊送来，都叫他们宰杀。而且我常常喜欢吃他们所煮的羊肉，原因是他们所煮的羊肉，比较熟烂一点，至于罕塞所煮的，每次总是半生不熟的，有时使我啃了半天，不能啃动分毫，恨得我愤地将羊肉远抛了，为这件事，我曾经对他发了好几次肝火。

翌日的早晨，我们向买吾庄[①]进发，沿路经过几处藏民聚居的村落，他们的生活已经进入原始的农业经济社会中，熙熙皞皞地正在收割麦子，一捆捆的收获物，从牛背上载到晒场上去，无上的愉快充满在他们的眉眼间，一路上，高唱着快乐的农歌。

在他们的社会里，工钱制度尚未产生，人们都是在互助的换工制中经营着生活，这是萨丹所告诉我的。

从刚察寺到买吾庄，计程是八十里，在近暮的时候，我们到

① 买吾庄：即今甘肃省合作市佐盖曼玛乡政府驻地。

达了买吾庄酋长的家内。这位酋长，据萨丹说是许多酋长中最有胆略的人物。这时，他正在起造新屋，楼下尚有一部分没有建筑完整，我们就在新屋的楼上。入晚，呼呼的山风，吹入窗棂内，寒气袭入衣袖。

夜间，萨丹夫妻不知道为什么勃谿了，呶呶地闹了半宵，使我因此不能成寐。

翌日，我们离开了买吾庄，迂道向旧洮州进发，因为萨丹的家在离旧洮州十里地的山村内，借此顺道送他夫人归家。我们逾越了一条小岭，走上周围四五十里的一片大草地，时节虽然已经到了初秋，但是草地上因气候较迟，还是春深的天气，满地杂开着黄色和红色的草花，衬着一片新绿的草色，我们真似在一片天样大的彩色绒毯上，驰骋着，奔逐着。我赞叹这美丽的草地，这是自然一种别有风致的艺术作品。

走尽了草地，转入迂回的丘陵中，沿途看见许多灰色的小兽，这些小兽藏名称为“挞拉”，天真烂漫地见人也不畏惧，但是当我们举枪预备射击时，就非常迅速地钻入穴内去了。

越过了一条蜿蜒的山岭，是一片狭长的平畴，马左一带高山绵亘着，山谷中隐约露出一带白墙，这是白崖寺窥伺着山下行人的一角，准提就此和我们告别回寺。长途旅行的伴侣，在一刹那间遽尔分离了。我们都不自觉地颤抖着一种依依惜别的情绪。

由白崖寺到萨丹所住的山村，计程不过二十里，我们到了萨丹家内的时候，斜日尚停留在西山之岫，村外的晚景，使我忘怀了马行的劳倦，尤其是萨丹的夫人，几乎欣喜得要堕下马来，因为一转眼间，她就可拥抱着她的爱子了。

我们都住在萨丹家内的楼上，室内非常清洁，但是楼下却养着两头牛，两头猪，一阵阵的粪溺气，时时沁入鼻管，未免使人感觉不快。

萨丹的儿子，是个伶俐可喜的孩童，萨丹预备在归途中，带他到兰州去读书，我也竭力地怂恿着。同时我见了他的养女，是一个十七八岁的姑娘，工作的勤劳使她的两手因此僵硬而粗糙，但是娟秀的眉目和绯红的双颊，显出一种强壮的美。在藏民中，我所见的女子，算她是最美的一人了。从罕塞的一举一动中，可以看出，大约是对她抱着无限野心的。

晚上，萨丹命他的大姨以及他的夫人和养女举行藏俗的歌舞。藏民妇女的服装，本来和中国古装相仿佛，所以长袖招展地舞着，另有一种风致。尤其是她们的歌喉，声带比内地一般妇女为高，震金裂石的歌声，惊破了幽静的黄昏，我的情绪，完全被歌声所征服了，直到临睡以后，枕上还留着缭绕的余音。

歌曲本来是人类感情的自然和美的发挥，环境可以左右歌曲的情调，所以生活在原野的民族，所以歌曲的音调，大抵都是壮迈而渺远的。他们生息在旷漠的原野上，四望无际的一片平坦的大地，视线中只青空的天和间间的白云，人们在这样宽阔的环境里，当然会发生壮迈而渺远的情感的，这种情感，就完全从歌曲中流露出来了。

在萨丹家内休息的一天，村民正在收割青稞，络绎的黄牛，负载着收获物，堆积木架上。他们唱着男女间恋爱的秧歌，每一次收获物送到晒场时，每个农民就都喝了一杯麦酒，歌声和邪许声从此就喧扰着天空了。这真是富有文学意义的生活，我站在屋顶上，看着他们愉快地工作着，茫然出神，几乎忘却了西倾山外残酷的社会了。

天明，我们离开了萨丹的故乡，取道白崖寺前，向阿姆曲霍[1]出发。天气晴朗，我们的旅队顺着曲折的小道转入重叠的草山中。萨丹的姊丈，这时也和我们同行，他和罕塞都揹着一支快枪，枪稍装着两脚架，是在卧着放枪时作支架用的，他们对于枪的重视，几乎当作第二生命，在交通不便的穷乡僻壤里，要得到一杆枪，

① 阿姆曲霍：现甘肃省夏河县阿木去乎镇。

自然不是容易的事，所以我们如果有一杆枪，就可以换取三四马。至于枪弹，更是难得的珍物，寻常每粒售银五钱，就是每百粒售银五十两，这真可说是空前未有的价格了。

投宿在依山临野的小寺里，四围荒寥。入夜，但有秋林风吼的声音继续地传到枕上，这样凉夜的静境，使我追忆三年前浣溪山寺中读书的情景，不意从此却勾起了我无限的乡思转侧不寐。所有过去在故乡享受浪漫生活的旧事，历历都上心头。最使我难忘于怀的，是七年前的元旦，我和长兄及长弟跟随着父亲，同去村外的溪畔折取梅花，这一件事，在我追忆中，恍然如在目前。然而我的长兄芒父，竟在我将离张家口时，已经溘然逝去了！旧事怀念，使我百感交集。从枕上拭泪探望窗外，凉凉的明月，沉浸在空庭上。

在朝寒袭入中，离开了寺院，走尽一带丘陵地，马蹄前又是一片大草原。萨丹用鞭指着前面，从马上回头告诉我说："这就是那年藏民被马麒袭击的地方，在当时，无数战士的毡帐掩盖了数十里的青草，声势非常浩大，然而我们终于从愚蠢和疏忽中留下了失败的创痕！"他愤慨地草草叙述了这一页厄运的战史。

我纵目远眺，眼前只是一片象征着和平的绿茵，一泓弯弯的浅溪，萦迴在草原上，仅有三五丛红色的草花孤零的开放着，这或许是战士碧血所幻化的痕迹！别的是什么也没有了。

近暮，阴云又拥在天上，我们走上一条小岭，远远就望见阿姆曲霍的寺院。平原上，一带红墙，围着许多颓垣败墙，一部分历劫危峙的宝殿，却仍旧使我感叹轮奂[①]的宏丽。从前，阿姆曲霍是甘边有名的大寺院，但是三年前，在马麒的骑兵一炬之下，二百余年伟大的建筑，就十九变成劫灰了。

我们到达了寺内，略事休息，萨丹和该寺僧官领导我察看火灾的痕迹，最使人扼腕的，是高大无伦的经堂也仅剩有几片残垣

① 轮奂：形容房屋高大众多。

危立在晚风中了！据说，当马家军焚烧经堂的时候，正在念经的千余喇嘛也同时葬身在火窟中，偶然有突火冲出的，也被他们所枪杀了。这真是一群残忍的魔鬼，他们毁灭了阿姆曲霍天际和平的钟声。我想不到民族间的仇视，竟演出这样惊人的惨剧，这种兽性的发挥，我们真是不会了解的。

离开了阿姆曲霍，渡过了一条溪涧，盘着羊肠鸟道，走入苍松夹道的丛山中，渐渐转入山峡内，日影已经过午，我们就在溪岸的草地上搭下篷帐，开始造饭果腹。

饭后起程，向西昌寺[①]进发，二十里后，我们到达了洮河岸上，深绿色的河水，湍急地向西北流去，我们沿河南行，路右是一带悬崖，忽然间，前面道路被乱石垒断了，萨丹是早已知道这事的原因的，他对我说："西昌方面和阿姆曲霍方面的藏民，因为争夺一片草地，双方正在械斗，这是西昌方面防御阿姆曲霍人袭击的工事。"我当时就命刘瑞龙和罕塞将乱石搬开，投在洮河内，费了二三十分钟的时间，大家才鞭马前进。

西昌寺的建筑，虽然次于阿姆曲霍，却远胜于刚察寺。高矗云霄的经堂内，排列着五百尊铜罗汉，寺殿的金顶内，藏着价值数十万的珍宝，一楼一阁，都尽了画栋雕栏的能事。在这里，没有经过马家军铁蹄的蹂躏，所以一切仍能维持其固有轮奂。从河岸上，远远望见这洮河流域著名的巨刹时，我几乎怀疑这是海上的宫殿。

晚上，我和萨丹正在闲谈，忽然起了一阵枪声，接着男女老幼的呼喊声震天而起。我当时唤寺内的喇嘛来问，他们说："从和阿姆曲霍方面械斗以来，恐怕那面夜间来袭击，几乎每天就是这样的。"我听了他们的话，就不理会了，等了一会，蓦地又是一阵枪声，接着仍是轰天动地的男女呼喊声，我这时未免有点发急。我想如果再不警告他们一下，我们今夜睡眠的权利就会在他们这

---

① 西昌寺：现甘肃省碌曲县西仓寺。——编者注

种胆怯的示威行动下面全部剥夺了。当时我就命寺内喇嘛领刘瑞龙去唤西昌庄酋长来。不一会，那位酋长来了，我就严厉地对他说:“不许你们这样自己哄吓自己的胡闹着！你要半夜三更里再闹，就先拿你去办。如果他们打进来，我们在这里，不必你管。回去好好睡觉罢！”这一席老爷口气的官话，直吓得那个酋长诺诺连声而去，然而我们从此却得了一宵的安眠。

从西昌寺晓发，走过了木桥，由洮河东岸南进，从此就走入游牧生活的藏民部落中，寥落的人烟，有时几乎从朝到暮，极目远望，不见一个人影，只有成千累百的野羊被马蹄声所惊起，蓦然从草丛中窜出，四散奔逃。

将近日暮，到达一个藏民的部落，数十家毡帐，聚居在一处，帐外无数的牛羊，三五成群地散啮着秋草。我们就在毡帐的旁边，搭下了两座篷帐，我和萨丹、刘瑞龙住在一座圆锥形的篷帐内，其余的共住在一座方形的篷帐内，所有骡马，完全都放在草地上。夜餐依然是羊肉煮面片，近来我因为每日奔波的结果，食量的增加，每每使萨丹当作谈笑的资料。

部落中的酋长夜间来问候我们，穿着光羊皮的长袄，鼻涕和垢秽涂擦得羊鞹发生光亮；但是普通藏民的衣服，差不多都是这样。所以，这也是不足奇怪的。在西昌庄，洋布每尺的价格已经是需银一两。因此，藏民中除了妇女以外，男子十中之九，都穿着光板的皮袄，而且无论如何炎热的天气，也不肯偶然脱去的，仅仅袒着一臂罢了。

这时那位酋长匍匐在篷帐门口，两眼露出惊奇和神秘的表情，不断地看着我们。萨丹叫他明天预备十个人，带着枪护送我们到黄河岸上，因为从这里到黄河岸上，所过是几百里旷漠无人的荒地，为防虞意外，不能不有这种预备。酋长连声答应着，叩了一个头，就回入毡帐去了。

夜风渐吹渐紧，寒气骤然袭人衣袖，帐外的明月，冷清清的独自照着大地，我为一种孤寂的感触所围困，无聊地脱衣就寝。

天明以后，即收拾一切，预备登程，晓风吹面欲裂，马背上也凝结着一层浓霜。酋长所派定的十个藏民，也雄赳赳地荷枪齐集在帐外，等候出发了。我用小刀匆匆地割着一大块羊肉，放量大嚼，以谋暂时的果腹，在东方红霞流动中，我们就开始践踏着寒霜，向西南前进。

在绿草连天白云绕地的草地上，控马缓缓地走着，我感觉茫然了，我怀疑着我们是预备走向天的涯岸上去，除了偶然地看到几堆干燥的马粪以外，我们再寻不出其他曾有人迹到过的证据。宇宙是这样空虚而阔大的，地球却涂饰着一层绿釉，除此以外，我们什么感想都没有了。

马上常常看到巨大的乌鸦在草地上行走，远望以为是一种兽类，展翅飞起，和车轿一般大小。这些乌鸦，据说都是吃人肉长大的。……

这种风俗真引起我不少的兴趣，但是我想，如果内地有一个人要行施这样的葬礼，恐怕凶恶的礼教就会将他生生地吃了。

日影过午，在一条小河旁，搭帐煮饭，牛马粪是在昨夜住宿的部落旁收了一大袋，从骡背上驮来的。因为萨丹知道在今天的路途上，没有燃料可找的。罕塞和刘瑞龙用铁铲在河岸上挖了几铲泥土搭成锅灶，萨丹的姊丈用羊皮做成的风袋，压气吹火，不一会炊烟就缭绕卷上天空了。

有一只野羊突然从杂草中窜了出来，我急忙从刘瑞龙手中夺了手枪，向野羊一枪打去，但是幸运的野羊，连一条毫毛也没有打伤，我痴立着，目送这流星般的亡羊，灭没在不可见的云影里。萨丹的姊丈却不断地为我惋惜着浪费了这粒珍贵的枪弹。

红日懒懒地搁在地平线上，我们走上一带草山，山下有一片平地，依傍着一条小河，夕阳映照河水，荡漾着胭脂般的红波，罕塞等先在平地上搭架篷帐，大家准备在这里过度一宵。我在山冈上下马休息，借草而卧，仰面看着天上的残霞，整日奔波的疲劳，在这一刻间，飞散在暮色苍茫中了。

夜间，我们都将手枪的枪弹送入膛内，扭了保险机，垫在枕下，以备意外的袭击。昨天酋长所派来的十人，轮流着守卫场上的骡马。夜寒侵入帐内，静寂的大地只有断续的马嘶声，时时惊醒客梦。

天明，阴云张开了惨淡的天幕，我们络绎地涉水渡河西行，预备先走三四十里的路程，再进早餐。途上霏霏地下起雨来，渐渐愈下愈大，斜风吹雨，打在面上，两颊冻得发痛，但是在这种荒寥的大野中，我们当然不会发生向何处躲避的念头，所以只好仍然冒雨前进。我穿着雨衣，萨丹披着大红氆氇的斗篷，渐渐都被雨水所浸透，那十位护送我们的藏民，却只把头向羊皮袄内一缩，笑眯眯地骑在马上，什么斜风狂雨也不管了。

约莫走了四十里，在一处草山上搭下篷帐，泾草上铺了狗皮褥子，我趺坐着，从事休息，微雨依然霏霏地下着，疲乏和饥寒交迫。罕塞等在雨中烧水煮饭，斜风吹送炊烟进入帐内来，使人鼻管不快。洗漱以后，用小刀割食了一块大羊肉，精神渐觉兴奋。

萨丹在锅旁割了一块生羊肉，津津有味地咀嚼着，口中不绝地称道这佳味的难得。同时，怂恿着我去尝试这少有的珍味。我笑着说："珍味让你去领略，我只要有熟羊肉果腹罢了。"这本来是很平常的，一路上，他们常常恬然地割食着生羊肉，好像正在享受天厨珍肴的滋味，只有我，在旁替他们为难罢了。

雨势渐杀，我们又跨马登程，走尽了一带草山，渡过了一片泥泞的沮洳地，进入左右峰峦陡险的大山峡中。山风喧号，涧水潺缓地流向峡外，马蹄蹴水，曲曲折折地前进，峡尽，走上一条高岭，山云渐开，雨也从此住了。因为下岭的道路崎岖，牵着马徒步走了六七里，在岭下的平地上，搭下篷帐，完毕了这雨中的一日行程。

明日，我们越过了一带草地，又走尽了一带重重叠叠的草山，峰回路转，侵入了一片牛羊所管领的天下，数十里纵横的大草滩，几乎完全被牛羊所遮蔽了。当我们这一队旅行者下山走过毡帐附近的时候，蓦地里几头高大异常的狞狗，吠声狺狺，向着我的马扑上来，萨丹急忙催促我向前。我竭力向马腹一踢，才冲出了重围。如果略略迟慢一点，我这条左腿，就会被这些孽畜所咬断了，最少也使我的衣服撕成悬鹑百结①，狼狈的情形，自可想而知了。

这时一群犬狞，正在包围着攻击罕塞，还有几头用铁链锁在木桩上大如小牛的番狗，也狮吼般地向我们狂吠。然而罕塞是早有准备的，他从羊皮袄内摸出一条一端系着小木桩的绳子，在马上呼呼地转舞着，护住了人和马，同时蹴马向前，渐渐地离开顽敌的势力圈；但是这群草地的权威者，狺狺地一直欢送我们横渡了一条小河，隔着河，还是遥遥地大声示了一番威，才肯奏凯而归。这样威猛无比的牧羊犬，真使我无法应付，每每到达一个部落时，我总是戒备得俨然如临大敌，有时幸赖犬主恐怕我们开枪射击，自己走来给我们解围，才免了不少的纠缠。这次草地的旅行，番狗算是我们唯一的敌人，它们比警察对付穷人更凶猛多了。

这天约莫走了九十里路程，在离黄河岸二十里的山坡下安下了篷帐，天气晴明，夕阳反照山前，晚霞在天际流走着，宇宙整个是红色的。

第二天，我们向黄河岸出发，那十位护送我们的藏民辞别我们，要回到自己的部落里去，我们送了他们一大袋羊肉，就此南北背道而驰了。

走过了一带毡帐，到达黄河岸上，这里是黄河的上游，河流虽然湍急，却是清可见底。渡头只有一艘长方形的木舟，构造非常简单，没有帆樯和柁橹，仅有一杆木篙。我们把骡马的鞍辔和负载着的行李都取下堆在船内，每人在舱前拉着一条缰绳，力鞭

① 悬鹑百结：比喻衣服破破烂烂。

马背，同时，大声鼓噪着，吆喝着，于是十多匹马拉着这方形的木舟，水花乱飞地渐渐离开了浅滩，向隔岸浮水前进，到了中流，逐一放了缰绳，让它们自己浮水过去，只剩下五六匹马，牵着木舟渡河。费了半小时的时间，我们到达了彼岸。

在河岸上煮茶解渴，大家坐在日光下，用小刀割食大块的羊肉，等待着马身的干燥，天气和暖，我的精神也异常愉快。

我和那位回教中的阿訇坐在行李堆上，一边吃着羊肉，一边闲谈着，他告诉我关于河州方面回民的风俗，最引起我的兴趣的是关于青年回民求恋的一段。

在睛明的天气，青年的男女都在麦地上工作。如果有一个青年男子对于附近工作着的女子发生爱感时，他于是高声唱着第一回的恋歌了，歌的意思是说："在你的麦地上，有没有你的父母伴着你？"如果女子同意了的时候，就接着也唱一曲恋歌，意思是说："我的父母在家里，这里只有孤零零的我。"于是男子又唱着第二曲恋歌，意思是："我爱你！如果你允许，我伴着你？"如果女子再唱一曲同意而表示欢迎的恋歌时，这样就开始相爱了。

这是和嘤鸣求友有同样意义的恋爱，这是如何含有诗意的两性生活！但是如果给女子的父亲发觉的时候，非将这一对情侣立刻残忍地置之死地不可。其所以要杀却的理由，我当然不能了解，就是阿訇也不能有所申述。这或许就是礼教的模型罢？有几个骑牛的藏民，也从隔岸渡河过来，他们不需要那方头的木舟，仅仅从羊皮袄内取出一个羊皮袋，用气吹涨了，将脱下的衣服顶在头上，就叱牛下水，拉着牛绳，骑在羊皮袋上缓缓地渡过河来。在中流，浪花飞溅他们的脸上，他们高呼着："佛爷！佛爷！"这是所有甘边藏民对于嘉木样的尊称。在危难中，他们希望着佛力的援救。

骡马身上都干燥了，我们就起程向昌札赫寺[1]进发，黄位中[2]就住在这寺内。呼图克图嘉木样虽然是这一带藏民信仰的象征，然他现在不过是一个十二岁的孩童，所以一切大权，完全在黄位中的掌握中，我所以先去昌札赫寺就是这个原因。

从黄河岸到昌札赫寺，计程六十里，按辔缓缓地走着，觉得十分疲乏，几乎在鞍上熟睡了，勉强振作精神，但是睡魔仍然不时袭来。我想纵马飞跑一程，以舒筋骨，就用力将缰绳一勒，哪知这匹马看到地上一条旧绳索，吃了一惊，猛然向旁边一蹿，我一不留意，凭空从马上跌将下来。幸而跌在草地上，尚无创痛可言。然而我懊恼了，立即重新攀鞍上马，用力向马腹一蹴，这样一气飞跑了五里左右，直跑得这马汗流浃体，胸中的愤气，才算渐渐出完了。

到达昌札赫寺，天色尚早，黄位中在寺前迎遇，伟岸的状貌，穿着枣红绸子的皮袍，巍巍然沉着地站在门前。我跃下了马，就和他携手进入他的客室，初次见面，当然是无话可说的，而且我疲倦极了，所以略略地谈了一会，就回到他给我们预备着的住处去休息。

晚上，黄位中到我住处来谈话，我因自己的藏语太幼稚，命萨丹给我翻译。最初，他叙述在过去如何受马麒种种压迫的情形，言语非常沉痛而愤激。然而这些事实，我几乎听了萨丹十次以上的复诵了。我安慰着他，而且对他说："这次远来的动机，我并不是仅仅为你们和马麒的纠葛而来，我希望能够在你们民族的存在和自立上有微薄的帮助和贡献。至于那件官司，我想不久就会解决的。"他听了我的话，表示他对于我感谢的意思。同时，他留我在这里暂住几天，以便畅快的谈话。在灯昏茶冷以后，我才目送这巨影埋没在门外黑暗中。

---

① 昌札赫寺：在甘肃省玛曲县境内。——编者注

② 黄位中：拉卜楞寺五世嘉木样活佛的父亲。——编者注

明朝，我随着萨丹同去寺内和黄位中谈话，这次我们整整谈了一天。我告诉他：“一个民族只有提高自身的力量，才能不受外来的侵略和压迫。在目前，关于其余的事业，还是谈不到的，第一步就是先来团结近地的藏民，再慢慢由近及远，去联络所有的藏民，在整个组织之下集结起来，然后再设法提高一般人民的文化，充实自身的武力，只要这样，就有十个马麒，也不敢压迫你们了。”我反复譬解地给他申述这项意见，一直继续到四五小时之久，最后他才觉悟似的奋然地说：“听了先生的话，我明白了。你是在说，马麒的压迫是我们自己找来的，的确！但是在目前，佛爷和我们远奔在草地上，一切都是难以着手，只要佛爷能归拉卜楞寺，我们愿意完全听先生的教诲。”我当时就说：“关于佛爷回住拉卜楞寺一事，我愿意负责任，可是我希望你现在能够开始团结附近一带藏民的工作，在我未归兰州以前，先行召集附近的酋长，成立一种同盟，我也可以趁此机会亲身参加，你的意思怎样？”他连声承诺着说：“这样很好，一到俄拉，立刻就进行。”谈到这里，我就和萨丹辞了出来。

回去时，有两个喇嘛带着一幅蓝绫，从俄拉奉嘉木样的命前来问候。我收了蓝绫，取了一幅黄绫，嘱咐他们两人代我问候嘉木样。大约昨天我们到这里的时候，黄位中已经命人去通知嘉木样了。

翌日，我和黄位中商议关于组织同盟的各种事宜，决定先行召集四百里内的酋长组织甘青藏民大同盟，我代他们做了一篇宣言，由萨丹翻成藏文，预备在开会时宣读之后，携赴兰州付印，再向甘青藏民分发。

晨曦带着喜气，映照在昌札赫寺前，我们从一片马嘶声中向俄拉草地出发。黄位中骑着一匹高大的白马和我并骑而行，一路上闲谈着，走过了几片草地，就在山中纡回地转着，马蹄飞蹴露珠前进，野羊时时从草丛中窜出。从昌札赫寺到俄拉，仅有六十里的行程，所以日影近午，已经离俄拉不远了。

在离俄拉十里左右的地方，蓦然间，右前方的山坡上，三四十匹马飞一般地远远向我们方面驰来，马上的人，都穿着黄绸马褂和枣红色的大袍，头上戴着金顶僧帽。萨丹告诉我，佛爷派堪布①来迎接了。这一队堪布到达我们的前面时，很敏捷地翻身下马，雁行般整齐而严肃地站在鞍旁。为首一位青年的大堪布就是嘉木样的次兄，两手捧着一幅黄绫，走向我的马前，恭恭敬敬地说："佛爷问你先生好！"我急忙跳下马来，但是不知道怎样应对，回头向萨丹看了一眼，萨丹说："你如果客气，就不要收受这条绫子好了。"我于是双手向那幅黄绫一推，那位大堪布就也老实地将黄绫收回了。大家重新上马，三四十骑簇拥着我们前进。转过一个山头，远远望见草地上一带帐幕，萨丹用鞭指着一座上有金顶的帐幕对我说："佛爷就住在那个有金顶的房式帐幕内。"一二十分钟以后，我们就到达了帐前。在黄位中所住的蒙古式团瓢中休息了一会，我就和黄位中、萨丹，同去晋谒呼图克图嘉木样。

达到了一所房屋式的帐幕前，黄位中揭开了帐帘，一位十二三岁的小喇嘛，穿着黄缎的僧衣，斜披着大红的袈裟，从里面迎出来。这就是象征着草地最高信仰的嘉木样。他将手拱了一拱，捧着一幅黄绫，背书一般地说："愿你安好！"我收好了他的绫子，也从衣袋掏出一块蓝绫，双手捧给他。这样，大家就进入帐内。我和嘉木样坐在两条短凳上，黄位中虽然是他的父亲，但是在嘉木样的篷帐内，是没有座位的，萨丹是更不必说了。

我和嘉木样就座以后，蓦然间，看到萨丹将两手一举，就扑在地上，对着嘉木样叩着响头，一会儿，又起来，仍是高举着手，扑在地上，叩着响头，大约所行的是三跪九叩的大礼。礼毕之后，就拿着糖果手巾一类的礼物，匍匐膝行前进，安放在嘉木样

① 堪布：藏语音译。其意有三：喇嘛教寺院僧职名，大寺院的扎仓和中小寺院的最高主持人；原西藏地方政府僧官名；藏传佛教中主持受戒者的称号。

的足旁。嘉木样就用手轻轻地在他的头上摸了一下，同时，将一条五六寸长的红绸带，搁在他的项上，这条绸带是佛力回护着的记号，于是萨丹匍匐后退到三四尺以外的地方，将绸带系在项上，站立起来，开始给我充当翻译。

这是一个神秘的孩子，他虽然被一部分人类高举在天上，教他代表万有和一切；然而他终是天地间的儿童，局促地坐在短凳上，以至于不敢向我正目而视，只是注视着足下的狼皮地毯。我开始说："在路上，听到佛爷身体很好，我很喜欢。"他嗫嚅地说："谢！谢！"我又说："这件官司，请放心，我愿意尽我的力量，在短时期内，请佛爷回拉卜楞。"他又说了一声谢谢，于是乎我们的谈话就完毕了。我觉得这次短时间的谈话，多少是会有戏剧的意义的。

回到黄位中的团瓢内，略事休息，和嘉木样的叔父称为"相座"的，谈了一会，就回到自己的篷帐内去。

第二天，黄位中派人分头去召集四百里以内的酋长，我和萨丹同去隔山的部落内游玩，在一家毡帐内，吃了一顿羊肉。在洮州时，看到他们还有一种羊肉的吃法，是将羊肉脔灌在羊肠内和内地的香肠一样，蒸熟之后，用刀割着，一段段拿在手内大嚼。但我因为生平怕蛇的缘故，看到这种容易联想到蛇的形状的食品，心里就微觉发呕，所以未敢领略这种佳味。近晚，大家骑马同归帐内，今天我骑的那匹黑马，本来是"相座"的，在路上发起性子，几乎将我掀下马来。

有一天，近地的藏民，叩请嘉木样到部落中去念经，七八十个穿着黄缎马褂的堪布，拥着一乘黄缎所扎成用八个人扛着的轿子，仪仗非常威严地向草地走去，远近牧马的男女，都向着轿子伏拜。据萨丹所说，嘉木样每到一个部落中去念经，部落中每家就得孝敬一百两银子，佛驾光临的代价，总也算不轻了。

在酋长们未来以前，长日无事可做，仅有几位堪布和喇嘛不时和我们来谈话。嘉木样的幼姊是一个十四岁的女孩子，天真烂漫地穿着男子的装束，也常常到帐内来游玩，我变通了儿时“捉曹操”的游戏，教他们“捉马麒”，光阴就这样无聊地消磨过去。

常常有些从近地来的男女，整天绕着帐幕走圈子，他们以为这样可以禳灾得福的。

有一天的下午，看到同来的阿訇，向一个藏民买一块羊须所织成的毡。那个藏民讨价是二两银子，阿訇给他两块钱，还是不肯出卖，后来阿訇用带来的一斤红糖和他交换，就欣然答应了。从这件事情上，我们就可想见草地上物质的缺乏了。

七八天后，酋长们陆续应召到达了俄拉草地，共计来会的二百三十余人，每人还带着四五个护送者，广大的草滩上搭满了各色帐幕，炊烟涨大，人喊马嘶地冲破了草地所有的寂寞和空虚。

半晴半阴的天气，二百三十几个穿着羊皮袄的酋长，围坐在黄位中团瓢前的草地上，最初由萨丹给我当翻译，对他们解释甘青大同盟的意义和组织。在演讲时，忽然天空降下一阵豆大的雹子来，但他们仅仅把头向羊皮袄内一缩，依然很镇静地谛听着，到我演讲完毕时，于是几位势力较大的酋长词锋展开了。

藏民真是一个善干说辞的民族，他们口若悬河，滔滔不绝地说明以后对于大同盟的拥护和责任。一个完了，又是一个，延续到三四小时之久。最后由盟主黄位中宣读誓词，各酋长起立表示敬意，同时，黄位中又宣布这年十月间再在西昌庄举行正式结盟，并邀我届时也去参加。我当时虽然是慨然答应着，但是事不由人，终于使我永远对他抱着失约的缺憾。初次的盟会，就在这天闭幕了。

晚上，有许多酋长到我们帐内来，他们对于我所说“团结起来，自求生存”的劝告，表示完全接受的诚意。

酋长们将要陆续回到自己的部落里去，我也觉得此间暂时无事可做，决计先回兰州，帮助他们解决和马麒的纠葛。事前，我命萨丹代表声明，所有馈贻，一律不受；因此我知道藏民的风俗，如果临时拒绝馈贻的礼物，就会使他们感觉受着一种极大的耻辱样的。但是在临行前的一天，黄河南岸一百多个酋长，都满坐在我们的帐外，最前的酋长，拿着一百两银子，诚恳地说："不算什么馈贻，不过给先生路上喝喝茶罢了。"我当时拒绝接受，我对他们说："拒绝你们的厚赐，我知道你们或许以为是一种耻辱，但是我们汉人，无故收受别人的馈贻，也是一种耻辱，总之，我心领你们的盛意是了。"但是他们仍是坚执着，拥挤在帐前，不肯让步。我后来想出一个办法，就对他们说明，将这一百两银子，以二十五两给萨丹，其余悉数代他们捐入兰州革命青年周刊社，这样，他们才一齐退去了。不一会，黄河北岸的酋长，也拿着一百两银子到帐前来，我没奈何只好仍是用这个办法发付了。

明天，骡马都配备待发，我去辞别嘉木样。这次见面，他不比初来时腼腆了，我一进了帐门，他就天真烂漫地用两手拉着我的右手，向里面走去，笑窝留在颊上，显出儿童固有而可爱的活泼态度。

这真可说是一个人间可以怜悯的幼童，他的一生，被人们在一种模型中雕刻着，每天关闭在帐幕里，喂他一些酸奶和羊肉，从朝到晚，教他念着经。有时偶然说出一句不祥的话，他的师傅，就拿着戒尺，先在他的面前恭恭敬敬地行了三跪九叩首的大礼，然后再用戒尺，打他的手心。所以他平时只要看到他的师傅向他跪拜的时候，就知道噩运已经来临，哇然地哭出来了。

出了嘉木样的帐幕，马前拥挤着许多草地上忠实的朋友，大家恋恋不舍地相对默视着，我忍着心，用鞭向马一挥，马蹄践踏着含露的青草，于是乎我们就走上兰州的归途。

三四十位堪布们，骑着马护送我们直到十里以外的山坡上，我阻挡着他们前进，大家遂从此分别了。

渡过了黄河，仍向旧洮州迂道回兰州，前后计程五十多日，当我回到兰州的时候，猛然如梦中被春雷所惊醒，中国的时局，正在剧烈地发酵了。南方的国民革命军，已经攻下了湘赣，远羁莫斯科的冯氏，已和于右任联袂回国，收集南口溃退的残兵，9月17日，在五原誓师，参加国民革命。两个月的草地旅行，使我和这个世界隔绝了音息，然而当我再投身到这个世界的时候，我竟然看到东方的天际，流动着缦烂的红霞，曙光一线，映照着大地了。

宣侠父：《西北远征记》，北京，文史资料出版社，1982；本文节选自中国人民政治协商会议甘南藏族自治州委员会文史资料研究委员会：《甘南文史资料选辑》，第四辑，1985年9月。

中国西北角（节选）

范长江[①]

九、野猪关和插岗岭

五日［1935年8月5日］[②]溯小溪［今甘肃舟曲县博峪河］北行，路中汉回藏人杂处，藏人见马队至，尽携粮食衣物等避山上。这一天风雨交加，未带雨衣的同伴全身濡湿，苦不自胜。行八十里宿地尔坎，此为一大藏庄，藏人已逃尽，假如他们再进一步用武力和我们为难，我们虽然可以勉强通过，总得受相当的损失，甚至造成重大的牺牲，亦未可知。这个经验，我们被压迫的朋友，却可以牢牢记着。等到国际战争时，实验实验，看所谓兵强马壮的“兄弟之邦”到底有多大之威风！

地尔坎后，即为驰名川甘的插岗岭。此岭上下七十里，七十里中亦无人家。此山看上去不如野猪关梁之雄奇，至山麓时所见，还过一中等高度之草山，以盘道上升，并无若何之艰险，待到山顶后，每个旅客始皆顿改常态，望山兴叹，盖尚有一架更高山头横阻其前，之字形盘梁道，不知盘过多少次，始达山顶也。一盘、

① 范长江（1909—1970），原名希天，四川内江人。中国杰出的新闻记者、新闻家、社会活动家。他生前写过大量出色的新闻报道，担任过新闻机构的领导，为我国的新闻事业做出了很大贡献。

② 本文加［ ］号处为本书编者注。

二盘、三盘，盘来盘去，盘去盘来，空马上山，有几匹马已盘得全身出汗，力鞭不前了。好容易，侥幸已到刚才所见的山顶。但是真正的山顶，还在上面！我们最后终于走到了，每一个到了的人，只是摇头，没有什么话说，刚才轻视插岗岭的，至此连它的名字也不提了。

下山尽在老大森林中进行，树类比弓杠岭复杂，朽木特多，老藤蜿蜒巨木上，远视如巨蟒。山产细竹，竹干粗大如箸头，大雪东山坡亦产此，颇美观，适作编篾器用。六日晚宿半山藏庄插岗寨。藏人亦逃尽，粮食不能解决，所能侥幸解决者，不过山芋杂粮面而已。

七日续进，过一大藏人集镇为哈儿河镇，再行，略上坡，即下二三十余里之甘乍梁，人马皆困，乃宿梁下毛儿坪。此地为汉人村庄，语言可通，有菜蔬食粮可买，如入天堂，同伴愁容皆解，与约行七十里。

自毛儿坪东出，行数里，出一峭壁组成之峻峡，地势渐平，十里至于南峪寨，地突见平川。盖此为白龙江之正干，西岸有若干冲积地，故农地较多，青绿宜人也。

南峪寨有木桥（如邓邓桥然）跨白龙江，过桥逆行二十里为西固县城，城虽甚小，但记者离松潘以后，此为第一城。刚抵城，适某君自吊坝过青山梁来。记者惊问之，据云，伊系在草坝（吊坝北）寻得一汉人樵夫作向导，此樵夫此生亦只走过两次青山梁，除他之外，汉藏人皆在近十年中无有走过此路者。山之西面，多藏人，皆所谓生番，喜劫杀路人，青山梁以森林密懋而得名，山中无明显道路，只沿水溪行，水发蒸气，不易辨路，须以手电烛之，且歧路最多，不知者误入藏庄，即难得安全。最难者，即上极顶之后，须爬行二三十里之绝壁崭崖，旧有人行路已被藏人破坏，今全须攀木附藤而过，山下亦无路，全系吊坠而下。他们天刚明入山，天黑尽，始行出山。山中时闻怪兽狂鸣，常发巨声。记者本欲与之谈插岗岭，今闻青山梁情形，不啻小巫之见大巫矣！

十、岷河沿岸

西固［今舟曲］县设自明朝，原系藏人地。现在县境内，仍以藏人为最多。县府命令，难通行全境。此间布告，系汉、藏、回[①]三种文字并列。惟藏回民族能认识其原有文字者绝少，除口头命令外，颇难生效。

白龙江源出夏河正南之郎木寺，自叠山与羊膊岭中流出，西固以下，江幅较宽，水流亦较平。两岸冲积地异常肥美，除耕作外，果木丛生，桃柿梨苹果花椒之产量极丰，价廉惊人。乡农自离城二三十里之路程背一大捆［木柴］至西固城中，只能得铜元三百文。而银价为一元合铜圆五千文，是一大捆柴，尚不值一角也！农民每年之货币收入，数量渐减，但其支出，如购买布匹、油、盐及纳税捐等，则其货币数量年有增加。

松潘以上岷江沿岸，及西固之白龙江沿岸，皆有煤苗暴露于外，惜皆无人开采，其藏量如何，及其煤质如何，皆不得而知。西固顺白龙江上行八十里有地曰落大，以产金闻名，为杨土司所有，藏人开采不得法，成效不著。

由西固到岷县，从落大东北去，有小路，须翻几架大山，如果顺白龙江而下，过南于寨，至岷河与白龙江合流处之银河口，然后溯岷河西北行，路较平坦，可骑马乘轿。

我们从大道［今省道313线］到两河口，转北沿河西岸行，对岸即为岷之武都大道［今国道212线］，为邓艾入川时所经过之路。两岸道路，虽皆命为“大道”，然皆在极不牢固之脆片岩壁上，凿道而行，遇雨后，路即多被冲去，又须复修。自两岸看东崖，因不见路面，但见公路线起伏，上无坚壁，下有松岩，危殆

① 应为“阿拉伯文”。——编者注

之状，不敢正视。……

岷江两岸，绝壁甚多，开路不易，乃以栈道继之。每段长数丈至十数丈不等，其建造方法，系于绝壁上凿上下两排洞孔，每孔相去一二尺左右，每排相间三五尺不等。各孔皆以长短相若之木条插入，然后再于下排木条上立支柱，以接上排木条，使之下坠，上排再铺以木板，板上再铺以泥沙石块，栈道遂告成。

……

九日行八十公里宿接官亭。所过两岸山高岸崭，易守难攻，昔姜维屡出白龙江以图洮河，不知若干英雄好汉，曾丧命此河中矣。

接官亭上十里为邓邓桥，桥接于两岸断壁上，水流甚急，修筑不易，土人故名“邓邓”以纪念之（言邓艾邓忠父子二邓也），有市镇亦名邓邓桥。记者伫马桥头，回忆一千七百余年前蜀魏战争之形势，不禁发生今昔之感。

……

十一、洮河上游

……

记者十七日［1935 年 8 月 17 日］离岷县，西溯洮河前进。洮河两岸，好一片冲积平原！此地直可以用机器耕作，洮河之水，如能自上源顺山脚开渠下引，则洮河流域能有四川成都平原上“灌县形式”之水利。开渠成功，则洮河两岸，可以改成水田，南方人士移住此间，再不会有无大米吃的痛苦。

可惜得很，这片平原上，鸦片烟占了主要的面积！我们中国人似乎大家还嫌死得不快，一齐努力来生产毒品，加紧摧残我们大家身体的工作。一般农民，自然不知道什么复杂的问题，他们完全在经济和命令支配之下活动，我不懂这般负责任的当局，为什么这样发昏，纵令大家去自杀！

这样肥沃的平原，而在平原上生活的农民，却穷困得惊人！近百户人家的村庄，几乎鸡蛋都卖不出！所谓客店，除有空炕而外，什么都没有。当晚我们宿的西大寨，已在洮河北岸，行程五十里，所住的旅店，是冯庸先生不久前才住过的地方。

……

十二、杨土司与西道堂

在临潭休息一日，二十日至洮河南岸访问杨土司。洮河与白龙江之间，为终年积雪之叠山，树林懋盛，山势重叠，因以得名。杨土司受封于明代，世袭已十余代，至现在土司，其家族殆已完全汉化。现任土司名积庆，号子瑜，年在四十左右，受甘肃省政府委为洮岷路保安司令，其司令部及私人住宅，原皆在卓尼，有大喇嘛庙，曰卓尼寺，曾盛极一时。十七年［1928年］回乱后，迁泼鱼，泼鱼在叠山山脉北麓，洮河南岸，为一幽美恬静之村庄，离卓尼寺十五里。记者过洮河后，山风袭来，冷不可支，经数重碉堡，始到泼鱼。杨氏住宅即为司令部，司令部门前颇缺乏振作气象，其所率军队，曰“番兵”，皆为藏民，既无组织，又无训练，有事调之出，即以乌合之形势而临阵，枪械、弹药、粮食、马匹，皆为自备，故难有统一行动。杨氏自练有特务营一营，以为护卫，完全照汉军编制、装束，惟精神不振。司令部大门内放有迫击炮数门，尘土已满。相见后，杨氏以极流利之汉语相寒暄，其院内及客室中布置，完全如汉人中上等人家。其用以待客之酒席，完全为内地大都市之材料，烟茶亦为近代都市上用品。杨氏衣汉式便服，衣料亦为舶来品之呢绒等货。记者颇惊此边陲蛮荒之中，竟有此摩登人物也。

杨氏聪敏过人，幼习汉书，汉文汉语皆甚通畅，对于藏语反所知甚少。喜摄影，据云已习照相二十余年，其摄影之成绩，以记者观之，恐非泛泛者所能望其项背。杨氏足未曾出甘肃境，但因经常读报，对国内政局，中日关系事件，知之甚详。

杨之经济与政治基础，至为薄弱。藏民之在洮河一带者谓“熟番”，对杨之赋贡，每年不过以“什一”之比例，提供其牲畜而已。其在白龙江上之藏民，每年仅纳现款二百钱，洮河银价，每元合五千文，是藏民每年对土司之赋贡，尚不到五分大洋也。此外藏民打猎所得，如虎豹之类，亦有贡纳之规定，然所得无多。杨氏所处之社会，为牧畜到初期农业时代，而其生活之消费，则已至近代工商业鼎盛时期。生产与消费相差之时代，当以千年计。杨氏经常来往商店为上海先施公司，为上海柯达公司，货物通用邮寄。尤以其对柯达公司有二三十年长期交易，信用卓著，即不汇款亦可以请公司先行寄货，且已屡试不爽。以如是之收入，作如是之支出，则其入不敷出之差额，必异常巨大。赖以为挹注之方者，惟其自己派人直接经营之土产贸易。每年伊必有大批党参运卖天津北平等地，近年来市场阻滞，此种收入逐渐摇动。

政治思想方面，杨之趋向，倾于接受汉族文化，承认汉族统治，对鲁大昌之情感，虽甚恶劣，而对甘肃省政府与南京国民党中央，则绝对服从，对胡宗南部之接济，极卖气力。惟其对藏人之统治，则采完全封建的、神权的方法，毫无近代有力的政治机构，更丝毫无民族主义之意识。

但杨与记者谈过去一般汉人对彼之态度，辄摇头不已。凡与杨氏及其部下办理任何交涉之汉人，几无人不视之为野蛮愚劣之下等民族，而以愚弄、欺骗、恐骇、压迫等方法取藏人之财货。正谈话中，适有藏兵送报告至，杨氏看毕叹息，转以示记者。视之，则其第一团团长姬某所呈报告。姬团现住白龙江南岸之杨布大庄，有某委员至杨布大庄视察碉堡，姬团整队欢迎，并妥为招待。次日，某委员问姬团长索虎豹狐狸等皮，及鹿茸麝香骡马等，姬团无以应，乃推该地不出产上述各物，某委员大怒，立命限于一日内筑成一百余座碉堡，否则呈报上峰究办。

杨土司生于安乐，无发奋有为之雄图，虽其有为藏族前途努力之机会，亦视其自身是否善于利用之耳。

杨氏晚间更对记者谈其处境之困难，请记者为之代办数事。伊仅有秘书长一人，无参谋人员，司令部中此外更无助手，当不足以言发展。次日临去时，杨谓近十年来英美法人之至其辖区内调查者，已有二三十人，甚有在其家中住居一二年者，中国新闻记者之至其境者，尚以记者为第一人，言罢，不禁唏嘘。

二十一日冒大雨绕道卓尼回临潭，马行甚滑，下山尤难。次日，雨仍不止，二十三日始首途赴旧城。沿途所有村庄，只剩颓垣一片，其回家者，亦寥寥无几人。下午三时许达旧城，城内外亦只残败土墙，家屋全好者无多，可以想见当时种族仇杀之惨烈。

记者在新城时，即闻旧城有回教新教，曰“西道堂”。到旧城后，即往访教主马明仁并有关人物，对于该教之全貌，略得其概况，而认为在哲学上、宗教上、社会运动上，皆有值得重大注意之必要。

新教之发生，完全为旧教之一种反应。西北回民所奉之回教，其教律极严。宗教隐然支配政治、军事以及一切社会活动，而宗教上之主持者为“阿訇”（即教主），教堂视所辖区域之大小，其权利有不同；阿訇视其所主教堂如何，而有高下之差别。回民信仰宗教，其一切行动，皆以回教堂圣经为准绳。

新教的组织是根据清真教（即回教）教义，而以中国文化发扬清真教学理，务使中国同胞了解清真教义为宗旨，比较的偏重于文化方面。新教教主，不是世袭，而是由全体教民公推。道堂经济，系由该道堂内所经营管理之商业农业而来。所有属于道堂者“概为公有”，悉用于道堂建设、教育及一切社会公共事业。教民为该教堂服务者，各尽所能，分工合作，但生活方面“一律平等”。其在教堂经营范围之外，私人经营事业者，要求道堂援助，教堂量力所能为之。经营结果，如赚钱，则除还本道堂外，利益对分。如赔本，则道堂再给以资助。此行不通，再改行，必安置其适然之生计而后已。赔累时，道堂不再索本利。道堂外之教徒，其不能谋生者，由道堂救济之。该道堂重视教育，凡该教教民除受回民教育外，并注意国家教育，无论农商各界子弟，幼时均须受小学教育。学校不足之费用，由道堂担任。毕业后，择其优良者送中学或大学。他们教民间的婚姻，无财聘，只先征求两性之同意，然后父母及介绍人呈明教主，请阿訇照清真教古礼，诵经完婚。这是近代的新式婚姻。现在新教徒还不甚普遍，堂内外合计，不过二三千人。然而他们的势力，确乎不小。商业势力，西至西藏，南至四川，北至青海北部，东至察哈尔等地，操这一带的经济大权。新教徒无业游民，人人皆有饭吃，而且吃的一样。

十三、行纯藏人区域中

次日别旧城，西北行，又进入纯藏人区域。承杨土司派员护送，沿途由藏兵引道，有通司翻译，故通行尚不困难。

藏人骑马技术，实有惊人独到处，护送记者之一藏族青年，曾为记者表演上下山跑马。普通骑马是上下山都要慢慢的行进，因为上山时，马最吃力，故须慢行，下山时，人最吃力，亦须缓进，甚至上下山皆下马者。然而藏人却有一谚，恰与普通情形相反，“上山不跑非马，下山不跑非人”，他们的意思是说：上山跑不起，不是能马，下山不敢跑，不是能人。那位青年得了通司传达以后，回头向记者笑笑。只见他略整缰鞍，皮鞭响处，马蹄风生，马鬃直立，马尾平伸，顷刻间，即上山头，略无喘气，待我们后面马队赶到后，他又扬鞭一挥，怒马直狂奔下山。他安坐鞍上，到山下平地，始勒马回头向记者等招手，其英勇豪迈之姿态，令人神往不置。

……

藏兵好勇，平日即喜佩剑骑马打枪，枪法最准，其命中点多在要害，与之对阵者，无不有畏惧心。但因其无组织，一切皆自备，故行动乃以个人需要为转移。粮食完了，他就回家去再行预备。弹药完了，他也就个人回去了，自想办法。如果叫前进，他们是蜂拥而上，无计划的自由放枪。如果被对方打死几个，大家遂一哄而逃。他们打仗，如果第一次冲胜了，那他们的骑兵遂漫山遍野而来，能够将对方完全消灭。如果第一次失败了，他们就会一败涂地，自相践踏，再也无法收拾。所以有组织的军队和他们战争，没有不打胜仗的道理。但是这些藏兵如果以近代方法加以组织，更装备以近代物资，再灌输以新军人精神，则哥萨克骑兵之美誉，恐难专美于欧洲也。

四十里至下弯哥罗，有杨土司部下总管驻此，款记者等以酥油炒面，西康谓之糌粑。酥油即牛油［非牛油］，质料甚好，惜制造不得法，腥臭难闻，入口即欲呕。炒面为青稞麦粉炒成，粗涩不能下咽，其吃法系先盛热茶于碗中，以刀切酥油大片投于茶中，使之自行溶解，先喝茶数口，然后放入炒面，以手和之，至油茶面三者皆已完全混合，成为干面团为止，即以手捏小面团而食之。藏人及习惯此种生活之汉人，皆食之津津有味，记者亦能勉为其难。惟护送记者之某君，闻味即不能耐，强劝之食，食仅少许，其眼泪几已夺眶而出，亦云苦矣。

又十里至上弯哥罗，有藏民十余家，再上即为全无人家之荒野草地，且为杨土司与拉卜楞黄正清司令辖区之交界处。藏匪与回民之化装藏匪者，常于此荒原中杀人越货。因杨土司之关系，故上弯哥罗又有藏兵来会，数十骑藏马驰骋平川草地中，只有青山绿野相伴送，他们高唱藏歌，时见山坡羊马群中，发出少女歌声与之相答和，歌声婉转，清澈柔媚，歌中似有万般浓情者。

为避匪计，向导引走草地小路，四十里完全为原始草地，无巨树，无丛林，山间小溪边随处有小野兽、猞猁、崖獭之类，其数直［值］以千百计。近陌务寺处，经一大平野，草深及马腹，大鸟甚多，不知其名。

傍晚抵陌务寺，有大喇嘛寺，已为拉卜楞管区。寺院规模甚大，夕阳返照中，金光四射，立使人感到入另一环境。此间可谓为完全藏人势力，寺院中喇嘛为最高阶级，汉回两族另在寺院前划一地区居住，视为化外，如清朝初与西洋通商时，对西洋人的态度一样。汉回人在此有种种之义务，而却无权利可言。平川中草地，绝不许汉回人牧畜，然而寺中喇嘛夜间闻山中鸟噪，不能成眠，则尽驱汉回人起身，至山中为之赶鸟。

民族关系不能得适当的解决，彼此所受痛苦，其性质正复相同。

陌务汉人，设有小学校一所，有学生二十余人，有一校长兼教员兼工友之先生，所教课本，有幼学，有论语，有千字文，有国语教本，有生物自然等，古今并列，甚为可观。先生为一客店老板，记者与之谈话，觉其不似教育界人，乃叩以成都之所在，答不知！再叩以西安，亦不知！乃书以示之，恐口音不懂也，而彼仍不知！叩其待遇，则全年小学校经费，教师薪水在内，共为二十五元。合学生之贡敬，年可得四五十元。此亦为甘肃教育之奇迹。

藏人无姓，多随其主管官长取姓，杨土司境内之藏民，多姓杨。往往有解汉语之藏人，如叩以姓氏，则多作有滑稽性之答复：老爷（指问话者）姓什么，我姓什么。汉人如此，当引为大怪矣。

在陌务宿一夜，次日续进隆洼，计程六十里。藏人正于田中收获青稞及豌豆蚕豆等作物。男女杂沓，红衫辉映，一双双，一对对，情歌缭绕，呼应和答。他们的男女关系，比汉人之受重重礼教束缚者，要美满得多。

行十余里，忽见后面山上，数十骑骏马飞奔而来，并狂呼作声。记者不知所以，乃勒马持枪实弹以待。及近，见为首者滚鞍下马，经通司介绍，始知为陌务红布（红布为官员，如汉官中之总管）杨步云。其家离陌务十余里，今晨知记者过，特来相送者。并希望记者下次再至时，下榻其家，盛意可感。

二十五日驻隆洼，路过卡加，两地皆有喇嘛寺。路行山谷中，不复有大草原，计程六十里。二十六日遄赴拉卜楞。隆洼藏人甚穷，红布亦不能吃酥油，只有茶和炒面。寺中喇嘛始有酥油佐面。经堂课毕，披红袈裟之喇嘛，成队出院，老幼不齐，傲步山上，口中犹喃喃作声，手运佛珠不绝，他们心目中之世界，不知果作何景象也。

藏民有一运输制度，名为乌拉。凡有公事，运物载人，即由当地红布派出牛马，逐站转送。记者本无公事，惟同行某君之马，前蹄已坏，不得已请隆洼红布派马一匹，送至拉卜楞。红布不解汉语，全恃通司传译，而通司往往自作主张，故双方真意，颇难明了，幸此君为一青年分子，英武豪俊，与记者相处甚好。二十六日晨，一藏妇牵马至，面有泪痕，皮衣亦已多破孔，惟其中之红里衣尚鲜艳刺目。问之通司，知此妇三日前新丧其夫，其夫在时，两人甚相欢爱，今死后，顿感孤单，终日痛哭。此间红布之部下，又强派之作乌拉，故更自悲痛耳。记者因调查乌拉之派法，名虽有轮流之规定，实即藏人总先使汉回居民负担，万一不足时，始摊派藏人之贫苦无力者。此种官官相护，扶强削弱之现象，不图于藏族中亦有之。

十四、大夏河回藏两要地

过一上下二十余里之山陵，计行六十里至拉卜楞。拉卜楞寺为川甘青康边境最大之喇嘛寺，教权支配区域甚广。有活佛曰嘉木样，现任嘉木样系西康理化人。汉姓黄，现其全家皆住拉卜楞，其兄黄正清被任为拉卜楞保安司令，掌军政大权，其弟数人，亦皆被指为活佛，分掌教权。

拉卜楞本为青海循化所管辖，民国十七八年时，青海回军与拉卜楞藏军冲突，黄正清败走，与嘉木样逃兰州，寺院几为回军所焚，后始由甘肃省府划拉卜楞入甘肃境内，另设夏河县，此为刘郁芬主甘政时事。

拉卜楞为寺名，寺院规模甚大，有喇嘛近千人。其寺院建筑，远视之如洋楼，红墙金顶，光耀夺目。初至此者，直［真］如身临十里洋场中。寺院独成一区，普通人不能居住，东约三四里为商业地带，为汉回藏经济中心。其贸易之大宗，为出口之皮毛，入口之粮食杂货。南番（即在拉卜楞南部一带之藏人）每年秋季，以大宗皮毛运至此间，交易粮食布匹而归，每年贸易总额，约二百万元，商业权十九［十分之九］在河州（即临夏县）回人手中。

黄正清与格桑泽仁友善，颇具有相当近代知识，人亦精强有作为，他曾组织一藏民文化促进会于拉卜楞，并创办一藏民子弟学校，惟规模不大，成效无多。盖藏民多黄教，黄教在事实上使藏族大多数之男子尽作喇嘛，喇嘛不结婚，不事生产，终日念佛，只知消费。故藏族之经济，无由发达，人口只有减少，绝无增加之可能。经济上，人口上，黄教给予藏族之前途，以致命的阻碍。清代顺治、康熙、雍正、乾隆诸朝，努力奖励黄教，并不是一番好意，乃是促进西藏民族之衰落，以免边陲多所顾虑耳。

……

记者二十八日离开拉卜楞，顺大夏河谷地东北行，行一百四十里，出土门关始得开旷地，二十九日更行六十里至河州。

……

本文节选自范长江：《中国的西北角》，第一篇《成兰纪行》，北京，新华出版社，1980。

甘青藏边区考察记

马鹤天[①]

第一编　甘边拉卜楞

自民国二十五年五月十八日至九月四日（1936年5月18日—9月4日）

一、由兰州至拉卜楞

二十四日　夏河流域宜农林　土门关外似江南

下午三时行，仍沿大夏河，夹道杂木丛生，野花盛开，丛林中有土名果树者，花白如雪。草花中有俗名野芍药者，花叶均似芍药，正值盛开，多而艳。十余里至坡底头，见一大围墙，占地数百亩，其中楼屋矗立，知系臣室，询之为马良臣宅，即青海前主席马阁臣[马麒，字阁臣][②]之婿，曾在凉州任司令者也。其地藏民已多，群出外来观，装束颇奇。此一带回、汉民亦染藏风，劳动皆系妇女，即缠足青年妇女，亦出外担水，十一二龄幼女，

① 马鹤天（1887—?），山西芮城人，毕业于日本早稻田大学。历任西北边防督办公署教育科科长、兰州中山大学校长、甘肃教育厅厅长等职。著有《内外蒙古考察日记》《甘青藏边区考察记》《西北考察记》《东北考察记》等。

② 本文加[ ]号处为《甘青藏边区考察记》（2003版）胡大浚点校的内容。下同。

可赶驴、牛。又藏民男女，靴上多红花，此地亦多不缠足之妇女，但多着红袜，可知习惯移人之易也。十里至土门关［在今临夏市境，南与甘南藏族自治州夏河县交界］，左右峻岭耸峙，夏河中流，地颇险要，原为汉番交界之地。据《循化县志》载：循化与河州，共有二十四关，关内为河州，关外为循化，诸关皆在循化东河及东南境。积石，老鸦，槐树，沙门，土门，为五大关，皆为入腹地之门户。余有五台，乩藏，红崖，大山峡等关，今则关内属临夏县，关外属夏河县矣。其地有回、汉、藏居民数十家，客店数家，屋顶皆用石片当瓦，大尺许，厚寸许，或积之为墙，夏河上横长桥一，土人名曰落碗桥（译音）。

过土门关，即入山峡中，仍沿河行。山河之间有隙地，皆种青稞、豌豆等。田边多插木，以棘或柳条围绕成墙，盖防牛马之入内践食田苗也。再前行，山益深，林益密，山坡松林密布，河岸绿柳成林，道旁奇花野草，红黄相间，时有野鸟飞鸣其间，河流急湍，声如音韵，山径崎岖，几疑无路。有桥横陈，蹊径别辟，山色水声，鸟语花香，风景之佳，不减江南，直如重游黄山，不知身在西北荒野区也。河中有运木料者，将木料排列为舟，一连四节，二人在前后以楫运行之，凡十余起，夏河上流产松之多，于此可见。十里至晒经滩，俗传唐僧取经时，曾晒经于此，恐系附会，因当时非经此道也。旁有寺，喇嘛数十人，全至路旁围观。又十里至清水［今夏河县乡名］，沿河所种豌豆、青稞等甚茂，夏河流域之宜农宜林，于此可见，惜无人特别提倡。本日由临夏至此，共行八十里，时已下午八时，昏黑不辨物，即分宿各店，余居在楼上，楼下即为马厩，已如藏式矣。

二十五日　始经险道　渐见藏俗

晨，小雪霏霏，店主人持来青稞圆饼，取而视之，圆径尺许，厚五六寸，食之尚可口。询当地情形，据云：此地居民，汉人约百余家，藏民三十余家，回民二十余家。有小学校一处，学生二十余人。八时许，雪止就道，风景如前，惟远望山上积雪未消，草已青青，青山白雪，相映成趣。一路仍沿大夏河，在山峡中行，惟路益崎岖，忽上忽下，忽左忽右，颇险峻，惟较十年前经过时尚稍宽坦。路旁一石，上刻夏河县长邓隆［民国初甘肃知名学者。字德舆，号玉堂。临夏市人］创建，盖此道曾经故友邓德舆君改建者。但架窝仍不易行，余多乘马，或步行。嗣经一石洞，余乘马过，庄学本君适在前，为撮一影。未几径益险陂，陡而湾急，架窝由卫士数人舁之而下。两岸均石山，此岸不能开凿，时改由彼岸筑桥渡之。桥长而板荡，数骡行其上，时弯曲有声，须徐徐分渡，而风景之佳，有如天然公园。三十里至桥沟，藏民更多，汉民三十余家，有小学校一处。山面有许多小道，极险陡，据云系采樵或伐木料者，将所斫之薪或木料，由山上放下，人不易行也。自此前行，山峡渐宽，惟见芨芨草遍地丛生，枯茎未折，新叶始生。但人家聚居处，多植青稞豌豆，藏妇多除草田间。未几至一大寺，土名喳喳滩寺［音］，田禾甚多。十里至红墙［今麻当乡村名］，有汉民、回民各数家，当至一家楼上休息，据云系由河州避难而来，所种之田，系租自寺中，每斗地每年可收青稞三四斗，纳租青稞面二十斤（每斗可得面六十斤）。其后院植韭菜等甚茂，可知此地亦宜蔬菜。再前行，山势更开，时有参天老杨，矗立道旁。未几至一桥，有许多藏民男女，架帐房饮食其地，询之始知为派来修桥者。有头目前来谈话，半用藏语，多不解。将至沙沟寺，远望寺屋栉比。黄司令［拉卜楞保安司令黄正清］派副官等欢迎道左，即下榻寺中，其地名索索坝。是日共行六十里。

二十六日　沙沟寺新丽建筑　拉卜楞盛大欢迎

晨游览沙沟寺，该寺倚山面河，形势风景，均极佳胜，有楼三层，建筑甚新，据云该寺创建在三百年前，拉卜楞第一世活佛嘉样嘉巴，即生于此寺附近。寺院房屋以前与宁海军冲突时［指1918年青海镇守使马麒部进攻并占领拉卜楞之事］全毁于火。现有殿屋，为数年前新建，故甚新丽。继参观内部，不仅铜像及各种设备，整齐清洁，而活佛之居室及会客室，亦无不华丽。窗上大半用玻璃，其活佛为一有思想有能力者，惜羽化已数月矣。据云铜像、玻璃、缎垫等，皆前活佛自北平定制者，恐所费甚巨。院中植有牡丹、梨树、榆梅、丁香等。榆梅甫谢，梨花正开，丁香欲吐，牡丹含苞，其地气候，较临夏县更寒也。

八时就道，沿岸杂木丛生，山林中亦密茂，风景一如前日。二十里至山塘，已十一时，略休息茶点。十二时复前行，仍沿夏河，渡桥数次，水清见底，较深处作绿色，大石磊磊，浪翻如白雪，由桥上俯视，颇为美观。老杨参天耸峙，大数围，野杏树沿途密生，水磨亦多，距拉寺不远矣。未几，保安司令部参谋张建中君，携嘉木样呼图克图名片，并有拉卜楞保安司令部队兵数百人，下马在道左整列欢迎，各队兵均衣藏服，荷有叉之长枪，或持丈二之长矛，有古代风。余等过后，立即上马，疾驰如飞。未几至马莲滩［今达麦乡政府驻地“吉塘”］，黄司令子才［黄正清表字子才］率各机关代表，张帐房，备茶点欢迎，队兵数百人，整队鹄立。余与专使下驮轿入帐，黄君为余旧友，相见甚欢。又行里许，有小学生百数十人，携军乐整列迎于道左，余等过时，鸣乐示敬。据云学生曾至远郊欢迎，因雨雪返回，天晴复来，故未能远迎也。旋经过上下“他哇”（藏语街市之意），汉、回、藏民男女数千人，在道旁围观如堵，或在屋顶上密集俯视，奇装异服，色色具备。四时许入居预定之寓所火日藏仓内（即拉卜楞寺十八囊谦之一）。六时，黄司令在司令部设宴，为余与专使洗尘，宴甚丰，不觉为边地也。

二、留居拉卜楞

二十七日　嘉佛喜科学　黄氏成贵族

早，拉卜楞寺大襄佐黄正本君来访，系代表嘉木样禅师送哈达。大襄佐为拉寺最高之职员，代嘉木样主持一切，如一机关之秘书长、总务长然。午，余访嘉木样禅师，至其私邸，由其父黄位中君招待陪见，禅师拱坐床上。余送哈达后，坐高椅上，其父侍立一旁，禅师除问途中辛苦外，均由其父代为问答。据其父谈，活佛亦决定明年赴藏一行，盖历代嘉木样，均须到拉萨考试经典，布施各寺也。现嘉木样为第五世，年廿二岁，貌魁梧，闻平日喜研究机械科学及摄影等，如钟表留声机等，每拆卸机件，探讨其制造原理，但其父恐有碍研究经典之时间，每阻止之。院中畜有小猴、小犬各一，可知其性情喜活泼也。余辞出时，嘉木样仅在床上起立，其父代送至大门外，似近傲慢。但据云此尚为特殊致敬，平日无论何人拜见，未尝起立。其父身材高大，貌尤魁伟，骤视之如老农，细察之实具有刚毅果决之性情，故其面容凛然可畏。继至拉卜楞保安司令部，访黄司令子才，该部与嘉木样私邸仅隔一林，步行由后花园入，园内虽无花卉，有大树数十株，流水一渠，注入鱼池，青草遍地，平铺如茵，颇为幽静。司令部建筑系口字形，四面楼屋数十间，院中空场甚大，室在楼上，一切设备皆汉式。黄君名正清，年三十二岁，身材高大如其父，但态度极为和蔼。十年前在兰州初遇时，始习汉语，一切未脱藏习，今则不特汉语娴熟，且汉文亦佳，每日阅报读汉文书籍，学识见解均异常进步。十年以来，深得藏民信仰，实为边地不易得之人才也。其父黄位中君，共生子女七人，长即正清，次正本，即大襄佐，三为旺母仓活佛，四即嘉木样，幼子仅十五龄，为喇嘛。女二，长名阿俊，嫁果洛族康色土司，次名阿西，嫁果洛族康格土司，均聪明有干才，通汉语汉文，且能音乐。黄氏可谓一门鼎盛矣。

二十八日　邮电困难　神树密茂

上午书函电数件，寄蒋院长［国民政府行政院院长蒋中正］、戴院长［中央考试院院长戴季陶］、黄委员长［蒙藏委员会委员长黄慕松］等，报告抵拉经过情形。旋夏河邮政局长金泽君及无线电台台长段复兴君来访，谈及此间邮电交通情形。据云夏河邮政为二等局，每日递信一次，因函件甚少，平时每日不过一二十封，故职员除局长外，仅局员一人。但此地产皮毛甚多，商人为免运输困难与税卡麻烦计，货物多改由邮寄，邮包日益增加，亦甚忙碌。信件四五日可抵兰州。至电报仅军政部第三十八军军用无线电台一处，有一百瓦特机一具，与南京军政部、中央党部、班禅驻京办事处三电台，及兰州绥靖公署、新一军二电台，青海第一百师电台通报；可通拉萨，但须转接。除台长外，有职员四人，均系晋籍，由太原无线电学校毕业。西陲宣化使署电台，晋人亦多，盖近年中国无线电发达，尤以边疆为多，需用人才甚夥，东南人不适西北生活，太原无线电毕业者，多山西及甘、青人，甚合此需要也。保安司令部有电话，用干电池直接通寺院、县署及藏校等十处。

下午出外游览，至大夏河旁，道经一林，广约数亩，松杨参天，有墙围之。据云，为神树，禁止砍伐。尚有数处，均相距不远。又河之南山一峰甚秀，恰当寺之正面，松林密茂。此外则无一木。据云此为神山，从前亦无树木，第一世嘉木样时，将其所剃之短发散布山上，始生松林，佛地多神话，诚异闻也。余觉有一部分森林禁止砍伐，留为一地之风景甚善。惟神树既能生长，则附近各处，当然皆可植树。神山既有密松，则各山同可造林，乃各寺内外无一树木，而其余各山亦童山濯濯，人工未加，地力未尽，甚可惜也。并闻较远各山，亦多森林，故从前寺院建筑，多取材于松木，即在寺区建筑民房者，亦每采伐，近年因砍伐无度，不再补植，致林木殆尽，殊可慨也。

二十九日　司令部已近代化　保安队有古代风

下午黄司令子才，在其司令部设宴，为余与专使洗尘。该部门首，悬有长木牌二，一为拉卜楞保安司令部，一为剿匪军第三路独立支队司令部。黄君兼任两司令，其组织有参谋、秘书、副官等处，及手枪连，士兵百余人，每月经费由甘肃绥署发给六百元，职员薪水最高者月仅三四十元，不足时由黄君自行设法。保安队士兵即民兵，有事时由各户抽征，现分为三团，第一团长为黄正本，即其弟，第二团长为黄祥，本地人，藏民甚信仰之，第三团团长为杨步云。据云枪支有三千余，除最近由中央发给新式枪支数百支外，多系自备武器，有土枪、长矛、利剑、木棍等，颇有古代武士之风，即马匹、粮食、衣服、帐篷等衣食住行之四大需要，亦系自备，虽不免种种缺点，但藏民马术、枪法均甚精……客室壁间，满悬关于天文、理化、博物标本图，及中央各要人并其家庭像。此外尚有电话及无线电收音机各一具。收音机美国制，系向教会美国人购得者。席间杯、箸皆银制，菜多海味，亦边地不易得者。黄君曾至京、沪，并在兰州居留甚久，故室内有此近代之设备。

三十日　仇货沓来拉市　日人潜入青藏

近年来，日本货物，在东南略形减少，而在西北则大事倾销，不意边陲僻壤藏民聚居之拉卜楞，日货亦络绎而来。本日游览市上，见各商店、各货摊陈列之洋瓷碗瓷盘、电木电玉碗盘，妇女化妆品，小儿玩具等，应有尽有，均为日货，其价值较之京沪，无甚轩轾。闻日本有工厂，专制假珊瑚、假玉器等，运售于察、绥、康、藏、甘、青、宁等处之蒙藏民众，近来走私日炽，价值日廉，帝国主义之经济侵略可畏也。

同时日本政治侦探，年来秘密往来于西北各地者，亦踵相接。绥远、宁夏无论矣，甘肃西路，亦时有所闻。最近闻有日人乔装蒙古喇嘛，至青海循化一带。又有自西藏来者，谓拉萨某寺有一青年，自称为江苏籍，实为日人，似负有重要使命。日本之对西藏，固早有野心，每假藉本愿寺以为护符，读青木文教《西藏游记》，知先后秘密赴藏者，如矢岛泰次郎，曾乔装为西藏妇人，青木文教曾乔装为蒙古喇嘛，均于中国革命时入藏，鼓动达赖并参与藏军，达赖之派遣日本留学生，日本之供给达赖枪支者，皆此辈之力。且当时藏兵驱逐川军［辛亥革命时，驻藏川军哗变，藏军驱逐川军；至1917年类乌齐地区川藏军再次冲突，藏军入侵川边，既而达赖宣言“独立”］，达赖反抗中央，宣言独立，虽系英人之鼓励，而日人暗中怂恿之力亦不少。盖日本野心，不仅攫取“满”蒙，对于回、藏民众，亦时思加以诱惑也。

三十一日　神山　球场

本日为星期日，偕史秘书渡夏河，登游松林茂密之南山。河上有桥，用许多木椽堆积而成，与土门关一带者同式，即两端用短木椽层层堆积，愈上愈长，下面成斜形，上面平压以石上，中用长木排列之，上加木板而成。亦颇平稳，人畜均可通行。渡河后即登山，径小而陡，初多杂木，继为松林，余等至山腹而止。下望拉卜楞全市，房宇栉比，楼塔高耸，寺中金瓦，被日光映射，灿烂夺目。闻山中产鹿、獐等颇多，但拉寺以此为神山，不许行猎。前在库伦时，其南山亦为神山，不许行猎，但有界限，鹿等亦似有知，不出其界限，此山亦然。又藏人视鱼为神物，故夏河中禁止捕鱼。余等初至时，卫士曾钓鱼数尾食之，味甚佳，后闻此情，即禁止再捕。

下山后，至体育场一游，场在夏河县政府对面，广约十亩，有木栏围之，内有篮球、足球等设备，仪仗队等有在其中戏球者，藏民亦多在其中草地上坐谈。周围有树，一面临水，亦颇清幽。其地最好辟为公园，多植花木，建亭台，一部为运动场，一部为游览场，或露天讲演集会场，使藏民得有正当娱乐及增加知识之机会，其效当更大也。场西为圣召会［基督教宗教团体，这里指教堂］，会外植木成林，围以木棚，风景亦佳。又其地与两小学均甚近，星期日学生亦不少，似宜再辟一部为儿童运动场。

六月一日　藏式宴会　嘉佛略史

上午天气甚冷，仅华氏四十八度［约为摄氏9度。按本书记温度多用华氏温标（℉），与今通用摄氏温标（℃）换算法为℃ =5/9（℉ −32)］，下午二时，嘉木样禅师在寓设宴，为余暨行署同人洗尘。请客方法，不用知单，仅于上午派人持哈达口头通知，余等按时前往，其父与其兄弟（兄即大襄佐、弟即十八囊谦之一）代迎于门。旋入餐室，系一长方屋，满铺地毯，依左右墙有坐垫两行，每人前有一小几，高尺许，上陈瓜子、葡萄干及糖果等碟，并有馒头一盘，余等均盘足而坐，禅师由其兄陪进室内，并由其兄代为致意。略云此间地方偏僻，所备食物过于简单，请原谅云云。旋即退出，由其兄招待，侍立门隅，时以手作势，连呼慢慢的吃而已。其进食次序，首为牛奶茶，无酒，继为蕨麻（一名人参果，俗传为唐僧取经时之长生果，为青、康一带特产，色紫，小如豆）及大米饭各一盘，上各有酥佐［酥油］及糖少许，用小勺食。次陈箸，进羊肉包一盘。再次为大块羊肉一大盘，高尺许，有一块带皮毛为尾，放盘时将尾面后，不得而前。此即西北有名之手抓羊肉，但为余等特别备小刀，割而食之，有肉有骨，有肥有瘦，余等随意择食。康、藏人食法，每取一块带肉之骨，用刀割之罄尽，再取他骨，余等无此经验也。食后特别为余等备擦手。食羊肉时，大襄佐进前，将馒头取置于前，余等合肉啖之，此为最佳之一菜。肉干无油，故虽用手，亦不觉污。最后为酸牛奶，如内地之豆腐脑，白而嫩，惟味酸，上有糖少许，初食似难下咽，继觉别有风味，最后且觉甘美矣。宴会至此告终，一切有类西餐。饭后禅师请余至其室略谈，并至外室正坐，同人依次谒见，每人赠与红巾一条，谓能祛病避刀枪。未几出室外与禅师合摄一影，本日已领略西藏风味矣。

查第一世嘉木样，名嘉荣加巴（音转为嘉木样），姓华舒，青海人，生于清顺治五年（1648），十三岁为僧，康熙七年（1668），至拉萨研究经典，二十八岁赴印度，五十五岁入后藏，六十二岁东返，次年建寺（1709），即今日之拉卜楞寺。同行有哦旺札喜等十八人，即今日之十八囊谦。康熙六十一年（1721），寿七十二岁终。二世为嘉迷翁卜，在位六十四年，为全盛时代。三世为江迷将周，亦六十四年。四世为嘉松木盾汪秀。五世即现在之禅师，名嘉荣盾秘嘉贞，数年前由国府封为辅国阐化禅师。据此，可知拉卜楞已有二百数十年之历史矣。

二日　藏民小学概况　藏生国文一斑

下午参观藏民文化促进会所办之小学校，校址在县署之东，面积甚大，已有房屋数十间，并正建筑大礼堂，藏妇十余人，作背土砖等工作。校内现有学生六十余人，分三班教授，初小一二年级四十余人为一班，高小一二年级共仅四人为一班。但四人为纯粹藏民，参观时正值作文，据云每周二次，阅其文尚通顺且有思想，其程度不减内地。初小各年级生，汉、回、藏民均有，纯粹藏生仅十三人。据云藏民均不愿子弟读书，每年招生时，由黄司令强迫附近十三庄保送入校，后特加优待，不仅食宿、衣服、书籍、用具等全由校备，并免其家庭之负担，如各种赋税及其家属之差役等，即此来者亦甚少，可知积习之难移也。但藏生汉语大半甚好，仅初小一年级，有数生不大了解耳。然进步亦甚速，盖一校内汉、藏儿童聚居，观摩较易。余主张西北各民族聚居之地，小学校以同校为最宜，一则语言可以统一,二则感情融洽，民族界限易泯。三则习惯易改，如藏民不洁之习惯等，均可由此改良。此校即有此优点。教职员五人，临夏籍三人，西宁籍二人；藏民一人，即本校毕业者，担任体育。余参观时，小学各年级合上体育，大致尚可，此地教员人才，固不易得也。教科书采商务印书馆本，用汉语教授，有时用藏语翻译，学科大致按部章，惟初三年级以上，每周有藏文二小时。女生四人，全为汉民。校长为黄子才君，亦即藏民文化促进会理事长，理事九人，每月开会一次。十年前余任甘肃教育厅长时，因祭海并划界事道经此地，积极提倡藏民教育，并劝黄君子才努力促成，曾开谈话会数次，藏民文化促进会，即由此而设。惟前因此地学生甚少，仅成立一校，去年分立，一由县政府主办，一由促进会主办，余甚望拉卜楞市外藏民聚居之地，多办数校，其影响当更大也。

学校经费，大部由本地皮毛税中筹收，年约四千五百元。此外省府年助三千六百元，共八千一百元。临时费由黄司令措筹。校址甚大，现正建筑大门、会议室、礼堂等，闻建筑费约二万元，大门系砖砌洋式，不日即可竣工。

藏生甚聪颖，其国文颇佳。兹附录最高年级生所作国文二篇如下，可知其学生国文程度，亦可略知拉卜楞风俗之一斑。

谈谈拉卜楞的风俗

拉卜楞虽僻处万山之中，交通不可谓不便，惟人民的习惯风俗，和内地各省不同。拉卜楞的风俗，吃的炒面酥油、牛羊肉，并且吃生的。穿的是羊裘，四季不换，男女都不穿裤子。在比较从前进步些的，冬天穿羊裘，夏天穿布衣，男子完全穿裤子，女人也有穿的。可是住的是帐幕，街衢的人民住房屋，到草地四季住在帐房里，并迁移不定，没有什么交通的利器，富家人往来骑马，穷人骑牛或步行。此地风俗比较内地高出万万的，就是妇女不缠足，男女善于骑马，很有尚武的精神。不良的风俗，信奉喇嘛，迷信很深。一家有两三儿子，不教入校求学，送到寺院当和尚……不讲究卫生，不识字……这是今天谈的拉卜楞风俗之大概状况。

拉卜楞妇女的装饰

拉卜楞位在甘肃的西南部，此地妇女的装束和内地的妇女装饰，完全不同。还是不改古时的旧装。她们在冬天头戴狐皮帽，身着羊裘，面子用缎子。比较穷些的，在冬天穿的大羊裘，可是很粗，有的面子用布，有的没有面子。并且在衣边上镶着水獭皮一条，有七八寸阔。脚上没有穿袜子，靴鞋做法不同，形状也不同，原料、颜色也不同。首饰也有数种，如耳坠、手镯等金银之物，脖颈戴二三十个大珊瑚，如胡桃那样大。在脊背上用布大约长一尺半，阔三寸，有的排列琥珀十几个，有的银打成的圆片，和它相连的布，差不多三尺长，一尺阔，在其中列着银盾九个，银圆四十块，有的黄铜做成银圆形。各妇女身上，如珊瑚、琥珀、衣服、水獭等等计算下来，差不多有四五百元……将来我们要改革装饰，所以要改良的意见，因为蒋委员长前年提倡新生活。说的简约，一切话我们更照做，这个话看来，非改良不可。

三日　圣诞佛节　奇装异服

四月为释迦牟尼诞生之月，且有种种纪念日，如丁巳年四月八日，为觉玛纳列佛母降生释迦佛之日。戊子年四月八日，为释迦佛出家受戒之日。甲子年四月十五日，为释迦佛于玛迦达金刚座菩提树下金刚跏趺而坐，现前圆满正觉之日。庚午年四月十五日，为释迦佛在杂精两村间，现身调伏大转法轮之日。纪念重重，故藏人视四月为神圣节，为修善月，或名万倍功德月。因无论出家在家，凡在此月中诵经转轮者，有千万倍之功德。本日为旧历四月十五日之前一日，藏民妇女，均斋戒沐浴，盛装艳服，成群结队，而转寺院周围之古拉（即经轮）。儿童亦着新衣随行，如内地之过新年然。拉市附近乡村，以及青海各地之蒙、藏民众，亦多不远数百里而来。其装饰衣服之奇异，无异开［于］人种或古装展览会。余偕同人出而参观，见各妇女竞艳争妍。或绿衣红裳，或紫衣赤带。或白羊皮帽，缘翻高数寸，而顶斜尖；或笠形毡帽，中高尺许，而有红缨。闻高帽者，多系蒙民，旧归河南亲王管辖者，均自远方来。每队在二三十人以上，双排或四排整列成行，儿童在前，年长妇女在后，缓步而前，且行且歌，步伐一致，其歌悦耳，实则为诵六字真言，并非歌也。至转古拉处，则列成一排，且行且转古拉。古拉多为皮制［质］或［木质］，内有经卷，外书六字真言，其形如桶，上下有轴，大者三四尺，小者一二尺，围寺院之墙而设，约数千个，周围数里。遇塔处则必向之转一周，前后拥挤，络绎不绝。最后至寺东塔旁广场中休息，每队一团，成圈而坐，背向外。余等藉此得观各种之奇异装饰，各种发辫，以百数十计。拉市普通装饰，顶辫由脑后至臀部有袋，宽寸许，上缀真假琥珀、玛瑙或银碗，至臀部以下，有大布块，宽尺许，垂及踝间，上有银碗或银圆、铜圆成行，约五六十个。闻西康里塘［今四川甘孜藏族自治州，理塘县］之装饰，头上有银碗三个，下垂布条，富者上缀金珠等，上下回之，不戴帽，未嫁之女系两辫。青海循化、同仁一带，土民、藏民之装饰，或仅有二辫套。套用红布制，宽二寸许，上有花纹，并缀银器，藏名加消布。或仅一辫套，上有一银碗，穿裤。一辫着裤者，即吴屯人，系明时由江南迁来，渐渐番化，人亦以番民称之。普通藏妇均不穿裤。腰中束红带，上多系黄花包，或银花锤。又有系针袋者，上有绣花，藏名罗布藏力，其装针之包，又别名卡不喜布，内实以毛，以便插针，其形状与内地妇女所用者相似。胁下多带银钩或铜钩，上镶红珊瑚，藏名要宗木，原为榨取牛奶时钩小木桶之用，今成装饰品矣。银耳环甚大，上镶红珊瑚，藏名那隆。有大如手镯者，或以发系耳旁，并非穿耳，因其过重也。胸前多带银盒或铜盒，内装佛像、护身符等，藏民认为有此者枪炮不能入，故异常重视之。手腕上多缠红珠串，足着皮靴或绒靴，藏名汗木。

下午多在体育场或司令部后之柳林中歌舞，欢乐竟日。又闻

十四、十五两日，仅食一次，喇嘛皆不语，默念藏经。故此两日又名为哑巴节。

四日　寺院壮丽　佛像庄严

本日为佛诞节之正日，蒙、藏妇女，仍盛装结队转古拉，一如昨日。各寺院一律燃灯，若干喇嘛，在念哑巴经。余与史秘书等乘此机参观各寺，大襄佐派杨喇嘛引导，渠为汉人，在寺已四十余年，现为保安司令部军法处长。兹将所见各寺情形，分述如下：

火日藏仓　经堂在楼上，有铜佛数尊，数十喇嘛正跪坐其中，默诵经文。

小金瓦寺　以屋上有小顶系金龙，故名。中供杜结钦巴即千手千眼观音。寺对面有旧楼，为河南亲王旧府，现藏藏经木版。

加那化仓　清嘉庆时赐名为悟真寺，有汉、满、蒙、藏文匾，系咸丰十年西宁办事大臣福济书。中供祖噶佛，为骑虎之狰狞像，高七八尺。左右为骑象与狮之铜像，闻系释迦佛之守门者。或云为宗喀巴圆寂后之化身。两壁框内，有高尺许之小铜像，每面四十八尊。屋顶为绿琉璃瓦，建筑极精致，全拉卜楞寺均系黄白色，而此屋瓦独呈碧绿，大为美观。

慈寿寺　有道光时匾，雕刻甚精，大门亦雕刻彩绘，极美丽。内供如来佛铜像，两旁壁龛内，有小佛千尊，系如来护法。又正佛左右有弥勒佛铜像各一尊，高五六尺。后又有高三四尺之铜像三四十尊。

普祥寺　中供弥勒佛，左右小龛内，有释迦千尊。

慈显寺　中供觉悟佛，据云系唐时奉命赴唐来迎文成公主者。

贡巴汤仓　内有贡巴塔，铜制，连下层共高三四丈，下层为佛殿，其中周围大小佛像甚多。积经数架，约数千部，闻有用金写者。最上第三层，始为圆形铜塔，中供一佛，据云为佛之最古者，释迦前身，即系此佛之弟子。塔外周围有八大凸佛，像铜制，镏金，高约八尺。火日藏仓活佛，引导余等，令从右转塔一周，下层外廊周围有铜古拉数百，亦令转一周。院中有旃檀树，高丈余，树皮上有藏文字母，甚清晰，喇嘛认为神奇，当然为人造者，但剥外皮后，内皮仍显，亦甚奇也。因在树下摄一影。

曾康（即威武殿）中供考马尔佛，系武护法。门外悬有刀矢等武器，并以哈达围绕之。廊下垂有熊皮，内装草如生，当系表示如熊如罴之意。杨喇嘛谓武佛殿内不许兵士入内，当令卫士止步。余等入内，见护法佛面目狰狞，但全身用哈达绕裹，仅得瞻仰威容而已。

寿安寺　有清嘉庆时匾额。中供桑差佛，系前北京三大呼图克图之一，铜像外涂金，高三四丈，铜座亦高丈余，上镶许多宝石。两旁藏经甚多。

满巴札仓　为五大札仓之一，即医学院。佛殿甚大，内供药王，藏民病者多在此祈祷。内有喇嘛，为藏民画符治病，又有杜结钦巴等铜像甚多。

丁科尔札仓　亦五大札仓之一，内供时轮金刚佛。因此札仓专研究时轮金刚法会者。

大经堂　即铁桑郎瓦札仓，亦五大札仓之一，即佛学院。上有金顶，殿前有清乾隆赐慧觉寺匾额，实当时为西藏慧觉寺所赐者，误送于此，而此寺之匾，送于拉萨，即因之未更易。现又有戴传贤［戴季陶的表字］先生所赠“重兴正法”及宋子文［曾任孙中山英文秘书，历任国民政府财政部长，外交部长等职］先生所赠“法法如是”各一匾。此殿依山而筑，阶数十级，堂数十间，长十三间，内铺垫成行，可容三四千人。满壁彩画佛像，正面有铜佛数十尊，有大象牙一对，长约四尺，直径约六寸。殿后里屋有历代嘉木样肉身塔四座，愈近世者愈高大，而宝石亦愈多。殿旁屋有大铜锅五，直径约九尺，深六七尺，为全体喇嘛念经熬茶之用。

寿禧寺　有大铜像高数丈，又有高丈许之立铜像。

瑟克襄巴　系第二世嘉木样建筑，供有八大菩萨铜像，寺外有辩论经典处。

综观全寺建筑，或则金顶辉煌，瓦皆鎏金，或则高楼层窗，有类西式楼屋。墙皆砌石为之，石之大小方圆不一，然能方整直立。据云藏民建筑时，并不用绳墨，洵绝技也。殿内各像，或则金像庄严，价值巨万，或则巨像累累，以数千计。他如塑像、画像，以及壁画，无不精妙。盖建筑、绘画、铸像皆受印度、西藏及唐代以来之影响，固非内地所能及也。

拉卜楞寺宗教力量所及之寺，在此地者有五大札仓［札仓：藏语“僧院”，即藏传佛教僧众学习经典的学校］，十八囊谦，以及各小寺。此外在青海、西康、蒙古、西藏等地，共有一百零八寺，均归此寺管辖，兹分别录之如下：

五大札仓为铁桑郎瓦札仓、丁科尔札仓、结多札仓（欢喜金刚学院）、纠巴札仓（密宗）、满巴札仓。

十八囊谦：(1) 贡汤仓。(2) 桑差仓。(3) 火日藏仓。(4) 德瓦仓（以上为四赛池，赛池者，金床之意，因第一世均曾在拉萨坐金床）。(5) 国门仓。(6) 花来娃仓。(7) 阿哇格郎仓。(8) 交阿仓。(9) 得汤仓。(10) 阿莽强仓。(11) 丙仓。(12) 襄佐仓（以上为八大堪布）。(13) 旺母仓。(14) 扫札仓。(15) 年札仓。(16) 家下郎仓。(17) 祇贡巴仓。(18) 昂桑仓。（以上为精深密宗所转生者）

一百零八寺，在夏河县境内者，有曼祇寺，九加寺，葛伯寺，他日瓦则寺，朵清则寺，阿曲乎寺，卧穹寺，卜拉寺，他瓦寺，杂由寺，黄达寺，日葛寺，加杰寺，札喜寺，曼隆寺，刚札寺，白石崖寺，甘家寺，朵麻寺，拉旦寺，杂杂寺，晒经寺，陌务寺，热投寺，又仓寺，日郎寺，麻日可寺，刚拭寺，其曷日寺，花瓦寺，唐突寺，人多麻寺，只朵寺，只曾寺，高来寺，江可寺，上撒麻寺，下撒麻寺，襄拉寺，仓哥寺，协五寺，热贡寺，江冒寺，老瓦寺，南半寺，木多寺、瓦来阿日高寺，唐撒寺，杰仓寺，西仓旧寺，西仓新寺，斜九寺，韦香寺，杂务寺，可强寺，达寸寺，科才寺等。在西固县［民国二年（1913）置，治今舟曲县政府驻地之西固堡，1954年政府迁驻宕昌，继改名宕昌县，于西固堡置舟曲行政委员会，1955年改称舟曲县］境内者，有藏宁寺，五贝寺，四卜和寺，五赛寺等。在临潭县境内者，有扯人沟寺。在临夏县境内者，有包黑寺，刘家寺，当郎寺等。在青海省境内者，有果麦寺，拉盖寺，金科寺，朵四香寺，色强寺，项来强寺，朵多寺等。在四川松潘境内者，有协徐寺，层寺寺，其札寺，国门寺，曾大寺，年赛寺，卡秀寺，四瓦寺，康撤寺，康根寺，白衣寺等。在北平者有甘鹫寺。在五台者有甘觉寺。在西康［民国十七（1928）年建省，1955年撤销建制，其辖地分别划归四川省、西藏自治区］境内者，有理化寺，甘普寺，朵旦寺，拭朵寺，桑伯寺，热瓦寺，阿杰寺，麻唐寺，羊丁寺，科来寺等。在西藏境内者，有甘伯寺，只红葛莽寺，赛吉寺，阿秀寺，项东寺等。在蒙旗境内者，有阿拉佛庆寺，太麦朵庆寺，佐汉卿寺，乔老泰寺，阿子泰寺，巴羊阿则寺，陶宝钱宝寺等。

五日　夏河沿革　康藏歌舞

小雨由夜至晨，近午始晴，十一时乘马访夏河县县长。县政府在中山街之东边门，临大夏河，有木联为“用夏变夷，大启山林成乐土；以河为界，新开旷宇胜桃源”。内为拉市口字式建筑，中有大空场。过中山堂，仍口字形，四面为楼。楼上为县长居室，十年前曾开会欢宴其间，今犹如故。县长范又希君，湖南人，曾在南昌行营工作，去年七月来此。谈次谓藏民性情最好，诚实勇敢，如能训导得宜，足以捍卫边疆。惟因习惯与知识关系，只知有嘉木样活佛与黄司令，不知有县政府，故县府政治力量设施，不易及于藏民。除由县东北至土门关尚可达及外，西南与西北，有事时，非黄司令派人同行，即不能前往。幸黄司令事事合作，处处协助，县政始得推行，否则无法云云。余谈及教育为此间要政，彼亦喟然。惟谓经费困难，教员每年每人仅二三十元，学生非特别优待不肯入学，亦多有因贫穷实不能读书者。现经费已增加二千余元，但仍不足，县教育行政，直接归教育局办，局长由省教育厅委派，种种不便。现拟裁局改科，不日当可实现。但县府仅此一局，府中原仅二科，职员共六人。公安亦无专局，仅有警士五人，有枪七支；内仅一支能用，子弹仅十七粒耳。经费自本月起，每月一千一百一十五元，前按二等县，每月仅七百九十元。全年赋税除临夏、临潭、循化各拨一部共六百余元，作为县府经费外，余由牲畜屠宰税下拨支，担尚须拨财厅四千余元作押，实际仅七千余元，迄今尚欠五个月无着落，可知县府经费之困难矣。

按夏河县，古为徼外地。汉置白石县，前秦改为永固县。后凉废永固县，复为白石县。南凉废白石县，复为永固县。清属循化厅。民国十五年（1926），设设治局，十七年（1928）改县。境界迄今尚未确定，因划县时，不过将临夏、临潭、循化各一部，划归管辖，并未详分界线。故面积亦无确数，或云二千余方里，或云三千余方里。惟知东至土门关一百四十里，接临夏界。南至陌务寺一带亦一百四十里，接临潭界。西南至大湖滩一带二百五十里，西至关秀一带二百二十里，北至什济寺九十里，至白石崖五十五里，至观音沟八十里，接青海界。南与川边接界。

下午三时，黄司令约余便餐，饭后至其后花园帐篷中观西康歌舞。因是日开西康同乡娱乐会，特在花园草地搭帐篷六座。余被招待于一大帐篷内，有如大厅，下铺坐垫四行，前置小几，余盘膝而坐。未几西康跳舞在帐前开始，首由妇女六人，手各相携成圈形，低头曲腰，两足相叉，左右移动，且行且歌，声颇入耳。次有男子数人，亦如式而歌。后男女两队同歌，向一面移动，环而行之。其歌意据云多问答赞美之词，如谓今日为最不易得之时机，吉日良辰，天气清明，日月共现，明洁如雪，然实非雪，乃长官惠临之光云云。次拉市歌舞，妇女三人成环形，足如前左右移动，头腰亦弯曲，但手上下舞动，并不相携，袒臂之一手，将未穿之袖握之，两手上下互舞，歌声亦较前音略长，颇为悦耳，极类蒙古歌。园外水滨有一木屋，内用水力转“古拉”，亦宗教仪式随科学而进化者也。

六日　六月薄雪　四壁图画

自晨至夕，小雨连绵，对面山顶，薄雪笼罩如浓霜，白云上下与雪相映，益增景色。天气骤严寒如冬日，衣裘犹觉不支，手冻几不能执笔。拉市在海拔二千九百公尺以上，故盛夏六月，已寒冷如此，将来途中秋后，登五千公尺以上之高山，更不知如何难堪也。余所居之室，全为木制，四面均系木墙，上为木板顶，下为地板，大类日木式房屋，故寒气易入。

下午至本寓（即火日藏仓）活佛处，见案上置有国文教科书，询之，略识汉字，亦喜习汉语，与余谈，即用汉语。其室内四壁，皆有人物彩画。关于孝者，有闵损［闵子骞，以孝称，事迹见《史记·仲尼弟子列传》］感父，伯俞［韩伯俞，汉代人，有名的孝子，事迹见《说苑·建本》］泣杖等画；关于忠者，有关羽、周仓等像；其余有琴棋书画，山水花鸟等。凡寺院建筑，室内外皆满绘彩画，如能利用各喇嘛研究汉语之热心，与各寺院满绘彩画之习惯，施以短期教育与社会教育，其影响当更大也。望宗教领袖与行政当局，注意及之！

七日　行辕如皇宫　寺屋类阿房

本日天晴，但山中积雪未消，似尚有深数寸者。十一时许，天气甚暖，特往班禅行辕参观，由大襄佐引导。首至新建之西楼，系第五世嘉木样所建者。正面室五间，中一间有外门，正中有黄缎垫座，及方高红缎靠垫，两面各隔二间，有里门。右面为寝室，床上黄缎厚垫，地下毛织五色龙地毯，隔间之墙内为木架，上陈各式钟表数十座及各种古瓷瓶器数十件，俱精美。左面二间，为接见高级喇嘛堪布之所，正面床上有黄缎垫，备作班禅大师座位，地下地毯上有垫数方，备各喇嘛或堪布［藏传佛教中深通经典之喇嘛，而为寺院或札仓之主持者］座。出门右方转楼，为班禅办公室，有高桌大椅，并有一床，备便坐。右转楼有门通楼下，过道右室，亦备有黄垫高座，及地下垫座，备接见各职员或内室会议之用。各室床上一隅，均有高尺许之铜佛、铜塔数十座，陈于特制之佛龛内。天棚均为木板方框，内绘五彩龙形，如北平宫殿中之油漆彩绘。门皆有黄绫棉帘，窗皆有色玻璃及黄绸窗帘。室外有廊，可散步远眺山河，房檐有黄布垂之。室内外画栋雕梁，五色灿烂，一切设备，俨若皇宫。楼下为厨房（分西餐、中餐、藏餐三种）及藏储衣物之所。

次至邻院二楼，高如三楼，因第一层在高五六尺之台上。原有三阶，现将中阶除去，以便谒见者由右阶上左阶下，除去中间之处，用砖雕龙形，并施彩色，上阶后有高尺许宽一二尺之木台，长与室等，上铺垫。室长七间，内为大客厅，上垂各式旧宫灯数十对，下铺织龙满间地毯，毯上有裁绒垫两行，可容五六十人，备蒙、藏人坐。倚墙有茶几高椅一二十对，备汉人坐。墙上满悬五色画佛，梁上亦悬画佛三十余幅，据云为第一世嘉木样前身，在印度、西藏之各代。最上端为班禅座位，高台黄缎垫，富丽堂皇。三楼上有经室二，各有黄缎长垫，栽绒地毯，备班禅大师休息或午寝。一室内有许多小铜佛，中有四代嘉木样之像，各高尺许，似为金质。

次至邻院为经堂，备各高级随员诵经之所。有高三四尺之纯金像三尊，为本寺金像之最大者。一为释迦佛，一为宗喀巴，一为第一世嘉木样。其余铜像大小数百尊。围经堂外之四周，有红铜“古拉”百数十个，高二尺许，圆径尺许。楼外为露天辩论经典之所。前楼上各室为秘书处，有中文、藏文秘书办公室，楼下一室为总务处，旺处长客室、寝室亦精致。又邻秘书处有一室，完全藏式，墙上用藏织花布围之，顶上有黄缎盖三四个，地下铺地毯坐垫，备高级职员开会及休息之用。

次出旁门，另至一院，有一大殿，长五大间，沿壁皆小佛龛，内有高一二尺之铜佛及塔，以数百计。据云来自印度，但有许多空龛，系变乱时遗失。佛台下放有许多行李，系班禅大师用物。大襄佐启其包，见有金色辉煌、锦绣华美之马鞍全套。又有高二尺许之镀金铜香炉一对，据云系垂于马鞍之左右者，完全为前代帝王之仪式用具。台上有高尺许之全金色塑佛，据云系第一世嘉木样，状甚肥胖，共计一百零八个。又有高二尺许之释迦像。据云拟塑十万尊备用。又有一经堂，三面壁上皆佛龛，除释迦牟尼、宗喀巴为高四尺许之大像外，余均高尺许之观音铜像，整一千座，此殿与襄佐仓相连。又参观班禅大师随员及襄佐所用之厨房，均甚大，有铜锅十余口，大小不一，并分中式与藏式厨房，均烧木柴，不用粪。

次经数屋顶，下独木梯并楼梯数次，始至襄佐仓。拉寺建筑，曲折复杂，真所谓五步一楼，十步一阁，恍如阿房宫也。“独木梯”者，用一长木以锯锯若齿状而成，每齿可容半足，康、藏一带多用之，甚简便，当系西方之最古梯形。襄佐仓，即大襄佐之公署也。大襄佐导余等至其办公室中休息，亦即客厅，一面有床，床上有黄缎长垫及靠垫，前有长几。墙有暗木架，内置经典，均用红黄绸缎袱包裹之。旁有佛龛，有像数尊。左右壁一面为窗，有色玻璃，一面为大柜及高架。柜红色金花，油漆一新，架上陈各种银器、漆器、瓷器、玻璃器，均珍贵品。天棚亦为方框，绘五彩龙花。地铺栽绒毯，有垫座，前有小几，上陈各种点心，招待余等。门窗上皆彩绘人物花卉，华美异常，孰谓边地无文化耶！床上几前，堆现洋数百，旁置算盘，壁上挂藏文账簿数册，可知其职权之一斑。座谈半小时，得悉此寺原有喇嘛三四千人，与宁海军冲突时，减至一千七百人，近年始渐渐增加，现约二千五百余人。内蒙古僧亦不少，本寺喇嘛亦多赴西藏或蒙古。本寺所属寺院，有一百零八个，青、康、蒙、藏各地皆有，但历代嘉木样仅知研究经典，不注意经济问题，故拉市无正式收入。如塔尔寺有地六万亩，每年收入不少，拉卜楞附近之地，或为各囊谦所有，或为人民私有，其由人民献于嘉木样佛者甚少数也。至此寺喇嘛生活亦苦，仅恃为人诵经或每隔十五年康、青各寺来施舍一次，或各富室来施与，并无一定收入，亦不如塔尔寺各喇嘛之半营商业，故此间喇嘛大半贫穷，每夜念经，无资购油，甚至以香火头为灯，可知其苦况云云。但据寺外一般人所述，拉卜楞寺之富裕，不亚于塔尔寺，各喇嘛之经济，亦不如所谈之清苦也。

八日　拉卜楞寺组织　黄河南亲王官衔

上午十二时，大襄佐宴余及刘秘书长等，席设于其办公室，用藏式，即坐地下，余与刘秘书长为黄缎垫红边，余系普通栽绒垫，每人面前置小几，上陈瓜子、方块糖、葡萄干等。第一菜仍为蕨麻与大米两盘，据云康、藏俗，凡喜庆事皆如此，因蕨麻一名长寿果，取其吉祥也。惟以后次序，与嘉木样禅师当日稍异。次为手抓羊肉一大盘，观大襄佐与刘秘书长等食法，一手取带肉之骨，一手以刀削而食之，一骨尽后再取一骨，余等则任意在盘中割食。再次为肉包与内地同，再次为牛肉粉条，均每人一份。最后为酸奶子，即告终。初入席时，见有数藏民谒见大襄佐，即在大殿廊下接见，大襄佐高座，各人民跪而陈述，闻系某族代表来参加欢迎班禅大师者。席间又有数人请大襄佐谈话，屡离席外出，可知大襄佐在寺中地位之重要与忙碌矣。

查拉卜楞寺管理各事之职员如下：

襄佐　掌理总务，并司出纳，如各机关之总务司长。

吉瓦　属于襄佐，掌理寺院财政，如各机关之会计。

列里瓦　属于襄佐，带兵兼管民事司法。

古错　属于襄佐，掌理外事，并代表嘉木样对外交涉，管理嘉佛所属人民。

辖俄　属于大经堂，管理僧人与僧官，行时有一人负长五六尺之铁棒前行，故俗名“铁棒喇嘛”。

嗡宰　属于大经堂，管理经典，指导念经，俗谓之经头官。

下午访黄河南亲王，府院亦宏壮，但经过楼下时，见零物杂乱、狼藉，呈衰落之象。其客室在楼上，为蒙藏式，亲王亦衣藏服，惟面貌清秀，不类蒙人，且读汉文，识余名片中之马天二字，现年二十岁，尚无稚气。询其封爵历史，已数典忘祖，谓原有记载，前变乱时遗失，故不明了。濒行与余一名片，其名为滚噶环觉，字瑞天。官衔有四：一为黄河南亲王，一为青海同德、同仁两县保安司令，一为青海南部边区警备司令第二旅一团团长，一为蒙古政务委员会高等顾问，籍贯书青海，可知其与青海之关系较为密切。

查黄河南亲王，原辖地为青海和硕特部之前首旗，和硕特部为顾实汗［亦作“固始汗”，西蒙古和硕特部首领图鲁拜琥的封号。明末入据西藏，掌握藏地政权，清顺治间受封为“遂行文义敏慧固始汗”］第十子达什巴图尔之后，清康熙三十七年，封达什巴图尔为和硕亲王，共领二十一旗，前首旗为顾实汗第五子伊勒都齐之裔。伊勒都齐有子二，次子之第三子察汗丹津，清康熙四十年封为多罗贝勒，五十七年晋封多罗郡王。雍正元年以平西藏军功晋封和硕亲王，三年授札萨克。十三年以从孙旺舒克袭。乾隆十四年，长子旺丹尔济帕纳木袭。三十六年以旺舒克从子札萨克台吉纳罕达尔去降袭多罗郡王，诏世袭罔替。嘉庆十二年，子达什忠鼎袭。道光十三年子达什旺札勒袭，三十年子春津袭。光绪十三年族侄巴勒珠尔拉布坦袭。次更噶化木却力袭，年代未详。民国二年袁世凯时，晋封为多罗亲王。其原定牧地，南当黄河之曲，东至拉卜楞希拉得希沙，南至和托果尔希星克，西至巴尔博鄂巴乌拉，北至额尔德尼布乌鲁勒下达巴（接贵德界）。现驻牧地在贵德县黄河南，东界甘肃，南界四川，居民约三千余户。但自青海改省，同德改县，其一切政权，均归省县，亲王虚有其名矣。

九日　喇嘛抵掌　藏妇袒胸

午间闻喧嚣声，询知为喇嘛辩论经典，当偕史秘书往观。会场在广场约十余亩之大园内，园中杨、柏矗立，大者数围，北面张一大幕，可容千余人。幕上蓝花，周围垂黄红布缘，中悬彩幡数十，华美庄严，下有数柱支之。分座位为四区，纵横有路，上面有屋有台，设高座及数垫，有高僧数人在台上，下有喇嘛千余人，就地对坐，各披红氆氇斗篷。余等在时，全体口中喃喃，似高僧领导诵经，约数十分钟，宣告终止，群争奔出，其声若雷，如学校学生之下课然。群将斗篷、高帽放于地上，奔至帐外林间，分数区坐，五六人或十余人一团，或互相戏谑，或互相辩论，或出园外依墙整列成行，面向外而蹲，状似休息。但见足间各有水流出，始知小便，百数十人，湿痕成纹，亦颇有趣。未几复集帐下如前坐，但非诵经，一人起立站正中，面台上，口中滔滔不绝，手之舞之，频自击掌有声，群相呼噪，或鼓掌，或举手，亦有时发出嗤声，如演说场之情状。闻系讨论经典，有质疑，有辩难，小喇嘛多在帐边，每不注意辩难，或彼此挤压，或互掷石子，或谈笑戏谑，如学校中之小学生然。台上有一着五彩绣履衣金丝边坎肩者，每出面巡视一周，始稍安静。一人演说毕，另一人起立，群大鼓掌，但其人殆讷于言，群复鼓掌，台上数人如教师，如评判员，有肩用厚垫张成方形，如戏剧中判官者，有时嘉木样活佛亦至场，时许多藏民，在帐外面台上叩头。此系全体大辩论，有时在外分若干小组辩论，其式亦同，即一人起立向坐者辩难，或数人起立，争质问之，或抱坐者之头，强刮其耳，非常有趣。盖寺院对佛学之研究辩论，一如学校之上课考试，颇为严格，惜予不解藏语，但观其动作耳。

出园复与史秘书游河边，见许多藏妇坐地上，大半袒胸，两乳长垂，即青年妇女亦然。

十日 南山景色 夏河形势

正午，诚专使约游拉卜楞之南山，偕大师行辕陈科长文鉴至大夏河边。渡桥登山，由松林中直上，并无路径。攀缘而上，愈行林益密，景亦益奇。下瞰拉市，全寺在望，仰视万松如盖，荫蔽天日，根下有绿苔，光滑失足。穿林披荆，时而松枝摩顶，时而乱棘牵衣，时而杂木塞途，曲折迂回，终达绝顶。有碉堡为“夏字三十二”，足见夏河周围碉堡之多也。环望各山，西北群峰积雪未消，青白如昼，以望远镜俯观寺院，僧尾栉比，民居星罗。夏河如带，由西而来。沿岸农田翠色欲流，村庄三五，分布山麓。西望丛林中红墙高楼，即嘉木样佛避暑之所。嗣围坐山巅，纵谈一切。至下午五时，始循西面小道而下，惟多石片，革履甚滑。将至山麓，有草原，马、驴数十，放牧其间，喇嘛数人饮茶草地上，点缀风景。比至山麓，已五时半矣。

山上四望，各峰比肩，且多平坦，所谓夏河高原也。夏河绕流其间为一大峡谷，围山之中，时有大草滩，乃为局部盆地。由山上平视俯瞰，可得夏河一带之形势。地理专家张其昀先生［字晓风，浙江鄞县人，著名地理学家、教育家］论夏河地形一段，记述甚详，兹录之如下：

> 夏河县治，海拔约二千九百公尺，吾人若自河谷升至山巅，则四望廓然，恍如平原，有坦坦荡荡之观，纵马长驱之乐。虽亦有低缓丘陵，形如海浪，其高岗皆在同一水平线上，海拔约三千五百公尺，此即高原之形势也。高原倾斜极缓，又称侵蚀平原，在地文上亦达老年时期。高原因大夏河之中贯，垂直侵蚀之力，甚为深刻，造成风景壮美之河谷。在谷中旅行，但觉急水高山，地

形残破，岩壑雄奇，初不知其上有完整之高原。大夏河河谷极窄，冲积地宽者仅六七百公尺，狭处则两崖紧凑，仅容一河。自土门关至拉卜楞，一路皆是幽谷。大夏河上游，峡谷交错，与岩石性质有关。如砂岩、页岩，较易侵蚀，谷势稍为开朗，如拉卜楞附近是。若遇坚硬之石灰岩、花岗岩，则束水成峡，湍流奔泻，极为险峻。如山堂与沙沟寺间花岗岩所成之峡谷，水涨时几无路可通。山谷多有森林，满目葱茏，与清流相映，风光至佳。大夏河上游，并无广大之平川，惟在溪涧入正流处，因支流速度骤减，沙砾沉积，往往成为冲积层。当地所见之少数平川（或称坝子），多由冲积层连缀而成，其地势略为倾斜，不甚平坦，与一般平原稍异。拉卜楞寺，即位于此类冲积层上。本寺建筑成长方形，东西长而南北狭，地势使然也。沿大夏河西岸之山坡，常见较高而平之台地，地文学上称为阶级地。当地或称为“坪”，或称为“原”。考其成因为旧时河岸之遗迹，高出近代河床约三十至五十公尺。台地上为黄土所覆，厚达二十余公尺，下部为砾石层所成。此种地形，在拉卜楞附近无线电台之后，发育甚完好。其上或为村落，或为耕地。高原之上，常有局部盆地，纵横数里，当地名之曰“滩”，又称“甸子”，如甘家滩、三科乎滩等是。丘陵环列，谷广坡平，流泉萦绕，水草鲜美，为藏民天然牧场，农垦当亦有望。其中排水不良之处，则成洳湿洼地，淤泥没足。甘家滩在拉卜楞西北五十里，捏贡川（大夏河支流）纵贯其间，乾隆年间兵部曾议屯垦，有案可稽。高原牧草，草本植物，年生年腐，有机质堆积较富，故土壤色泽较深，土壤学家称此区为黑钙土区域，其肥沃可与俄国有名黑土带相比，极适农业，但地势在三千公尺以上，气候寒冷，作物生长时期甚短，农业大受限制。高原民族，仍以游牧为生计，即欲实行农垦，亦仅能种植早熟之青稞。夏河高原，为青海大草原之东端，高原之边缘，成为峻坂，自下仰望，则雪岭峻峨，如插翠屏，即白石山脉是也。白石山脉，在临夏、循化二县间，称大再加山（海拔三六〇〇公尺），为甘、青二省省界。南下至土门关附近，折而东行，入和政、宁定、临潭诸县境，绵延四百余里，随地异名，有大峙、莲花诸名。主峰在和政西南五十里，海拔约四千公尺（和政海拔二〇〇〇公尺），岩石突兀，亦称露骨山。自和政上升，攀援峻坂，山径崎岖，但越岭西南行，则下降极缓，是即高原草地。西倾山之名，见于《禹贡》[《尚书》中的一篇，为我国最早的地理著作]，藏名叠桑巴山，在夏河西南百余里，海拔五千余公尺。山坡牧草茂盛，山巅积雪皑皑，洮河源出其东，大夏河源出其北。西倾西连积石（大积石山海拔六千余公尺），东连岷山、秦岭、伏牛诸脉，自西至东，横贯中国，称为东昆仑山脉，即江、河二大流域之分水岭。在民族上观之，白石山亦极重要，此为汉、藏民族之界线；白石山上之草原，至今仍为藏民区域，地形影响于人文，其著例也。

十一日　圣召会参观　果洛族奇谈

下午偕史、董二君，渡夏河，至耶稣教圣召会参观。该会有洋式楼屋三面，建筑已十余年矣，楼下有堂，内设黑板、椅座，讲桌上有新、旧约书，皆藏文译本，可知其努力于宣传工作。但迄今拉市正式教民仅五人，且非藏族，盖藏民信仰佛教甚深，不易感受也。时仅有一汉人，看守房屋，据云系临潭人，入教已十余年。此地牧师，原为美国人辛振华（译音），居拉十余年，努力传教，始终不懈。且于每年夏季，携帐篷，裹糇粮，赴藏民聚居之草地，一方宣传宗教，一方调查藏民心理及生活习惯。在草地居留至少两月，多至半年，近则黑错［今合作市］等地，远则果洛［今青海省果洛藏族自治州一带，有果洛山］诸族，需廿余日始达。渠每偕出，果洛族有三酋长，二皆黄正清司令之妹夫。此外尚有一女酋，赘其酋长之弟为夫，现已死去。果洛族有二千余户，食生肉，辛牧师至时，亦每以生肉招待之，必勉食少许，否则彼辈不快也。但其人性剽悍，遇非其族类者，辄杀伤之，故非习其语言，不敢经临其境。其语言与拉卜楞藏语同，盖青海、康北各番地，视拉卜楞如京城，视拉语如京语，因之通行各地。辛教士善拉语，故对之相当招待。辛教士前年死于华家岭［今甘肃通渭县西北］，新易夫妇二人，亦美籍……继送余等至门外，有隙地二亩许，据云此地每年向拉卜楞寺纳税六元，楼房每间（以四柱为一间）铜圆七十五枚，全市皆然，许住不许私有，但可典卖。人民所种田地，亦多属庙产，或各囊谦所有，每斗地（约七八亩）每年出租一升，县府加抽若干。附近十三庄藏民，共约一万七千余人（喇嘛在外），抽壮丁可得三百余人。市内仅五千余人，藏民占十分之七，回民占十分之二，汉民仅占十分之一耳。归至河岸，遇二藏民学生，询之，尚知为中国人，但不知何省何县，盖知有拉卜楞，而不知有甘肃省夏河县也。

十二日 拉寺朝市 松潘险道

晨起，赴朝市购物，市在夏河岸寺院前，自日出起，至日中止，终年不断。衣食住行之用品，无不备具，衣类有红蓝绸布、羊皮、獭皮、牛皮、氆氇等，食类有青稞麦面、牛油牛奶、腊肉青菜等，并有帐房内应用各物及骡马等。他如装饰品，有藏妇用之假珊瑚、玛瑙、珠玉，及喇嘛用之念珠、哈达、铜器等，五光十色，应有尽有。各商人或列高架，或陈地上，布帛用品，多为汉商，骡马多为回商，牛奶、柴草等，多为藏妇。牛奶盛木桶内，柴草以牦牛驮，余购装饰品及宗教品数件，拟将来送新亚细亚学会陈列。市民每日所需，均由朝市购买，故各种民族，男妇老幼均有，拥挤不堪。余民国十六年（1927）来此时，曾在此市场为藏民讲演，今日一切未见若何进步，似效果甚微也。

归途，遇一山西荣河县［旧县名，1954年与万全县合并，设万荣县］人，在电台服役者。据云前在保安司令部服务时，曾赴松潘，为中央军送粮一次。以牛马驮面，去时行二十余日，返时绕道行数月，始归至夏河。在草地中所用帐房，每夜帐上潮湿，第二日牛马均不胜驮载；煮饭以粪为薪，每湿不能用，须先以牛皮风箱吹之；火柴因受潮湿，不能着火，须用火镰棉花取火。一雨数日，全恃毡衣，遇河川不能渡时，惟用牦牛浮过，有时牛亦被水冲去，不知去向。草地中草深数尺，朝行多露，非有长统番靴，不易行走。来时至川甘边境，有大松林，深邃密茂，仅容一骑，晚间无地可架帐篷。每日行百数十里，始觅得一隙地，行三日余始出。此深林似长二百余里也。松潘一带，路径甚狭，且多在山腹中，下临深渊，牛马至此，须任其缓行，稍一冲撞，即堕入深沟，粉尸万段矣。因绕道时久，粮食告罄，途中无法补充，煮牛食之。某次肉尚未熟，忽报匪至，仅距二十里，急倾锅而行，时天色已晚，莫辨途径，以洋十元雇一喇嘛引道，途中又无粮可食，乃以洋四元由藏民帐篷中买炒面十斤，暂维现状。后遇某活佛来拉卜楞寺朝嘉木样，愿同行，乃给洋五百元，请供给一行三十人沿途食粮，始得回拉云云。可知草地行路困难之一斑。开发边疆，交通诚为第一也。

十三日　迎活佛草滩盛况　献财物民众热情

行署同人，因接班禅大师日内来拉电，定本日赴甘家滩［今夏河县正北之甘加乡］欢迎。甘家滩距拉市三十里，其地无居民，亦无寺院，嘉木样佛及黄子才司令，前数日即在其地为班禅大师布置行辕。专使行署清晨派员携带帐篷及厨房用具先行。上午十时，余及行署同人、仪仗队等数十人出发，余乘驮轿，余数十人乘马，由山沟前往。沿途道皆新修，两旁用小石子排列成界。每数十丈或数百丈，有土砌香炉一对。道中藏民男女，扶老携幼者，络绎不绝，盖皆欲瞻仰活佛圣面，或求一摩其顶者。十余里过山，即现平原大滩，所谓夏河高原中之盆地也。沿途不见居民，惟道旁帐篷遗址甚多，盖夏日多迁居山上，远望仅发见黑帐篷数架耳。下午一时至其地，见帐篷数百座，绵亘里许。稍息，即参观为班禅大师及其随员特备之居所。班禅居室，为一大蒙古包。外蒙虎皮，内张绸缎，上有金项，中设宝座；地下铺一华美绒毯，据云约值万金。包之周围，有围墙、大门、照壁，皆以布制。围墙有廊檐，大门有覆屋，亦有金顶，俨如宫殿。又围墙内另有大帐篷一架，为大师会客室。此帐外有蓝布花，内有红布里，大可容五六十人，中设高座，下铺毯垫，顶垂彩幡，极为华美。通往室之路径，草地上以红布铺之。两旁帐篷数十座，系为各堪布随员备者，内各设有小几高垫。其余卫兵帐房数十座，合拉卜楞欢迎人员及保安队之帐篷，共三百余座。

下午三时许，班禅由甘坪寺来，前面旗帜队、音乐队等数十人，各乘骏马，衣华服。又有大师之马数匹，各披彩绸。次随行人员，各顶红帽、黄马褂。次大师坐椅轿，轿夫黄衣裤。次欢迎人员，喇嘛等数百人，多红顶黄大褂。此外民众及保安队，合计在万人以上，为甘家滩空前未有之盛况。余等在下轿处欢迎。班禅下轿后，余等递以哈达，旋入客室，班禅高坐，余等在左右席地坐，森且堪布、旺堪布左右站立。班禅赐奶茶米饭后，各散去，不便谈一语。旋刘秘书长、旺堪布来余帐篷访谈，知大师沿途劳苦，精神尚佳。

是日民众近万人，各携财物，求班禅放头。四时许，堪布令各民众在空场草地上坐成一大圈，先由数人收取礼物，民众男妇老幼或送羊皮，或脱簪珥，或出面饼，或送现洋、铜圆等，均以布袋盛之。继班禅乘椅轿出，音乐队前导，首在帐外与层跪之喇嘛数百人，以手摩顶。继至广场与围坐之俗人，用代手之“咒满”(译音) 拂顶，绕行一周，六千余人之顶遍拂，皆大欢喜。

余与同人登山腹瞭望，日甫衔山，天空红若朝霞，白帐房星罗棋布，有如群羊鹄立，人声鼎沸，马鸣萧萧，阒其无人之草滩，骤成叫嚣繁闹之都市，入夜各帐篷烛光点点，光耀万千，真不易得之情景也。

十四日　藏民试枪马　万人瞻活佛

昨午天气炎热，为抵夏河以来所未有，入晚重衾犹寒，清晨草地上，朝露如雨，驮轿油布，积水可流，寒气袭人，高原气候变化之剧烈，由此可见。突闻马蹄嘚嘚，自远而近，声如骤雨，出而视之，有千余人驰至，或荷土枪，或持长矛，或挟木棍，腰各横剑，疾驰如飞，令人有骑匪袭来之感。询之，始知为某地藏民，闻班禅大师驻此，数百里连夜赶来，人马喧嚣，又增一番热闹也。

八时许。班禅出发，民众待放头者，又四千余人，整列道左，班禅乘轿，且行且摩顶。余等随后出发，前面仪仗，首骑马执旗者二十四人。长旗、方旗 (各如戏台上兵旗) 各十二。次为身披锦绣之马，满身绮丽，上负大师用之香炉衣衾等物。除香炉外，多系告朔之饩羊 [指虚设之物，语出《论语 · 八佾》]，并非实物。次音乐队十余人，亦均乘马。次为随行之高级职员，多衣紫袍黄马褂，头带如清时凉帽之尖顶圆帽，后垂红缨，足着长靴。次为班禅乘坐之大轿，八人抬之，皆衣黄短衣。后为各寺之活佛及高级喇嘛数百人，皆乘肥马，头带金盆顶帽 (金色盆式上有顶，故余名之)。其顶本色者为活佛，因无阶级可分，其余有红顶、白顶等，皆按级分别，身着紫袍黄马褂，上披红绸，非常华丽。此外卫队护兵民团保安队数千人，左右围绕，前后奔驰，或横列并行，宽广数十丈，长延数里，浩浩荡荡，有如行军。其帽皆白羊毛翻缘，一望雪白，衣或红、或紫、或蓝，皆皮袍，因时虽六月，高原气候冷暖无定也。足着皮靴或赤足，上身亦有裸者，体黑如铁。保安队更乘此机，显其健儿之身手，或纵马登山，疾驰如矢，或驰马鸣枪，连发数响，或舞丈余之矛，呼声如雷，足征藏民之强悍勇敢与驰马技术之精，如能稍加训练，即可为边防劲旅。余等乘驮轿在后，见一队十余人，披长发，戴如戏剧中旗兵之帽，上有羽毛，后或垂红缨，身衣大红袍，骏马轻裘，异常美丽，似为女性，询之为红教徒，且果为女子也。大师轿前有孔雀翎遮日伞，藏民望见即跪地叩首，有见余驮轿经过亦跪地叩首者，盖误为班禅驮轿也。道旁预砌之香炉，班禅过时皆燃松枝柏叶，香烟缭绕，音乐沿途吹奏，想见从前帝王出巡之盛况。

出山口，为马莲滩，于此备有华美之帐篷，班禅少休息后，即入拉市。拉卜楞寺喇嘛二千余人，披红、黄袈裟，戴刀形僧帽，手持鲜花，或燃香，鹄立道旁。最前者多白发苍苍六十岁以上之老僧，最后者为十二三岁之小喇嘛。喇嘛中有音乐队，或为长七八尺之铜大号，或径二三尺之大圆鼓，或为大钹，粗音细乐，一齐吹奏。道旁香炉中之香烟，直上云霄，商民或以火盆代香炉，燃松柏叶，或以敬神之香炉燃插藏香，汉、回民众及蒙、藏族妇孺，满立屋顶或街旁，计欢迎及参观者，约在二万人左右。班禅本日亦衣最贵重之法衣，异常庄严，对欢迎之僧众，笑容可掬。街上满贴标语，小学学生亦手执小旗，上书欢迎标语，整列市外。中山街口，札有牌坊，一面书“西天生佛”，一面书“普渡众生”。藏民欢天喜地，无不以一瞻班禅尊容为毕生无上荣幸也。班禅至行辕下轿，黄司令及其父捧香，面班禅后退迎入，拉卜楞空前未有之欢迎盛事，至此告成。

十五日　青海兵演马术　绿瓦寺有雕画

班禅由塔尔寺来拉时，青海马主席派骑兵六十名护送至拉。今日上午九时，在夏河岸表演马术，余偕同人往视，见马驰如飞，人在马上或放大枪，或舞长矛，均极精熟。乘者或身卧马背，或身倾一面，两手及头至地可拾遗物。或右足亦至左边，全身倾于一面，复反正。又或数马赛驰，或人牵马与马竞走。种种技术，令人惊奇。此种骑术，如能作普遍之训练，诚边疆之长城也。

下午赴绿瓦寺游览，该寺建筑甚壮丽，地址亦甚宽敞。内大经堂上用绿玻璃瓦覆之，故俗名“绿瓦寺”（藏名加拉化仓）。内计二院，一正殿，为活佛居室，画栋雕梁，华丽无比。老活佛已圆寂数年，闻未来活佛，已在东内蒙转生，觅得后，其父母不愿其为僧，尚无法解决也。一千佛殿内，有铜佛千尊，佛各一龛，柱及梁均雕刻龙形，张牙舞爪，跃跃欲降。两院之隔墙，以砖砌成，上雕花卉人物，真所谓峻宇高墙、画栋雕梁也。

十六日　喇嘛齐摩顶　民族多融洽

本日拉卜楞寺，全体喇嘛行谒见班禅大师礼。其次序首为嘉木样禅师，独献“满札”（藏语译音，有一盘，中作五山形，实以青稞，表示将世界献与大师之意，盘银制，用金玉作山形。此盘人人可用，每次出银币十三元），行三叩首礼，班禅赠以红绸条。次十八囊谦中曾坐金床之活佛四人，共献一“满札”。次十八囊谦中曾任堪布之活佛八人，共献一“满札”。次十八囊谦中之普通活佛六人，共献一“满札”。次大经堂代表全寺献一“满札”。次五大札仓各献一“满札”，礼各如前。凡献“满札”者均得在大师客室内谒见，班禅亲赠红绸条。次全体喇嘛二千余人，在院中随意献物，班禅为之依次摩顶，侍立之堪布，代赠红绸条，达数小时始毕。闻昨日班禅为乍根尼马（距夏河六七站）之果洛族，及夏河境内之欧拉族，以及本市附近兵民摩顶，均在寺外环跪，共约四五千人，大师之劳可知矣。

下午黄司令子才来访，谈及本市汉、回、藏民杂居，感情不易融洽，对待时感困难。黄谓本人（黄自指）为西康籍，对此间民众，向少关系，十余年来，对各族民众，一视同仁，不分畛域，故尚得各民族谅解。虽曾发生回、藏民冲突［指马麒部军队占领拉卜楞引起的冲突］，及河州变乱［指民国十七年宁海军军官马仲英等起事反抗国民军引起的战乱］，而感情仍极融洽。又平日对各民族，皆设法解除其痛苦，不偏不倚，且毫无个人权利思想。十余年来，未置一产一业，即前与青海军冲突后，所遗留之许多房屋，或拨入学校，或归为公屋，本人未占一屋，故与各民族无不融洽。余谓在边疆民族复杂之地，融洽各民族感情，固为必要，但尤应泯除各民族界限，使各民族文化渐趋平等，生活渐趋一致，如普设学校，讲求卫生，改良生活，增进常识，使知世界情形、国家现状，同为国家一分子，利害相同，祸福与共，久之自忘其个人之利益与民族之差别。况实际上中国境内各民族，经数千年之接触激荡已融成一体，难为分别。黄继谓本人实欲帮助县府，努力一切，惟夏河界限，迄未划清，一切进行，不免困难，迭与省当局谈及，因关系过于复杂，恐发生问题，迁延未决。因之无论调查户口，抽调民兵，训练民众，均无法办理云云。余意以拉卜楞之历史与现状观之，建设开发之责，嘉木样与夏河县长，应共同担负，因县长有职责而无权力，嘉木样有权力而无职责。惟嘉木样向来不问政治，一切多所隔膜，如黄司令能利用其权力而与县府合作，则夏河之建设甚易。闻县长云：黄司令遇事协助，可知黄司令在夏河之得人望也。

十七日　拉市商业概况　夏河金融情形

自班禅大师抵拉卜楞后，各地蒙、藏民众，不远千里而来朝谒，拉市人口，骤增万余，各商号及小摊贩，无不利市三倍。兹将拉卜楞商业概况略述如次：

拉卜楞当甘、青、川、康四省交通之要冲，且有宗教上著名之拉卜楞寺，故久为汉、藏贸易之中心。民国十六年设县治后，地方益加繁荣，商业亦较发达。惟西至青海，南至川康，皆为人烟寥落之荒野草地，东去洮（临潭）河（临夏），道路困难，商旅不便，往往因供求不应，货物价格，涨落无定。如交通便利，商业前途，当更有长足之发展。

拉市输出货物，以皮毛为大宗，而资本较大者，亦为皮商。此种皮商，多系平、津一带之富商，每年九月携款运货而来，翌年四月运载皮货而返，恰如候鸟，故称候商，亦曰行商。此外有山西、陕西及本省资本较小之皮商，多收买黑皮、羔皮，运往天水、长安、大同等地。近年西康一带之猞猁、水獭、狐豹等类兽皮，由拉卜楞出口者亦不少。本地小资本商家，就地加工，制成熟皮短衣，运往上海、汉口者，共三十余家。

次为毛商，因夏河境内多畜牧，每年毛产额平均在二百三十万斤以上，故毛商甚多，十之八为临夏回商。毛之交易在每年春秋二期，故此期内拉市比较热闹，惟所产羊毛，纤维较粗，且尘芥多而色黄褐，因之价值稍低，每百斤平均十四元上下。甘、青分省［民国十七年十二月，设立青海省，省会驻西宁］后，毗连青海各地之皮毛，青省为税收计，禁止由拉出口，但商民为减少成本计，仍多由拉购运，故输出皮毛额，未大减少。

次为畜产、药材等。畜产不外马牛羊及牛油、羊肠等副产物。药材以鹿茸、麝香为主。兹据保安司令部丁明德君去年之调查，拉卜楞每年输出上要货物平均额，如下表①：

货物名称	单位	数量	平均价（元）	总价（元）
羊毛	斤	1200000	0.14	168000.00
狐皮	张	4000	14.00	28800.00
白羔皮	张	64500	1.00	64500.00
羔叉皮	张	12000	1.80	21600.00
猞猁皮	张	800	18.00	14940.00
狼皮	张	1200	12.00	14400.00
羊皮	张	25000	0.60	15000.00

① 表中部分数字疑有误，下表同。——编者注

续表

货物名称	单位	数量	平均价（元）	总价（元）
獭皮	张	2850	0.30	8550.00
黑羔皮	张	3530	2.15	7598.50
獾皮	张	1300	2.70	3510.00
狗皮	张	1350	3.00	4050.00
熟羔皮衣	张	965	11.50	11097.50
马	匹	1500	35.00	52500.00
牛	头	1300	15.00	19500.00
羊	头	1500	2.50	3750.00
羊肠子	根	32000	0.26	8320.00
麻菇	斤	72000	0.50	3600.00
酥油	斤	19200	0.25	4800.00
鹿茸	架	33	60.00	1980.00
麝香	颗	720	10.00	7200.00
羊油	斤	21000	0.15	3150.00
牛油	斤	7500	0.15	1125.00
蕨麻	斤	350	1.80	630.00

除以上所列主要货物外，如畜产品（包括家畜、野牲之皮骨毛等）药材等物，最低额年可收入五万五千余元。

至输入货物，以茶为大宗。因藏民嗜茶，需要甚夥。茶之来源有二：一为府茶，即普通之官茶，来自湖南安化，故名湖茶，因湖南人读湖为府音，遂相沿名为府茶。又以结成长方块，其形似砖，故一名砖茶。一为松茶，来自四川松潘，产于灌县附近，系大叶散茶，每包六十斤，在松潘仅售十三四元，至拉卜楞，每包即售四五十元。此外哈达、糖等，亦均来自四川。川货自松潘经西仓（在洮河上流）而至拉卜楞，每年商人结队而来，马站十日，牛驮二十日。

次为面粉。因拉市牧多农少，所产青稞、豌豆、蚕豆等食粮，仅足半年之食。其他须仰给于临夏、临潭、岷县、循化、保安[今青海同仁县有保安城，这里或指同仁、积石山一带保安族聚居地]一带，交通不便，全恃骡马驮运，故价值较邻县为高。平均每年输入面粉约二十万五千六百元。

次为青盐。藏民茶中必加以盐，但夏河境内不产盐，须仰给于青海池盐。从前运户赶牛至海上尽量运销，不取税值，至拉后每驮仅收一元。自分省后，青海榷运局每驮取价六元，夏河榷运局又征税三元八角，运售者遂逐年减少。此外输入货物有布匹、烟酒等。兹据丁明德君去年之调查，拉卜楞每年年输入主要货物平均额，如下表：

货物名称	单位	数量	平均价（元）	总价（元）
松茶	包	1600	48.00	76800.00
茧绸	匹	6000	7.00	42000.00
府茶	块	11500	2.80	32200.00
黄菸	斤	56000	0.20	11200.00
市布	板	280	12.00	3360.00
纸张	合	24000	0.80	19200.00
各种彩缎	匹	250	50.00	12500.00
瓷器	担	32	320.00	10240.00
官布	板	120	17.00	2040.00
棉花	斤	7200	0.65	4680.00
斜布	板	500	11.00	5500.00
色粗布	匹	1800	2.10	3780.00
青盐	斤	135000	0.12	16200.00
青油	斤	62000	0.20	12400.00
酒	斤	7650	0.50	3825.00
糖类	斤	9200	0.55	5060.00
面粉	斤	200000	0.07	14000.00
挂面	斤	5600	0.20	1120.00

续表

货物名称	单位	数量	平均价（元）	总价（元）
纸烟	条	2300	2.80	6440.00
铜器	担	35	36.00	1260.00

以上所列皆就最大者而言，其他输入之零星杂货、玩具、药品、菜果等项，不下十万元。

拉市虽商号林立，但资本大者甚少。据调查资本在十万元以上者，仅德商普伦洋行及魁元永皮庄、德合成三家。而魁元永又因受经济恐慌，业已收庄，德合成亦勉强支持，生意萧条，是十万元以上者，仅外商一家耳。资本在一万元以上者，亦不过二十家。此外毛商多系临夏回民官绅之资本，多财善贾，获利较多。其他津、川杂货商及本地小杂货商，共二百数十家。

此外商店，以肉架为最多。因夏河牧民，九倍于农民，肉类为主要食品，故街上肉店林立，屠户占全体商户百分之十三强。业此者，皆临夏回民，资本借于寺中喇嘛，未设县前，获利甚厚，故多娶有藏妇。近因物价持平，利益大减，多已倒闭。兹据丁明德君将屠户每羊一头所获之利，作今昔比较表于下：

屠户一羊获利今昔比较表

名称	昔日买价	昔日卖价（元）		所得利益	现在买价	现在卖价（元）		所得利益
羊	2.30元弱	羊肉	2.15	1.95元	2.90元强	羊肉	1.75	0.90元
		羊皮	0.55			羊皮	0.65	
		羊油	0.20			羊油	0.15	
		羔叉皮	0.55			羔叉皮	0.80	
		羊肠	0.55			羊肠	0.26	
		杂髓	0.55			杂髓	0.24	

拉市无银行，亦无钱庄典当各业，金融活动，全赖硬质周转。一般小商，视市面活动时，每以重利向寺中喇嘛借贷，月利往往

五分至十分，喇嘛只贪重利，不顾借贷者之经济如何，结果破产或他逃，双方受害。余等至拉市后，法币［1935年国民政府发行之纸币］始渐通行，但暗中与现洋价值，相差约十之一。又因无银行钱庄，余等所携之十五元、十元票，无法兑换，行使亦感困难。某次在朝市上买毡一条，价洋二元五角，不能找钱，而又仅有一条，不得已，由其家中取来自用之一条合之，始足五元。

拉卜楞产羊毛，而无另售羊毛之所。有制毡房，而无售毡之商店。产各种兽皮，而无硝皮、售皮之商店。藏民所衣之羊皮袍与羊皮或狐皮帽，用酥油以手足揉之使软。又羊皮，尚有一家勉强可硝，而狐、熊等皮，则毫不能硝熟。询之谓无石硝，购各种兽皮，须觅诸民家或喇嘛，盖其地犹半在日中为市、以物易物之时代，距近代式的商业尚远也。

十八日　见班禅大师仪式　考河南亲王家世

上午带藏文秘书一人，赴西陲宣化使署，晋谒班禅大师。先至旺堪布处，因大师正会嘉木样禅师也。旺寓为半藏式，炕上有佛龛，内奉小铜佛数十尊。一面为木架，上陈大小钟四座，瓷碗、瓷瓶等玩物数十件，皆精致。窗前有茶几、高椅，备接待汉人者。嗣班禅请见，即至小客室，有茶几、高椅。大师高椅居中，余入后，起立前迎。握手甚欢。余献哈达即还之。大师本日衣佛衣、白履，依然和蔼之面容，与庄严之态度。谈数十分钟辞出，送至室门，握手而别。盖大师居内地久，知礼节，随会见人之地位而别其仪式也。大师送至室门时，又命刘秘书长代表送至院门外。喇嘛数百人立院中候见，或持氆氇，或携红花，皆送大师之礼品，大师即赴大客厅中会见。

下午二时，赴河南亲王宴。首至楼下大客室，为十年前宴余之所。继至楼上小客室，为蒙藏式，盘足而坐，小几上有铜转轮，但无佛像。墙上贴有前清光绪及其二后像，可知从前皇帝之威力。拉卜楞一带寺院墙上多画清时大吏，朝珠顶帽，手持元宝，或怪貌异服，以车马载送宝物，想皆前清时含有深意之画也。

三时许入宴，亦在楼上，完全汉式。客有策觉林佛、旺堪布、康处长、刘秘书长等，亲王内服红绸里衣，外黑缎袍，袒右臂。但藏客方面，皆长袍马褂，或背心，无袒臂者。席间劝酒甚殷。据刘秘书家驹云：西藏宴客，亦用海菜，及四川酒，虽多坐地下，但用高垫。碗箸甚精贵，菜及用具皆汉式。西藏习惯，饭后劝酒更殷，每用大碗，或向客头浇之，并劝饭。故至藏后，吃饭先半饱，酒最好丝毫不饮，以免为难云。

室内壁上，满悬结婚时亲友所送之幛联，多红绸黑绒字。亲王年仅二十二岁，去年始结婚也。夫人为青海可可蒙王女，貌秀美，不似蒙藏女子。余十年前来拉时，亲王尚幼，由其母招待，闻其母为第四世嘉木样之外甥女。初嘉木样以其胞姊之长女滇吉环仲，妻第十世亲王环觉饶登，曾受清光、宣两朝册封，美而无子，因复以其姊勒亲沙错媵之，即今亲王之母，性贤淑，通藏文，并知音律，识大体，王幼时一切事件，由其母处理，均甚得体。又生一女，今年亦十八九岁矣。闻亲王亦爱音乐，时常与其母、妹、诸姑及侍从喇嘛等合奏藏曲，金丝管弦均优，兼擅弹唱，极家庭之乐趣。王甚俭朴，惟其夫人出时，赤金项锁，琥珀玛瑙，满垂胸前，闻价值在万元以上，当系蒙习使然耳。

宴客室内，除幛联外，又有惹人注目之物数件。一为报单，有二，即前清科举得中或得某官职时之报单，详视之，同为民国二年袁世凯加封亲王者。上书“捷报贵府……今由蒙藏事务局奉大总统命加封亲王爵……民国二年十二月”。一为门额上张一公文，约数千字，第一行大字为“蒙藏事务局为”数字，后虽观察不清，知为加封时公文。一为册封，亦悬壁上，为长册，分红、黄、蓝、白、黑五段，备书汉、满、蒙、回、藏文。但仅书汉、蒙二种，文在红、蓝二段内，盖王为蒙人也。其世袭后裔，据其家谱，列表如下（见表一）：

但据《蒙古游牧记》所载，则现任亲王更噶环觉，应为察罕丹津之裔，即纳罕多尔济之后裔，而按亲王家谱，则又列于岱青巴图尔一系，未知孰是。兹再依据《蒙古游牧记》，将其世系略述，并列表如下：

黄河南亲王，原为和硕特前首旗札萨克（即旗长），实元太祖之弟哈布图哈萨尔之苗裔，而顾实汗之子孙也。清初，顾实汗遣其第五子伊勒都齐牧前首旗，受封多罗郡王，即和硕特前首旗之一世祖。其后牧民繁盛，势力强大，传至三世博硕克图济农，遂分其长子岱青巴图尔领南右翼中旗，次子墨尔根诺颜领南左翼中旗，而留三子察罕丹津袭前首旗，号岱青和硕旗，由是前首旗遂衍而为三：曰和硕特前首旗，曰和硕特南右翼中旗，曰和硕特南左翼中旗，皆受前首旗多罗郡王之节制。康熙五十七年，前首旗多罗郡王博硕克图济农赴京觐见，晋封亲王，赐黄河南亲王册印。同时南右翼中旗札萨克二世阿喇布坦札木素，亦受封辅国公，而南左翼中旗札萨克二世拉察布，已先于康熙五十年封辅国公，此为三旗最盛时代。嗣因西北藏族日强，蒙族渐次衰落，直到今日，仅前首旗能保旧业。然其文字言语，及一切习惯，均已藏化，其南右翼中、左翼中两旗，则远不及前代矣。

顾实丹珍法王后裔表

格根顾实汗 —— 乌鲁特齐册仁（伊勒都齐） —— 大吉阿学图济郎（博硕克图济农） ——

- 墨根洛颜册登（墨尔根诺颜） —— 拉交（拉察布） —— 甲沙卞干然登（察罕喇布坦） —— 土沙拉且根噶生根（多尔济色布腾） —— 甲沙台吉共布多吉（罗布藏丹津） —— 共布册登 —— 云当札喜
- 大青巴特尔花巴（岱青巴图尔） —— 公喇尔黑得清（阿喇布坦札木素） —— 公札喜朗加（达什纳木札勒） —— 甲沙鲁奔（隆贲） —— 邦几多吉册登 —— 甲沙札喜登朱 —— 台吉共布汪甲 —— 亲厌环觉饶登 —— 亲厌更噶环觉
- 火修亲王卞纳丹珍（察罕丹津） —— 新王丹珍汪修（旺舒克） —— 亲王旺登多济帕朗（旺丹多尔齐帕拉本旺舒克） —— 昂翁达几（纳罕多尔济） —— 郡王札喜穹力 —— 郡王礼喜邦几 —— 郡王缺几

和硕特前旗世系表

顾实汗第五子伊勒都齐（一世） —— 二世　罕都

三世　博硕克图济农 ——

四世
- 长子　岱青巴图尔（分领南右翼中旗）
- 次子　墨尔根诺颜（分领南左翼中旗） —— 拉察布
- 三子　察罕丹津号岱青和硕旗 ——

五世
- 淳多布旺札勒（先卒无子）
- 旺舒克 —— 六世　旺丹多尔济帕拉木旺舒克喇布坦 ——

七世　纳罕多尔济

和硕特南右翼中旗世系表

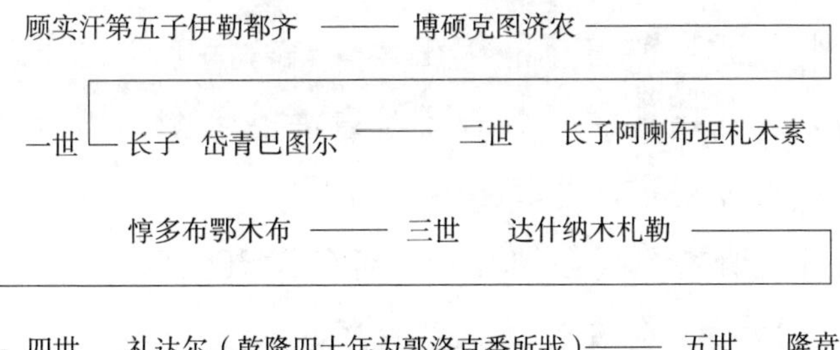

和硕特南左翼中旗世系表

顾实汗第五子伊勒都齐 —— 博硕克图济农 —— 一世 次子墨尔根诺颜 —— 二世 拉察布

三世
- 长子 察罕喇布坦 —— 四世 多尔济色布腾（乾隆四年卒无子）
- 次子 旺舒克喇布坦 —— 六世
  - 纳罕多尔济（乾隆卅六年诏袭其从兄前首旗职以弟罗卜藏丹旌袭所遗札萨克一等台吉）
  - 罗卜藏丹旌
- 三子 旺舒克

和硕特前首旗为黄河南亲王之本旗，即由亲王兼领札萨克。凡牧民二千二百余户，分为十一部落，素称十一支箭。各部落设“藏格”一员，“堪德”一员。“藏格”译言村正或参领，“堪德”译言村副或佐领，均由亲王委派。南右翼中旗，藏语曰“妥歌”旗，牧民二百余户，其札萨克洛登，现年五十余岁。南左翼中旗，藏语曰“达筝”旗，牧民四百户，札萨克朗吉现，现年四十余岁。

南右翼中旗与南左翼中旗，原自前首旗分出，且两札萨克所受之辅国公职，亦次于亲王二等，故世受黄河南亲王节制。然关于军政重要事宜，则仍由亲王召集两札萨克会议决定行之。其组织可列表如下：

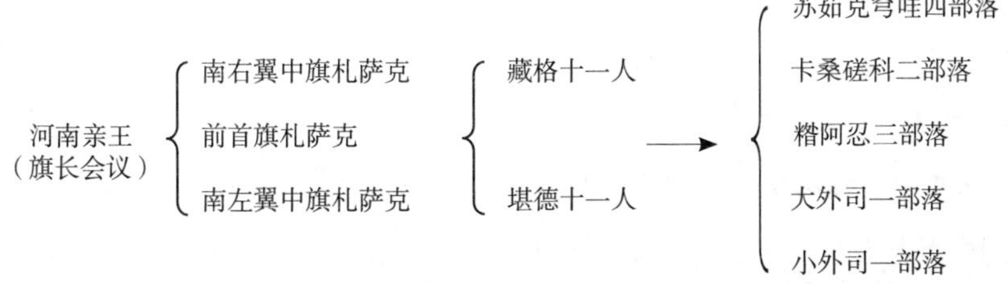

至和硕特前首旗界址，按《蒙古游牧记》如前所述。惟按实地考察，则和硕特前首旗，实在土尔扈特南前旗之东北，而散居于支渠两岸。亚新地学社分省图及青海省全图，均将和硕特前首旗置于土尔扈特南前旗之南，不免错误。

十九日 班禅巡视各佛殿 拉寺分设五札仓

本日班禅大师巡视拉卜楞各寺院，街上及寺院门口，凡大师经过之地，无不用红白粉画云形或花形、十字形，表示大师驾云而行。各道旁泥香炉，亦均燃松枝。各寺喇嘛，在巷口持香以待，各民众在寺区外，聚而待圣驾者数百人。各寺堂内，均打扫清洁，悬垂经幡。大师乘椅轿，音乐前导，堪布后随，颇为庄严。至经堂时，诵经约半小时以上。至佛殿仅巡视参拜而已。穷一日之力始毕事，毫无倦容，大师之精神可知也。兹将拉卜楞寺经堂及佛殿之概况，略述如次。

经堂藏名“札仓”，拉卜楞共有五札仓。(一) 铁桑浪瓦札仓，义为佛学院，专攻佛经教理，规模最大，即在大经堂内。(二) 丁颗尔札仓，为佛事院。(三) 结多札仓，为法事院。两院性质略相同，皆专门训练各种仪注，如筑坛、演神、法乐、塑像以及颂赞、绘图等事。(四) 纠巴扎仓为密宗院。(五) 满巴札仓为医学院，专攻按脉治病等事。五大札仓，如大学之五院，而大经堂则其本部也。普通经堂内部，皆分前后两殿，后殿与正殿仅隔一壁，如里外间，后殿地较高而面积较狭，左右有两门相通。大抵分为二部，一部供已往圣哲高僧肉身之宝塔，或大佛。一部供本寺护法神将，为武护法殿，神像狰狞，挂弓悬剑。正殿堂宇宽敞，陈设华丽，为本院全体喇嘛诵经之所（铁桑浪瓦札仓有喇嘛一千二百人，结多札仓四百余人，余均三百余人。终年有喇嘛常川［连续不断］诵经，仅许本院喇嘛入内诵经）。中设两座，前座为本院方丈（藏名磋经堪布）而设，后座则专待嘉木样降临。班禅大师至各院时，即在此座诵经。下为高五六尺之宝座，顶有黄缎蟒龙绣花之幕，左右有铜佛若干尊。大师诵经约半小时以上，院中备有茶点，略进而出。

佛殿藏名“拉项”，为各大活佛诵经之所（逢节日诵经，随主人之意，可请他处喇嘛随便入内诵经）。正殿供各种铜像，每有大铜佛，高达丈余，如红佛殿所供释迦如来佛，高至十五公尺，尤为全寺最高之铜像。左右铜佛，大小以千百计，其数不一。佛殿系某一活佛捐资兴筑，为私人性质，故建筑之优劣，与佛像之大小多寡，当视主持该殿活佛地位之高下与财富之盈绌而定。拉卜楞佛殿十六，而规模以寿禧寺如来佛及悟真寺为最大。寿禧寺在各佛殿中，地位最高，其建筑非常壮丽。殿计六层，高达二十公尺以上。大殿中供弥陀佛，高约五公尺，旁有八佛侍之。大佛前另供如来佛、长寿佛等六像。如来佛寺，藏名“久康”，为嘉木样经堂。共计四层，经堂在三层，供如来佛，两旁小佛三百座，陈设华丽。外廊有红铜经轮三百五十个。悟真寺即加那化仓，经堂在正殿，绿琉璃瓦与金瓶等相映，金碧辉煌，雕刻绘画，为全寺第一。内供宗喀巴化身，以一身化为五神，两旁小佛百座，异常华丽。此外普祥寺亦壮丽。又千手观音殿，原为黄河亲王经堂，成立于拉卜楞寺未建以前，历史最久。

二十日　黄教六大寺　喇嘛二万人

上午西藏三大寺代表来访，各赠哈达，余亦还之。别蚌［今译作“哲蚌”］寺代表为堪布，藏名昂旺堪却，色拉寺代表亦为堪布，藏名罗桑贡党，噶登［今译作“甘丹”］寺代表藏名德注嘉错，地位较低。皆衣黄缎袍，红皮靴，腰束红带，头着类前清之顶帽，惟无红缨。据云系各寺特派来欢迎班禅者，途中行五月余，始抵此。藏政府所派欢迎代表，因病滞途中，现当至玉树［今青海玉树藏族自治州玉树县］。嗣并略谈西藏情形，及三大寺概况而别。

按三大寺为西藏著名之大寺，噶登寺系宗喀巴所亲建，清末时有喇嘛三千三百名，现已增至四千余人。别蚌寺系宗喀巴弟子降养札西所建，原有喇嘛七千七百名，现已增至八千余人。色拉寺系降经取吉所建，原有喇嘛五千五百人，现增至六千余人，与后藏根登珠巴所建之札什伦布寺，及嘉木样所建之拉卜楞寺，并宗喀巴降生地之塔尔寺，为黄教有名之六大寺。且各寺内部之组织规模，除札什伦布外，以拉卜楞寺为第一。而喇嘛研究经典之勤苦，与学行之高尚，亦每为各寺所不及。拉卜楞寺第一世嘉木样，曾就学于别蚌寺郭慕札仓，苦学二十余年，得格西［藏语“格威喜联”的简称，意为“善知识”，为藏传佛教之学衔，相当于博士之称］学位，学问为全札仓冠，故藏人称之为郭慕格西。后在别蚌寺附近之庚丕山洞修行，故藏人又多称为庚丕喇嘛，后为郭慕札仓堪布。十八囊谦中德瓦仓第一世活佛，原为别蚌寺郭慕札仓之德瓦（财务司），以此得名，阿哇格郎仓上辈活佛，亦曾被选为别蚌寺郭慕札仓之堪布。拉卜楞寺与西藏三大寺关系之深，于此可见。

拉卜楞寺组织，与三大寺大致相同，且较完密。惟不同者三大寺以喇嘛籍贯为组织单位，而拉卜楞寺之分院分系，纯以学术区别。又拉寺研究经典，甚有名，多积学能辩之士，较塔尔寺高出数倍，但较三大寺尚逊一筹。如本寺与三大寺同分十三至十五学校，功课略同，但本寺之头等“格西”，仅当三大寺之三等。旧例凡本寺喇嘛在三大寺取得“格西”地位者，无不尊重其资格。反之，在本寺毕业之“格西”，在西藏不能承认之。盖三大寺为全藏最高学府，人才荟萃，道高学深之士较众，聚集辩论竞争之机会亦多，造诣自较精深。故嘉木样亦欲至拉萨三大寺研究考试也。

二十一日　行署欢宴贵宾　卫士表演国术

本日行署宴三大寺代表及西陲宣化使署高级职员，借行署寓所火日藏仓大殿，即本囊谦活佛之经堂。内正面倚壁有两间，全为佛龛，高丈许，分数百框，内各有铜佛一尊，外有玻璃，边为透雕盘龙，漆成金色。佛龛下为高四五尺、宽尺许之香案，上陈法器、玉器、瓷器、孔雀扇等物，右面有活佛座位，似久不用。下午一时，到者有宣传处长旺堆诺布，秘书长刘家驹，藏文秘书主任赵大卓尼，及森且堪布、大夫堪布、康处长福安等。康通英文有辩才，大师甚倚重之，在印度任大师办事处长九年，曾来中央四次，故他人多衣紫袍或黄袍、黄褂，而渠独蓝袍黑马褂。席间谈英对印度、不丹、哲孟雄［今称“锡金”］、尼泊尔事甚详。森且堪布、旺堪布，为大师最亲信之高级人员，每日不离左右，均略能汉语。旺堪布尤较熟练，因渠对外交际多，练习机会较多也。三大寺代表到二人，噶登寺代表德注嘉错未至，因渠系甘肃临潭人，年六十余，而老母尚存，赴藏数十年未归，业已归里省母也。席间两代表及火日藏仓活佛，因系喇嘛，毫不饮酒，其余赵大卓尼等各藏客，均善饮酒。

饭后至前院观行署卫兵表演国术。因西藏惯例，凡宴客时必有歌舞等余兴，行署卫士及输送队中有能拳术者，因令其表演助兴。惟本日因客来迟，宴后天已晚，略为表演，并在大门外表演铁杆及木马，有卫士数人颇精熟，观者甚为赞许。

火日藏仓，地址尚广，前为僧徒经堂，余住正院，大殿前右厢房，对面数屋为本囊谦活佛所居。十八囊谦之房屋，布置大致相同，即后院曲榭回廊，名曰精舍［意为智德精炼者之居宅］，为活佛个人之经堂及住室。前院为高两层以上之简单屋，大概下层为库房，二三层为僧徒经堂。本仓前院为行署各职员居室，二门外为大空场，有马槽，行署骡马数十头，养于其地。一面尚有一空场，可操演，即表演拳术之所。大门外备有铁杆及木马等。

二十二日　边陲娱乐渐增　内地僧尼何多

拉卜楞地处边陲，改县未久，故无戏剧等娱乐场所。但因出产皮毛，商买云集，杂耍亦有时一至。十年前至拉时，曾在税局观魔术戏法一次，数日前有玩“西湖景”［亦称“西洋景”，用匣子放映画片的一种民间娱乐］者，两架同来，询之均山东人，系兰州五泉山四月八佛会时至甘，经临夏至此。其片多十余年前之旧片，如北平街市，津、沪妇女装束等。昨又有武术团来，亦山东人，男女团员十余人，即在中山街口设场，以布围之，中立数丈之高竿，有刀矛剑棍等武器，观者较“西湖景”为多，因藏民喜武术，而喇嘛忌妇女。近日来拉者多佛教徒，“西湖景”中多妇女或男女之片，不能观也。

到拉卜楞后，见寺院建筑之壮丽，喇嘛之众多，与研究经典之精勤，及班禅大师到后民众欢迎之热烈，与信仰之坚笃，足知佛教势力在边疆之伟大。但佛教在中国之势力，不仅边疆为然，内地亦盛，不仅文化未进之蒙、藏民众，即受相当或高等教育之汉人亦多。据最近中国佛教会调查统计，全国僧尼，除皖、赣、湘、豫、川五省外，共七十三万人，在家居士尚有三百六十九万余人，为正式者五倍，而最多之四川尚不在内。从前有人统计四川僧尼（合带发修行者在内），有四十万人，若再加皖、赣、湘、豫四省之正式、非正式者，当共在七八百万人以上，较蒙、藏全部人数尚多数倍，可知中国虽信教自由，实际可谓佛教国也。

二十三日　行署同人献满札　拉寺喇嘛跳神鬼

上午偕高参军及行署同人谒班禅大师，大师先赠余及高参军哈达各一幅，红油布各一条。继全体同人向之行三鞠躬礼，由余代表献“满札”。继同人依次进前，大师各与以哈达及小红布条，余代表寒暄数语而退。此种小红布条，谓能辟邪除魔，同人多系之项间或腕上。蒙、藏民众，信仰甚深者视之尤珍贵，如以一条与之，可换羊一头或数头。

下午拉卜楞寺跳神，求大师指正，并约专使与余参观。会场在大经堂大门外，大师与余等则坐于楼上，围观者约万人。跳神音乐队，共约数十人，分执大号、小号，立鼓、铜钹等。大号有二，长丈许，陈列架上。又有迎护法神之仪式队，其中吹小号者，提香炉者，捧香者各二人。又有负铁棒者，长五尺许，俗名铁棒喇嘛，司纠仪。此外有戴大黄方板帽之喇嘛一人，帽为扁平方形，大小形状均如方桌面，每边三尺余，正中有凸形可容头，望之如前清带枷者，洵世界最大最奇之帽也。据云系管财政者。

未几由仪式队引带狰狞假面具之一法神出，头上有小人头骨形五，后垂“哈达”甚多，每次有人增之，如挂红然，闻大师亦赐一幅。法神身衣龙袍，上系骨珠，手持法器，足着白底绣靴，跳跃登场，手之舞之，足之蹈之。另一假面具者为其侍役，时为之整理衣冠。

次衣红黄绿蓝黑紫彩袍者各二人出场。其假面具亦为红黄绿黑紫各色，貌甚狰狞，上亦有人头骨或三或五,一手持短剑，一手持人头盖骨，随鼓钹之节奏，连环而舞，并诵经。据云经内之义，首献护法神各物，述其从前护法之功。次请其继续护法。最后谓如不护法，将惩处之云云。舞若干时而回。

次牛头护法神夫妇二人出，此为黄教五大护法神之一，藏名“贡巴”，衣五彩龙袍，上系珠络甚多，男持法器，女持剑。舞若干时后，其部下法将十二人全出，即红绿蓝黄各面具者，随音乐之节奏而共舞，嗣将酥油作成之妖魔，置于地上，法神一人用锥刺其心，并用刀断其手足。最后将供护法之酥油物，一并送至河中，旗帜鼓乐并枪刀随之，盖所谓除魔也。

闻尚有所谓跳财神，系一种游戏，带白假面具、持棍，且歌且舞，歌意为“余为西方财神，管领金山、银海若干万座，将觅有福之人散给”云云，余早归，未及睹也。

二十四日　寄函必封哈达　嗜茶因食乳酪

早偕高参军、格秘书，赴西陲宣化使署，访策觉林旺堪布等。继至秘书处与刘秘书长、赵秘书等晤谈。赵为后藏人，藏文甚佳，故为秘书处藏文主任。时正书藏文函件，状甚忙碌。室无几案，席地而坐，左手持纸，右手执笔，即在膝上书写。其笔用竹签削成，形如筷子，尖端似方头钢笔尖，用竆时再削之，振笔疾书，与钢笔同，似无不便。惟吸墨太少，故仍用内地制之墨盒，时时以笔蘸墨。凡用藏文之地，如康、青、蒙、藏，均用竹笔，但其地均不产竹，故藏民如获竹片，甚珍贵之。盛绳祖《藏卫志略》云："西藏不产竹，其识字头人、番民所用竹签，倍极珍惜，有自内地携竹箭至藏者，辄不惜多方购得之。"至西藏无竹而用竹笔者，恐系印度古制，因藏文书法，创于印度也。信纸为粉莲纸，长二尺许，闻尺寸有一定，如内地之公文纸，不拘文字多寡，纸大小皆然。藏文系蟹行［指横向书写］文字。据云无论信札、呈文，不特纸有定式，即书法款式，亦皆一定。纸为长方形，书时左方与上方均留空地，然后向右横书。首行书具札者姓名，次行留空三行，写受札者名称，其下接写札文。札文既竟，接续写某某敬具，或敬上及月日等字，不另行，亦不空字，印章盖于月日上。此种款式，与中国魏晋隋唐时之款式相同，足证西藏受中国历代之文化甚深也。书竟，将纸折叠，卷为一卷，即以上方之空纸，包于外方，以火漆封固，加盖铁章，或于折纸外，另加信封，或不用火漆，仅书字以代，殊无一定。但信内必装入一哈达或他物，不能空函也。

秘书处因有藏人，亦用奶茶，内有牛奶、牛油及盐，但汉人较多，不喜饮之，故每日仅两壶。闻藏人每日一人有饮至六七十碗者，据云于身体大有补益。但清《续文献通考》云："有唐之世，回纥入贡，以马易茶，盖西北人嗜茶有自来矣。西北人嗜乳酪，乳酪滞膈，而茶性通利，能荡涤之，故虽不用于三代，而用于唐，不独中国用之，而外国亦莫不用焉。宋人始以置茶马司也。"据此藏人之嗜茶，因食乳酪，非为滋补也。

二十五日　白骨为墙黄金为瓦　外不见木内不见石

下午偕史秘书出游，由寺区至市区，沿夏河滨，见有许多骨墙，系用牛羊之白骨堆成，或张牙凹目，或出头伸腿，不忍卒睹，以佛教慈悲之心，而有此刺目之景象，诚怪事也。

藏人寺院与喇嘛住宅之建筑，其墙全用石块，无论外部内部，均极壮丽。兹将拉卜楞寺院之建筑略述如下：

拉卜楞寺院墙垣，多用青灰色石，黄砂岩之石块。因附近山上，随处皆为砂岩，取之甚易。其质坚实，最宜筑墙，故四五层之高楼，均甚坚固。墙之表面，多刷红色或黄色泥土，红墙最多，有一定规律。如五大札仓内有黄财神（藏人名纳赛）者，始刷黄墙。如囊谦本人曾在西藏任堪布者，始可刷黄墙，其余一律红色。至佛殿（藏名拉项）全为红色，不能紊乱。又墙之上部，每有棕色杂草（藏名便码）一层，厚约二尺，上嵌各种铜质花纹，颇为美观。至屋顶则多用灰黑色之板岩薄片当瓦，自土门关以来皆然；因附近山上多产此种板岩也。故拉卜楞除少数之金瓦寺外，多为板岩铺成之平顶房屋。所谓金瓦屋顶，全用铜瓦，外施赤金，日光映照，备极灿烂。拉卜楞共有金瓦屋顶七所，即嘉木样经堂之如来佛寺，供宗喀巴化身之悟真寺，佛殿中地位最高之寿禧寺，最古经堂之千手观音殿，以及五大札仓之佛学院与法学院，并全寺喇嘛冬季集合之讲经堂七处，较之塔尔寺金瓦尚多。

至内部建筑，多用木料，小自户限、栅栏，大如栋梁、门柱，无不皆然。经堂佛殿所用大柱，往往高达四五丈，雕饰藻绘，备极壮丽。各囊谦更多画栋雕梁，穷极工巧。拉卜楞附近不产砖瓦，故内部墙壁，用砖砌者甚少。仅嘉木样住邸有砖短墙，及悟真寺有砖隔墙，且均雕刻精巧，他所罕见。重要之台阶，用花岗岩石条，如各经堂及嘉木样公府，因拉卜楞附近，不产此石，须由东北六十里之沙沟寺运来，故用者甚少。普通喇嘛住宅及次要台阶，每用本地所产之石英砂岩及板岩铺成。寺中庭院空地，则用河中石砾铺嵌成各种花纹，或用砂岩石块砌铺。至嘉木样之公府及大经堂，则以花岗岩石条铺地，庄严整洁，尤不易得。

拉卜楞寺院建筑，外部以石为主（如墙垣、院地、台阶等），内部以木料为主，故该地有“寺院外不见木、内不见石”之谚。

二十六日 班禅最尊 活佛何多

本日正午，行署宴班禅大师及策觉林、嘉木样等，因不便在他处设宴，即将备就肴菜，送由大师厨房代办。人数虽少，分为两席，因各禅师、活佛，均不能与班禅同席，故班禅单设一桌在楼上，由专使陪，其余一桌在楼下，由余作陪，亦仅策觉林、嘉木样及旺母三活佛而已。策觉林佛，系班禅之胞弟，为西藏策觉林寺方丈，地位甚高，前年由西藏经印度来内地，至阿拉善［今内蒙古自治区阿拉善盟］随大师。旺母佛为嘉木样之胞弟，即哇母仓方丈，十八囊谦之一也。按所谓活佛，藏语曰“追比古”，蒙语曰“呼毕勒罕”，乃转世之意也。拉卜楞寺活佛大小有六十余人，以十八囊谦为贵，而嘉木样为最尊。塔尔寺有活佛四十余人，合青、康、藏各寺，共四千人以上。活佛除继续转世者外，尚有普通喇嘛，因道学兼优，或考取格西地位，出任高级方丈等职务，或系深山苦修，因而新转世者。故其数日增，旧活佛断绝不出者，不过百分之三四耳。

席中因三客皆系活佛，故不备酒。但策觉林有饮冷水习惯，席间索饮冷水三次，每次一碗，嘉木样之弟亦饮一碗。三人皆肥胖，身体健壮，询其平日饮食，谓西餐居多；西餐者，西藏餐，非西洋餐也。班禅大师有汉、藏厨师，身体亦健，故疾病甚少。仅携有藏医一人，所谓大夫堪布，并无中西医随行。宣化使署职员、卫士数百人，而无一医生，可知藏人注重身体抵抗，而不注重医药也。

按蒙、藏全体活佛中，以达赖、班禅、哲布尊丹巴为最高，今外蒙［蒙古国］哲布尊丹巴已不转世，前藏第十三世达赖新圆寂，仅有后藏第九世班禅生存，故蒙、藏人特别尊之。班禅大师简名罗桑，生于后藏，中央册封为护国宣化广慧大师名号，并委为西陲宣化使，现为黄教法王地位最尊者，故活佛中无人能陪其饮宴，彼宴客，亦不易亲陪也。

二十七日　六月飞雪　百兽类人

昨晚竟夜大雨，本日虽晴，气候甚寒。室内华氏五十二度，易裘犹寒。黄司令来谈，据云：恐二三十里外或山上已雨雪，因夏河气候，六月每雨雪也。某年盛夏，渠往山上，去时天气甚热，咸衣夹袍，至山腹遇雨，即觉寒冷。比达山巅，大雪纷纷，手足冰冻，急取火暖之，始得支持。故在青、康草地旅行，无论何时，必备棉衣或皮衣，因天气变化无常，一日之间，每有冬夏之别。午后始稍和暖，温度升至华氏五十七度。

下午二时，班禅大师宴行署同人及黄司令等。余按时而往，正值放头，因大师拟明日赴沙沟寺，恐远来之藏民久候，故赶于下午放头。时男女数千人围集门外，十之九为贫民，多衣无面羊皮袍，妇女每裸上身，两乳累累下垂，怀抱小儿者亦不少。拥挤杂沓，途为之塞。卫兵以鞭挥之，余始得入。席设嘉木样经堂之楼下，正面有嘉木样之高座，屋顶满张绣缎，柱上亦绕红绸，许多幢幡，垂于空际，四周悬挂画佛，颇为壮丽。据云此室为嘉木样举行典礼或宴会宾客之所，可容十余席。本日六席，班禅因放头未到场，令策觉林佛、刘秘书长家驹等代陪，菜同内地，惟无酒。余与黄司令同桌，席间畅谈一切，述及西康情形，谓德格[民国县名，属西康省；今四川甘孜藏族自治州德格县。有德格印经院]为康藏宗教中心，亦可谓文化中心，因许多佛经刻版存于其地，积屋数大间，一部经典有需十余年甚至数十年始能刻成者。盖每日刻一页，数千页者，即需十余年，故印出后价值亦巨，每部有值数千元者。西藏许多经典，亦由德格印刷。甘肃境内临潭等寺，亦藏大部藏经，十七年变乱时全毁，殊可惜也。

又谈及草地中各种野兽情形，令人惊异，记之如次：

(一) 野牛　大者重千斤，角长四五尺，成群时以枪击之，虽受伤亦随群前奔，伤重即毙。途中如系单独一二头，不可轻击，因受伤后，必以死力向人进攻，故猎者至少须二人，须密切照应，一前一后。一人放枪后，野牛必向前追去，他一人即由其后放枪，牛必反追，他一人又从后放枪，如此往反射轰，往往须四五十枪始倒地。因牛力甚大，如被追及，难免遭害，倘非相互照应，一人惧逃，他一人即不免矣。故猎者遇野牛时，往往若干人，同时追击。

（二）番犬　大而且猛，藏人家家养之。彼前在玉树以六十元代价购得一头，面貌狞恶，令人望而生畏。凡番犬性皆凶暴，见生人必猛扑，当者不可以枪刀伤之，否则其主人必出而大起交涉。最妙之法，为马缰绳之一端，系一木棒，时而绕之，彼即惊逃。又遇番犬来扑时，人如伏地，彼即不前，因知畏彼而不为主人害也。

（三）番马　久行番地之番马，能御番犬以卫主人，遇其来扑时，先示镇静，俟其进前，猛以足蹶，犬多畏之。又如遇沮洳地[低湿易陷没之地]，番马行走自如，如遇内地无经验之马，一觉泥动，即畏而不前，或跳跃奔驰，甚危险也。

（四）豹　拉卜楞南山中即有，人不伤彼，彼亦不伤人。某次一猎者携枪遇一豹，但子弹仅余二粒，不敢发，恐两弹不中，触其怒而危险也。惟执枪相持，五步之内，彼不放枪，豹亦不扑彼，相持三小时之久，豹始逃去，彼亦携枪而归，亦异事也。

（五）熊　某人行猎十余年，某次击一熊，负伤而逃，彼蹈血迹追踪而往。不意熊绕其后，一跃而扑其背，用爪破其头皮，反垂面上。彼左臂动，则以爪扑其左臂，右臂动则扑右臂，彼不动熊亦不动，忽忆腰间有小刀，徐取而猛刺之，熊始毙命。

（六）虎　来时有风，林为之震，但人如不加攻击，虎亦不伤人。又性畏骡马，遇人骑骡马，彼即骨软，小便不止，腿战栗而不能疾趋，诚异闻也。

（七）貂　貂性最慈，如见人赤体卧雪中，必群来伏人身上救之，故捕貂者，每饮酒醉卧雪中，俟群貂伏其身时，徐以绳缚各貂之足，然后一一毙之。貂救人而人毙貂，诚以怨报德也。又人家如有丧事，貂即不入其门，故貂为吉兽，前清时吊丧者，不能衣貂皮。

（八）金丝猴　西康甚多，甘南、川北亦有，毛长数尺，而美观。患腿痛者以为套裤，衣久可愈。其价甚昂，每对套裤约值五六十元，每褥值百元以上。猴本通人性，而金丝猴为猴类中之最聪明者，故其性尤近人，一切动作与人无异。遇此猴时，如以枪击之，未发弹，彼即知不免。如有乳猴，必以爪示意，请许其与乳猴一诀别，然后就死。某次一猎者遇母金丝猴，以枪拟之，猴指其腹表示有孕，并两眼垂泪，猎者怜而释之。约一年后又往，竟复遇之，时猴携有乳猴，急趋树下，取树叶将乳挤于叶中，放于乳猴之旁，然后趋猎者前，示来就死。其诚信仁慈，可谓过于人类。但据云金丝猴遇其他猴类时，又极残暴，其他猴类遇之，即群下跪，听其择肥而食，不敢反抗。现此种猴日渐减少，势将绝种，故价益昂。年老者毛长而黄金色，价最昂，少者毛仅三四寸而黑色，价亦较廉。

二十八日　清流可濯足　山水禁渔猎

本日为星期日，身体稍感不适，高参军、史秘书约出外游览。首至大夏河滨，并坐大石上静观流水，清澈湍激，遇大石翻浪作白色，殊为壮观。时有藏妇濯足其中，并为小儿沐浴。此间妇女有进步，渐知卫生，若他地藏民妇女，尚不知沐浴，每晨仅用碗盛水，略洗面手而已。

夏河临山麓，杂木丛生，野草覆地，时值各花盛开，或黄或白，或红或紫，风景绝佳，不觉心旷神怡。继登山，草益茂，林益密，牛羊骡马牧放其间，点缀风景，益觉有趣。惟山凹到处便溺，使山明水秀之区，成为藏垢纳污之所，殊令人生不快之感。

夏河中有鱼，南山上有兽，均禁捕猎，拉卜楞为佛教圣地，戒杀生也。据云蒙、藏人所以食牛羊而不食鱼类者，因信仰佛教，切戒杀生。惟其地仅恃畜牧为惟一生业，不食肉类，即不能生活，故不得已，惟有少杀生命，因杀一牛羊，可供若干次之食用，而鱼虾之类一人一餐即伤无数生命，故切戒之。至野兽因猎者志在牟利，与其生活无关，故亦禁之。但距寺较远区之藏民，以猎为生者亦不少。

惟藏人信佛教深者，旅行时绝不打猎。彼谓途中不伤一生，可常遇佳日，如猎伤野兽，必遇暴风或雹灾。又山中有矿产，亦不许探采，谓山中有神或魔鬼，不可动扰，一经得罪，必加害人畜，迷信之深，牢不可破也。

二十九日　缺乏兽医　影响畜牧

仪仗队本日又死马一匹，总计由兰州至此，一月间先后死五六十匹矣。马病大约相同，即颈侧胸前或腹下发生浮肿，急速扩大，频频战栗，骚扰不安，呼吸促迫，经二十四至四十八小时间即死。死后剖检，浮肿处有黄褐色液体，无气泡。据西北防疫处推测，或系炭疽。拉卜楞附近，本适于牧马，仪仗队马在桑科滩［拉卜楞西南今桑科乡一带之草原牧地］放牧，宜少死亡，乃一月之间，死亡竟达总数五分之一。其原因一由西宁购马时，适有数处同时在西宁采购军马，价值昂而良马少，故所购者多非健壮之良马；二因队士多东南人，不善乘马，不知马性，兰州至夏河途中及甫至夏河时，死亡较多，而无良好之兽医，亦为最大原因。此种马疫，拉卜楞本地之畜牧业，亦受其影响。兹将西北防疫处去岁所调查之夏河兽疫情形，录之如下：

（甲）夏河县属五区域牲畜数目　夏河县城犏牛 800 头，黄牛 55 头，羊 300 只，马 240 匹。无帐房，均系土或瓦房，共约五百余家。桑科滩，牦牛 4200 头，犏牛 1200 头，黄牛 400 头，羊 74000 只，马 3500 匹，帐房 310 座。在县城西南十五里。科材滩，牦牛 2100 头，犏牛 350 头，黄牛 120 头，羊 45000 只，马 1200 匹，帐房 16 座。在桑科滩之西南，离夏河约六十里。兹韦，牦牛 620 头，犏牛 70 头，羊 12000 只，马 350 匹，帐房 40 座，在县城之东北十五里。洼地，牦牛 850 头，犏牛 75 头，羊 15000 只，马 550 匹，帐房 55 座，在兹韦之西，离县城十五里。

（乙）牛类死亡概况　民国二十四年八九月间，夏河县城及其以南各牧场，发生牛疫。据云感染此疫之牛，恶寒战栗，食欲断绝，眼流泪液多量，口腔病流涎，黏膜有烂斑，均发下痢，且往往混有血液。多数患牛，经四至十日即倒毙，经一二周而恢复者甚少。牛疫损害，夏河县城牛畜原数 850 头，传染率 33.6%，死亡率 98%，死亡概数 280 头。桑科滩，牛畜原数 5500 头，传染率 22.3%，死亡率 90%，死亡概数 1100 头。科材滩，牛畜原数 2500 头，传染率 19%，死亡率 97%，死亡概数 460 头。共计牛畜统数 8850 头，传染率平均 25%，死亡率平均 95%，死亡概数 1840 头。

（丙）羊类死亡概况　上年三月至六月间，桑科滩等四区域，死羊亦甚多，据云患羊生前症状颐下或颈下浮肿，下痢，经二至八周而死。死后剖检，胸腹水增量。因调查时本病已成过去，未得目睹。但按其症状及经过，或系寄生虫病。羊疫损害：桑科滩原有羊 67400 头，死亡 2400 头，现存 65000 头，发病率 5.0%，死亡率 62.8%。科材滩，原有羊 52200 头，死亡 7200 头，现存 45000 头，发病率 20.0%，死亡率 63.1%。兹韦，原有羊 13400 头，死亡 1400 头，现存 12000 头，发病率 15.0%，死亡率 69.6%。洼地，原有羊 21100 头，死亡 2100 头，现存 19000 头，发病率 13.0%，死亡率 76.5%。合计原有羊 154100 头，死亡 13100 头，现存 141000 头，发病率平均 13.2%，死亡率平均 68.0%。

三十日　夏河县教育　混血儿聪慧

本日参观大夏街小学校，即夏河县立第一小学，学生初级四班，高级一班，共六七十人。适上音乐课，其歌有《励志歌》《总理纪念歌》《抗日救国歌》《苏武牧羊》《满江红》等。教育局第一科长何善初君，请余为学生讲演。余略述教育与个人暨国家社会之关系，并此间文化不进，知识分子甚少，应以学校为改造社会改善藏民生活之中心。如卫生、农牧知识，国家思想，民族平等观念等，均应由学校学生传之于家庭社会。又学校教职员学生，应兼负社会教育之责，如讲演会，游艺会，各种展览会，应多举行，并出画报，写录新闻，设汉语班，普及汉语，使教育之效力，不仅限于此数十学生云云。

各级学生人数，一年级三十余人，二年级十余人，三四年级共仅十余人。据云三四年级学生减少之原因，因汉、回居民多系临夏商民子弟，至十一二岁，即至商店为学徒，禁之不能。至高级更少，原为七人，后四人转入藏民小学，现仅三人，而一杨生又不常至，实际仅韩志华与戚文仲二人耳。二人均系汉父藏母，故极聪明，国文亦颇通顺。

此校即在夏河县教育局内，校长由教育局科长郭辉祖君兼任，郭君系甘肃一师毕业，据云夏河全县教育经费，合教育行政费在内，本年可收入6600元，因由皮毛、斗捐附加、本年包得6613元。按现在支出，教育行政费1284元，学校教育费2096元，社会教育费244元，此外购书费约300元，补助留省学生四人费200元。总计年支出38214［原文如此，当有误］元外，尚有余裕。学校教育费，本校支出最多，计校长每月40元，教员每人各25元，本校教职员共五人，一师毕业者二人，三中毕业者一人，法政专门毕业者一人，高小毕业者一人。全县归教育局管辖之小学共六校，十一级，学生200名。其余为区立，每校全年经费40元，教员每人全年仅25元，现拟增为50元。各校概况如下：

第一区立清水初级小学校，学生三级，二十五名，教员一人，高小毕业。

第一区立桥沟初级小学校，学生三级，十八名，教员一人，高小毕业。

第二区立卡加初级小学校，学生三级，二十六名，教员一人，高小毕业。

第二区立里错［疑为“黑错”］初级小学校，学生三级，三十八名，教员一人，高小毕业。

第二区立陌务初级小学校，学生三级，二十一名，教员一人，高小毕业。

至校舍仅里错［疑为“黑错”］有教室共二座，住室四间。余均教室一座，住房二间。其简陋可知矣。

至各校学科，据云按教部定章，但实际各区立小学教科书不完备，教员仅高小毕业，全年薪金二十余元，如何能按照部章。惟大夏街县立小学，比较完备耳。

七月一日　回女蒙头盖面　藏妇胼手胝足

午后偕高参军至“他哇”（即市区）游览。见一回教少女，年十五六岁，紫衣红履，绿风帽，长垂及腰，面覆黑纱及胸，纱不透光，行时频以手略开之。回教古俗，妇女之发，不令人见，故无论老幼，均带大风帽，前及额上，后垂背间，年少者绿色，老年多黑色。少女幼妇出外时，以纱蒙面，不使人窥见面目，今此风犹存。

又遇藏族贫苦妇女，绕寺叩等身头，上身全裸及脐，赤足。近来大都会妇女，每效欧风，作裸体跳舞，或赤足着透花革履，以为时髦。然上身犹束胸部，足下犹有皮底皮带，尚不若藏民妇女之彻底也。

且藏人一切劳动，如背水拾粪，牧羊挤乳，煎茶煮肉等，均系妇女工作，即不事生产之信佛者，每日转经轮或绕寺叩头，其刻苦精神，亦甚可佩。以视大都市妇女，惟知享乐，不事劳动者，其相去不可以道里计。

二日　四五六雨淋头　七八九路好走

昨晚大雨，晨虽放晴，但不久又阴雨。来拉卜楞后，十日九雨。据云今年雨固较多，但往年亦不少。可知西北各地雨量虽少，然如抱山临河之拉卜楞，以及湖泊河流最多之青海南部，雨量并不缺乏。惟晴雨变化最速，一日之间，晴雨无定，寒暖亦无定。故一日每具四时之气候，但大半夜雨朝晴，或晨雨午晴。

又以季节论，此时正为雨季。据本地人云，赴西藏有谚语，谓“正二三雪封山，四五六雨淋头，七八九正好走，十冬腊肉开花”。以阴历计，此时正为五六月，雨水特多，虽盛夏而气寒冷。故拉卜楞又有谚语，谓“六月炎暑尚著棉，终年多半是寒天”。

本日大雨，寒暑表降至华氏五十余度，衣裘犹寒，毋怪此间男女冬夏俱衣羊裘，戴羊皮或狐皮帽，从不离身。彼等于暑热或工作之际，袒右臂，或上体全裸，习惯使然，亦气候使然也。拉卜楞避暑最宜，冬季虽寒，因气候干燥，亦觉爽适，以其地在大夏河谷中，周围为五六百公尺之山所障，故能免于峻烈之气流。如由此再西南进，至无屏障之大草地，冬日即不免堕指裂肤，故曰“肉开花”。

下午三时，黄河南亲王邀宴，大雨依然，六时始止。余偕史秘书赴大夏河滨散步，循岸行，河中水涨，较平时或增一倍，涌至岸上。田中青稞已高尺许，叶深绿而盛茂，雨后带露，更见精神，十之一二已出穗，有芒甚长，与大麦无异。又有芸苔［即油菜］数畦，花正盛开，遍地黄色锦，内地油菜三四月即开花，此间迟三四月，大麦亦然，现虽出穗，非三四月后不能收。盖由出穗至成熟之时期甚长也。余所居院中，有芍药一丛，余等来时已发蕾，现月余矣，尚未全开。因气候寒冷，发育甚缓，或终不能开花。据调查此地每年九月即降雪，翌年四月始消，大夏河十一月开始结冰，翌年三月解冻。秋霜早来而晚霜迟去，每年九月中旬即降早霜，翌年五月下旬晚霜始毕，高地寒地，甚至有六月降霜者。无霜时期仅一百二十余日，故作物时期极短，仅早熟而耐寒之谷类，如青稞者，方可种植。其次芸苔、豌豆亦比较适宜。

三日 晴雨可立待 山水已卧游

上午晴，天空无片云，日光照耀，因连日阴雨，竟觉夏日亦可爱矣。高参军来拉后，一周未见天日，睹之尤为欢忭，拟出外一游，期毋负此佳日。且班禅大师本日由沙沟寺返拉，亦应接迎，因决定乘马偕游郊外。十二时整装待发，忽乌云数朵，骤现空际，乃备雨衣以防万一，不意乘马之际，云益密集，似有山雨欲来之势，因立马侧少俟。须臾竟雷声震耳，大雨倾盆而至，遂入室暂避。未几雨止云消，阳光又复四射。此间天气变化之速，真可谓“可立而待”也。

乘马出街，沿大夏河行，道路泥泞，河水亦涨，沿途藏民欢迎大师者络绎不绝。约八里许至马莲滩，马莲草叶高尺许，残花犹存。远望河滨有帐房数座，询之为黄司令来迎大师者。因驰至其地，下马而入。黄君备有奶茶、油条、面饼及手抓羊肉等饮食品，出而飨客，询先至之格秘书，则在河中洗足，阳光甚烈，濯后曝之，不拭自干。余等在帐内或饮食谈笑，或就地而卧，眼饱山色，耳悦河声，此间乐非城市斗室中所能梦想也。因摄一影，以留纪念。

四时许，报大师已至，因急乘马至道旁，下马立俟，未几欢迎之保安队数百人，已疾驰而至。继为仪仗队，大师卫队，暨随员等，共千余人。大师乘黄轿，余首趋前献哈达，大师还之，次高参军、黄司令等，依次献上，再进，嘉木样禅师及各活佛、高僧等数百人，迎于道左。至街头则学生、喇嘛及民众等约万人，群出相迎，亦云盛矣。

四日 法会短期筹备 信徒千里而来

本日时轮金刚法会［佛教仪式，为说法、供佛、施僧等所举行的集会］，举行筹备仪式，场址即在平日辩论经典之林园内。由班禅大师亲自莅场，并全体喇嘛参加。中设高座，为大师席。台下置有法器、乐器等，并备油条等点心数百份，备散给高级喇嘛及筹备人员。未几，大师入座，开始诵经，法器、乐器时鸣。大师至，讲经若干时，所讲者为法会宗旨及听讲规则。后大师着法帽，自装时轮金刚神，盖在法会中大众须认大师即法神也。至下午始行散会。举行此种仪式之翌日，开始筑坛城。据云法会重要之工作为筑坛城，即所谓“香巴拉”城，由丁颗尔札仓喇嘛担任。在木台板上张布，先绘图形，然后用五色石粉依图作之。此种工作，通常需数十日，此次因班禅大师急欲离拉，本不拟举行法会，经再三请求，始获允准，但限定日期，筑坛最多不得逾十日，故昼夜赶作，期早完成。

因班禅大师驻锡拉卜楞，早有举行时轮金刚法会之说，故蒙、藏民众，不远千里而来，一觇佛容，并参加法会。下午偕史秘书至河滨游览，见岸旁隙地，帐幕林立，形式奇异，大小不一。或为屋脊形，顶系斜坡，四面直立如墙，均为白布。或为三角形，顶墙合一。或为黑帐幕，即牛毛布两块组成斜坡，中间开缝。甚有极小之帐房，仅容一二人坐卧。并有许多无帐而露宿者。附近一林园，亦满布帐幕，询之多系由松潘［四川阿坝藏族羌族自治州松潘县］、果洛［今青海果洛藏族自治州］等处而来。远从千里外，行程十余日，其信佛程度可知也。通衢中来往者踵相接，妇女背负毡物、炒面等木架，男子则空手持杖随行，盖藏俗劳动工作，皆妇女担任，甚至行路亦然，妇女无怨言，男子无惭色，习惯成自然矣。

五日　恶因莫种　隐患宜消

上午访某君，据谈近日临夏附近，有匪劫杀行人，或抢掠富户，临潭一带亦然。某土司迩来不敢出门，因十七年变乱后，逃出之难民，纷欲归里，某土司时为司令，允发良民执照，每人纳税一元，愿归者约数千人，均发执照，并使人传语难民，谓尔等昔曾为匪，须先就缚，俟至旧城［临潭县有新旧城，旧城即今县治城关镇］，听某大人训话后，再各回本庄，难民欣然从之。不意至旧城后，令由东门入，北门出，一出北门，即全行杀害，妇孺不留。盖双方仇视甚深，恐此等人归后再施复仇，故实行斩草除根，以绝后患，致数千人同归于尽，积尸满坑。自此次事件后，双方结仇益深，未归者衔恨刺骨——去岁——但强悍者不免乘机为乱，一旦扩大，前途极为可虑云云。按过去西北变乱相寻，起因多极微细，因主事者处理不当，而人民知识缺乏，每存报复之心理，致循环仇杀，靡有已时，贻边疆无穷之祸患。今后中央及西北当局，应从政治与教育方面，设法补救，庶过去惨相，可以绝迹矣。

本日为星期日，下午偕高参军、史秘书乘马游拉卜楞西郊。过保安司令部后，南面临河，北面依山，山麓水滨，俱为农田，青稞吐穗，豌豆出蕾，间有芸苔黄花，点缀掩映，余等驰骋其间，心旷神怡，别有乐趣。下马坐草地稍憩，纵马放牧，马似亦悠悠自得。田间河岸，时见彩鸡飞鸣上下，卫士以枪击之未中。继复乘马登山，山益幽，林益密，山腹中有一寺，对面为密林，建筑虽甚简单，而地颇清幽。据云为鸠家寺，系河南亲王所辖，前岁格桑泽仁先生曾养病于此。下马入寺，经堂仅一间，千佛等像，均系布绘。喇嘛十余人，有能汉语者。遥望山巅，更有一小庙，惜道路险阻，未再攀登，即下山乘马而归。

六日　藏民纷至沓来　妇女奇装异服

自班禅至拉后，青、康、川、甘之藏民，接踵而来。下午偕史秘书巡视，见各地妇女奇装异服，形形色色，不啻开一人种服装展览会。有一种妇女两鬓有二大银环，环下有长皮带下垂，上缀小银扣或铜扣，以数百计，带将及足，复折而上，系诸腰间。腰有带，上亦缀物。耳环上为圆形，下垂锥状物，长二三寸。长袍不裸臂。询之略知汉语，据云为杨土司所管，距此约五日路程，盖临潭县之土民也。此种土民，已渐进步，半汉化，亦知用针线缝衣，惟用针法系由外向内缝起，与藏人同而与内地异。又有一种妇女，如前清时男子之剃头，但前额留发，有许多小辫，脑上有一较大辫，合而盘之，在脑后饰一黄圆琥珀，其上有一小红玛瑙，颇简单。又有仅梳三辫，惟中辫与左右辫编法不同，耳环大如手镯，上镶红玛瑙至十余颗，并有小辫百数十，平铺密集，宽尺许，至腰际始系一布袋，上缀银圆等物。又有头戴黑布，帽上缀小红玛瑙至十余颗。有少女短衣着裤，脑后仅一辫，上有银圆盘。其袍有无面羊裘者，有布而者，有毛织物者。另有一种粗毛织物，白色，即用手捻成之羊毛线织成，似为洮岷［指今甘肃临潭、岷县一带，古为洮州、岷州地］一带之藏妇，已略有手工业矣。

至于饮食，亦形形色色。余等游览时，正值午炊，亦有正进餐者。普通以石为炉，有锅无盖，折木枝或拾粪为薪，用羊皮风袋吹火，或食炒面，以手和之。或加酥油，用舌舔之。亦有食面片或面块、饮面汤者。半汉化之藏民，并有炒菜干菜，或于面中入肉块者，惟煮面时，即以所燃之薪入锅搅面，食时即以此木棒为箸。藏人饮食简单，而不知卫生，已成习惯，亟宜改进。

七日 画坛安佛 诵经驱魔

杨秘书大光，热心研究佛学，上午来访，谈及时轮金刚法会，谓因坛城未成，故未正式开会。但数日以来，每日诵经，大师必亲临。第一日所诵者，为“摄授弟子”，即说明为师与作弟子者应有之资格与应行注意事项。如在显教有十种性相（即资格），密教有二十种性相。第二日诵经并跳神去魔，因有种种魔鬼，须先驱除。跳神者十余人，仅一人带假面具，自早六时至晚八时始完毕。第三日预备坛城线，亦诵经。本日为第四日，诵经之意为安排诸佛居所，即各佛应安置之地位。此后即正式开始画“坛城”矣。

至所谓坛城，非理想之极乐国，乃地球上之国，在印度北雪山中，其地名“香巴拉”。其第一代国王，曾受释迦牟尼传经，第二十五代，即为班禅，现为第二十一代，至第五十代时，世界始知有此国。此为时轮金刚经中之预言。

八日　奇僧不寝卧　佛家有愿心

杨秘书大光来谈，谓拉卜楞寺有一拉古佛，现年七十一岁。其佛学渊博精深，为本寺第一，凡经典几无所不知。班禅曾请其至塔尔寺讲经，尊之如师。昨时轮金刚法会第一日诵经时，彼先见班禅献哈达，班禅立而受之。拉古佛每年一月至九月教授弟子，其居处甚湫隘，而门庭如市，因执弟子礼往听经者甚众也。每日十余小时，院中候讲经者常满。嘉木样禅师亦时去听讲。自九月至十二月闭户潜修，不见一人。尤奇者，终年三百六十余日不卧，而精神矍铄，能享高寿，真异人也。

本日因班禅休息，杨君无事，来余室畅谈佛学。谓凡佛家均有愿心，惟多寡大小不一。多者五百愿，大者如观世音愿众生皆成佛彼始成佛，地藏菩萨愿地狱一空（即无一人受苦），彼始成佛。又如释迦佛在拉车地狱，见拉车之苦时，愿大众皆出狱，由彼一人代拉。凡此之愿，皆由菩提心［梵语。所谓“求真道”“正觉”成佛之心］，皆为救众生，欲使众生咸脱苦海，安登乐岸，牺牲一己，乃所愿也。此种精神，即儒家人饥己饥、人溺己溺［《孟子·离娄》“禹思天下有溺者，由（犹）己溺之也；稷思天下有饥者，由己饥之也”］，己欲立而立人、己欲达而达人［《论语·雍也》“夫仁者，己欲立而立人，己欲达而达人”］之意。且更彻底，此即谓大乘［梵语。乘的原义为交通工具，引申为“运载”，指能将众生从烦恼的此岸载至觉悟的彼岸的教法。大乘对小乘而言，犹“大教”］。有愿心必有行志，始可成佛。因仅有志愿而不实行，亦终无望。故须愿行合一，有志者事竟成，又须有因缘机会，始可实现也。

九日　坛城种种　天界层层

下午赴讲经园，参观画制坛城。地在经台旁，架一木台，上有临时木板屋，台方二三丈，上有布，布上涂粉，先用灰笔略作底样，然后用十余种颜色粉（多为石质，并有宝石，捣成细末），四人分四面同时赶作。其法用一铜管，长尺许，一端口小而他端口大，用大口端将色粉一种装入，一手持之，一手略击铜管，使粉由小口端徐徐落于布上，按底线而成彩色图，不仅平面，且城殿墙阁，俱成立体，或高寸余，或高数寸，余观时城墙已成数尺。城为正方形，中有殿阁，外有树木，兽类，闻作成时，彩色鲜丽，非常美观。据杨秘书云：凡佛皆有坛城，即所谓道场，如“极乐世界”为释迦佛坛城，“独思天”为宗喀巴坛城。惟此种坛城，多在天上。佛家有二十八层天，欲界六层，色界十八层，无色界四层。“独思天”在欲界第四层。惟时轮金刚之坛城在地上，即印度北之“香巴拉”，故人多愿转生此坛城。其他坛城，作法会时多绘一图，惟时轮金刚法会，须以彩色石粉作之，名曰“尘色坛城”，使灌顶[梵语。佛事仪式，以水灌头顶，受灌者即晋升一定地位，达到一定境界]者见此城郭宫室，念念在兹，将来可转生其地。又法会完后坛城即毁，使人作“身坛城”，即能由想像而亲见如在其上，如在其左右，而有程度者，且能由大而小，即初仅见其轮廓，最后看至最小处，能见宫殿内之佛，谓之“见本尊”。至此程度始可著书立说，而有人来信仰拜师矣。故坛城有尘色坛城，绘坛城，身坛城之别，“尘色坛城”不易制，“身坛城”更不易至也云云。

十日　帐房分贫富贵贱　居住随晴雨暑寒

因明日请客，借黄司令后花园搭帐房。盖藏俗请客，多在林中架帐篷野餐，此次所请皆藏客，故从藏俗。本日去巡视，见大帐房之座位，完全如屋，上有四面坡式，下有四面围墙，正面为门，可开至两边，并可加前廊，内可设三四桌席，有蓝布花，非常美观。小帐房三座，或为屋脊式，或两面坡式，或为圆锥形，如军用帐房。大者备设席及饮茶休息室，小者备厨房及随役等室。并有一大帐房有前廊，备余兴用。据云拉卜楞制帐房最有名，西北各地均不及。按其需要与经济、阶级等关系，有种种形式与大小。大者可容数百人，甚至千余人，小者数人。每座价值，大者数百元，甚至千元，小者普通二三十元至六七十元。现所用之大者，据云值二三百元，上面蓝色花样不多，如再加花纹，价即较昂，或再加红黄绸垂缘二道，风吹飘动，更为美观。最佳为班禅所用者，有屋脊，有围墙，有廊檐，有照壁，大门亦有屋顶。普通两面坡式，中为方形，两柱上有一横梁，如 Π 形，不用绳引，下面有环用大铁钉钉之即成。前后用三角形布四幅或六幅，中可开为门，或前后开，或仅前面开。边地游牧生活，居住无定，故对帐房特别有研究，一如内地之土房建筑也。

归途见山坡白帐房林立，盖因连日猛雨水涨，不敢在河边架居，乃多移山坡上。红衣喇嘛与蓝衣妇女，往来其间，加以紫马黑牛，左右点缀，宛如图画。游牧民族之生活，不仅因寒暑而迁移无定，并因晴雨而转徙无常也。

十一日　汉藏联欢　康藏歌舞

本日与高参军、曾队长合宴西陲宣化使署同人，及西藏三大寺代表，并黄司令等，约三十余人。设三席，并由仪仗队、俱乐部组织余兴。本约定下午二时，因是日班禅放头，各堪布三四时始到，尚有数人未能脱开。计到者有策觉林佛，恩觉佛（后藏欢迎班禅代表），森且堪布，旺堪布，大卓尼，刘秘书长，赵卓尼，三大寺代表，及嘉木样之父，黄司令，范县长等。先在一大帐房中饮茶休息，用藏式低桌、毯垫。旋入一大帐房中，设汉式圆桌方凳。酒宴大开，余兴开始，有新剧、旧剧，三琴合奏（口琴、风琴、维奥林），双簧等。拳术有单刀、双刀、大刀、长矛、长棍、单剑、双剑、对矛、三戟、太极拳等。并有腹上击石，系用两长凳，一人袒腹卧两凳上，腹悬空中，用方数尺、厚五六寸之石块，置其腹上，一人持铁锤用力击之，石破而卧者屹然，观者多赞惊之。

又请黄司令代邀拉市藏民善歌舞之男女数人，作康藏舞。首西藏舞，三人对面，垂首屈腰，举右手握袖，两足环移，且歌且舞。妇女皆盛装，有两妇背后装饰，有琥珀各十余枚，由小而大，成长串，据云每串十八枚，有每枚重至五六两者，价在百元以上。统计一辫上之琥珀，即值千余元，而珊瑚、玛瑙、金银等装饰尚不在内，可知藏民妇女注重装饰之一斑矣。有一少年女仅十龄，亦随之歌舞，歌音清脆，大博掌声。最后西康跳锅庄舞，人人牵手成圆形，足左右移，手上下动，载歌载舞，怡人心目。舞罢，余等赏各跳舞者三十元，宣化使署各客赏仪仗队、俱乐部二百元，令添置物品。藏人讲酬应，厚赏赐，于此可见一斑。是日黎锡勋君摄电影，黄衣红顶之来宾，盛装藏妇之跳舞，仪仗队之武术、新旧剧，及黄司令之家族，俱入镜中，将来可现于银幕上矣。

藏人喜饮酒，是日共饮酒十斤，来宾醉者六人，曾队长、高参军亦均大醉。

十二日　夏河渐有司法　藏民仍信业仓

夏河县虽成立十年，而藏民诉讼或藏民与回、汉民诉讼，尚多依习惯，在旧日之“业仓”内（藏寺院中管理司法者）。本日赴其地参观，即在中山街外，有屋数进，愈进愈高。大门外有高杆二，如内地之旗杆。大门内为勤务室，有藏妇七八人服劳役。最后正房为法官室，有法官一人，由寺中选派之，三年一任。每案诉讼费二元，对败诉或犯法者之处罚方法：（一）击背：即用皮鞭击其背。（二）拘禁：监禁室在二门内左方，参观时有囚犯数人，足带镣，其屋有门无窗，地铺毡毯，囚犯皆面无愁容，盖拘留时期甚短，每日放出散步一二小时（在院中不许出大门）。参观时尚有未归室者。问其罪，谓多犯窃盗者，罚牛羊若干即了事。（三）罚金：最重为杀人者，罚银六百元，以其家产帐房、牛羊、枪械等抵之，但无死罪。轻微案件，法官不直接审问，有职员代审之。据云藏民与回、汉民相争时，往往回、汉民败诉，不知确否。如两造均为回、汉民者，始在县署起诉。

据范县长谈：近年诉讼案件，渐渐增多，前邓隆任县长时，一年半仅接诉讼案二件。现在每月约三十件，每日平均一件，刑事多，民事少。即斗殴案件最多，次为钱财或婚姻案，盖回、藏民皆好斗，而藏民对婚姻不重视也。又案件增多之原因，一因人民知识渐渐进步，知县署判案有一定法律。二因回、汉民在“业仓”诉讼，不免吃亏，败诉者又来县署起诉，但藏民被告或在县署败诉者，又往往直赴“业仓”起诉。盖藏民心理与习惯，信任“业仓”，较县署为深也。

又从前藏人刑罚，有挖眼、断手、洞胸、石帽等惨刑，今因民智进步，而无形取消矣。洞胸用利刃刺其胸，使成大洞，掖之而游行街市，死而后已。石帽者，用大石凿成帽形，压于犯人之首，俟将毙始暂去之。迨苏后又复置之，至死始已，真惨刑也。

十三日　藏校大建筑　法会新点缀

上午偕史秘书赴河滨游览，过藏民学校门首，西式门屋，正在建筑。入内巡视一周，见美轮美奂，焕然一新。据云全部建筑费约需两万元，现建屋五十余间，已费万元，大门预计千元以上。因拉市薪贵，烧砖六千个，价需二百元，木工每人每日价银六角，可知拉市生活，亦甚高也。

最后为会议室，窗格木工甚精细，仿寺院中建筑，极费工，但不适用。

校中本日考试完毕，三日后放暑假。据云假期原定四十日，现缩短为二十日，寒假延长，因此地气候无所谓暑假，而冬季特别寒冷，实宜延长也。县立大夏河小学，本日放假，假期一月。学期考已发榜，犹二十年前内地之格式。计合格者高小七名，初小三年级七名，二年级十四名，一年级四十名，共计六十八名。

下午赴时轮金刚法会场参观，见制成许多酥油花，正在陈列。喇嘛用酥油制成花卉人物，有特别技术，如塔尔寺之酥油灯，神像花卉，无不精巧绝伦。拉卜楞寺虽少差，然所制花卉，亦甚美观，红花缀叶，均甚宛肖，皆拟在坛城左右陈列者也。

帐篷顶上垂缎幡缘伞，地下铺花毯数十行，台上法座，美丽尊严，台下前面法器整列，班禅休息室及各堪布、各来宾休息室，亦各陈列一新，种种设置点缀，恐为拉市空前未有之现象也。

十四日 法会正式开始 僧俗空前集会

本日时轮金刚法会正式开始，班禅晨六时即赴道场，音乐前导，香炉旁列，堪布等数十人随行。未几班禅登台讽[诵]经，台下有喇嘛二十余人陈列乐器、法器，随之诵经。时蒙、藏民众，男妇老幼，围绕道场者数千人，均不得入内。至下午一时许，各诵经者皆加扇式冠，带云肩，着法衣，面前乐器时奏，手中法器时摇。下午三时正式预备灌顶，开始许普通僧俗入内。计入者喇嘛千余，民众约一二万人，园无隙地，万头攒动，但均在前场露天下。僧众在台前帐篷下，余与河南亲王等在台旁前排，策觉林、恩觉两佛在台上左右侍坐，森且堪布、旺堪布在班禅前左右侍立。嘉木样佛在台下正中设椅，与班禅对坐。班禅登台后，群叩首，旋赐茶，由执事者向台左右来宾倾茶。次为涤除大众身、口、意、业诸罪垢，故先应沐浴，每人倾水一滴，为积聚福德资粮。次为顶礼，为驱除者断魔故。次静点真空，口诵佛经及降魔咒，驱除魔鬼。次班禅赐食，分给每人米饭少许。次献“曼打”[藏语，前文译作“满札”，将世界献与大师之意]，系依照过去法王目贤求根续之次序，先于坛之中央及四方，以须弥及四大洲罗睺明劫火布设之曼打供献[佛教以须弥山为世界中心，四大洲环绕之。罗睺为支配人间吉凶祸福之神，世界毁灭周而复始谓劫，历四时、火水风诸灾而成一劫。这里指包含一切时空之物]。此时分给大众青稞少许，嘉木样代表献“曼打”，群持青稞掷台上，甚有掷铜圆、银圆者。

次正式预备灌顶，诵经，并作法，其次第凡十二部，内容意义，余为门外汉，不易了解也。

十五日 时轮灌顶 贵妇盛装

本日为正式灌顶，拉寺喇嘛二千余人，黎明即入，人披氆氇斗篷一袭入道场，黄河南亲王家属及黄司令家属，俱盛装而往。黄河南亲王夫人，最引人注目，因其装饰最盛，前胸有三金护身佛盒，大者方尺许，项系玛瑙，背垂琥珀，统计价值数万元以上。母、妹次之。黄司令之母、妹及妻，或为西康装，或为拉卜楞装，亦均盛饰。西康装头上满盘琥珀，身上满系珊瑚，拉卜楞装背后上端发套系琥珀串，下缀银碗数十，其价值亦甚巨。此外如蒙古某君之翎顶辉煌，藏民男女之耳环长垂，形形色色，为会中点缀不少。

七时许群众约数千人，拥入场内。余等及各僧众，均依次盘坐如前。班禅登台后，群叩首，班禅赐茶如前，因班禅欲法会早日完成，本日正式授时轮灌顶，并时轮金刚如童七灌顶，同时举行。其诵经与作法之次第，均有一定，意义奥妙，不易明了。

班禅作法至第七投花时，系嘉木样代表在盘中投之，视倾倒何方。第八授法水，余等台旁前排之大众，由策觉林佛、恩觉佛以银壶盛法水，为余等每人各倾若干，以手掌盛之而饮，其余系预派之喇嘛数十人，以铜壶数十把，分给大众，争以手盛之，如饮甘露，争先恐后，秩序稍乱。授姑沙草时亦然。姑沙草为藏草之一种，如蓍，高三四尺，每人分给数根，以备验梦。余等台旁前排者，由策觉林佛分给真姑沙草，其余因人数过多，即以拉卜楞所产之某种草代之。授护绳时亦然，护绳即经过班禅诵咒之红绳，用以驱魔。余等近台者由策觉林佛给以丝绳，其余给以红绳，得者皆大欢喜，如获拱璧。蒙、藏人民信仰佛教之深，非内地人士所能想像。下午七时散会，群众出门后，犹立街上，候班禅法驾之经过，远望而叩头者，络绎不绝。

十六日　堪布会议　夜景妙对

上午偕高参军访刘秘书长，商入藏事，适值渠等开堪布会议，约余参加。会议室在秘书处邻室内，完全藏式，墙张黄底紫花布，地铺栽绒毯，顶上有黄缎方幕三，小桌低垫，每人一份，惟第一座有靠垫，出席者有森且堪布、旺堪布、康处长、刘秘书长、赵卓尼等，余坐第一位，坐定后，讨论离拉时期及将来路线问题。森且堪布、康处长发言滔滔不绝，足征藏人有辩才，而曾为喇嘛者尤雄辩。因研究因明学，且时辩论经典也。堪布会议为班禅左右高级人员之会议，每日一次。

下午五时，偕高参军赴黄司令寓晚餐，饭后听无线电收音机。据云此机可听日本、俄国之播音，但因天电障碍，音甚杂，多听不清。最后南京报告二十三时，即夜十一时，而拉卜楞为九时半，相差约一时半也。

夜深矣，余与高参军等步行归署，街上既无一灯，又值废历［即农历］五月二十八日，亦无明月，惟以手电照路而行。至河南亲王府旁，藏民男女十余人，长卧地下，以衣为被，不见头足，令人一惊。次行小巷，沿途湿痕斑斑，皆尿迹也，左右成行，间有大便点缀其间，宛如图画，仰观天上，星斗辉煌，因得一妙对为“遍地屎尿成图画，满天星斗成文章”，闻者无不捧腹。此间各僧院无一厕所，便溺多在门外，日来开时轮金刚法会，蒙藏民众聚集拉市者，约数万人，无论男妇均随地便溺，法会附近尿流如大雨，即较远通衢，亦无地无之。幸此地天寒，否则臭气冲天矣。

十七日　时轮坛城　香拔拉国［前文译作“香巴拉”］

黄司令昨赠《班禅国师传授时轮金刚法开示录》一册，内有《金刚阿阇黎［梵文译音，义为轨范师；是对高僧的敬称］班禅大师时轮源流开示录》一篇。关于时轮金刚之缘起，叙述甚详，兹节录于下：

释迦牟尼佛三十五岁时，四月十五日，由拉亚酒洞诣金刚座往昔千佛成道之处，安住于座，初夜入慈心，三日未降伏诸魔［佛教以身外，心内一切扰乱众生者皆称为魔］，中夜入住正定［心安于一境，不乱不动］，黎时成等正果觉［修道而有证悟］。六月四日，在波罗奈空野苑中，初转法轮［指佛陀为众生说法，喻佛法在众生中轮转］。翌年三月十五日于南印度功德山邻近，造成世界。时尚未久，有仙人雨米如山，复坚固成塔，尔时世尊现时轮像于彼塔上，岸然而立。

松者悉达，北面香拔拉国，国王月贤及全世界九十六小国王等祈祷其下，显法性敕坛城，上为德聚星宿之大城，于此处向金刚弟子传授如童七种世间灌顶，及出世间灌顶，令成佛道。复说一高二千颂之时轮根续，时月贤王返至香拔拉国。翌年三月，用五种珍宝建立时轮巨大坛城，将根本经加注释，成立六万言，令太子那注传其经，代代相传，至七王称七法王，均广传根本，续每一法王在位百年，至第七法王，帝择居之子文殊化身，砍专大密一部之稀有诀，令不愿入此教者，一律出境。时有日车仙人等三百五十万众，甘离圣域（印度），法王恐仙人他去，诸族人将疑此经是否为清净法，于是施法使彼等且自觉悟，转求法王为授灌顶。

尔时法王在时轮坛中，以日车仙人为上首，为诸仙人三百五十万众，及无量众生，施以灌顶。从此各派均归一流，成金刚统。由是各王号称部主，又复摄取时轮根续密藏，而作简续三万颂。嗣子白莲，系属观音化身，继续传法，又广作注释，成一万二千偈［偈语，佛教唱诵词］，名无垢光。

自是白莲传于其子贤善，七传至至善。此七法王亦各在位百年，至善之子尊胜海，登位之年，有“拉诺”者（未开化民族），亦于圣地玛口卡地方，开始传教，时法王胜尊海在位一百八十二年，后传于其子难胜，在位二百二十一年，即为纪元前历数之终。次年丁卯甲子起首，藏语名曰绕钟，每六十年又届一绕钟。难胜嗣子太阳在位百年，又十三传至神武轮即位。后五十年，即与“拉诺”发生战斗，终降伏“拉诺”，南瞻部洲南北，始归一统。于此经法启建尤盛。如此二十五代部主，皆诸佛菩萨化现于世，非普通凡人，此为时轮经法盛行事迹。

十八日　三日结束法会　万人参加放头

时轮金刚法会，虽仅举行三日，非常圆满。本日在会场为民众放头，参加者约万人。汉、满、蒙、藏，男女老幼，贫富贵贱，无不踊跃参加，争先恐后。或欲睹活佛之法颜，或欲求活佛之摩顶，或欲饮活佛之法水，或欲领活佛之法绳，鱼贯而前，随意献物或哈达，无不欢天喜地。许多男妇，退后尚在十丈外之场中，遥向大师叩头。宗教之势力，在蒙、藏方面，尚伟大深厚也。

十九日　班禅又放头　居士谈佛学

本日为星期日，大师又在行辕放头，因法会完毕，远道而来之蒙、藏民众，均即准备归里。昨日在会场放头，因机关各要人参加，恐有未能接近者，特再放头一次，到者约万余人，但有许多因粮尽业已离拉矣。

下午与杨秘书大光谈佛学。据云佛学有蕴处界。蕴为五蕴，即色、受、想、行、识。处为十二处，即六根、六尘。六根为眼、耳、鼻、舌、身、意，六尘为色、声、香、味、触、法。界有十八界，即十二处，再加识，如眼界、耳界……色界、声界……眼识界、耳识界……又佛学有三界，为欲界、色界、无色界。欲界有财、色、名、食、睡五欲，无色界系十八层天中之一层。又佛学谓地、水、火、风为四大，大者无所不包也。加空为五大，再加识为六大。又佛学分器界与情界，物质为器界，精神为情界。又佛学有息、增、怀、诛四种成就，息为息灾，增为增益，怀为敬爱，诛为降伏。如开道场诵经，亦往往为息灾或增福或降魔云。

二十日　抢劫市场　焚毁法物

早赴朝市一游，异常冷落，仅有卖牛奶者数家，而布架等一家已无。据云一因法会完毕，远客均去，故少休息数日。一因数日前被抢两次，人有戒心。并谓朝市之抢劫，本时有之，因藏人皆带枪刀，每乘不备，抢布数匹而逃，商人无枪，不敢追捕；而寺中司法机关之“业仓”，又仅有监禁罚物等处分，并无死罪，以故犯窃盗者累累也。

下午赴原时轮法会道场观息灾法，即诵经焚烧各物。在原法台后空地上，画一坛城，主座二十余喇嘛列坐诵经。有一大油锅，诵经至某段时，将各物加油烧之，备有青稞、芝麻、茅草、大麦等物，分别烧毁，表示此法会福寿财等一切中断，消除罪恶。诵经分息、增、怀、诛四种，今日之诵经，即所谓“息”也。

二十一日　寺院精艺术　活佛知爱国

时轮金刚法会虽告结束，坛城尚未毁送，当初城已成时，虽曾参观数次，但均未见全璧。本日闻坛上帐幕全去，因偕行署数人往观，见占地方丈许，在木板上，用五色宝石铺堆而成。有外城，有里城，城墙城门各高数寸，狮象当门，树木围绕，动物植物，无不毕肖，五色配合，灿烂美丽，且全系浮堆，或圆或方，无不工整中式，洵妙工也。佛教之技艺美术，实足令人惊异，惜不能永久保存。闻法会后，即须送之河中，费十余日日夜工作之力，毁于一旦。如塔尔寺每年元宵节之酥油人物，经三月之工作，亦仅陈列一夜而即焚毁，宗教之思想，固与现实世界之思想不同也。

下午访大藏寺活佛，此寺距松潘近，距拉寺七八日程，其活佛颇知爱国，年约四十余，貌清秀，言谈亦不俗。余本日访其居，在一寺中，院内满堆牛粪，而室尚清洁，闻其寺甚大，且较富云。

二十二日　增寿　献物

本日为班禅大师增寿，特别诵经一日，仍在时轮金刚法会会场。大师依然高座，喇嘛数十人，就地而坐，诵增寿经。宣化使署全体同人及卫队，专使行署同人及仪仗队均参加，共千余人。首赐茶，次诵经，次赐食，然后献物上寿。宣化使署由康福安领首，依次数百人，各手捧礼物，有金器、玉器、珊瑚、绸缎、衣服等特制物品，并有每人手捧五十两元宝一锭者数十人，各经大师面前，与以有结之红绳。次分别献曼打，宣化使署科长以上每人一个，行署由余领头，亦献曼打数个。凡献曼打者，预送银币十三元，即与以印就之证片，届时奉献。仪仗队兵士每人献哈达一方，亦有献银圆者，达五六小时始毕。诵经分息、增、怀、诛四种，今日之诵经为“增”也。

二十三日　谈奇俗河浴数时　辩经典舌战群僧

本日下午二时，黄司令及嘉木样禅师约宴行署同人，用汉式，共设五席，在襄佐仓佛殿中。正面倚壁全为佛龛，金碧辉煌，雕刻精致，内有铜佛数百，古色古香，据云多来自印度，为拉寺较古之佛也。前几上有新作之小泥像，高不及尺，初涂金身，据云系历代嘉木样佛，特制万座，备嘉木样至藏赠人者。涂金后甚美观，不知为泥佛也。

席间谈及此间沐浴事，黄司令谓拉市藏人，每年八月某夜，无论男妇，必在大夏河中大浴一次，因信仰佛教，谓浴之得福，实际亦与身体有益。其法即夜间赤身入夏河中，视身体之强弱定支持时间之长短，有支持四小时以上者。家中预作肉汁汤等，出水后即饮肉汁，厚衣衾而卧，身体因之特别壮健云云。

饭后赴讲经场（即前法会会场），观辩论经典，盖乘大师在拉，欲求其指示也。大师高坐，喇嘛千余人分团辩论，数人立而质问，一人坐地答，答错或不能答时，群起而攻之，或拖其头促其速答，或附其耳大声质问。据云研究深者可舌辩群僧，如大学之考试。又谓辩论时骤观之似为杂乱，实则手足及身之姿势，俱有讲究，观其抵掌而谈，或立而雄辩，或坐而论道，大有战国时苏、张［苏秦、张仪，战国时代纵横家代表人物，善辩之士］之风。本日因大师在场，特别热烈，惜余不解其意也。

二十四日　房上晒台碾场　屋顶花园菜圃

下午偕史秘书游夏河北街，有数家屋顶上菊花盛开，或红或紫，有如都市之屋顶花园，且非盆栽，而均系生长屋上。盖此间各屋，皆为平房土顶，如播种其上，即可生长。有数家屋上植白菜数方，高尺许，是不仅屋顶花园，而为房顶菜园矣。

自兰州来拉卜楞，途中经过各地，房屋大半平顶，皆为土墁而成，无楼房者，四面屋顶可通，以梯登之，有正面楼房者，三面可通，即由正面楼屋之前檐通之，其用途甚多：(一) 可积薪或晒粪作燃料。(二) 人可往来瞭望，余等经过时每见有许多妇孺，在屋上立望。(三) 犬可在上守夜，西北边民，每养猛犬，夜间在屋上巡守，并有昼夜皆在屋顶者。(四) 可晒一切物品，如都市晒台。(五) 并可碾麦，如内地之麦场。此种习俗，一为安全，一为经济，想相传已久，在最初或因异族侵扰，主要在登高瞭望，继而作种种用途。西北各地已成普通，惟如拉卜楞之栽花种菜，则又别开生面，扩张用途，在他处甚罕见也。

二十五日　开同乐会　游大经堂

本日仪仗队假大经堂开同乐大会，以大门为后台，堂前广场为招待观众之所。有高桌，有低垫，而大经堂之崇阶高十余级，广八九丈，尤为天然之看台。惟是日正值诵经，各喇嘛皮靴脱置阶上，且时出外至阶上诵经，颇碍视听。

是日游艺有新剧、旧剧、国术、双簧等，新剧有《中华魂》，内容为五族联合抗日，在此地演之，觉有意义。大夏街小学亦参加表演，有女生数人演“小麻雀”故事，亦颇动人。边地得此，殊非易易。

大经堂即慧觉寺，大殿中有高四五尺之铜像数十尊，小佛无数。佛前油灯数十盏，殿中厚垫十余行，可容一二千人。左右壁画高丈许，长数丈，皆欢喜金刚佛，巨作也。诵经时有铁棒喇嘛维持秩序，是日因有游艺会，特别注意。时见该喇嘛负四五尺之方形铁棒，在外巡视，各小喇嘛无不望而生畏。

广场左右有长廊，满绘壁画，广数十丈，尤为巨制。正演剧时，忽而大雨如注，群避两廊下，足容千人，表演场临时亦加帐篷。未几雨止大霁，又移场中。少顷复阴云四合，雨又滂沱。高原气候之变化，真不易测也。

二十六日　初尝兰州醉瓜　得食唐川大杏

兰州醉瓜，次于哈密瓜而优于各地之甜瓜，在西北最有名。余虽居甘数岁，因故终未一尝，深以为憾（十四年抵兰州时已过期，十五年届期赴蒙古，十六年赴青海，十七年未至期即赴京）。又过唐汪川时，杏尚未熟，据云其味之甘与肉之多，为各地冠，颇思一尝异味，惜非其时。乃至拉卜楞，因种种原因，未能早行，又届瓜果成熟期矣。

今晨赴朝市游，见有售杏者，其实甚小，据云附近所产。询唐汪川者，谓“塔哇”（即大街）或有，因至“塔哇”一游，果有较大者，唐汪川产也。食之味颇甘，但不如所传之佳。又见有似西瓜非西瓜之瓜，询之，醉瓜也。其瓜外圆形似西瓜，皮色又似甜瓜，喜出望外，急购二个，一较青而硬，一略黄而软，归后剖而食之，类似甜瓜而较甘，但不如想象中之美。询之本地人，始知由兰州而来之瓜多系半生，途中六七日始稍熟，非正式叶落之熟瓜，故味稍差。青而硬者，即尚未熟，黄而软者，系久置放，杏亦或然。

二十七日　尝田野风味　习帐房生活

下午赴河滨游览，见青稞田中，自帐房五六架，趋而视之，见一帐或二帐为一家，中置桌垫，上悬羊肉，前掘炉灶，男女老幼聚坐其中。见余至表示欢迎，让入后敬以奶茶、冷肉、油饼等，颇殷勤，惜辞不能达意，且不悉何以移居田中。归与杨秘书谈，始知藏人每年于此际携眷野居，食肉饮酒，唱歌娱乐，往往流连一周或数周，盖最快乐之日也。

余觉此种习惯甚好，因勤劳终岁，应有若干日之休息与快乐。又久居都市或群众聚居之地，应有若干日吸收野外之新鲜空气；如欧美人之避暑旅行，均与身心有益。藏民原为游牧生活，居城市后，每年秋高气爽，草盛花茂，牛羊肥壮之时，重习其帐篷生活，快乐其心情，锻炼其体格，以保存其民族固有之优点，真汉人所不及也。

又远望山坡、山顶，帐篷林立，询之系喇嘛移居休息者。盖喇嘛亦有此习惯，本年又因班禅大师在拉，忙碌数日，此时法会完毕，遂乘机至山上休息也。

二十八日　拉市妇女多远游　藏中活佛亦野居

本日仍赴青稞田中，考察藏民生活。有一红教喇嘛携其二女，亦居野帐篷中，喇嘛有粗大发辫，缠于头上，大如盘；二女年各二十许，虽亦藏服，但长辫礼帽，不同藏妇装束，口衔纸烟，在拉市中可谓摩登。询之，初自塔尔寺之鲁沙尔［青海湟中县鲁沙尔镇，塔尔寺所在地］来，在彼留数年，曾至西宁数次，举动亦轻佻，略能汉语。又一帐房内有一藏妇，汉语甚流利，见余极为招待，颇有常识。询之，知曾赴北平及山西五台山等地，来往年余。可知拉卜楞之藏民妇女，非如内地乡间女子，足不出户者可比，大半曾远出游历，毋怪其甚活跃也。

又前行，见有华丽之帐房数座相连，旁有骏马数匹，异之。及近，始知策觉林佛等，亦乘法会完毕，大师休息之际，移居田野，一享野外清福。邀余坐谈，并置酒肴，旺堪布、森旦堪布等均在其地。余去时彼等方作骨牌戏，饭后已昏暮，活佛与堪布燃烛乘马而归。次日闻又策马入田中，重享帐房中酒食娱乐之生活矣。

三十日　甘边青边川边　半藏近藏远藏

本日仍赴田野考察各藏民生活，见其饮食居住用具等，大半同于汉人。张其昀君将甘肃西南隅接连青边、川边之藏民，依其与汉民距离之远近，同化程度之深浅，分为半藏、近藏、远藏三种。拉卜楞“塔哇”及其附近之藏民二三千人，即所谓近藏也。据称近藏俗称熟番，又称“龙娃”，近城市，通汉语，半耕半牧，渐成熟地，居土屋，较富者亦居木板屋，高楼热炕，仓储充盈，惟服饰仍存藏俗。洮河上流临潭县卓尼［今甘肃省卓尼县。以“卓尼古寺”得名。民国初属临潭县地，1937 年析置卓尼设治局，1955 年改为卓尼县］附近之藏民，亦属此类。

所谓半藏者，俗称半番，久已向化内附，与汉人往来甚密，且混有汉人血统，居川口，成农村，生活习惯，浸染华风，近年且多改土归流，如岷县、临洮一带土司所属之藏民皆然。又临夏县元、明间尚多藏族，今完全同化矣。

至所谓远藏，俗称生番，纯粹游牧，不通汉语，且不愿与汉人往来，住黑帐房，食糌粑，甚至食生肉，如果洛［今青海东南部果洛藏族自治州］一带之藏民是也。

三十一日　北寺为汉式　军部有欧风

拉卜楞寺多依北山麓而筑，本日清晨，偕史秘书等游寺后之北山。绿草如茵，朝露犹存，摄衣而登，望见全寺。山上有喇嘛插帐野居者，正炊奶茶，帐内悬羊肉，内地僧人见之，当惊骇而走也。

顺山西行，有一鄂博［蒙语译音，义为“石堆”］，插许多翦形木片，高丈许。据云某期，属此鄂博之居民，每家插翦片一根，前若干日，见朝市有卖此翦形木片者，盖即此也。余等摄影而去。

循山径而下，半坡中有一寺，屋瓦及墙均汉式，寺内亦类内地，门有照壁，壁后有池，池旁有树，一切如内地，或汉人所筑，亦未可知。惟附近有居民数家，全藏人，殊不解。内无喇嘛，亦无可询问。

继由黄司令及黄河南亲王所居之附近下山，见亲王府之平屋上，满堆柴草，如藏民习惯。而黄司令所居之楼屋，长窗成行，颇有欧风。足知两人思想之新旧矣。

八月一日　食肉不杀生　祀畜仅束布

佛教以杀生为戒，故内地和尚、居士皆不食肉，但蒙、藏喇嘛皆食牛羊肉，未免奇异。本日与一藏僧谈讨此事，彼谓佛教禁止一切杀生者，因畜类亦有灵魂，其不死与人同。惟人为肉食动物，不食肉无以生，不得已而食肉，自为神佛所许。惟食肉以牛羊或猪为主者，因杀一生可以供养多数人之生。如普通人食鱼虾等，每一餐一人之口，不知伤许多生命，则佛教徒所切戒也。又佛教徒自己不杀生，多系买社会上已杀之牲肉，不得已而杀时，凡在场之人，须为此牲畜之灵魂念六字真言，以祷告之，或高燃酥油灯以照牲畜灵魂之登程。又藏俗如以牲畜祭神佛时，绝不宰杀，如欲用牛祭，仅以色布条束于牛之两耳及肩、尾，再由喇嘛以少许青稞粉撒于牛身，并诵经祷告，涂酥油于牛之头尾背身，此牛即专供祀神，任何人不能杀害矣。祭羊亦然，惟牛以山、湖之名名之，而羊则否耳。

二日　达赖转世　金瓶掣签

西藏达赖喇嘛之转生，旧日相传达赖圆寂时，每示人以降生之地，其弟子大堪布往访得之小儿，一见即能相识。此当然为主持者之设词以免争夺。清乾隆时定金瓶掣签制以防作伪。每一达赖圆寂后，由驻藏大臣行文各路民间，有呈报生子灵异或有征验者，藏内遣大堪布、噶布伦［西藏地方政府主管行政事务的官员］持达赖生前常用之物数件，杂他物试之，如其儿指取不爽，或见堪布出一二语，乃圆寂时事，则令其父母携至德庆［镇名，在拉萨市东］，如此者一二人或三四人，驻藏大臣覆验，择日以金瓶掣签。前七日各大寺喇嘛诵经，帮办大臣至大招［即大昭寺］行礼，用手签书各小儿名如其数、封贮瓶内。驻藏大臣行礼启盖，掣取其一，对众拆封。然后迎入大招，日夕守护，具奏入呼毕勒罕［蒙语音译，意为“转世”“化身”］册，上命章嘉呼图克图［呼图克图为清王朝授予喇嘛教大活佛的称号］至藏照料坐床。六岁学经，七岁受小戒，即学禅坐不令卧。公事皆班禅或呼图克图代决。十六岁乃自理事。达赖下有二呼图克图，一为济隆，二为第穆。又有二诺门罕［蒙语“和平”之义，用作“大喇嘛”的称号］，一为荣增（梵语师父），即达赖授经之师，一为噶勒丹锡呼图萨玛第巴克什，前曾代理达赖。

三日　祭鄂博　赛骏马

本日（系阴历六月二十七日）为“下塔哇”（即下街）藏民祭鄂博之节，在十余里外北山中。余与行署同人，乘马往观。途中遇许多藏民，背负柏枝，上有羊毛，或布条，均系献之鄂博者，至其地，见山上有鄂博一，上者下者，男女老幼不绝。据云，祭典已毕，但见浓烟高绕空中，即未登山。山下及对面山坂，帐房无数。盖藏民均于此数日野居，有钱有闲阶级，多远至此地。本日黄司令家属，黄河南亲王家属均来此，在半山中架帐房。余等因不愿登山，即在山下宣化使署同入一帐房中休息。各藏民无不美衣鲜食，或蒸肉包，或煎油饼，甚或效汉人之面饺。富者多帐房数架相连，或对面为厨室与仆役帐房。

未几，作赛马、赛跑之戏。愿赛马者，可自由加入。先聚而饮酒，后自由竞赛。或比马之快慢，或较马上放枪之准否，或在马上拾地下之哈达，种种绝技，令人赞佩。赛跑，系两人或数人在山坡中上下奔驰，并有化妆者。观者如堵，群相嬉笑。余觉此种野外游戏最好，可以活泼心思，强健身体，与欧美人之运动有同等效果。且西北产马，无论交通、防敌，均需要马术枪法，每年乘机练习一二次，固必要也。

最后演“打鹿故事”，如演剧然。有打锣鼓者，有扮演者。一黑教喇嘛，装山神，用白棉花作假白须。有一人披鹿皮装鹿，在山上跑上跑下。数人持枪追之，虽系游戏，亦运动之一种。因多人在山上下奔驰也。惜余不懂藏语，内容不大了解。闻系演数商人中途遇盗，祷之山神后，盗披捕，并获鹿云云。不知确否。拉卜楞无戏，此种游戏，亦颇有趣。

四日 护法殿 喇嘛塔

佛教主张慈悲，但必有武护法神以拥护之。各寺各派，均有其特别之护法神。如黄教之护法神，为牛头夫妇，红教之护法神，更凶恶，望之生畏。各寺院佛殿，均有其护法神，或专殿安置，或附设一隅，常以哈达掩蔽之，不令普通人见。拉卜楞寺，除各院护法神外，有总护法殿。在黄河南亲王府对面，占地甚广，高墙围之。外有高数丈之经杆，内有高数丈之古木。妇女及平民，不准入内。正殿二层，下供武护法正神，狰狞可怖。上供武护法神将，除嘉木样外，即普通喇嘛，亦不得擅入。殿内悬刀枪剑弓等武器，谓系供护法神用。殿外陈列熊豹等各猛兽皮，谓系武护法神所猎得。

蒙藏寺院，多有喇嘛塔，藏名“起殿”，义为吉庆平安。蒙藏民常绕塔而行，谓可得吉祥。其建筑仅两三层，内实不能登，与内地之砖灰高塔不同。拉卜楞寺有喇嘛塔三,一在黄河南亲王府侧，一在贡汤仓附近，一在寺外，较大，且距中山街近，每日藏民男妇聚游者甚多。因妇女不许入寺区内，故在此礼佛。本日游经其地，见有许多藏妇，或向寺院叩头，或在绕塔而行。

五日 富户供养千金 众僧饱食终日

前与襄佐谈拉寺经济情形甚略。兹经调查，得详细状况如下：拉卜楞寺本部每年收入，约有三种：（一）房屋田产之租种。（二）基金及茶油存品之经营利息。（三）其他临时捐募，或人民供奉者。至支出，亦可分为三种：（一）对于全寺喇嘛供给口粮饮食。（二）对于全寺各佛殿每年举行之香火消费。（三）其他本寺对外之一切公费。此寺本部之经费，由司财务者二人经理之。至各院亦略有财务，收支大致相同而极少。

拉寺经济，比较青、康其他各寺为充裕。故喇嘛之生活与进益，均较他寺为丰富。若能刻苦生活，则每年几全可靠寺得食，其不足亦仅一二月耳。盖寺本部或本院，每年发青稞每人二斗，并常年朝晚有供饮之清茶，尚有二月以上之诵经日期，可得丰富饮食。如二月初三至初八日，为“尼贝错曲”期，由“吉娃”直辖五大寺轮流供应。九月二十至二十九日，为“供谦”期，由“错谦地娃”与“阿拉侯得娃桑”筹措供应。十月二十五、二十七、二十八三日为“安曲”期，由“吉娃”轮流供应。又正月初一至十五日，为“加格满烂期”，七月初一至十五日，为“质贝柔哲期”，年共三十日，由拉卜楞寺所属人民，及黄河南亲王所属蒙古三旗，每一部落，全体人民，每年轮流供差全寺喇嘛饮食一次，并施散银钱肉油。闻每一部落，十年仅供一次，故竟求丰富。此外有富户一家，或集合数家，为祈神消灾，向全寺僧众供应一日之饮食者，谓之“忙架”。其期之大会餐，消耗甚巨。据普通计算，祭神灯用黄油五百斤，约需百元，煮饭用黄油五百斤，约百元，分赠僧众之黄油四千斤，约八百元，米四百斤，牛两头，各四十元，糖、茶约八十元，共约一千一百余元。他如远近人民之临时丧、庆或修佛诵经者之供差，以及附近人民请至其家中诵经而得之供养，均甚多。所有拉寺喇嘛全年之生活，几均有人供养，且甚丰富，毋怪人民愿送其子为喇嘛也。

六日　佛教制度　喇嘛生活

拉寺喇嘛，地域虽有东三省、甘、青、新、康、蒙古之别，种族虽有汉、蒙、藏之分（汉人共五十余人，如杨喇嘛，临夏人，为最著者），而生活习惯，则仅有阶级贫富之异。兹经调查，并将每日所见之情形，分述于次：

（一）衣服　前清时对于喇嘛，曾赐予品制顶戴，活佛喇嘛，得有此品制者，仍旧袭用以为荣。普通喇嘛，不外背心（藏名段苟候），内裙（藏名迈日和），外裙（藏名谢士卜），架装（藏名仍），连裙长背心（藏名豆候赶），僧帽（藏名夏古），靴子（藏名满）等数种。其质料，除外裙限于棉布类，连裙长背心，限于氆氇（惟池巴得甸绸缎）外，余则棉布绸缎氆氇均可。其色，普通用紫色或红色，高级喇嘛及活佛，皆穿黄色。至僧帽，普通分“拉玉”“尼让”“完玉”数种。但“尼让”“完玉”二种为铜质，庄严辉煌，普通僧众不能戴也。又无论活佛喇嘛，不拘冬夏，均不着裤。盖喇嘛之服制，原于印度，故一切宜于夏而不宜于冬。惟远行野外，得加服皮褂。凡在室外诵经、讲经、辩论时，以上各种衣服，均须齐着。普通外出时，可不着帽、靴。入室时必须脱帽、靴，方为合理。活佛及高级喇嘛，其靴上有用五彩丝线绣成花纹者。

（二）饮食　每日三餐，早午食炒面，晚食面或加羊、牛肉。富者炒面必加黄油，三餐以肉为主，甚或食米，食油条，肉包，油饼等。饮奶茶每日无数。其食物来源，或由家庭供给，或由师傅供给，或为他人祝福而得，或由诵经期供给。

（三）住居　拉寺喇嘛，均有私人住宅，但甚简陋，除各活佛囊谦有楼屋外，均为土屋平房。但有少数有权喇嘛之住宅，如杨喇嘛（兼保安司令部军法处长）者，亦有楼屋，且内部非常整洁。

（四）工作　凡喇嘛早眠早起。每晨起后，煮茶扫地，拭佛案，献净水，燃佛灯，烧香，读佛经（《心经》为清晨必修课）。然后准备吃早茶。茶盛碗后，虔坐，默诵《坚曲经》以谢神恩。餐后，读经写字（六时半至十时），以后自由。十二时至下午四时，又讲经论理。

（五）娱乐　喇嘛亦有运动娱乐，即在每日十时后十二时前。或谈话，或散步，或作角力、掷石、竞棋、唱歌等娱乐。但多系少年喇嘛，避师而为之。如被师窥见，必遭申斥，或受体罚。最高尚而为师所赞成者，为转“经轮”。又喇嘛须守戒律，如戒酒、淫、杀、盗等。犯者轻则罚款，重则鞭打，甚或逐出寺境，取消僧籍。

七日　藏语正名　寺佛均误

拉卜楞寺与嘉木样佛，已成蒙、藏皆知之名。但据友人格桑泽凡考证，此藏语译音，均有错误。拉卜楞三字，按原音应译为“拉章”，意为王府，指嘉木样所居之公所而言，并不限于此地专用，在全藏各地，凡活佛公所，均称之。拉卜楞以寺院著名，其寺藏语名为“札西溪”，因嘉木样第一世未来建寺前，其地土名曰“札西溪”，因以名寺。康、藏各地，因名此寺为“拉章扎西溪”，将“拉章”二字，冠于寺名之上，意为嘉木样所主持之寺也。

又嘉木样三字，系第一世法名之简称。但按第一世法名，藏语全文为“根钦嘉样协比夺去教乌孜追”十二音，简称或曰“嘉样协巴”，或曰“嘉样比多言”，二名同出一源，但前者较为普通。汉文嘉木样三字，即由此译出。去“协巴”二字，而增一“木”字，失原音矣。正其名义，应称为“嘉样协巴”，或再简依藏习称曰“嘉样”，不应加“木”字。至本区藏民称嘉木样为“姜根”，无直呼其名者。“姜根”，藏语“佛力普庇”之意，本藏人对达赖、班禅之尊称。本地人民用以称嘉木样，足征尊崇之甚。

至寺东汉、藏民聚居之街市，藏语为“拉章撒加”。“撒加”意为地方，今汉、藏人称其地为“塔哇”，实则藏语“塔哇”，为街市之义，亦非地名。积习难返，但名不可不正也。

八日　漓水非广道河　夏河为大力源

大夏河，贯通夏河县，县之得名由此。拉卜楞至土门关间之农业、林业，以及畜牧业，无不赖此滚滚之长流。且因拉卜楞至河错寺六十里间，河床坡降达四百公尺，可利用水力，设发电厂，清水［今夏河县曲奥乡政府驻地，在县境东北］一带，石灰岩品质甚佳，又可设水泥厂，是将来甘肃之工业，亦有赖于大夏河水，且现虽不通舟楫，将来略加修治，可运木材等，经黄河以达兰州，则尤为水运之惟一交通，可知大夏河关系之重要。兹将地理专家张其昀先生所述大夏河之源流与经过各地情形，以及将来为重要力源等关系，录之如下：

今之大夏河，实古之漓水，漓水入黄河，大夏河入洮水，经注界限极清，均在故河州境。自《明统一志》，误漓水为大夏河，民国于拉卜楞设夏河县，改导河县为临夏县，一误再误，遂致名实混淆，已难复改。古之大夏河，乃今之广通河，源出白石山，经和政、宁定［今广河县。1919 年置宁定县，1955 年改为广通回族自治县，1956 年改广通县，1957 年改广河县］二县入洮河。漓水旧志亦称白水，藏名松渠。

大夏河源出拉卜楞西南四十公里西倾山北麓，因所经地形之不同，又可分为三段，自拉卜楞三科乎滩以南，即上述之高原草地，自拉卜楞至土门关，即上述之峡谷地带，出土门关始入临夏平原（临夏县海拔一八〇〇公尺），惟冲积平原，尚不及阶级坪地之广（即著名之临夏北源，一名万顷原）。大夏河大致自西南而东北，经临夏城南，始折而北流，在临夏东北七公里处，尚有泄湖峡，故虽至下游，水势尚速，水色亦清，至永靖城东［1962 年永靖城为刘家峡水库淹没，永靖县治北迁至刘家峡镇］入于黄河，全长约一百五十公里（洮河长五二〇公里）。

大夏河右岸支流，以噶河为最大，源出本县黑错［今夏河县合作镇］附近，北行至沙沟寺（在拉卜楞东六十里）附近，汇入正流，左岸支流以捏贡川为最大，源出甘家滩附近，东行至桥沟（在沙沟寺东六十里，土门关西四十里。）汇入正流。

大夏河依山曲折，路亦随之，土门关以内，山势类多紧迫，凿石开道，往往左依峭壁，下临湍流，径路坎坷，行旅不便，自土门关至拉卜楞有桥梁十余座，或依据矶头之上，或连跨河中之洲，皆以木架设，甚为粗简。大夏河无舟楫之利，惟夏季水涨时，能行木筏，运木料，古人所谓不通舟楫，良非过言。土门关当临夏县西境，与夏河县邻接，为甘肃西南部之重要界线。全村居民约数十户，跨大夏河两岸，有桥沟通其间，长二十公尺。

大夏河之水，当为本县重要力源之一，自拉卜楞至沙沟寺［王格尔塘］六十里间，河床之坡降，达四百公尺，沙沟寺与山堂［今名“上滩”，即上文“桥沟”之地，属今麻当乡］二十里间，坡降达二百公尺，如欲利用水力，则发电厂可设于山堂附近，盖水势湍急，且有峡谷，利于建筑坝闸也。清水一带，石灰岩品质甚佳，若于此设水泥厂，动力不假外求，盖自土门关至桥沟四十里间，河床坡降，亦达二百二十公尺，可用水力代煤。水泥工业为甘肃建设之要务，而原料与动力，产于一处，如清水者，殊不易得云。

九日　拉卜楞为藏族信仰中心　夏河县乃四省交通枢纽

拉卜楞自嘉木样建寺二百余年以来，成为甘、青、川、康边地藏民信仰之中心，补政教之所不及，其地位甚为重要。余留此数月，欲四出至数站外一游，而终未能。今决定数日内离拉，殊为遗憾。兹就各方调查得夏河县境内要地及境外要地之交通里数等情形如次：

自拉卜楞东行，经土门关至临夏，为余等来时所经者。东南经陌务［今美武乡］或黑错［今合作镇］约一百三十公里，至临潭县陌务寺，有喇嘛一百七十余名，附近一镇，汉、藏民各三十余家，有小学。黑错有寺，藏名“札木喀尔”，有喇嘛二百七十余名，归青海同仁县隆务寺管辖。寺附近黑错镇，则属夏河，住民八十余家，回多于汉。再西南行，至洮州旧城［即今临潭县］二日程，南经两木寺［郎木寺，在今甘肃碌曲县南与四川交界］，十三日至松潘。两木寺由二寺合成，仅隔一小溪，南日格尔的寺较大，有喇嘛千余人。寺依山临溪，溪水东流，入于白水江，山高海拔四千六百尺，上多松林。由寺南行四十余里，上阿米拉耳山，逾岭至岷江上源，其地西去黄河河曲之最东端，仅百余公里。北行经甘家滩［今甘加乡］、文厂沟至循化县，计八十公里，为余十六年所经者。西行经三科乎滩［今桑科乡］，至青海同德县［今属青海海南藏族自治州］，计七十公里。南北行多草地，比较平坦。东行沿大夏河道路崎岖。西行近拉加寺时，行山腹中，下临黄河极险，但距旧河、洮二州甚近，交通比较便利。旧河、洮二州，明代曾设卫屯垦，行茶马贸易，称西陲门户。夏河当时，虽为边外之地，比较接近内地，清时属循化县，改县后当属青海，惟因民国十年宁海军（甘边宁海镇守使所属）与拉卜楞寺发生冲突，宁海回军自甘家滩进攻，占据该寺，嘉木样避难于完科罗寺（离洮州旧城四十里），至十三年，始撤兵［按：拉卜楞与宁海军之冲突，首发于民国七年；二次为民国十三年春马麟率部由甘家滩攻入拉卜楞］。此为夏河分立并隶属甘肃之原因。县界迄今，尚未划清，全县面积亦难测定，据甘省府测为九一二三方公里，而据曾世英君测为二三一九方公里，相差几二倍。

十日　收拾行装　馈赠珍物

班禅原定期离拉，以种种原因未果，诚专使决先离拉，取道青海共和县［今青海海南藏族自治州首府］，经大河坝［今海南藏族自治州兴海县大河坝乡，有大河坝河，为黄河上游支流］至玉树［今青海玉树藏族自治州首府玉树县，南与川、藏交界］，再与大师会齐。经商得大师同意后，定明日离拉，本日收拾行装，并各处辞行。

下午黄司令饯行，并赠余豹皮、狐皮等特产各数件，皆未熟者，盖拉寺产各种兽皮而不能熟，普通以酥油揉之。班禅亦派旺堪布赠余麝香数个，亦系拉卜楞一带特产。

十一日 待吉时 遇暴雨

本日行署离拉，上午八时一切准备完毕，整装待发，各送行者亦来署候送，惟诚专使素喜占卜。以前离兰州时，时日不佳，致李秘书堕马残废。渠之乘马，亦于日前病死。此次占定十一时最与月日相合，故须俟至该时出发。准十一时专使出行署，余随之，各行李骡马在后，不意未出拉市，各骡马即先后倒地，不能前进，出市者亦相继倒卧，或弃行李而逸。余等不得已，宿三十里之甘家滩［今夏河县甘加乡］，前站已远行二十里外，后者迄晚未至，既无帐房，又无食物。专使与余卧架窝中，仅有一帐房，各同人共卧其中。但行军床及被褥未至，不得已皆就地卧，不意午夜大雨，水由帐房下流入，一片汪洋，被褥尽湿，各同人起立以待天明。又不意有一马拴帐房之钉上，一曳而帐房倒，各员并避雨而不可得矣，而奔逸之马，亦尽力奔驰，遍觅不得，天明始得于山上，被铁钉击腿，惊逸力尽而毙矣。

十二日 骡马难入西藏 草花大类公园

驮骡有半数未至，除昨晚派人未归外，清晨又派数人，十二时始归，知市中倒地者，均运回行署，途中倒地者，没法赶来，将驮物另行分配。此次第一日前进，即发生半数驮骡倒地之原因：(一) 因由河州一带，所购之骡，大半为老瘦，不堪负重。(二) 因行李过重。(三) 因事务主任原系英文秘书，对事务毫无经验，以致各驮轻重不适，无论老骡壮骡，一律重驮，而一驮左右又重量不均。(四) 因草料不足，以致离拉第一日，即发生此种困难。如此骡马，入藏寺大成问题矣。

下午又行，三十里，宿甘坪寺中央西北畜牧改良场。沿途青草满滩，百花盛开，其色或黄或白，或紫或蓝，其形或垂如钟，或细如缨，或分散如星，或贴地如钉，无论山上平原，遍铺青草，满布艳花，真所谓锦绣山河。人行滩中，花拂衣巾，无异一大公园。此种奇景，非亲至草地者，绝难梦想。此种风味，亦非亲至西北者，不易尝得。人皆知行草地之苦，而不知此中之乐无穷也。

十三日　夏河县文化渐启　八角城古迹犹存

晨起，高参军由拉卜楞专差送来函电，知诚专使辞职照准，特派赵守钰继任。专使未到任前，着余暂行代理。诚专使因决定仍回拉卜楞办理移交，十一时离西北畜牧改良场，冒雨而归，仍经甘家滩。据云北山中有一寺为女活佛，新圆寂，尚未转生，在马上可望见寺屋。按活佛普通皆男子，女活佛尚罕见，闻西藏有数寺活佛为女子，此寺在内地可谓特别，想前辈必系女子研究佛典甚深者，死而转生，开佛教男女平权之风矣。又东北有一八角城［今甘加乡东 7.5 公里］，尚有遗址，据传为宋时古迹，不知确否，以专使急于归拉，未能往览，甚为憾事。

按拉卜楞据大夏河上游之滨，在两山夹峙之地，东北山夹谷深为山地区，西北、西南及东南均为草地高原所环绕——全适于游牧之区也。甘家滩为西北之牧区，一名甘家川，有捏贡川发源其地，水草丰美。据《循化志》载，当清乾隆六年时，兵部曾议开办屯田，其原奏云："川原山麓，高下不一，沙土滋泥，肥饶各别。滋泥似可垦种，沙土殊难预期，川原可望收成，山麓恐多干旱。"惜未果行。但该地实多适于牧，少适于农，今全国经济委员会设改良畜牧场于此，实甚需要，惟仅有空名，一切尚未实施也。

夏河境内即西北、东南、西南均为草地，因之畜牧最盛，藏民生活所需，以及贸易输出，皆畜牧所产也。其牧畜种类不外马牛羊三种，马以产于青、甘、川边境一带之土尔扈、左格尼马、欧拉、确某夏梅安、料日布、花仓诸族者为最良，体格高大，性格雄强，俗称南番马。在中国马产中，除新疆巴力坤［今译称"巴里坤"］马外，其高大雄伟，即属南番马也。此外甘家族、索平族之马，体均较小，而灵秀活泼，以善走闻名于西北。甘家族马群，又系纯走马种之遗种，西北人尤其蒙、藏民族最好之。牛有牦牛、黄牛、犏牛之分，此区养牦牛者为多，因其耐寒耐劳。牡者力大性暴，对于逾山涉水，行雪途，走砾地，均能胜任；牝者体躯较小，专供产乳及制造黄油之用，其乳质所含脂肪质较黄牛为高。犏牛为黄牛与牦牛之间生种，具有二者之优点，刚劲驯服，兼而有之。乳量甚高，以牡供役，以牝榨乳。牦牛产于索乎、大才等旗者，以色正体大见称。黄牛养者甚少，专以其牡者与牦牛之牝者交配，为产生有优良性之犏牛也。牦牛毛长尺许，望之生畏，故俗名毛牛。羊为小尾，赋性灵活，并能耐寒。其中甘家产羊，以毛质纤细，羊皮秀丽见称。欧拉、左格尼马、土尔扈诸族，以体躯高大，肉质肥美闻名。但所谓毛质粗细，亦相差有限，因不知选种，粗细毛羊，混为一群，又不知注意颜色之纯一与密度、曲度、长度、光泽、含油质等种种条件，以致出口时难售高价。至山羊仅十三庄有饲养者。每一牡羊，肉量平均为五十斤，近年因胎羊羔皮价昂，多杀孕羊以取胎皮，影响于羊群繁孳甚大。

据张元彬君调查，与拉卜楞寺有关五千七百户牧民所养之牲畜，计马三万五千七百匹，牛一万三千七百匹［头］，绵羊一百一十六万九千匹［只］，山羊两万一千匹［只］，驴两千一百匹［头］。每匹平均价值，马五十元，牛十五元，绵羊二元，山羊一元，驴十元。张君又谓此区内即不加人工种植，牧羊尚可容纳现有牲畜额之一倍。以余观之，尚不止此。

十四日　重返故居　新奉电命

拉卜楞为边地鄙壤，交通不便，内地人士，足迹罕至，余于民国十六年一度巡视后［详见《西北考察记 · 青海篇》］，未作重来之梦想，不意因护送大师，旧地重游，且留居数月之久，十一日离拉，转青赴藏，以为此去不再来矣。更不意别仅三日而再临旧地，重返故居。屋中新尘甫积，又被扫除，人生行止，真难预定也。

昨阅行政院致专使电，知专使更动情形，着余暂代，尚拟斟酌情形辞职，乃返拉后，又接蒋院长专电，令代理专使职务，当即商诚专使，请其俟赵专使至后，再行交代。诚再三不允，谓电令甚明，不能再待。十五日为半月之期，决定一切账项，截至该日止，十六日即将印信移交云云，不得已覆电遵代，准备一切。

十五日　商移交　换银币

下午，专使约余商谈交代事项，第一为输送队问题，决定遣散。第二为经费事，行署仅存银币一二万元，系备入藏后用者。但现在职员多去职，不能不借发补助费，决定由班禅处暂借纸币万元，以银币万元作抵，将来换回。第三为账目事，因时间匆促，不能一时清结，先将印信移交。

十六日　金印接收　骡马待毙

本日诚专使正式将行署印信及职员名册移交，凡东北籍职员，均随之辞职，余觉一机关长官更易，旧用之人，不必共同去职，尤不宜以地域关系而同去，再三挽留无效，因派参军高长桂，秘书史汝镛等暂行兼代参谋、事务主任等职。

同时交来册封热振［十三世达赖圆寂后，代行达赖事务的活佛］之金印，方四寸许，全金质，值万余元，热振呼图克图，本无颁给金印之资格，因现代理达赖，故特别册封，其册封用黄缎裱成，内用汉、藏两种文字。

又交来骡马七十余头，疲惫不堪，因原多老病，自甘家滩归后，因已准辞职，各职员忙于交代，且以责任将卸，料草俱无，饥饿数日，多不能支持，急购草料加食，已于当晚死骡一头，病而待毙者，尚五六头也。

十七日　官场旧例　西藏习惯

本日诚专使又将公礼、公物等簿册及箱物移交，当即派员接收。发现许多错误，短少许多物品，此固清代以来官场之旧例，当系小职员所为，而专使不知也。

下午设宴欢送诚专使及辞职同人，即在行署，高参军以大碗与各同人对饮，酒兴甚豪。并谓藏人嗜酒，宴客时每以大碗酒强饮，如至拉萨，非大饮即绝对不饮，惟大饮始欢，今日须练习也。

十八日 赠班禅海味 宴宣署同人

班禅大师决定二十日离拉，不便设宴，因送燕窝、鱼翅等海味数件，并附洋 50 元，以为厨师烹调之资。下午在行署设宴，欢送宣化使署高级职员，到者康处长、森且堪布、大夫堪布、大卓尼、刘秘书长、赵秘书、孙电台主任、陈科长等十余人，并请黄司令等作陪，藏方同人豪于饮，余请高参军代陪，赵秘书、康处长等，均有醉意。

十九日 接账簿 请经费

诚专使虽于十六日将印信移交，但账簿复杂，于昨晚始行移交，现款仅余一千余元，而骡马甚多，每日草料即成问题，因即电财政部、蒙委会，请速汇款，并电赵专使早日离京。一面委派数人，组织委员会，清算账目。

二十日 谒班禅 访堪布

因大师明日离拉，本日往谒，询及赵专使，因将其经历详述，大师希望余与赵专使早日到玉树，以便偕行入藏。出访各堪布，正整理行装，银币每千元，装一木箱，两端用生牛皮裹之，并用生牛皮绳束之，非常坚固。行署原仅存银币万余元，移交时与大师换纸币万元，发川旅各费，言明有款时仍可掉回，本日向各方借纸币万元，将银币换回。

晚赴康处长及刘秘书长、三大寺代表处，略谈，均希望早日至玉树会晤。

二十一日 班禅赴玉树 拉佛有欧风

本日班禅大师启锡赴拉加寺，转玉树，仪仗队随行。行署因候赵专使，未能偕往。大师约十时离拉，黄司令在五十里外之飞机场设帐欢送，嘉木样仍令其旗帜等仪仗随送，并有鼓乐队前导，喇嘛及蒙、藏民众数千人送出郊外。余率行署同人乘马送至飞机场，嘉木样等送至本晚宿所。

此次大师离拉，乌拉［藏区对征用服役牛马及人夫之称］共四千余头，果洛［今青海东南果洛藏族自治州］民众有数千头，直接送至玉树，惟因数目过多，黄司令颇费周折。本日各乌拉，尚未能到齐，仪仗队一部分物品未行。

拉加寺在青海同德县［今属海南藏族自治州］，为河南亲王属地，其活佛为兴萨班智达，曾游历平、津、粤、沪，甚开通。故在该寺居洋楼，食西餐，并有汽车，但其地无公路，仅通十里。闻该活佛每隔三年，必赴京、沪游历一次，盖三年可积金数万元也。

途中草高尺许，百花盛开，归时与高参军策马疾行，奔驰于异草奇花之间，颇觉有趣。

二十二日　历代班禅略史　今世班禅经历

班禅大师离拉后，拉卜楞顿成冷静现象。盖拉卜楞为宗教区域，拉寺为黄教六大寺之一，班禅大师为黄教最高领袖之一，故驻拉数月，远近藏民，咸来顶礼，商人投机，亦多麇集于是，拉市人口骤增数倍，顿成繁盛之区。大师之去，有如冰消云散，一日之隔，真如天渊之别，班禅一人关系之重大可知。兹将班禅历代之略史，分述于下，足征其在黄教中之地位。

第一世班禅额尔德尼，法名克鲁哥鲁巴桑保，意谓博学德俱妙善，于明洪武十八年［1385］四月八日，生于后藏。后至前藏甘丹寺为僧，宗喀巴收为大弟子。得法后，与第一世达赖喇嘛根敦珠巴辅佐宗喀巴，振兴黄教。旋与第一世达赖共受宗喀巴之遗嘱，世世以呼毕勒罕［转世、化身］度世。正统二年［1437］圆寂，享年五十有四岁。

第二世班禅，法名四朗曲朗。正统四年［1439］正月十日，在后藏德巴地方转世。传授第二世达赖小戒。弘治十七年［1504］年圆寂，享年六十六岁。

第三世班禅，法名恩萨巴结珠白旺曲罗布桑敦珠巴，意谓意善成就自在。于明弘治十八年［1505］正月十日，在后藏转世，嘉靖四十五年［1566］圆寂，亨年六十二岁。

第四世班禅，法名罗桑曲吉甲参，意谓意善妙法胜幢。于明隆庆元年（1567）四月十五日，在中印度转世。隆庆四年迎至西藏坐床，壬子年登位传法，掌理黄教，并传授第五世达赖大小戒。清太宗崇德七年（1642），与第五世达赖及藏巴汗、固始汗之使等，同至盛京［今辽宁沈阳市］，自此信使往还。明思宗崇祯六年即清太宗天聪七年，青海固始汗因后藏之藏巴汗压抑黄教僧伽，遂攻灭之，以其地属班禅，驻节札什伦布寺［今西藏日喀则市］，管理梵院，密辟黄教，自是威望大隆。蒙、藏各处，咸尊崇之，为博克达，而从受金刚如意珠轮，秘密灌顶法者甚多，于清康熙元年（1662）圆寂，享年九十六岁。

第五世班禅，法名罗布藏伊喜巴桑布，意谓意普圣智，于清康熙二年七月十五日，在后藏转世。三十四年，圣祖［康熙帝玄烨的谥号］遣使册立为呼图克图。三十五年，诏封后藏班禅呼图克图为班禅额尔德尼，颁给金册金印。注明札什伦布各寺院属班禅额尔德尼管理，班禅额尔德尼之名始于此。藏名抵任补清，意为护持宝饰。乾隆二年（1737）圆寂，享年七十五岁。

第六世班禅，法名罗藏巴勒垫伊喜，意谓有德圣智，于清乾隆三年，在后藏转世。四十五年，高宗［乾隆帝弘历的谥号］七旬寿诞，第六世班禅来京祝寿，至热河［即今河北承德］之避暑山庄。高宗令仿后藏之札什伦布寺式，建福森寺于热河以馆之。嗣驻锡西黄寺，十一月患痘圆寂于西黄寺，享年四十二岁。四十七年命于西黄寺西，建清净城塔院，藏其经咒衣履。

第七世班禅，法名罗桑巴尔丹巴里里比尼麻却古勒朗甲巴桑波，于乾隆四十七年［1782］四月八日，在后藏转世。四十九年入寺，五十五年廓尔喀［今尼泊尔］犯藏，侵入寺中。高宗命福康安带兵讨平之。五十七年廓尔喀送还抢去之金册银物等件。嘉庆八年（1803），来拉萨传授大戒。咸丰四年（1854）圆寂，享年七十三岁。

第八世班禅，法名罗桑巴尔巴且节惹克巴打黑别望都巴桑波。咸丰五年，生于桑脱曲布甲补鲁桑。光绪八年（1882）圆寂，享年二十八岁，为历代班禅之逝世最早者。

第九世班禅，即现在入藏之大师，法名村老桑工丹具吉尼玛各洛朗甲把桑波香厄列，于光绪九年正月十二日，生于西康达克保处，十四年迎至后藏，十八年迎至札什伦布寺。光绪三十一年偕英人卧克纳至印度，英人藉迎英储为名，到印度，待以王礼，会晤英皇太子。翌年三月，回札什伦布寺。宣统二年［1910］，因达赖出走，移驻拉萨，主掌政教。民国十三年十一月离藏，十四年二月至北平，驻锡中南海之瀛台。十六年冬，赴辽宁，驻锡沈阳外攘关外之宝胜寺（俗呼皇寺）。二十年五月，由沈阳至南京，出席国民会议。七月受国府册封为护国宣化广慧大师法号。旋赴海拉尔［今内蒙古自治区海拉尔市］，并西行驻锡百灵庙［今内蒙古达尔罕茂明安联合旗首府］，二十一年七月，返平，十月二十一日，在太和殿举行时轮金刚法会。十二月十二日抵京，二十四日就西陲宣化使职。二十二年二月，赴百灵庙，先后至锡林果勒①盟及乌兰察布盟各地啭经宣化，二十三年一月，又返京，出席全会。二月就国府委员职。四月在杭州灵隐寺举行时轮金刚法会。旋赴沪，月终返京，七月赴平，八月赴包头。九月离绥，至伊克昭盟之杭锦旗宣化，并至阿王府讲经。十一月五日赴阿拉善旗，二十四年三月离阿，五月至甘肃。六月赴西宁之塔尔寺。二十五年六月至拉卜楞，七月又举行时轮金刚法会。八月离拉，经玉树入藏。历代班禅，均无本世大师在内地居留之久，游历之广，功德之普及圆满，与险阻艰难之备尝。

二十三日　达赖地位　英藏关系

达赖、班禅为西藏佛教之二大领袖，藏谚有云，天上的日月，

① 锡林郭勒。——编者注

人间的班达，可知其并尊之心理。第九世班禅之离藏、回藏，均与达赖有关。达赖喇嘛之地位，及第十三世达赖一生，并英藏之关系如次：

达赖之名称，源于蒙古语，意为大洋之义，智慧如大洋之谓也，西藏人称之曰“甲姓任补清”，意为最胜宝饰。喇嘛者藏语无上之意，初非高僧不能应用，今已成普通之称号。藏人称出家之僧为察巴，后尊称察巴为喇嘛，而喇嘛又每尊称曰佛爷，失本义矣。达赖喇嘛握全藏政教两大权，驻锡拉萨北山上之布达拉宫。每岁例至色拉寺说法，并诵经。总辖寺庙三千一百五十余座，约喇嘛三十万余众。达赖圆寂后，藏中政权，则由司伦噶厦［西藏地区主管行政事务的机构］负责，教务则由中译庆莫处理，军务则由马基秉承司伦之命指挥。此时达赖之佛印，暂由机要堪布保管，俟下世达赖转生，经十八年呼毕勒罕期满正式即位，始得启用，执行元首之职权。

第十三世达赖，法名阿旺罗桑图丹嘉错直品旺楚省赖蓝布尔解旺德，于光绪二年［1876］，生于达布甲擦管，官属卜朗顿家，以种种灵异，免入瓶掣签。二十四年，俄皇派布里雅蒙古人喇嘛多尔智，至藏留学。因学识超众，被选为达赖之赞尼（即顾问之意）。多尔智有辩才，常告以英国侵略西藏可畏，中国不足恃，俄国将来为佛教之惟一保护国云云。又俄人陶什夫亦佛教徒，常往来于拉萨与圣彼得堡之间，携俄皇所赠珍宝，劝联俄。于是达赖亲俄，二十六年、二十七年，两遣使至俄，谒俄皇。二十九年，英人知日俄将开战，中俄俱无暇西顾，乃乘机命荣赫鹏率远征队二百人入藏。进至距拉萨三日程时，达赖将印交于噶丹寺，率侍卫七人东行，时光绪三十年五月七日也。英兵于六月二十二日至拉萨，与三大寺迫订《拉萨印藏条约》。达赖东入青海，俄人多尔智尚为赞尼，引布里雅特蒙古族人七十名护卫之，欲赴俄都。翌年，至甘肃，闻日俄开战，俄人连败之讯，达赖乃宣言欲赴库伦［今乌兰巴托，时属中国］，见哲布尊丹巴［驻库仑之黄教大喇嘛，位仅次于达赖、班禅］，遂驻于西宁之塔尔寺，清廷闻达赖东走，乃劝其来朝。三十四年，达赖入京，清廷以臣属待之，且派员监视。达赖急于回藏，旋溥仪嗣位。藏人欢迎达赖返藏，乃于其年离京。入蒙古，至库伦，与哲布尊丹巴相见，并见俄驻库领事，继至青海。途中闻赵尔丰［清·光绪间川滇边务大臣，改驻藏大臣］于川边厉行改土归流［清王朝在边疆少数民族地区废除土司、实行流官统治以加强中央统一管理的一种政治措施］，并派兵入藏事，心怀不满。宣统元年十月至拉萨，又与联豫［驻藏大臣］不洽。旋钟颖［入藏川军统领］率兵一混成旅由川边入藏，达赖恐惧，即率亲信数人，潜逃印度，时宣统二年四月一日也。英人乘机，大为优待，清廷反听联豫之言，宣布达赖罪状，革其名号。达赖留印数年，适武汉起义，外蒙宣告独立，驻藏川军亦变。达赖乃乘此机，于民国二年九月返藏，宣告独立。中央发川滇军攻之，英人乃提出觉书［外交文书“备忘录”的旧称］，于二年十一月开森姆拉会议［今译“西姆拉会议”，英帝国主义策划阴谋把西藏从中国分裂出去的会议，在印度西姆拉举行。因中国代表拒绝在“西姆拉条约”上签字而破裂］，决裂而散，英人势力乃大膨胀。十三年，逼走班禅，且欲推翻达赖，幸数万喇嘛反对，达赖亦稍觉悟。十七年，北伐完成后，中央派贡觉仲尼［藏人，南京政府代表］入藏，二十年，达赖即派其为驻京代表，与中央日接近。二十二年圆寂，年五十九岁。

二十四日　政权与教权　政民与信民

拉卜楞虽设夏河县治，但境界无明确之划定，权力所及之范围甚小，事实上拉卜楞寺宗教威力所达之区域甚大。自青海增设同德县［1935年从贵德县析置］后，夏河界之境域益小，但拉寺之势力仍大致如故。夏河县政府之权力，固始终不出十三庄之范围耳。

夏河县所属之人民，可分为政民与信民二种，政民藏语呼为“墨德”，即政府力量所及之人民。如拉卜楞寺附近沿夏河一带住居之十三庄藏民，计三百余户，约一千五百余人。直接受县长之管辖，对县政府有纳差及应役之义务。信民，藏语乎为“厥德”，即信仰拉卜楞寺嘉木样之人民，其范围甚广，计大小三十庄（十三庄在内），大小十八牧族，总计七千余户，人口几达三万人之多。对于拉卜楞寺及保安司令部，均有纳差及应役之义务。如索乎、大才、土尔医诸族，系蒙古族，俗称河南四旗中之三旗，仍为信民。此外均为藏族，如三苦乎、阔才、左格尼马、阿木去乎诸族，以及十三庄，均由拉卜楞寺直属。嘉木样派其亲信喇嘛任“部哇”职（即行政长官之意），或称“谷草”，代表嘉木样行使政权，三年更换一次。此为嘉木样以教权兼施民政之已往情形，设县后依然未更。

如是十三庄人民，既为政民，同时又系信民，不免有两重负担，生活更苦。其他仅为信民者，多系牧民，对宗教信仰甚笃，每愿罄家产以供应寺院喇嘛之需用，而作宗教上之祈祷仪典。设有侵害寺院，或带有侮辱宗教意味之行动时，皆愿牺牲生命财产，起而卫教，黄司令正清之在拉卜楞有势力者以此。

二十五日 佛教派别 各宗沿革

佛教自印度传入西藏，始于藏王仰驰臻穆时代，盛于驰松德村（二王皆在中国晋朝前），集成于松村各穆（即弃宗弄赞）[即松赞干布，在唐代前期]。此西藏史上所谓三大法王。其间许多印度高僧，来藏宣化，而西藏之留学印度者亦选出大德。后因各地尊奉祖师之不同，或对于经藏解释之各异，又或因诸种道德设施之差别，久之遂有同教之异派。最著者如俗称红教之尼玛派，及俗称黄教之格鲁派（一称德尔德巴派），实则共同遵奉整个释迦牟尼佛之遗教，并无根本上之差别。在西藏古时，通俗概行密教[七八世纪之际主导印度佛教的教派，为佛教与婆罗门教相结合的产物]，即念密咒行密法也。此外尚有念佛教，即依阿弥陀佛如来之誓愿，以期往生西方净土者。自教义上观之，可分毗婆婆、经部、瑜伽、中论四宗，而以瑜伽、中论二宗为盛。瑜伽一宗，又有凌驾中论之势。及莲花生上师［即下文的莲花祖师，古印度僧人，8世纪中入西藏传播密教］来藏，盛倡龙树［印度大乘佛教中观学派创始人，其时代约在公元3世纪］教义，调和苯教［即下文之“黑教”，亦称“苯教”，古藏族的一种巫教，崇奉鬼神和自然物]，以广流传，后人称为尼玛派，意即古派。后大圣阿提沙之弟子辈创甘丹派，即革新派。更有酌取两派教义，成立一半革新派者，元时西藏之萨迦派，独霸当代。降及明初，各派渐衰，均为格鲁派所化。兹略志如下：

尼玛派　尼玛，藏语古旧之义，此派以莲花祖师为初祖，融合苯教，专持密咒，不守律义，承应身佛释迦所说之声闻、缘觉、菩萨三乘，报身佛金刚萨陲所说之密乘外道，作、修、瑜伽三乘，及法身佛普贤所说之密乘内道，大瑜伽、无比瑜伽、无土瑜伽三乘，共九乘，为修学之要，遵守勿改。后复分为五派，皆实行莲花祖师所传修验法者。

甘丹派　甘为圣教，丹则教诫，即一切教皆教诫之意。此派为大圣阿提沙［梵名。1038年应招入藏，统一西藏佛教，创立甘丹派(亦作“迦当派”)］弟子冬顿所倡。其教以提倡戒律，尊尚净行，护持密法为旨。判三土教，摄一切法。又奉四尊：即释迦，观音，救度母，不动明王。习六论，即菩萨地，经庄严，集菩萨学，入菩萨行，本生变，法勿集。次第四密，即作，修，瑜伽，无上瑜伽，而以上乐密集为之最极。组织精严，皆无其比。藏中各派，均滥用宗教势力，以干预政权，惟此派专尚教化。但近代西藏执掌政教之格鲁派，即起源于此。

萨迦派　西藏王族寰曲爵保，从释迦智受显密诸典。后于萨迦地方创建寺院，立萨迦派。以清辨一系之中观，为密乘本义之解释，以显乘之菩萨五位，资粮，加行，见，修，究竟，与密乘四部对合而修，以菩萨智慧本性光明照耀而入大乐定，实系贯通显密，融合二乘之宗派。故尤与尼玛派之旧学相对。此派在藏，历世执统治权，传至拔思巴，受蒙元帝师尊号［今译作“八思巴”，以创制蒙古新字，1270年受封为“帝师大宝法王”］，传教内地，其劳益隆，终元之世，称极盛焉。然积久弊生，僧众骄逸，无少改进，格鲁派遂起而代之。

格鲁派　即额尔德尼派，藏语之苦守律仪，善俱德行之意，为宗喀巴所倡。上宗甘丹派，合一经咒，厉行律仪，而后撷取各派所长，融为一说，亦曰新甘丹派。初宗喀巴习法于萨迦寺，学莲华部法，尽得其奥。后入雪山苦行数年，目睹当时红教之弊，不守戒规，即以整顿宗风，匡正僧俗为己任，乃立志改革，定严格之道德规律，依甘丹派规则，立二百五十戒（迦派二百五十三戒），是即佛教中之一切有部戒也。更修明咒语，重定佛教仪式，改染黄色衣冠，另立黄教，以别于旧时之红教。尤鉴于红教之呼图克图，因欲传袭衣钵，仍娶妻室，虽定平时各居一地，朔望相见，并有子之后，例必禁绝。但弊端所极，因不学无智者立于上，淫猥鄙陋之风行于下，毁伤其教，不一而足，乃禁止娶妻，凡僧均宿寺院，加以严格训练，而以呼毕勒罕为其传授衣钵之法。在西藏创建之大寺，传布道法，后又传教于蒙古及内地，弟子达赖、班禅，分掌西藏之政教大权，传袭不替。至康、蒙、藏各地佛教，无不以此派为最盛。兹将各派之势力以百分率，比较如下：

甲：在前后藏、青、康及川边、甘边、滇边者，格鲁（黄教）约百分之五十，尼玛（红教）约百分之十六，萨迦约百分之十四，甘丹百分之十，其他百分之十［原文作百分之二十，当有误］。

乙：在哲孟雄［锡金］、不丹、俄属布里亚帕米尔一带者，格鲁派约占百分之八十，尼玛派，萨迦派等，约共百分之二十。

以上为黄教、红教各派之源流。又有所谓黑教、白教者，略述如下：

黑教　俗称苯教，为西藏最大之教。不知始于何时，相传以秀拉白为教主，藏名萨拉克教，有以镇压禳祓炫神，近于幻术，非佛教正宗也。迄红教第三十七世聂镇簪布佛，自印度东来藏地，与黑教不相容，互相斗争。至四十世第结时，几全行驱灭，仅余三十九族之噶鲁等处而已。现西康及四川西北部尚多传其教。所奉之佛，为丹巴喜饶，西康有此派之寺三十八所。

白教　黄教崛起于前藏时，后藏同时有白教乘时而起。其源流未详，有谓出自喇嘛德迁记，或云，藏僧有白姓者，至印度求得佛经，遂倡白教于后藏。虽不与他教竞，而信教者因恶红教之浮糜奢侈，翕然从之。于是与黄、红、黑教并行于西方，更传入西康、青海等处，所奉之佛，为文殊菩萨，共有寺院五百所，以青海为最多，西康次之，青、康有此派寺院二百二十所。

又各教派均有其中心地方，建筑广大寺院，以为本教派各地僧众来习经典之所，如教育之最高学府。兹将各教派之中心寺院，分志如次：

格鲁派（一）哲蚌寺，喇嘛约一千人。（二）色拉寺，六千人。（三）噶登寺，四千余人。（四）札什伦布寺，在后藏日喀则，四千余人。（五）塔尔寺，在青海西宁，一千五百余人。（六）拉卜楞寺，在甘肃夏河，二千五百余人。但应以拉萨之三大寺为母寺。

尼玛派（一）作钦寺，在西康德格［今四川省甘孜藏族自治州德格县］，喇嘛六百余人。（二）甘朵寺，在西康德格，五百余人。（三）白玉寺，在西康白玉［今甘孜藏族自治州白玉县］，五百余人。

萨迦派（一）萨迦寺，在后藏西部萨迦［今日喀则地区萨迦县］，喇嘛八百余人。（二）要钦寺，在西康德格，五百余人。但本教派之教主萨迦百玛，曾受元、明两朝大国师统领天下佛教西陲藩王之封号，本人可纳妻室，由其一家人世袭相传，常川住于萨迦地方，故本派当以萨迦寺为母寺。

甘丹派 其中心寺院在前藏，规模不大，其寺名、僧数等均不详。又有一种名甘居派者，以本纳为祖师，其势力在康藏与甘丹派同，均甚微。其中心寺院为宗萨寺，在西康德格，喇嘛约五百人。

黑教（一）定沃寺，在锁里，喇嘛约五百人。（二）噶勒寺，在噶鲁，约五百人。（三）达喜定沃寺，在下噶鲁，约四百人。（四）楚普噶麻巴寺，在夥尔巴清，约三百人。

白教（一）楚布结掺寺，在登龙，喇嘛约五千六百人。（二）直谷顷仓寺，在黑竹宫，约五百人。（三）打隆麻仓寺，在彭多，约五百人。（四）孜巴寺，在仑孜，约三百人。

二十六日 骡驮整理 马夫困难

行署决定后日离拉，经循化赴西宁，有急应准备者两事。一因自甘家滩归时，各骡沿途倒卧，驮鞍大半破坏，须一一修理并编号。二因输送队解散后，途中骡马数十头，须雇马夫数十人。但自班禅去后，用乌拉四千余头，即带去乌拉夫一二千人……黄司令又征集民兵，故觅人特别困难。且随意雇来者，将骡马交之，又不放心。乃请格秘书与黄司令商酌，请其强派民夫，结果雇得二十人，每人索价二十元，不足十日耳，且须供给食粮。平常雇一驮骡，亦不过十余元，今仅空人，即如此昂贵，实觉边民有意借机为难。但继思中央爱护边民，行署应为边民留一好印象，多费数百元，免以威力强迫，留不良印象，因即许之。乃至后，又要求先发食面数日，亦勉为允许。

马夫如此困难，驮骡更不易觅，而行署笨重物品过多，如盐、面等物，驮来驮去，不足脚价矣。因决定一部分物品，暂留夏河，一部分盐、面、煤油等，送与黄司令及电台，以酬其免费发电之劳。西北产盐，而行署有数包盐，皆自南京运来者，脚价超过原价，可笑也。

二十七日　嘉佛史略　拉寺纪念

因明日离拉，上午赴黄司令及嘉木样处辞行，黄谓嘉佛亦将赴草地宣化，嘉谓将来可在拉萨会晤。余觉入藏前途，尚属茫茫，或嘉佛先至，亦未可知。拉卜楞寺为黄教六大寺之一，嘉木样先辈在活佛中，亦甚有地位。经调查其历世史略如下：

第一世，名嘉样协巴，今夏河县甘家滩人，清顺治五年[1648]五月八日生，康熙七年[1668]，至拉萨，就学于哲蚌寺之郭慕札仓，苦学二十余年，得格西学位。又师事第一世章嘉呼图克图，名望日著，旋入庚丕山洞中修行，摒绝一切。康熙三十九年，就郭慕札仓方丈，时年五十四。康熙四十七年，黄河南亲王吉囊，遣使请其回籍建寺，乃即东返。次年开经堂，又次年上梁，康熙六十年[1721]圆寂，年七十五岁。著作有十五部，其中五部讲经，尤为著名，即《般若讲义》《中论讲义》《因明讲义》《律讲义》《俱舍论讲义》，蒙藏各大寺，多采为标准教本。清康熙颁赐扶法禅师额尔德尼册封。

第二世，法名居免汪波，今青海同仁县且劝地方人，继续第一世完成一切，曾游北平与拉萨各二次。清乾隆颁赐扶法禅师呼图克图册封。著作有十一部。年六十四岁圆寂。

第三世，法名罗桑图登，今青海同仁县且劝地方仰多村[今同仁县年都乎]人，性好幽静，保守成规，鲜可建树。清道光帝封赠扶法禅师，著述仅一部，年六十三岁圆寂。

第四世，法名格桑图登，西康德格县人。性情与第三世适相反，喜交际，尚铺张，好旅行。尝至北平、五台山、西藏各地，朝拜名山。聘西藏第一贵族世家拉家仁之子为其侄女之赘婿，生育三女，其二皆嫁于河南亲王，其一嫁于蒙古某札萨克，制繁盛之仪仗，建华美之别墅，一切生活，极力讲究。并好音乐，晚年尤甚，常招诸侄女侄孙，至别墅中奏乐，举行康藏跳舞，而亲自指导。常谓康藏地方人民之衣服大方，食物精美，足资效法。故拉卜楞之风俗，渐有改变。当进藏途中，至巴塘［今四川甘孜藏族自治州巴塘县］、里塘［今甘孜藏族自治州理塘县地］间之嘎木乃寺，深为留恋，特加修葺，备极庄严。著作五部，清光绪赐封广济禅师。民国三年，加封广济静觉妙严禅师。年六十一岁圆寂。

第五世，即今禅师，法名罗桑嘉样，西康理化县［清光绪置县，1951 年改名理塘县］人。五岁时，由西康里塘迎至本寺，国民政府册封为辅国阐化禅师呼图克图。

行署此次在拉，嘉佛异常招待，特赠该寺一匾以作纪念。正文为“护国佑民”四字，后附跋语，为：“拉卜楞为西北巨刹，每以宗教之力，辅政治教育之不及，于国于民，均多裨益，余前主甘肃教育时，曾来一游。此次奉派护送班禅大师回藏，重莅旧地，行署一切，诸承嘉木样禅师照拂。忝代专使，深为铭感，爰赠此匾，以志感谢，并留纪念云。”因匆忙不及制匾，仅将原文书送并留工资，请黄司令代制。

二十八日　改道　缓行

早八时束装待发，忽接青海马主席［指马步芳，马麒之子，时代理青海省政府主席］电报，谓现征集民团，在循化甘家滩一带，请绕道临夏来青，较为便利云。乃决定改道，并缓期于明日出发。一面复电青海，一面电临夏警备司令马为良，述明取道临夏及离拉日期。并一面通知黄司令，彼已去道中欢送矣。旋交谈云，闻青军已至甘家滩，无论何人，不许经过，对行署经过，必为难，故请改道，多留一日更好。惟明日嘉木样佛亦出巡，须远送，请行署早行，以便欢送云云。

行署缓行一日，无他问题，惟骡马不能放山，须在署喂。拉卜楞虽不乏青草，但无人割，因大师去后，乌拉数千头，即有千余人随往也。急遣人购草，数小时后，有藏妇数人，负草来售，其价值较平日昂数倍，七八十头骡马，每日即须草七八十元。

三、由拉卜楞返兰州

二十九日　夏河农业　边地特产

早八时半行，黄司令等十余人，仍送至马莲滩。马莲滩草虽仍繁茂，而如兰之象，不复再见，不胜昔我往矣［《诗经·小雅·采薇》："昔我往矣，杨柳依依；今我来思，雨雪霏霏。"］之感慨。沿途水滨山隅，青稞遍地，茎高叶密，亿穗耸立，渐渐黄熟，与来时之瘦叶贴地者，亦大不相同。夏河藏民，逐渐汉化，而土地气候，亦宜农耕，故农业逐年发展，除南至陌务一带外，而东至土门关一带，尤阡陌相连，大类内地。

据任承宪君调查，夏河县农户四百五十家，占总户数百分之五。已耕地一万四千九百余亩，占全县面积百分之二。藏民体质强健，尤以女子为然，故农家每户人口虽少，但经营三四十亩之地，尚不感人工缺乏。因地高天寒，广种薄收，一二年之后，即须休闲，以恢复地力。其所耕土地，所有权均属寺院，每年按期纳租。农民租田多寡无定，二三斗地者有之，一石地者亦有之，普通五六斗地。每斗约合六亩余，每斗地租仅青稞一斗，每斗约合十五市斗。拉卜楞气候最寒，普通九月中旬，即降早霜，至五月下旬，晚霜始完，故晚熟作物及不耐寒冷之谷豆类，均难栽培。现有作物，为小麦、青稞、豌豆、燕麦、蚕豆、芸苔（即油菜子）及马铃薯等，尤以青稞与豌豆为最多，由二者用途广而尤较耐寒湿也。各作物之大约统计列表如下：

种类	亩数	每斗产量（市斗）
小麦	1842	18420
青稞	5906	59592
燕麦	374	4376

续表

种类	亩数	每斗产量（市斗）
豌豆	2158	17631
蚕豆	1339	14946
芸苔	347	21154
马铃薯	1413	51575
总计	13546	165676

编者注：表中计量疑有误。

全县产粮，仅供半年之食，其余须仰给于临夏（占七成）、临洮（占三成）二县，此外野生产蕨麻为高原草地特产。

约二三十里，经长石头至山堂搭尖，又二十里至沙沟寺，一路山青水绿，树林亦茂。至此虽天色尚早，但后面驮行李之数队骡马，距离尚远，且闻有疲惫者，因即止宿。

三十日　土门关外地质　夏河境内矿产

早九时出发，经王尕滩［今王格尔塘乡］而至草口，又十里，经红墙、咱咱寺而至桥沟［今麻当乡］，均未休息进食。又二十里，抵清水沟［今曲奥乡］，沿途均在山峡中行，在地质学上，颇有研究之价值。以其地层言，有所谓南山系变质岩层者，自拉卜楞至长石头之间，岩石均为变质之深色砂岩，及灰绿色页岩，板岩，千板岩等。岩倾斜，均在六十度以上。地层中每见有石英岩脉之侵入。拉卜楞寺院之建筑材料，多取材于此系之石英岩及板岩。在沙沟寺至王尕滩之间，为变质砂岩及页岩砂岩，作灰黄色，含铁锈斑染甚多。页岩为深灰色，黄绿色等。沙沟寺之西，此系地层，为花岗岩所侵入而成背斜层。其西翼与花岗岩相接之处，变质甚深，砂变质，成黑色坚致之石岩。又有所谓砂砾岩系者，在咱咱寺间斜层中，位于煤系之上，为红色岩层，低部为红色页岩及黏土，上部为红色砾岩，厚度约二百公尺以上，与其下地层成整合并同受此区之摺曲运动，为向斜层之中枢。又以地质构造言之，有所谓摺曲运动构造者，如沙沟寺之背斜层，及咱咱寺之向斜层，皆主要之摺曲也。背斜层之起，由于花岗岩之侵入。在王尕滩以南之南山系地层，曾受局部之摺曲，成二三小背斜与向斜构造，与花岗侵及断层，均有关系，大概发生于中生代。因南山系曾被花岗岩所侵入，二叠三叠地层亦受摺曲作用。中生代以后，似尚有一次之运动，使草地中之红色岩层，亦受倾斜及摺层之作用。又有所谓断层构造者，如王尕滩断层，即最大之断层也。断层之方向，略成东北西南，其结果使南山系地层，与石灰二叠系地层，直接接触，石炭系之石灰岩层，为之陷落，并使南山系之地层，受局部之摺曲，此断层似延长至甘坪寺一带，成绝壁之悬崖。其次之断层，为山堂与大煤间之数个断层。此种断层，或由于地层挤压过度所成。凡此断层，似均由花岗山石侵入造山运动时所成者。

又以矿产言之，桥沟以南为煤系分布之地，昔年曾有人试探，今当见其遗迹。又闻咱咱寺之西观音沟中，亦有类似煤炭之露头。此区煤层之存在，或无可疑。惟储量、性质则尚待详细勘测。陌务附近尕沟地方，闻有铜矿，惟为寺院封禁，不曾开采。沙沟寺之西南，为花岗岩之峡谷。此岩色白而美，组织坚细，为建筑良材。清水一带，石灰岩质地尚好，除可烧炼石灰外，当可制造水泥。

拉卜楞寺院墙垣，大都采取近山之砂岩或石灰岩，凿为方块，叠置而成，极为坚固。墙垣表面饰以红土或石灰，尤以红墙最为常见。屋顶多用黑色板岩铺成，板岩亦产于邻近山上，常成薄片，最宜盖屋。寺院阶梯在较重要之处，多用花岗岩石条。此种花岗岩来自东北六十里之沙沟寺，赖骡马运载，转输困难，故所用不广。拉卜楞附近不产砖瓦，寺院内部墙壁用砖砌成者殊少。喇嘛及人民住宅，则以黄土为主。

三十一日　夏河林业　河州民团

早八时发，十里经晒经滩，又十里抵土门关……自拉卜楞至土门关，沿途山坡水滨，树林密茂。入土门关后，阡陌相望，树林减少。惟去时原田全为绿野，而野树杂木，正花开如锦，今则垂实累累，或已鲜红，或尚黄紫，远望一似鲜花，风景之佳，不让春季。各种果实，小者如樱桃，大者如李杏。有可食者，马夫摘而食之。余尝数枚，味亦甚甘。回思去时，又是一番风味。惜余未研究植物学，不识草木之名，惟知关外拉卜楞之森林，如保护培植，实为甘肃一大利源。兹据周映昌君所调查者，略述如下：

（一）森林境界　拉卜楞森林之分布，大半在大夏河南岸，沿河之阴面山坡，幅度甚狭，绵延则长，西起拉卜楞，东抵土门关，约一百五十里。北由大煤山沿隆洼沟［噶河支流，今塘尕昂乡境］至卡伽［今卡加曼乡］约六十里，均各连续如带，其他则偶尔散生，仅清水南三十里处，有较茂之林而已。

（二）森林状况　一入土门关，林木葱葱，大夏河曲折东北流，溯流而上。河之南岸山阴，时有幼林，多为白杨、桦木，云杉甚少。此种境象，乃系过度砍伐所致，过清水云杉渐盛，大约直径四五寸，高三四丈，愈进则云杉愈茂，林木亦稍巨。同时桦杨亦渐减少，至大煤山一带，林相颇见修整。由是而西，林木递衰，至拉卜楞则仅寺院对山一处为硕茂，拉卜楞以西数里，乃入草原地带，林木遂绝。此一路森林，自清水以西，林相已成云杉纯林之状态，桦杨杂木，数量甚少，且多为下木，其最值注意者，为拉寺对山之入造云杉林。该林系百十年前寺中喇嘛所植。查我国云杉，除天然林外，尚无人工造林，此虽面积不过方里，实为创见。拉卜楞之东三十里，有大煤山，近河滩地，为大夏河一带堆木场之一，从此逾山沿隆洼而南，山谷溪沟，多块状之云杉林，径约六七寸，高约四五丈，桦杨羼杂其间，唯此物限于东北面之山坡，西南面则为草坡，偶或生有柏林。此因云杉性喜寒冷阴湿之处，而柏树宜阳，西南面之山坡，较东北二方为干燥，故东北坡为云衫生长优异之地，西南为柏树适宜之区也。由大煤滩至隆洼庄约三十里［今唐尕昂乡境，有上下隆洼二庄］，沿途林内之桦杨，较诸大夏沿岸者为盛，常有与云杉成混交林之状态者。再向南林木渐稀渐小，至卡伽［今卡加曼乡（下卡加）、卡加道乡（上卡加）一带］遂断续疏落，已成末势，无复森林之可言矣。隆洼庄以东清水之南三十里处，闻巨木尚多，此因距大夏河较远，斧斤尚未深入之故。综观全林，以云杉类为主要材木，柏树极少，桦杨多丛生于林缘。林木除清水之南三十里处及拉卜楞对山之林木，巨材不多，但大致郁闭，尚未十分破坏。土壤为未成熟之淡栗钙山土，上层腐殖质厚约二寸，甚为肥润，故林下之细草颇茂，杂木甚少，惟林缘及河谷中多有之，大都为蔷薇、绣线、菊、红柳、沙都、醋柳子等。

（三）用途　云杉洁白而富纤维，可为上好纸料。白桦红桦可作马鞍，但此区鲜大木，仅可供车轴及小件用。白杨可作火柴，并建筑用。柏可制家具。

九月一日　河州回民概况　夏河民族略史

……

河州虽为回族势力最盛之地，但在历史上亦为藏民最盛之区。兹将临夏河州一带回、藏民与汉民之略史，述之于下：

甘肃西南部，洮河以西，统称“洮西区域”，原为藏族所居，古称为羌人，或西戎。秦始皇筑长城，西起临洮，今临洮县境内，尚存遗址，当日防御西羌，盖甚重视。西汉赵充国［西汉大将，上邽——今天水人。宣帝时，平定羌人，于今甘青一带置屯田］屯田政策，欲不战而胜羌，是为汉人移民之始。临夏在汉时为枹罕县，其西为汉白石县境，据友人邓隆君考证，白石在今夏河属清水驿，清水西北二十里为桥沟，即《水经注》所记漓水，又石门山也。清水以西，峡谷对立如门，非此不足以当石门云。

三国以后，洮西为吐谷浑所据，筑洮阳城守之，即今洮州（临潭）旧城之起源，唐代再度移民，名将李晟、李愬以陇西世家，移居临潭，其最著者。李晟以备羌居临潭，天宝之乱，克复长安，次子愬，宪宗时讨平吴元济，足见此区，早受汉化之影响也。

唐时藏族曾一度统一。是时吐蕃势甚强大，史称吐蕃俟积石军麦熟，岁来取，莫能御。天宝间哥舒翰［唐代将领，突厥人，曾著战功于陇右］破之。积石军［唐代军镇名］以小积石山得名，在今临夏、循化二县界，亦即甘青之省界。唐自天宝乱后，边防空虚，吐蕃东侵，遂有清水之盟（今甘肃清水县）。洮西陇南，悉陷于羌。唐失河湟西边，一旦不利，则警及京师。

宋神宗时王安石当国，命王韶［北宋将领，以经略边地有功，官至枢密副使］收复熙（临洮）、河（临夏）、洮（临潭）、岷（岷县）、叠（临夏南之叠部）［1961年析置迭部县，属甘南藏族自治州］、宕（今岷县之宕昌镇）［1954年置宕昌县，后一度撤销，1961年复置，属陇南地区］六州。王韶言西人所嗜为茶，当以茶至边贸易，于是始置茶马司。南宋时，熙河二州，没于金。元代采怀柔政策，大兴西藏佛教。明代沿旧制，大封喇嘛。明洪武二年（1369）大将军徐达［朱元璋定鼎的功臣，先后受封为大将军，太傅，中书右丞相，参军国事，卒封中山王。以下冯胜、邓愈、沐英等，均为明初名将，《明史》有传］，西征吐蕃。于是冯胜克临洮，邓愈克河州，沐英克洮州，李景隆克岷州，所谓“大明文已混华夷”。当日开发边疆，确有可称。一曰筑城置堡，如洮州有新旧二城，旧城远起吐谷浑，新城乃沐英所筑。二曰移民屯垦，当时各卫分兵屯田，是为屯丁，尤以凤阳［今安徽凤阳］人为多，如保安［今青海同仁县］有所谓吴屯族者，其先盖江南人，余亦有河州人，历年既久，言语衣服，渐染夷风，其人自认为土人，而官亦目之为番民，实则其人男女均着裤，女拖单发辫，异于藏民，而近于汉人也。但在临夏县境，汉族日渐繁滋，至今已居全县人口半数以上。三曰茶马互市，河州、洮州、岷州均设茶马司，以牧易农。四曰封建土司，许其世袭，大封国师、禅师，许其神道设教，藉以约束藏人。如临潭卓尼杨土司，兼摄护国禅师，起于明永乐间，至今传二十一世。夏河县境，仅陌务有土司。

明初洮西多圹土，又募回民开垦，与汉民杂居，更有自哈密迁来者，即今循化撒拉尔回之起源。又河州东乡之回民，操蒙语，似为蒙古族移居而奉回教者，始终何时，尚无可考。万历以后，渐有回事，河州一地，竟成清代甘肃之乱源，此则明代之失计也。同治、光绪年间之回事，洮西区域，半成战场，地方糜烂，人民流离，汉民多避难番地，颇得其庇护。据最近统计，临夏全县人口约九万人，内汉民四万九千，回民四万一千，藏民几乎绝迹，青海循化县人口约一万三千，回民（撒拉尔回）占百分之六十五，藏民占百分之三十，汉民仅百分之五。

清康熙末年，废茶马之制，除不法土司，雍正四年（1726），实行起科，藏族俱纳粮当差，与汉民无异。但亦有例外者，如卓尼名属洮州，而免纳粮赋，拉卜楞名属循化，而几同化外。乾隆二十六年，陕甘总督奏称："窃查河州同知，驻扎河州城内，其所管番民七十一寨，一十五族，计一万四千余户，散处河州边外之循化、保安、起台地方，相距河州，近者往返三四百里，远者七八百里不等。该丞远驻州城，既难遥制，所管番民，亦多未便，应请将河州同知，移驻边外之循化城……"乾隆二十七年，实行移驻。清代循化厅所治，分口外口内，以白石山脉为界。口内十二族（如乩藏族），口外撒拉回民八王，西番四十九寨，南番二十一寨，保安四屯。夏河县属地，在清代称为南番，乾隆二十七年，既设循化厅，辖南番、甘家等二十一寨。自兹以后，吏治归循化厅，军事归河州总镇，桥沟设把总一员，实则鞭长莫及，但羁縻而已。循化厅派员驻扎拉卜楞，殆如代表或领事性质。拉卜楞原为蒙古族之牧地，自黄河南亲王献地建寺，藏族始盛。

夏河为西北藏族之中心，临夏为西北回教之重镇，而回族与汉、藏二族，因宗教不同，感情尚未融洽，凡言发展边疆，复兴民族者，不可忽之。夏河原为循化之一部，今循化仍属青海，而夏河改隶甘肃者，即因原驻回军与藏民及喇嘛教不能融洽故（民国七年至十二年间，拉卜楞寺曾为回军驻防，后发生不幸之冲突）。民国十八年间之回变［是年二月宁海军马仲英部于临潭卓尼纵兵抢掠焚烧］，洮州旧城，化为焦土，卓尼有名之禅定寺，付诸一炬，甚可惜也。夏河、和政、永靖等皆兵乱后新成立之县治。西北边疆，民族复杂，宗教亦异，交通不便，文化未进，欲图民族团结，尚须不少之努力，而各该地所派之地方官吏，又多非特殊人才，往往敷衍偷安，以致旧状依然，隐患仍存，深望有力有责者一注意及之。

……

马鹤天：《甘青藏边区考察记》，兰州，甘肃人民出版社，2003；本文据上述版本与中国国际广播出版社2016年版对照编校。

西北考察日记（节选）

顾颉刚[①]

〔24〕临潭新城（民国二十七年五月十一日—十七日）

十一日：上午九时行，十时四十分至三岔镇，附近四小学来迎，在旷地为作短讲。入校参观，进食。十二时一刻又行，抵一村[②]，村中一老人持冰糖塞予口，曰："愿委员为本县多办学校！"其诚朴之状几使予滴泪。到黑松岭，黄县长跨马来接。三时一刻到戚旗，一路各机关各学校设茶桌招待者不绝。五时许，进临潭新城，先至县政府进食。出，宿于成德小学。此校为陡子明君捐资创建者，规模颇大；校成而身瘁，可悲矣。临潭昔曰洮州，有新旧二城，旧城在西，明初沐英平番，以为不便，更建新城于此。城广大而荒凉，十日始有一集。十年之间，数度丧乱，到处破窗断壁，人民憔悴甚矣。此行所见妇女之裹足者以陇西为最小，不

① 顾颉刚（1893—1980），汉族，原名诵坤，字铭坚；笔名有余毅、铭坚等，江苏苏州人。著名的中国现代史学家、民间文艺学家。主要论著有《古史辨》《崔东壁遗书》《当代中国史学》《汉代学术史略》等。他于民国二十七年到西北考察，并将沿途所见所闻整理成了《西北考察日记》。本文节选了其中涉及甘南的部分，自五月十一日入临潭新城至七月十五日出土门关，历时两月有余，内容极为丰富，具有地域政治、经济、教育、历史、地理、民族、宗教、民俗等多方面的学术和资料价值。

② 此村名"岳家河"，居民十余户。

及三寸，非杖不可以立，市街上几不见其踪影，女婴在提抱（襁褓）中即已加缠，此百年中当难绝迹。至岷县足渐大；至临潭则更修长，其履尖上翘，所谓“凤头鞋”也；头上云髻峨峨，盖皆沿明代迁来时装束。经行人丛中，如入博物院，亦此生一快事。

十二日：上午，黄县长来，邀至县府进食。为言临潭藏地等于放弃，县府中实当增设第三科，掌理藏民之事，以推进中央教化。按本县为汉、回、藏杂居之地，新城汉人多，旧城回教徒多，而藏人则其旧主焉。闻吐谷浑后人尚有孑遗，属杨土司日札喀日三旗，居旧城。出，参观东街小学、南关小学、女子小学、图书馆等处。卓尼禅定寺宋堪布来城，访之于东街寓店。堪布，汉人，宋姓，今年六十九，不甚识汉字而精研藏文，自幼皈依喇嘛教，游学西藏，归主阎家寺，频年到江、浙、平、津诸地考察。去年卓尼杨土司积庆被杀，禅定寺无主，以堪布德望高，迎为主持。兹以将回阎家寺作佛事经此。相见之下，渠亦知吾，因约作东道主焉。下午，游鼓楼及中山林，善为经营，是亦公园也。访北大地质系同学赵明轩君于天成隆肆。渠以主家务，不能远游，弃学就商。入其肆，除若干洋广货外，亦有商务、中华两局之图书列于架上，盖当地之最大之百货铺矣。晚，应西北防疫处朱建功君宴。闻西人有来本县调查者，谓金、银、铁各矿皆备，惟煤矿尚未成熟，约两百年后可开采。杨土司所属之“黑番”有金矿，今用土法淘取。喇嘛崖在县城东北九十里，傍洮河，出鹦哥石，取以作砚，甚细致，谓之“洮砚”。此间人士赠予数砚，有径半尺许者，雕镂花纹绝精工，苦未能携以远行也。他（地）产有毛桃，对角（即探春花，夏初始开），醪糟（以糯米制，亦可用青稞制）等。畜产颇多，犏牛性畏热，仅能畜于洮、岷、河三州。羊有绵羊、山羊。山羊亦曰居离羊。羊之牡者曰羝羊，其阉者曰骟羊，小羊未换牙者曰满口，未成年者曰四齿羊、六齿羊。

十三日：上午，将游阎家寺，整理行装。赴黄县长宴。一时许启行，同行者县长及朱建功、冯霞波、宋克家诸君。至哈家滩，入小学休息。三时抵李岐山村，遇雨，歇于村民王姓家。四时许又行，行一小时又为雨阻，止于马家河[①]邓姓家。雨迄不停，又移至杜生周家宿焉。屋全以木料筑成，楼房三层。当地人云："筑屋之善者，外不见木，内不见土。"盖外垣为板筑，而室内则上下四方靡非木板，即此想见当地森林之富。与霞波、克家谈喇嘛级位，知初读佛经者号为和尚；和尚经打衣（藏语，佛家举行功名庆贺典礼之名）后成罗汉；罗汉经压床考选认为合格，经打衣后，谓之高僧；高僧死后灵魂不迷，再生曰姑俗；姑俗死后灵魂不迷，再生曰活佛，活佛则世世转生，由寺院卜得赎回。若宋堪布者，已证姑俗，去活佛一间矣。以炕热，竟夜无眠。

十四日：雨霁。早，僧官以肩舆来迎，八人舁之，鼓乐前导，黄伞后张，僧官列骑相护，使予受宠而惊。八时，到阎家寺，晤宋堪布，进奶茶及饭。此寺建于清初，尚弘伟，今颓败矣。上各殿参观，看晾佛典礼。晾佛者，以巨幅之帛绘佛像，自殿顶下垂，达于阶砌，唪经于其下，年一度。下午，观跳神礼，仪式较北平雍和宫、黄寺等处所见者为繁重，其护法神斩魔、老佛监斩、二童子相戏等，表情动作直是哑剧。自下午二时至五时始毕。附近为藏民住区，故来观者皆藏民。藏女辫结分别妇女，辫下散者妇也，其到底者女也。穿蒙古装，富有健康美。有一妇人来，宋堪布指之曰："是产金娃娃者！"盖其子岐嶷被西藏选去作"藏王"矣。所谓藏王者，活佛左右之高级僧官也。会散，上山散步，入杨家小憩。其家藏族而冠汉姓，颇富有，一祖母，一母，一子，一女。子作喇嘛，延其师于家供养之。其家既拥资产而仅一子，实不欲其出家以绝后，困于习尚，非此不足光门楣，无如何也。观寺中匾额，列名之人有卢压床、阎僧正、徐罗汉、王高僧等，斯皆寺中喇嘛，而各冠汉姓于僧位之上，竟不知是汉是藏，斯亦

① 马家河：应作"马营河"或"马饮河"。

文化混同之好例。闻宋堪布言，饮酸乳酪致人睡，从之，是夜果得佳眠。

十五日：上午九时许行，至哈家沟，小学宋校长招待进食。下午二时回成德小学，预马校长志青宴。在阎家寺中喝牛奶太多，病便秘。执事喇嘛过于殷勤，见杯空即注奶茶，而予又豪饮，遂致此。

十六日：晨到南关小学，赴回教同人（仁）丁仪三诸君之宴。下午，出席全县各界欢迎会，致词；会散进餐。夜，宋克家君来谈青海事，看其前所收集之青海材料。宋君之祖名之征，曾随赵尔丰至川边，有诗集一册，出以见示。其《宿大活佛庙子》诗注云："去二郎湾四里，在雪山寺地，有王喇嘛为管家，系甘肃岷州马土司民。"按二郎湾在里塘、巴塘之间，去岷州远矣，而有马土司之民，可见其声教之远。又有《渡黄河》诗，注云："在嘉木郭洛地界，亦名上俄洛，水如洮河大，自西向东流。"又《二次渡黄河》诗注云："在欧喇地界，水较洮河略大，自南向北流。"则西康境内别有一黄河，前之所未闻也。

十七日：读前县长龚子英君《辟河曲为特别区议》。龚君名瑾，受学于黎雨民先生（丹），通藏文，得英人所绘"土伯特地图"，将青海大半部、甘肃西部、四川云南之西北部尽列其中，大惧其将与日人并吞吾东北而将热河划入其势力范围者无异，又以奉命办理拉寺与麦颡教地争执案件，道经洮源、河曲诸地，见旷野原隰尽成荒芜，栖息其间者犹浑噩如太古，为防患未然计，请辟之为特别区，俾杜觊觎而兴文教。事虽未行，固一有价值之建议，当鼓吹以求其实现者也。到县府，看李达画像。李达者，定远人，明永乐初以都督佥事镇洮州，迄正统间致仕，历四十三年。使中央威权确立于此者，达之功也。此像绢本已黯旧，其后裔珍藏之，以予至乃持以来。因赠以联曰："一代开疆功德永；千秋奉祀子孙贤。"此间汉回人士，问其由来，不出南京、徐州、凤阳三地，盖明初以戡乱来此，遂占田为土著。其有家谱者，大都皆都督佥事、指挥佥事及千户、百户之后。当时将领以金朝兴、李达秩最高，然其后裔亦式微矣。宋氏，明指挥佥事宋忠之后，克家自云系徐州屯头村人。若赵、若马、若杨皆自谓南京纻丝巷人。此间有民歌曰："你从哪里来？我从南京来。你带得什么花儿来？我带得茉莉花儿来。"洮州无茉莉花，其为移民记忆中语无疑也。下午，为人作字并翻览《洮州厅志》。此志光绪三十三年所修，版毁于"白狼"①之乱；民国二十三年杨土司重付铅印，故在此间尚易见，惟排而未校，误字太多。志中云："同治兵燹，城池堡寨尽成灰烬，而洮地人民至今犹有孑遗者，皆番人保护之功居多。"于此可见汉藏情谊之笃。又云："汉民共五千六百七十二户，四万零九百二十口；回民共一千六百六十八户，一万零六百八十三口。"此可见清末本厅人口；惟藏民数目不详，未由得其比例耳。

〔25〕卓尼（五月十八日—二十日）

十八日：十时出发，黄县长等同行。十一时半到侯家寺，寺旧名园城，毁于民国十八年马尕喜顺之乱。今新建，有露天讲台一所，植树甚密，雅有曲阜杏坛之风。其僧正侯世麟，字宛臣，亦穿喇嘛服而娶妻，生子世袭其位。窃谓此制可推而广之，使无有怨旷；其自愿独身者则听之可耳。十二时半行，到红堡小学憩。一时又行，到上卓小学憩。三时到卓尼，安头目等来接，入禅定寺。卓尼风景佳胜，洮水清而松林黝，水边万柳毵毵，深密之甚。禅定寺独据一城，临于卓尼城之上，围城皆松与杨，行其中殊静谧。寺毁于民国十七年十月二十六日，无一完椽，今渐修建，而

① 白朗：字明心（1873—1914），河南宝丰县人。为反对袁世凯军阀统治，1912年率豫西农民武装起义，转战豫、皖、鄂、陕、甘诸省。甘肃南部各县称"白狼"，"狼""朗"音谐故也。——编者

“大小乘”两藏版片所谓“刚角、旦角”[①]者已不可复得矣。(闻刚角为大乘经，分一百零八本，从前定价千五百元；旦角为小乘经，二百十六本，二千三百元。平均每本三百余叶，合九万余叶。一年开印三次[②]，印刚角时即不印旦角，印旦角时亦不印刚角，以其多也。)此寺明代即甚兴盛，有喇嘛三千八百。今其所辖有内寺九，外寺十八，小寺七十余，所统治之喇嘛殆五千人，势力不可忽也。杨土司肇封于明永乐间，第一代名如松，其正式官衔为指挥佥事，管藏人二百三十四族，把守隘口二十三处，其辖地直至四川松潘，盖甘省最大之土官也。自废土司，改授杨积庆氏为保安司令，去年阴历七月，其部下变乱，杨氏被戕，纷纭无主，省府立卓尼设治局，筹备于九月，成立于十二月，任吴景敖君为局长。吴君久历边疆，英年有为，敢任劳怨，旧人物不审其心，遂有交恶之趋势。餐后下山入城，访吴局长及金参谋作鼎。夜，寺中诸管家来，与之酬答。卓尼辖境，洮河以北为草原地带，藏民恃以游牧；洮河以南为山岭地带，野生森林分布甚广。农业则仅于洮河及白水江若干谷地及小型冲积平原中见之。吴局长为发展生产教育计，拟创立林业及牧业合组之职业学校一所。又白水江谷地矿藏甚富，加以洮河流域之牧业、林业，将来手工业及轻重工业之发展均极有望，为便于本区资源之调查与生产技术之研讨，拟组设一小型研究所。此两事开办费总须万元上下，向予请求，而予无权处理，徒表惆怅而已。

十九日：由宋堪布引导，参观禅定寺全部。故杨司令夫人亦移家寺中，访之，唯掩面而哭，不出一语。复访安头目及小呼图克图。安头目体态伟岸，握有藏民之实际管理权。小呼图克图者，故杨司令子，新出家。杨氏世掌政教两权，有弟兄时分掌之，一为土司治民，一为僧纲治僧；无弟兄时独掌之，以土司而兼僧纲

① 刚角、旦角：此为译音，即纲经、禅（音 Dan）经。

② 应为“二次”。

衔。僧纲者，中央政府所予名义；呼图克图则教中称谓也。十八世至积庆，本兼任；身后遗有二子，则以长子任保安司令，次子为呼图克图。二子皆幼，长者年可十一二，参谋长杨一隽君辅之；次者才六七龄，宋堪布辅之。下午，赴设治局宴。出，到洮河边散步，由西路回寺。路中石上辄刻藏文经语，喇嘛信心之所表现也。是夕又失眠。

二十日：宋堪布召集全寺喇嘛，嘱予演讲。堪布思想开通，深感喇嘛不通汉文之不便，久欲在庙中设立半日学校，使喇嘛半日诵经，半日读书；然以事属开创，恐召旧派反感，隐而未言。兹予来此，渠即嘱予演讲现代教育之重要，以激发其新机；如其欢忻领受，则下年即可开办学校，喇嘛既识汉文，具有现代知识，将来再由彼辈教育藏民，藏民皆唯喇嘛之命是听者，改造其思想生活自必顺利。此间为汉藏杂居之地，喇嘛亦娴汉语，然南方口音终恐不解，故挽柳林小学校长杨生华君任翻译。杨君，南京蒙藏学校毕业生也。旋到小学，向教导队及小学生致词。予谓“此间为藏民区，诸君多藏籍，诸君家庭生活虽与汉人有异，而团体生活则已全同。且所谓番者由吐蕃来，唐代吐蕃强大，并有河湟，此间人民遂为吐蕃人；及其境域缩小而番人之称则相沿不改。元、明以来，喇嘛教势力扩张，此间人之生活仍同化于西藏，同于藏而异于汉，诸君遂为藏民矣。然究其根源，则所谓番民藏民者，其初实为羌民。羌民之接受喇嘛教者为番民，此间人是也。其保存原有之巫教者仍为羌民，四川茂县一带人是也。羌人与汉人关涉三千余年，汉人中已有不少羌人血统，其最显著者为姜姓。姜即羌，已经现代学者考定。最有名之姜太公，度诸君必已知之。此外如申、吕、齐、许诸姓，亦均为姜姓之分支。以历史事实融合国族，实为此时代之迫切需求，而予发其喤引，度必有以激起其同情。三时，赴杨司令之宴，杨一隽君代表主人招待。归，堪布告予，今日演讲甚成功。此非予之能言，盖以予为中央机关所派，而喇嘛对中央有甚高之信仰，故不作反抗之言论。将来每寺一校，每校每月有三四十元即已足用；假使先办五十校，月需二千元而已。

〔26〕卓尼、临潭途中（五月二十一日—二十二日）

二十一日：到柳林小学应宴，又为人写屏联若干事。十一时出发，回临潭，易一道行。经永靖桥[①]，本名木儿桥，杨土司以新法重修而易其名。十二时半到泼鱼[②]对岸，望见泼鱼一大宅，是杨土司被杀处也。一时半到滋堡[③]，昝、杨二土司来迎，入昝土司署中进饭。昝土司名振华，尚在校读书，由其叔天元代办。杨土司名廷选，居着逊。二家职均百户，辖地寡少，而杨土司尤甚，昝三百户，杨五十余户；以其与卓尼杨土司强弱悬殊，故称之曰小杨土司。政府废土司后，畀昝氏以区长，杨氏则一保长耳。昝氏署颇堂皇，门外建斗竿二，室内陈设亦精致，惟已陈旧。四时半离滋堡，五时半到琵琶村。五时五十分到新堡，北距新城三十里。寓杨翰卿宅，一大屋也。闻此间田价，沾溉地一垧二十元，山地一垧三元。又此间名产有狼肚菌、蘑菇二种，狼肚菌一斤三元，蘑菇每年出口约千斤。

二十二日：拂晓，黄县长得报，县中有匪，先驰归。区长汉世荣君来邀早餐。出，参观义务小学。遵黄县长嘱，在新堡再留一天。作函致董事会，报告视察所得。出门，见一小学，大门上粘校长告示，告诫学生，无论何种假期均须到校温课，此可谓负责过分者矣。

① 永靖桥：应为“靖安桥”。——编者注
② 泼鱼：即博峪。——编者注
③ 滋堡：即资堡。——编者注

〔27〕临潭新城（五月二十三日—六月四日）

二十三日：九时启程。到朱旗，入朱昌小学憩息，十一时半返抵新城。县长以有土匪李和义之变，嘱住入县府，藉便保护，遂移寓署中阎科长季飞室。晚，与县长及当地士绅开会，讨论创办畜牧公司事，以本县全境皆山，小草蒙茸，为绝好之畜牧区，将来羊毛业、制革业、炼乳业均大有发达之希望，而此间汉人唯务农耕，收获不丰，日益贫瘠，远不如藏民畜牧之利大，故欲办一牧场，示之以轨范，使当地人民闻风兴起，改变其生活方式以适合于环境，得享其应有之福利。公司之名，予题之曰“丰群”。

二十四日：集合当地官绅及教育界十四人，开会讨论本县教育计划及补助教育经费事。县中拟自筹经费一万六千元，本年先筹五千元，并由本会予以补助，设立职业学校一所，先办畜牧兽医科，汉、回、藏学生兼收；又设民众教育馆二所，总馆设新城，分馆设旧城。下午到东街小学进餐，于戒严之中冒雨回县府。

二十五日：连日劳顿，今日困甚，头微痛且晕，胸中作恶，因到防疫处取药；然昨今两日为人写字犹二百件。

二十六日：继续开会，讨论本县教育经费之分配及各单位之人选。下午一时半，黑云遽集，黄沙上腾，雹子猛落，大且圆如樟脑丸，击屋瓦拍拍作响，如两军巷战时枪弹之密集。转瞬，瓦楞及庭院皆满，县署中一丛牡丹打得落花片片。当是时，室中人咸变色而屏息；舍雹声外无他声，约半小时而息。是为予见下雹之第一次。闻甘肃省内亦只洮、岷、漳三县有之，雹子之最巨者重至百二十斤，人畜遇之者无生理。近日麦尚未长，此间谚云“雹打青苗十成年”，知与麦为有益；唯豆子已成，必被击坏无疑。甘肃田亩年只一熟，将熟而雹降，则一年遂无望，故实不适于农耕。藏民无赤贫之家，即以不事农耕故也。克家出陈辉山《味雪诗存》原稿见示。陈氏，本邑人，生咸同世，其《洮州竹枝词》云："禾稼终年只一收，但逢秋旱始无忧；夕阳明灭腰镰影，半是男儿半女流。不出蚕丝不种棉，褐衣遮体自年年；冬寒夏暖何曾易，真箇洮州是极边。牛马喧腾百货饶，每旬交易不须招；夕阳市散人归去，流水荒烟剩板桥。"颇能写出此间实状，唯大乱后视昔更荒凉耳。

二十七日至二十九日：写复信约五十通，尽二百笺。览报，悉徐州于十九日失矣。当三四月间，我军在彼地日歼敌数千，激战两月余而陷，则强弱之势殊也。二十七日宵分，又在县府听枪声，知匪势未戢。

三十日：旧城苏士元君等来邀。作高凤西先生《五凤苑汉藏字典》序九百言[①]。高先生在杨土司处司笔札二十年，以是通藏文；鉴于英人所作字典之未尽善，奋笔自为之，裒然成巨帙。此间印刷不便，存稿于家。昨日见访，钦其好学之忱老而弥笃，故从其意而为之序，是亦边邑所不易觏之人才也。今日又雨，甚寒。农民望雨已久，得此膏泽，明日赛会必更热烈矣。

三十一日：下午，与明轩、霞波等同上城楼，看龙神会；又至隍庙看龙神像。临潭十八乡有十八龙神，其首座曰"常爷"，即常遇春，其他亦并明初将领，但有足迹未涉洮州者，而如沐英之立大功于此者转无有，盖此间汉人皆明初征人之后裔，各拥戴其旧主为龙神，以庇护其稼穑，与主之职位大小、立功地域无与也。龙神像舁至东门会齐后，即抢先到隍庙安驾，其至之先后谓与年之丰啬成正比例，故奔驰皆极迅，犹存端阳竞渡之遗意。明日龙

---

① 作高凤西先生《五凤苑汉藏字典》序九百言：《五凤苑汉藏字典》凡十二卷。全书完成后因无出版单位承印，高先生使其子到兰州习石印技术，而后罄其家产，于 1941 年 7 月间，以临潭维退书局名义印成百余部，每部七册。不久，高先生谢世，其书亦渐散失。1938 年顾先生所写序文，冠于书前，云："予以视察教育至临潭，高竹岗先生自洮阴杨花村来，授予以所著书《五凤苑汉藏字典》读之。先生年六十六矣，其沟通汉藏文化与调和汉藏情感之热忱，照人颜色，于以知其三十年来之用心苦矣。"

神游街。后日端阳，将上朵山禳雹而归。

六月一日：将各处送来材料抄入笔记，得五千余言。连日下雨，道路难行，而宾主酬酢又不能不出，需人扶掖，为之叫苦。

二日：今晨醒来，窗上明甚，谓天晴矣，就窗缝窥之，则积雪已五寸。今日为端午节，南方合当挥扇，谁知我竟在此间赏雪！自去年十月在临洮归途遇雪，至今八阅月矣，雪犹未尽，信乎西北生活之特异！终日大雨如注，无客见访，遂得小休。听前院二胡声，其调则南方所习闻者也，佳节逢此，又兴思乡之感。览四川康敷鎔所作《青海调查纪略》，中云："近年皮毛价昂，番人获利甚厚，每岁以余资购置新式快炮，凡支帐所在无不以枪弹称雄。故一支新枪，带弹子二三百者，虽昂至百余金，不吝也。盖以番人性情之犷悍，强暴则仰若神圣，脆弱则侪于奴隶。若一旦为强有力者鼓而用之，发踪而指使之，有不为俄罗斯之驱策哥萨克者乎？"又曰："青海周围，水草深厚，著名沃壤，唐时屯田岁收五百万石。海西至柴旦木，夏令亦温；以视丹噶尔终年寒冻，岁比不登，相去甚远。乃恰布恰一带，除近河天然森林外，上下数百里无一株树，而郭密且信卜筮，谓有树妖，以故沃壤等于石田。"又曰："郭密黄河两岸杉树成林，可可乌苏等地林木茂密，松柏杨柳之属皆成材之木，洵千百年前之天产也。惜蒙番不解培植之法，保护之方，一任商贩采伐，日形减少，近黄河处尤有濯濯之虞矣。"其言均是。甘青地接俗同，康君所论者正可移以论此间藏境。康君当是清末人，生平不详，此册则克家见贻者也。

三日：晨醒时檐水如泻，雨势更猛，且夹雪。近午天始渐霁。陡飞青君以其家谱属题，谱首有同治丙寅熊其光序云："余尝考稀姓谱而知陡姓之由来。……单于宗族抖力作以以月氏之变流入中华，抖遂仕晋为中郎将，易抖为斗，旋易斗为陡，生其后裔乎？"陡联奎自序云："陡氏宗谱从未创修，先严口传，系陕西醴泉县李马村原籍，国初由陕贸甘，家于洮，至今已七世矣。"自来陇西，频睹稀姓，若他、若敏、若靠、若强、若汉、若拜、若绽，皆不经见者。安得此间学者悉为搜考以见其得姓由来与其移徙之迹乎！

四日：天晴矣，明日可行，快甚。下午到成德学校前院，观学生演新剧《辽东痛史》《上前线去》。予初来时，以通俗读物社所印小册赠学校，今日居然见其学生将本社所编《十杯酒》等小曲化装歌之，知通俗文字之感人深矣。理物讫，到县府，又冒大雨而归，衣裤尽湿，不免扫兴。黄县长拟在鼓楼办图书馆，嘱作联，为书云："博观古今，有石渠旧典；不舍昼夜，看洮水前横。"

〔28〕卓尼（六月五日—六日）

五日：上午十一时启行，在南门外与诸送行者握别。志青、霞波、克家诸君则将直送至卓尼与旧城。下午二时到上卓，少息。四时到卓尼，下榻柳林小学。到禅定寺，晤宋堪布及杨参谋长，留饭。夜，与谨载等到洮河滨望月，且听水声。

六日：《禹贡》朱圉山，本说在甘谷县。前在《石遗室诗话》中见王树枏诗，谓卓尼即《禹贡》朱圉之转音，若猪野之讹为居延；且其他有山殷然四合，形似朱圉者；否则朱圉反在鸟鼠之下，与《禹贡》导山次序不合。树民先来，因属寻之。上月抄得其书，谓已在上卓尼访得。早五时与俱出，至上卓尼，登山。此山自南望之，屹然一峰，诸山围之，色赤，宛若兽在圉中，称以朱圉固甚当，唯此名甚文，而彼时中原文教尚未达此，其名为何人所命殊为难索之谜耳。山为上卓尼藏民之山神，每年阴历五月十五日唪经祭神，十里以内之人皆至。惟本山藏民仅有十户，故其名不著。树民戏称之曰"伏虎山"。由高岩直下，至禅定寺下山，约行三十里。九时，到杨校长生华家进饭。出，到福音堂访孙牧师（C.E.Carlson），此间甚少蔬菜，而堂中特多，知地固任产也。又到杨头目家。晚，应杨司令复兴之宴。到吴局长家，闻雷而归。

予游西北，最爱卓尼，友人劝留居，怂恿置屋。今日看屋一所，凡十四间，价四百元。拟留树民居此，作藏地之长期调查，予则俟他日之再来。

〔29〕临潭旧城（六月七日—十六日）

七日：到禅定寺辞行。宋堪布知予将南下，握予手曰："余老矣，不知此生尚能见否？"闻此怅惘欲绝。杨司令亦跨小马来送行，温润如玉，可爱也。十一时动身到锁藏，杨参谋长别去。二时到羊升，入小学进食。上羊升山，马明仁、敏学成两教主招待入帐房，铺皮毯甚都丽，又进点。雹忽至，错落跳腾青草上，又开一境。待晴而行，跨驴行数里。途中若干回民扶老携幼，跪马前哭诉，谓自经十八年之乱，田地尽为藏民夺去，迄今不能上庄耕作，生活无依，请中央救济，盖误以予为中央委员也。因慰之曰："予非治民政者，回省时当将此情转达主席，请主席谋之。"良久，乃拭泪而去。五时半到旧城，下榻福音堂。到西道堂进餐。西道堂者，肇于马启西教主，回教中派别綦多，此一新派也。启西学于戚旗店子范绳武，故通儒学，其教颇援儒入回。所作楹联曰："读书得妙意，理会天经三十部；养气通神明，道统古圣百千年。"又曰："居广居，由正路，方得保和元气；友良友，亲名师，不啻左右春风。"可见其思想之一斑。民国初年，启西被戕，明仁继作，仗其毅力与团结力，又得其兄马寿山君外出经商以建筑其经济基础，信徒日多，事业日广，遂雄视于甘青间矣。今日途中到处开马兰花，色深紫，群蝶绕之，蹁跹不已，因得一小诗云："榴红照眼忆乡关，已染胡尘不欲还。五月寻芳飞乱蝶，马兰紫遍卓尼山。"马兰如兰而大，音讹作马连，草质坚劲，为牲畜所不食，而可以造纸，杨土司在时曾用土法制造，闻已成功，惟纸色不白。如能改用新法，加以漂白，则满地资源，取之不尽，而甘肃纸张得此大量供给，便可有大量之文化产生。又狗蹄子草，其根亦能造纸，曾做试验，以技术不精，致色黄而质脆耳。

八日：早，与黄县长同到西道堂，与马教主谈调和回藏感情事；应马、敏二教主宴。到第三区署，出席旧城政学农商诸界欢迎会。黑错锁藏佛适自皋兰归经此，因访之。下午，参观天兴隆商号，西道堂所设也。到第三区署，赴马寿山、苏士元诸君之宴。到第一小学参观。上城头，行一周。旧城方二里，甚坚整，南、西、北三关房屋俱密，而遭逢兵燹则更酷于新城，败壁颓垣，如行墟墓，今城内只住两户。城内外居民本有二三万人，乱中逃亡，留者不及什之一，而又失其耕地，洵可悲也。

九日：到第二小学参观，为回教同仁写屏联六十事。此间有完全小学二所，其经费皆由县中供给。而汉回区别綦严，第一小学全为汉人，第二小学全为回民，教师学生皆然。乱后设备俱空，以其为县府所立，故回教方面未尝补助经费，至今有音乐课而无风琴。晚，冒雨涉水回寓所。

十日：以苏少卿君（缵武）之约，将游其家。九时半上车南行，过嘛呢寺，晤马僧纲。过唐西平郡王李晟碑，下观，颇高伟完整，惜未得拓。闻人言，此间唐石尚有哥舒大夫碑，本在旧城头，俗称八棱碑，十余年前为一周姓盗卖，今至美国矣。到拉柴河口，马教主设食见饷，盖此地为西道堂营木材业之所也。渡河，至羊巴福音园，又受周凤邻弟兄招待。周家有一特殊之点，其兄弟叔侄各崇一教，或儒，或耶，或回，信仰自由，互不排抵，可谓美谈。此种理想风度，在西北大应提倡。到录巴寺，访福音堂教士斐文光君，来华三十年矣，出词吐语宛若当地人。到录巴湾，入苏宅，精舍数楹，悬名家书画，至整洁。上山，藉草而坐，作长谈。苏君学于北平辅仁大学历史系，其叔循卿（士元）任旧城第一小学校长，循卿之兄星庵（士侁）经商番地，已历二十五年，因与谈“南番”（即果洛）大势，此固我国地图上之一片空白，而予自入甘以来所渴欲闻知者也。据云："南番十二头"在临潭西南，谓之十二头者以其分为十二区，一曰若来，二曰阿机，三曰郎瓦，四曰约东巴，五曰加尔底，六曰仆窝藏，七曰夏买，八曰陶窟尔，九曰渎马，十曰回音，十一曰桑错拉利贵，十二曰陌务。"南番"之西北曰乔科喀松，分四区：一曰纳尔马，二曰点马，三曰厄回葱，四曰契哈马。乔科喀松之东北曰拉尔的宁陕姆，分两区：一曰欧拉赖雷的，二曰卓尔该尼马。"南番"之西，乔科喀松之西南曰昂哇，一名昂巴，其地最广，距临潭一千里矣。统治之者今为女王，号买家乳。民兵极整齐，每家出兵一名，自备枪一支，子弹百粒，调集迅速，作战力强。其歌曰："天上有月亮，地下有昂哇，天上有多少星，昂哇有多少兵。"自负如此。然前年与朱德之军交锋，终为所败，则有无训练之异也。女王之都，商业繁盛，凡西藏及川边之商人北来者必经此。按之地图，是诸部者皆在巴彦喀喇山之北，西倾山之南，洮河之上流，黄河之第一曲。中央政令所不及，而商人皆通其道，惜渠等不乐作记载耳。又论旧城商务，谓兰州、狄道两邦木客每年到此买木材十万元，加运费为二十万元，运至兰州便值五十万元。生皮毛走张家口，以其制皮之术工也；熟羊皮销四川。其他则骡马走陕西，猪毛走汉口，羊肠走天津，麝香发河南，药材发陕西三原，牛售岷县渭源一带。故旧城商务，东至陕西，更沿江海而达津沪，西赴青海，南抵川康，北及内外蒙。当民国十七年未破坏前，其繁盛可想也。夜中下榻，颇得佳眠。

十一日：晨间与少卿等同上山，在林中小坐，清新静穆，颇兴山中可久留之思。十时许登车，在河口看"番汉会商碑"。下午一时，返达旧城寓所。到第二小学，又到礼拜寺，赴回教促进会及彼校之欢迎会。丁校长子希主席，致词曰："我辈祖先皆南京人，自迁此后，同乡不复顾我。今顾先生来，我等直当以欢迎同乡之情绪欢迎之。"予因申回汉一家之义。四时会散，赴宴。六时归，看《洮州厅志》。临潭宗教种族之间每多龃龉，黄县长邀我来此，匪特为补助教费计，亦欲予为之谋沟通调和之术也。来此后知此事殊未易措手，盖交通困厄则远游者寡，远游既寡则胸怀难广，此疆彼界久而益深，犹之一家妇姑，朝夕相处，苟有芥蒂则勃谿时起，融洽之于一炉固有待于我辈之长期努力矣。

十二日：马教主邀作郊游，早餐后即跨马赴庙河草地，支布幕四，掘地为灶以治食，开留声唱片以相娱，为写《天方性理序》作堂屏。阴历五月十九日为启西教主殉难二十四周年纪念日，来西道堂中正筹备此巨典，各地信徒来者已多。予赠以联曰：“立教化民，为天下法；以身殉道，作百世师。”又为同来诸君作一联曰：“立德垂文，只手创开新世界；春风化雨，同人幸识旧门庭。”下午六时，冒大雨跨骡回。夜，看各回民为上庄事所投禀帖。彼辈不知我来此任务，但知我自中央来，则称我曰“中央救苦大员顾”，世间安得真有此一官以拯民于水火中耶！帖文差同，兹录其通顺者一纸于下：“缘我临潭自十八年变乱后，小民全家被难，独流异乡，行乞度生。嗣蒙我政府德意，迭次训令上庄。小民以故土难离，奉命归籍。及至家乡后，不料小民先祖所置买之田土水磨，竟被杨土司之番民尽行蒙混。小民屡曾上控省府，追查发还。旋蒙批示，令张专员切实查办，而专员公署转令卓尼设治局会同临潭县政府查办，迄今多日，尚未明令发还。现当春耕过期，瞬届秋收，小民上庄两年，田土水磨尚在人手，长此敷衍，小民将何以谋生计而守祖业。当此难民失业，番族占种，不但个人落魄，而且空旷困饿，为此再行上告，仰我委员切实调查，业归原主，则残黎均称庆于没世矣。太平寨难民张六五儿呈。”盖藏民向无田土私有观念，百十年前回民迁入，或赁田，或买田，无所不可。及十八年变作，回军毁其屋宇，伤其人民，则群起与回民为敌，收回其旧所售赁者，而又有武装以保护之，回民遂无如之何。昔申叔时曰：“牵牛以蹊人之田，而夺之牛，牵牛以蹊者信有罪矣，而夺之牛，罚已重矣。”斯亦可为迁怒者进一解也。予得此诸帖，自维无能为力，爰集交黄县长。

十三日：回教同仁邀作字，昨日在幕中挥写未毕，今日到西道堂续为之，终日得百余件。《清真五更劝善歌》，教中之通俗文艺也，亦为作大字屏。清真寺新修，需门联，予为书曰：“说法遍士农工贾，无一夫不尽己诚，物与民胞奠基础；立教在修齐治平，求万事皆当其用，乡和国睦著功能。”旧城之宣纸本每张三角，予至后连日续涨，升至一元三角，亦售罄矣；日来求书者多用连史纸等代之，今日有人从岷县购纸回，本钱三角而卖一元，一转手间便获大利。

十四日：到西道堂作第五区区员马顺天君殉职碑文，得千言。本年一月，有某师连附张吉生者到区署索取草料，与马君口舌冲突，马君奉教虔笃，忠于职守，不肯相让，遂为吉生所枪杀。事后上级机关审知马君之冤，将吉生处死刑，事本可了。唯以积年纠缠，风波又起，嫌疑预谋一一指实，控告至两省府①。黄县长此来，即系调解此事者。连日商讨结果，汉人方面出五百元，回教方面出三百元，为之立碑，而予为之文，以志两方之伤悼。是日览报，悉开封失矣！

十五日：循卿等邀游八龙山。早五时即起，至城北五里，登山观八龙池，南望叠布则雪山峥嵘天际，所谓“石门金锁”者有若蟹之张螯欲攫。同人请为诗，因口占两绝云：“八龙山上八龙池，荡漾云光上藻丝。顾视群峦齐俯首，几留峭顶照湖湄？雪压南山是叠州，石门金锁望中收。白云锁住石门里，添得雪山几个丘？”叠布，唐为叠州，前在岷县闻其地可殖民二十万，气候较岷县为佳。来此后闻传教士颇有前往者，至则筑室，藏民疑讶，举火焚之；既焚复筑，终以有成。开辟新境，固当如斯。下山饭于丁立夫君家。出访古城，唐之遗也。又上东山，游龙骨头泉，循名责

① 谓甘肃与青海两省府。

实，此中当曾有古代大动物之骨骼发见矣。回城，到循卿家小坐。

十六日：马前教主纪念会，参加者五六千人，远至临夏、西宁俱有至者，观其信仰之诚，为之赞叹不止。苏校长及第一小学学生虽非教徒，以黄县长及予之敦促，亦来参加。回汉合作，端倪已见。马教主嘱予向来会者演讲，以人多，立高坛上为之。本日予在西道堂内室将碑文写正，以供刊刻，共二十四行，每行五十字，作擘窠书，并为之篆额，竟费一天工夫。予在旧城之工作既毕，遂定明日长征，赴拉卜楞，经河州回皋兰。夜，与黄县长话别，听大雨声，殊为上路发愁。骡车一辆居然由陇西行抵此间，然由此而西即入藏区，道路狭窄，不复可车，因售之西道堂，以旧城得车不易，而婚嫁之事正需此也。驾车之骡易作单骑，将乘之以归。

〔30〕临潭、黑错（合作）途中（六月十七日—十八日）

十七日：天霁。上午与诸送行者谈话，又作字数十件。同行者三人，谨载、克让、树民。永和以仪器业已运到，遄返省垣整理。十一时半启行，泥深盈尺，滑竿行殊艰苦。下午一时半至鸭（阿）子滩，稍息。沿途人烟稀少，直至二时三刻至干布塔暗门，始得食于一藏民家。暗门者，明代所筑边墙之门也；暗义不可解，疑亦藏语。边墙较人家墙垣为高大而低于城墙，伸延谷间，至山顶而止，用以别华夷，盖小规模之长城也。过暗门后入纯藏境，汉语不复通行。舆夫病，予改乘马。途中无屋可栖，至晚八时到上完科，乃得就一藏民家借宿。室中布置井井，四壁嵌橱，瓶盎杯碗俱有定所，足见其生活之有规律与妇女之娴习家政。饭毕已十时，眠甚酣。今日虽云行四十里，实际有七十里，藏民计里不甚正确，随便定数耳。此行任保护之藏兵十名，杨复兴司令所派，藏民勇悍好劫掠，以多财为名高，但纵横袭击者皆小股，带得十支枪便不足畏矣。今日过暗门后遇一人，以汉语相酬答；既而自陈为藏民，曾诵《三字经》及四书，则藏民之居近汉地者固非有不读汉书之成见也。

十八日：五时半起，收拾讫，八时半起身。行约十里，舆夫病不能兴，予又上马。舆夫之病，予心知之，藏地中无从售鸦片耳。遂与解约，令自归。西北马匹高伟，奔驰绝迅，予不娴骑术，马夫牵之而行，或前一骑者兼挽其缰；匪然者，上坡犹可，下坡便将直扑地上矣。午刻，至一平旷之山头，野餐。四顾茫然无人迹，山花怒发，各色皆备，一种大红者尤妍，不知其何名。二时半到陌务，字一作买吾，今日行五十余里所见之惟一村落也。地方人士见迎，入村中，宿铜匠王文清家，亦颇整洁，盖汉人而藏化者。村中人家，自临潭、临夏避乱而来之汉回殊不少，市容尚盛。有一小学，才三间，同人寓居于是，盖小学校长以贫乏，即藉校舍兼营旅馆业也。予等行装稍夥，堆积无隙地，彼校遂临时宣布放假。偕同仁游陌务寺，广厦千间，殿中铜灯数百，燃牛油，腥气扑人鼻。蒙藏民家无不制牛油，用之不尽则送入寺中，寺中取以燃灯、制佛像；喇嘛则群取以擦面及手臂，若内地人用蝶霜、雪花膏然。旋至寺前川畔席地坐，入暮方归。今日所度为分水岭，自此以往水皆西流入夏河。得一小诗云："解得浮生十日忙，溪山坐对两相忘。买吾寺下西流水，无尽流连向夕阳。"夜，与杨头目及田校长等谈，以睡热炕，眠又不佳。

〔31〕黑错（合作）
（六月十九日—二十一日）

十九日：晨，陌务五旗土官杨占苍君来，左衽腰刀，短袍窄靴，一英俊少年也，惜不能作汉语，末由多谈。承邀赴其家，九时许上马，十二时到德里。其家楼房三层，东西南北每层皆十间，一院之内为室百二十。肃客入室，氍毹铺地，虎皮作席，内地诸出品若江西瓷器、上海罐头食品亦皆粲然陈列，不意万重山中乃有此绚烂辉煌之家也。旋进手抓羊肉数大盘为食。手抓肉者，切肉为大块，不能以箸挟，则洗手而攫之。予在内地即爱食羊，今来草地，其味益香，肉入口而酥，遂恣意饱啖。下午三时辞出，经马连滩，花发更茂，马蹄所踏皆芬芳也。此间夏日乃如江南春天，满山锦绣，无人摘取，有若内地之公园，唯扩而充之至百千里耳。戏成一绝云："到处有山便有花，蓝红黄紫遍天涯。东方故旧如相问，马上行人不忆家。"告之同人，佥笑谓此诗不可使家人见也。四时半到黑错，受当地民众及锁藏佛之招待，入帐饮茶。不得上庄之回民又来叩马号呼。卸装于孙姓民家。旋出，到寺中访锁藏佛。此在教权系统上属于青海同仁县之隆务寺，有僧四百，幼者为多。归，喇嘛送来哈达、羊肉、炒面等礼物，受之。又出，参观小学及福音堂。宣道会牧师胡启华君，字荣亭，美国人也。归，当地人送礼物来。夜，锁藏佛之兄来谈。佛不能至民家，故由其兄代表，述其家为本地人，其弟为佛转世，渠与弟同出家，唯以常外出，曾西至新疆，故能作汉语；家中有母及弟妹，翌日当请上山游耍，一相见也。

二十日：至中兴肠厂，晤其经理李岫峰，天津人也。羊肠可制网球拍等物，为出口货之一，故设厂于蒙藏区中，收购而粗制之。李君谓此间羊肠有长至九丈者，极为洋人所喜。继至礼拜寺，又至马六十三家访问当地情形。名六十三者，其父生之之年龄也。归，锁藏佛之兄来，同饭。饭后偕入黑错寺拈香，参拜诸佛菩萨，游历各殿。至咒房，所悬哈达特多，盖民众身有疾苦无不至此祈求。锁藏佛能相人，见予，谓具有佛性与菩萨慈悲心肠，胸中无一点恶意，大有缘法。闻寺中大喇嘛某以行为不检，被禁闭于山头，可见其清规之严。

二十一日：由锁藏佛之兄伴游九层楼，楼上供莲花祖师等像。莲花祖师者，印度人，首入西藏传佛教者也。外观九层，实五层。楼外墙头塑小塔五千，谓属望将来本寺可有五千喇嘛也。旋跨马至草地，入锁藏佛所设帐。佛并邀其师华顿至。华顿曾游学印度，通梵文，故锁藏亦能之。忆前与宋堪布谈，知其并通蒙文，是知喇嘛虽以诵习藏文经典为主，亦多旁通蒙、梵文字，独至国家行用之汉文则皆不谙；宣传而引诱之，固吾辈之天职矣。锁藏以羊肉为常馔，不足示其款待之诚，特为宰猪一头，母与弟妹并来助之，直至四时许始进食。适大雨，更在帐中作剧谈；天晴归寓已七时矣。前在临潭晤锁藏，渠适自省城谒朱主席[①]归，予因以宋堪布拟在寺内办半日学校事告之，渠亦深感喇嘛不通汉语汉文之不便，慨然谓黑错有僧四百，彼掌其半，归去当与诸喇嘛道之。此次经过，渠虽极意招待，而前言终不提及，盖寺中实权握于香错[②]（总管），渠只有宣教权而无事务权，未敢冒昧倡议耳。改革之难，有如是者。

〔32〕黑错（合作）、夏河途中（六月二十二日—二十三日）

二十二日：予等将行，锁藏佛弟兄又设帐寺外，进茶送别。十时就途，十一时许至卡加。卡加寺中已设帐欢迎，即入帐食。黑错寺香错适来，相与递哈达为礼。卡加小学者，夏河县所立，教育民国十八年来此避乱之汉回民家之子弟者也。今日知予等来此亦排队相迎。予欲至小学参观，喇嘛现不豫之色，谓其地甚小，无可观者。予不之听而终观之。入校，校长赵清泣诉其所历艰苦，谓此间喇嘛深知新式教育发达则子弟出家者必日少，将危及寺院

① 朱绍良时为甘肃省主席。

② 香措：又译为“襄佐”。——编者注

前途，故频施打击。学生之穿制服者，恒夺而撕之。上山砍柴，又遭鞭扑。予勉以先难后获之义，然不能消释其辞职意也。十二时许又就途。自此以北，藏民皆务农稼，青稞麦与大豆遍植谷中。过隆洼口后，在丛丛灌木之下踏泉而行，野花怒发，境至清丽。经一河，无桥无渡船，纵辔而入，浸至马腹之上，中流又急，人伏卧马背上，苟马一失足，骑者无生命矣，为之惶骇。五时到隆洼，寓陈姓家。寺中僧官王成立来赠物。出，与同人到水滨小坐听泉，夜中到隆洼寺访王僧官，并参观经堂。九时归，得一绝云："月黑流泉声更悲，寺前栈道杖行危。忽然风起香盈路，猜是闲花开满崖。"

二十三日：早七时饭毕起身，翻大买山，历一小时许，十时至山下休息。予骑七日，自觉稍娴，今日不令人牵居然直上山顶，惟下坡仍惴惴耳。十二时到大买店，食。遇雨，待至二时半启程。行二十里，刘警佐侠卿来接。又行十余里，至夏河县，即拉卜楞，与诸相迎者握晤。五时许，至前商会会长张润身君家落宿。是夕未识因何故，又炯炯到晓。此行愈走愈高，不知所极，乃悟古人所谓"昆仑，其高万一千里"者，即由此种经验加以想象而构成者也。此间海拔三千五百公尺，空气稀薄，窒人呼吸，行道者往往猝然致晕，不得其故则称之曰"瘴气"。予之血压较常人为高，近来屡屡失眠，得无以居空气稀薄之地，使血压更增其高度耶？

〔33〕夏河（六月二十四日—七月十二日）

二十四日：晨，拉卜楞保安司令黄正清与拉卜楞寺香错黄正本昆仲来；丁县长明德来。今日为阴历五月二十七日，适寺中有说法会，即往观，乘黄司令轿车以往。香错邀至嘉木样佛所居室，嘉木样今正赴西藏进修，其室弘伟，藻绘绝精。旋进藏式饭，室中列长案，客围之坐，每人五盘，循次而进，形式颇类西餐。出看跳神，演猎夫皈依佛教剧。前在阎家寺所见为哑剧，此则为歌剧，其声调差似高腔。剧中主旨在劝人勿杀生，而每一角色均以二人饰之，同出同歌，同其动作，殆以广场不能周闻故耶？二时许，又入帐房，进中式饭。餐毕，跨驴归。到街市散步，颇繁盛，汉、回、藏人俱有，各服其衣冠，各度其生活，虽言语习惯颇有差池而无损于情感之融洽，此黄司令高瞻远瞩之功也。民间所居谓之“塔哇”，塔哇者，藏语不清净之地，[①]承喇嘛之鄙夷名词而用之。佛爷有还俗娶妇者，亦惟许居此。到西北防疫处兽疫防治所，晤杜主任世杰，藉稔藏民接受西医之状。此间民房亦多西藏式，屋顶平坦可行，又彼此衔接，故往来者可从天降，不由街道。自防疫处归时即如此，惟下屋时木梯过狭，觉栗然耳。继又至大夏街小学参观，至县府、县党部、司法处、警佐室、神召会等处答访。

二十五日：到司令部，与黄司令作长谈。司令字子才，香错字子实，西康理化人，以其弟为嘉木样活佛转世，遂全家北来。子才曾游历平、津、京、沪、杭、汉诸地，又曾在兰州教藏文，其思想甚开通，急欲畀藏民以现代教育，创立藏民文化促进会，又立藏民小学读汉、藏文字，不收学费。惟藏民濡染喇嘛教文化太深，以为唪经即是求学，令送子弟入校则嫌改趋异端，恒生疑虑；及督促之急，且按名征召之，则尽送入寺中披剃以相拒，遂无如何矣。司令部屋宇，式略如陌务杨土官家而更伟。有电灯，借风力发电。予等戏穿藏装，与司令、香错合摄一影而别。下午到藏民小学参观。此间汉人小学中有藏人，藏人小学中亦有汉人，可见两族之融和。晚，应杜主任之宴，到防疫处，饭后至一藏女家访问。此女能操汉语，今嫁一商人，见予等至，自谦曰：“诸位到我们藏民屋里来是看不得的。”然其家整洁实甚，架上器皿日加

① 塔哇者，藏语不清净之地：按此为流传说法之一，别有说谓由蒙语“塔本”之音转来，其义为五，谓初建寺时有五家在此看守，遂以称所居之地。其后居民既多，不免秽杂并纳，遂有不清净之说附会而起，故不如以蒙语转音之说为长。

拂拭，光色照人。壁上裱糊德国花纸，亦复妍丽。一室之内，物有定所，地上不置杂器。即此可见藏民文化之高也。九时归。

二十六日：欲理发者一月矣，今晨乃觅得理发匠。夏河图书馆长郭辉祖君来，知馆中藏新出书籍尚富，蒙藏委员格桑泽仁捐资所置者也。下午赴黄司令宴，四时饭毕，到河南亲王府访问。亲王为蒙［古］人，拉卜楞之地主，其家屋则为藏式，其人现任青海同仁、同德两县之保安司令，闻亦但能作藏语。晤其管家曰智化者，略谈。出循寺之后墙行，谒数经堂。夜，到一同仁县籍之藏女家谈。九时半，冒雨归。

二十七日：午刻，到藏民文化促进会，应各界欢迎，作演讲。二时半，赴丁县长宴。县府为予等来，派护兵白瑜来供役，兼事导游，其人藏籍而能汉语，亦略识字。今日下午，渠亦邀予等至其家茶叙，至则屋宇什物井井，有大家风，汉人之为公务员者未易及也。此间用物悉由外来，物价随有无为赢缩，故有“三天有不得，三天没不得”之谚。

二十八日：到寺院参观，寺僧于每一扎仓前以白粉画云纹以表其迎宾之诚。由杨真如喇嘛引导，渠为河州汉人，年六十余，久在寺司招待者也。其后子实香错亦至。周历全寺十之二。其大经堂深与广均为十五间，实为二百二十五间之大室，足容三五千人唪经。其厨房大铜锅同时可煮四牛，施斋时用之。……到杨喇嘛家，并观诸喇嘛宿舍，列院而居，明窗净几，可爱也。到香错办公处喝茶，食干羊肉。生肉风干，坚硬如石，予嚼之不能动其分毫，而香错等则且割且食，味津津焉。休息之际，见银币连盘捧至，知为进香者所施。蒙藏人家之财产最后皆集中于寺院，故寺院之富可以敌国。而喇嘛在寺，其衣食均由其亲友送去，并住处亦须缴纳房租，与内地僧人之一切依赖寺院供给者不同。但有收入而无消耗，故其富力得随岁月以激增。况又有喇嘛之为寺院经商者、放利息者，安得不在荒漠无垠之草地中特起金光夺目之殿廷乎！六时半归。日来睡眠甚酣，方自欣喜，乃今晨就厕，抹拭则殷然者血，盖连日进手抓羊肉过多，肠胃燥热所致，是亦可以戒饕餮矣。

二十九日：寓中客幸不多，写杭总干事信，告以一月来视察所得。略云：

接五月十三日大函，知拟在六七月间亲来甘青一看，并继续商量，闻此快甚。刚意，尊驾如单到甘青省城，则与其他之省城无异，只觉得改进已有之学校教育即已尽教育之用；如到外县考察，则各县有各县之需要，彼此所需要者不同，知教育方式自当因地制宜，善为引导，不当限于一个形式。刚等经历各县，见有极好之天然富源，而本地人曾无开发之能力，则觉其有办职业教育之需要；见有强烈之种族宗教成见，一触动即将成祸乱，而本地人曾无消弭之方术，则觉其有办社会教育之需要；见一县之中能任小学教师者绝少，又困于资力不能向外县聘请教员，则觉其有办师范教育之需要；见一县之中无一女子小学，本地人礼教观念又过深，不肯令女儿入普通小学，致使全县女子无一能有受教育之权利，则觉其有办女子教育之需要。此等需要皆非在省城所能觉察，外县旅行势不可已。惟先生事忙，决不能如刚等费数月工夫于外县及农村中，窃谓凡公路所通或设有飞机场者，宜包一汽车或飞机视察一周，则费时少而所见广。倘能就各地之需要以设计教育，则甘民所受之福利将无穷矣。绥、宁、青三省将来亦可如此，待西北各县交通便利、风习大同之后，再专力办都会教育，自可收与东南各省同等之效果。

……

刚未到藏地时总以为藏民尚保持蛮野之习惯，未受文化之陶冶。及亲涉其地，见其平民彬彬有礼貌，无赤贫之家，其寺院则精美弘伟，逾于皇宫，其喇嘛则埋头治学，献其全生命于经典，为之瞿然以惊，皇然以惭。藏民性情宽大，易于接收外来文化，唯以汉人与之往来太少，而西藏吸力又太强，遂致全部生活悉受宗教之支配，一时不易接受现代教育。窃意此等地方，与其办学校教育，不如办社会教育。本会设立工作站，实合需要。西北防疫处设兽疫防治所于夏河，不独牵畜来治者多，扶人就医者亦复不少，一祛其诵经治病之成见。电影、留声片、图画、戏剧等等，最能引诱彼辈，使之认识现代文化。熏陶之者既久，彼等自能认识学校教育之重要，五年十年之后再来开办学校，自可无扞格之虞矣。

此间地高气寒，今日尚可衣裘，农产不丰亦固其所。唯正因寒期之久，故皮毛极好，虽交通艰阻，运输不便，而冀、晋、豫、陕各省之商人尤多来此采办；估计数目，临潭、夏河两县年销约五百万元。此外则牲畜、木材、药材等产量俱多。为增进生产及改良技术计，有设立职业学校之需要，如毛织、制革、森林、畜牧、制罐头食物、制药等科均有极大之开展可期。又与蒙人作贸易，向唯赖能说蒙藏话之汉、回商人，而此类商人唯利是图，事不厌诈，毫无国家观念，曾闻其谚曰：“知藏话，值银子；知蒙话，值金子。”谓藏民较识外情，不若蒙民之远隔无闻，可随情欺谩也。用心若此，乌得不使彼地人民以对于商人之恶感引申而为对于汉人之恶感（回民虽自别于汉人，而藏民则仍称之为汉人），又乌得不与统一团结有碍！窃意将来应办商人训练班或商科学校于此，除教以商业技术与道德外，更当授三民主义、蒙藏语文、国际形势、民众教育、卫生教育等课，使之具有国家观念、团结意识，且乘其深入蒙、藏农村之机会，无形中作些教育工作，庶可潜移默化于不知不觉之间，实视学校教育为更易收效。

总之，西北今日有无数人得不着受教育之机会，如任其自然，则以彼勇悍之风，褊狭之性，实足增加国家民族之危险性，结果亦非彼中领导人物自身之利益。况邻邦人士久下工夫，此次所经各城镇，皆见有基督教会，既不立学校，又不办医院，问教士则来华已十余年、廿余年，问教徒则一县中仅十余人、廿余人。夫以回教、喇嘛教极盛之区，居民自襁褓中即已有其固定之宗教，明知无事可做，何竟不肯放松？我辈宿藏民之家，不见文字痕迹，独有藏文之《新旧约圣经》散粘窗壁间，而教士之藏文程度又甚高，彼既能为《圣经》之宣传，独不能为他种不利于我国家之宣传乎？瞻望前途，杞忧弥甚。故刚意，将来办工作站当为流动性质，取牧师之宣道而代之，务求普及，一面更训练商人，期相辅助，如此，他人使将无所施其分化与侦察之长技。至于回民，则除日课阿文经典外，原可施以与汉人同样之教育，唯其人多贫，最好不收学费，或稍给以津贴；又其畛域观念较深，汉人任教心有不乐，最好在回民区域中设立师范讲习所，选择回教优秀青年，授以师范教育，使一般回民无所疑虑，则其师资问题自然解决。本会工作倘能向此目标而奔赴，汉、回、藏三方自能以教育相同而达思想相同，因思想相同而情感互通，因情感互通而团结为一体。如是，则教育之功用圆满达到，国家固享无穷之利，而本会补助之经费亦得收千万倍之效果矣。

晚，到大夏河边散步。流水溅溅，积潓一涤。归饭，已八时半矣。

三十日：将游拉卜楞近郊，由保安司令部水副官天杰为导，藏兵四人随从。早九时，乘骡出发，十二时，在山野餐。藏兵拾牛粪为薪，握皮袋吹火，转瞬炽烈。食毕，卧花丛中看白云，境至美。四时半，到中央农业试验所西北种畜场，晤前场长粟显倬君等，参观全场。饭后偕至河滨散步，看捕鱼之滩。粟君，长沙人，体健能刻苦，不厌寂寞，唯以其不善交际，遂未及瓜[①]而代；新任者却又留恋都市而不来，场中事遂无人主持。椒兰之谮[②]，今古所同，亦使予拊膺而一恸也！

七月一日：上午八时许，与粟场长等出游甘坪寺，至僧房小坐。此寺名义上为黄教，而实际则杂糅以红教，故喇嘛皆有妻，经堂外僧舍簇簇皆其家属所居也。又闻此寺为逋逃薮，犯法之徒群趋作喇嘛，求保护，故循规矩者多不愿来修习。与寺僧同到仁爱族帐房中访问，历三处，皆进酥油、炒面。此间藏民，天暖则放牧草原，天寒则归宿村屋。其帐房织牛毛之为，颇有空隙，穿风漏雨。予等入帐，见四壁置麻布袋累累，初谓是粮食，后知悉牛马粪，其燃料也。主妇敬客，撮牛粪擦碗，注茶以进。予自谓最能随遇而安，至是竟不能下咽。然不饮则不恭，乘彼他顾，泼其半于地。帐中男女坐睡皆有定处，不能逾越，故虽夫妇亦野合。每帐有犬数头，绝猛挚，扑人致命；予等至时，皆先呼其家人视犬，然后入。然妇人入帐，虽生客亦不吠。下午三时还场，晚饭后上山散步，粟场长示以掘蘑菇之术。望牛马羊分群回场，秩序井如也。

二日：上午七时半，别场中同人出。十时半，到大力加山下

---

① 及瓜：《左传》庄公八年，“齐侯使连称、管至父戍葵丘，瓜时而往，曰及瓜而代”。“及瓜”即满一任期之意。

② 椒兰之谮：《楚辞·离骚》：“览椒兰其若兹兮。”椒兰本为芳草，而变易其体，失其芳泽，暗指楚大夫子椒、子兰谮害屈原，一般用为佞人谮害正人之意。

之白石崖。此崖岩岩千仞，倘处中原宜成一岳。白石崖寺为女佛爷所管，其第一世由西藏来，其后转世即在附近。第三世前年逝世，尚未得转世婴儿。入其室，楹柱悉丹漆，窗棂板壁俱精绘诸小说中故事，壁上悬光绪帝照片一帧，恍若宫廷矣。闻其人装束与男喇嘛全同。其经堂佛龛装用大量玻璃，闻由驼队自绥远、宁夏草地运来，殊不易也。崖下有洞，云长数十里，以洞中太滑，且蛰居动物，极少穷探之者。喇嘛导入时，先在洞口叫唤，又击地作声以驱蛇兽。予等初欲深入，竟亦未能。三时半，向八角城进发。四时许到，住杨尕全店中。所谓八角城者，作 ✙ 形，四面中间俱突出，不知其何时所建。在店中见前县长邓隆所作诗，疑是汉代白石县城。然今日途中曾见旧城二，大半没土中，恐汉城是此；若八角城则颇完整，当是明清物。边隅少记载，无可稽，唯有期他日之发掘以证成之耳。下城，到头目家小坐。适同德军中失马，军士二人来索，势张甚，藏民无以应之，就予求计，予为之作函证明乃已。

三日：早八时出，游祖亥寺。此寺不属拉卜楞寺系统，喇嘛不衣僧服而作便装，唯剃发耳。古拉者，皮制之经筒，中卷置经文，有大有小，大者置屋中或廊下，小者握手中，得暇即转之，谓一转即若诵经一遍，增益功德。转经堂与此同义，谓绕行经堂一周若拜佛一度也。此二者皆自右而左，而祖亥寺及附近人家独自左而右。此可见喇嘛教中派别之多，惜不克详询其所以分歧之理论。十时启行，入草地。十二时野餐。休息半小时又行，见藏装骑者七人尾随，初以为同路耳；行约十里，此七骑与予等分道，忽劫一商人之牛群而去，始知其为土匪，急鞭马疾行避之。盖予等一行八人①，有枪四支，匪徒人枪之数不若是多，故久久未敢下手。……二时，在野地煮茶，食炒面。休息一小时又行，五时半抵拉卜楞。今日为阴历六月六日，藏地中之儿童节，童子浴于大

① 实为十一人，除先生和我外，还有洪、刘及小副官，又从者二人，藏兵四人。

夏河者至多，在水中表演诸姿态，予等立而观之，不及归饭，因就一教门馆进食。近日喇嘛度夏，山巅水涯立帐房，恣情娱乐，借自然之美以调剂其终年之严肃生活。及其返寺，则村乡人即起而代之，故山间帐房数月不撤。帐中乐事，颇恨未能参预（与）。夜中又失眠，盖过分劳动亦足使精神兴奋尔。

四日：昨归得息，知戴乐仁先生已于前日到兰，因嘱谨载先回报告；予等在此再留一旬，以可游处尚多也。终日作答人函。晚，刘警佐设宴于河干。夜得履安书，谓人情难料，应速离甘，盖彼在北平亦知有人不快于我也。是宵眠又不着。长夜中得一联曰：“我生自有千秋业；人事枉抛七载功。”当书而悬之。予本无世情，唯期治学，自“九一八”以来，以忧国之切，以救国自任，社会生活益陷益深，又为浮名所误，注目者多，每作一事恒丛疑谤。履安既来书劝予跳出环境，云大当局又许予不任事务，予其以此拒却外界拉拢而复理我之旧业乎？

五日：晨，送谨载行，看寺外市集。藏民之经商者皆女子，信乎藏女之多能也。此间谚云：“做女人，做汉人；做男人，做‘番子’。”以藏中男子非念经便打猎，无他事也；而女子不独饲畜、治家、打柴、背水、作酪、织呢，即筑屋、种田亦皆为之。寺中起大经堂，便闻版筑之歌嘤嘤然发于高架之上。原野之间，时望见红裳被发而操作者，所衣缀珊瑚银币，重可三十斤，虽劳甚而不怨也。经商之事，其轻焉者耳。白瑜导至尕庙沟[1]，看天葬场及火葬场。《吕氏春秋》谓“羌人忧其死之不焚”，今其俗犹然，凡喇嘛及有地位者，身后皆舁尸至火葬场焚化。大喇嘛则铸金为塔，敛其骨灰，高拱寺中，长受香火。至于一般民众，死时无此福分，皆送天葬场，喇嘛一作乐，群鸢飞至，啄食立尽；有不尽者则以刀碎之，示以易啄。其不为鸟食者，群谓其生前曾行某种恶事，致天不能容。予等至场，碎骨满地，杂以发丝，若入屠肆，为之

① 通称“尕寺沟”。

黯然。下午续作答人书，到大夏河边散步。两夜未眠，精神疲惫，如在云雾中。到防疫处取药服之，幸得睡。

六日：续作答书。夏河各界将于明日举行“七七”抗战建国纪念会，嘱予作祭阵亡将士文。

七日：上午到拉卜楞小学，参加纪念会。到会者四五百人，黄司令以藏语作演说；继同至郊外，行立碑奠基礼，呼口号而散。司令对于训练民众、宣传抗战，皆极意行之。司令部中有电台，又有广播器，每日得抗战消息即以藏文书之，粘贴寺院壁上，故喇嘛皆知时事。到女子翠琅错家，此女色艳，有“拉卜楞皇后”之称，日前遇之于寺廊，正在转古拉，克让因嘱人介而见之，与之约，今日至其家照相，予与同往。室中装饰殊精丽，壁上悬胡琴及笛，知其擅音乐，案上则花露水、雪花膏皆备焉。渠略能作汉语，克让来此旬余亦略能作藏语，勉相酬答。下午到黄司令处进食，同席有黄团长，亦藏人也。

八日：今早就厕又有血，近日进牛奶及手抓羊肉过多矣。上午为人作字，下午到杨喇嘛处，同游小金瓦寺，即观音殿。又至各囊谦，见其活佛。拉卜楞有十八囊谦，均有活佛主之。其嘉那黑仓者，汉人之所建也，藏语称汉人曰嘉那。各仓及囊谦均有藏书处，每部以锦袱包裹，诸色斑斓，想见古代缥缃之美。殿屋虽广，而卷帙丰盈，上连藻井。恨予等为文盲，竟不克尝其一脔耳。上山，望拉寺全景。此寺区域大于北平皇宫，其璀璨亦逾于皇宫，金银珠宝之饰尤较皇宫为甚，殊有黄金铺地之概，盖二百数十年来安多区蒙藏民之财富尽流潴于此矣。

九日：昨游未尽，下午续由杨喇嘛导游各囊谦及金塔，与宁达克藏佛及香错、堪布等同摄影，入暮始归。翠琅错遣其女仆来招克让往，久之不归。闻此女慕汉人文化綦切，久欲择一内地青年而嫁之，苦于无至者，所至者官与商，年皆长矣，又不为其意所属。今克让至，年二十余，且为一大学生，举止温俊，遂当其选。予今日便血未已，因嘱仆人多备素菜，然此间除韭菜外蔬实殊甚尠也。

十日：续为人作字。下午由杨喇嘛导游九层楼，楼中供铜质大佛像。予前游正定隆兴寺，其大佛为宋初所制，亦铜质，历十八年始铸就；像外筑楼才三层耳。此佛制需几年，惜无碑记可征，要之当在隆兴宋像之上。像身有弹痕，宁海军所遗也。出，润身导游清真寺。今日行衢中，杨喇嘛指一人，谓是“嘣嘣子”。视之，穿红衣，与喇嘛无殊，唯留发，以牛毛为冠；牛毛色黑，与发相混，俨然一大髻。彼辈别有寺院，惜未能往视。

十一日：回商敏万峰君招宴，渠亦临潭旧城人也，年长矣，述旧事尤多。三小学校长来，邀至拉卜楞小学，向三校学生致词。下午，司令部在体育场张幕，召藏女八人歌舞。藏女在新年中本有逐家歌舞之例，兹部中招待予等一观风俗。其人盛装，服色鲜姣，其内衣红者衬以外衣之蓝，内白者外衬以黑，内紫者外衬以蓝，内蓝者外衬以紫，灰鼠出风，悬银盾、奥桑（奶钩）、丝巾之属；面上亦薄施脂粉。舞时两人对立，相与低昂。与同摄二影而别。邵参谋长成熙为书八女之名于予手册，其最颀者曰拉高，次曰大卓麻吉、覆道、勘卓、文茂榔、完肘、急虎尾，其短小者曰小卓麻吉。藏人之名皆取自藏文经典，犹西人之曰约翰、马利然，而无姓以别之则其名易同，同则乱，故又加形容词于名上以为标帜，或以地域别，或以大小别，或以容貌身体之特点别，有若内地之绰号，亦勉强敷用焉。本日为人书屏联又近百事。市上纸少，售卖一空，遂有出绸求书者；质地光滑，自觉作字较圆润，然而浪费矣。

十二日：闻有藏女三人、男子一人朝拉萨归，招之同午餐，访问道中情形。渠等皆本地人，信教心笃，欲拜圣地，其父母以道远未许。适有他人往者，遂不告父母，与之结伴而去。既无行装，又无马匹，又无盘缠，仅凭一点诚心上路。途中乞食以充腹，无食可得即忍饿。夜则和衣睡地上。经大水五十余，皆无舟梁，借他人之马以渡；无马时即止水边，待征夫至而请之。来回历一年有半，幸无伤损。予闻此起敬，其所冒艰苦虽玄奘犹未至是也。惜渠等不惯作游记，而我等又将行，不克细揭其所历以励来者。下午，与祖辉到章嘉囊谦访成觉法师，渠四川人，重庆联立中学毕业，来拉卜楞学经，而为当道所疑，置之于狱，近方释出者也。出功课表见示，某时听讲，某时诵经，某时校经，某时记日记，终日无闲暇。惜其以前日记为官府没收，不可见矣。闻官府夺其日记时，斥之曰："做了和尚，干么还记日记？即此是汉奸证据！"噫！我国调查事业之不发达岂尽是旅行者之过耶！

〔34〕夏河、临夏途中
（七月十三日—十五日）

十三日：晨间到各处辞行，并为人作字。克让与翠琅错情好綦笃，将与其父母恳谈，议婚姻，迟行一日。予与树民十时启行，徒步约一里，辞诸送行者。树民骑马，予上椈子行。椈子者，两马所驮之轿也，亦称驾窝，其高齐人；舆夫下蹲，踏其肩而上。椈轻则两面倾摇，必重三四百斤乃可，故行李什物得尽置其上，坐身因益高。此去年离西宁时欲乘而未得者也。西北之交通工具，兹所未尝试者，皮筏、木筏而已。由此至河州为经行大路，人烟较密，治安无问题，故仅水副官伴送。十二时至大买滩，即前由黑错来所经者，午餐。下午一时行，六时至三束麻，此亦藏语，谓新地也。卸装时见马受重压，背皮脱落，肌肉外露，其色殷红，意良不忍。今日云行六十里，实七十余里。入一撒拉回[①]家歇宿。与树民及头人王某到沙沟寺参观。归，进食后即眠，以今日途中如坐摇篮，自然有倦意也。

---

① 汉文史籍中称撒拉族为"撒拉回"。——编者注

十四日：早五时起，七时许动身。过数寺，皆未停。十二时到桥沟，入店用膳。与三喇嘛及朱相明君谈地方情形。下午一时又行，四时到清水，宿店。今日行六十里，一路风物更美，山之峭，水之湍，林之茂，都当入甲等。水副官导游晒经滩寺，谓是玄奘遗迹；然彼何由至是，当是番僧取西游演义中神话附会之于此耳。出，游风洞，七时许还店。夜中坐炕上听流泉声，杂以雨声，更觉凄怆欲绝。

十五日：八时半启行，冒小雨，十时半至土门关，此是明边墙二十四关之一。入关以后，平畴绿野，列树长沟，颇有北平乡间气象。下午一时到双城镇，入店小憩。自清水至北，云四十里，实五十里。进食后行，六时许抵临夏县，即旧河州，又四十里。进西门，至民众教育馆卸装，张县长铸荆等来。以夜中谈话多，又失眠。三日来所经亦皆藏区，而不感其特殊，则以此为往来大道，同化自易，犹之在平绥路上不见蒙古人之原来生活也。

本文节选自顾颉刚著《西北考察日记》一文，见中国人民政治协商会议甘肃省委员会文史资料研究委员会：《甘肃文史资料选辑·甘青闻见记》，第28辑，兰州，甘肃人民出版社，1988。

陇游日记（节选）

王树民[①]

洮州日记

岷县临潭途中

民国二十七年五月十一日　晴，下午阴。六时起床，七时自西大寨动身。五里至冷地口，暂别洮河，行于山沟中。又五里至关上，为岷县、临潭交界处。又五里至高楼村，约二十余家，小学一所，墙头贴合作社布告，令社员每人植树十株。途逢种牛痘者二人，四川籍，每年春季前来，每次取费一角云。更进至三岔，小憩。去西大寨已三十五里，地当红石崖、直沟、黑松岭三沟之会点，居民约二十户，初级小学及义务小学各一所。初小有基金三百元，以二分生息，年得六十元为经费；义校经费则为政府补助一百二十元，由县转发。人民交易均须赴西大寨，与藏民往来

① 王树民（1911—2004），字逸民，号曙庵，笔名立人等。1911年生于武清县（今属天津）的一个书香世家。1931年8月升入北京大学历史系本科，其间深受顾颉刚影响，与杨向奎、胡厚宣、张政烺等组织潜社，出版《史学论丛》。自1937年至1951年，先后在陕甘青巴蜀等地十三个单位工作，主要从事文教、编辑、史地研究，发表论文多篇。中华人民共和国成立后，担任河北天津师范学院史地系教师等职。著作有《中国史学史纲要》等。

甚鲜。村头有小庙，祀杨四郎而称之曰龙神。离三岔，循左首之黑松岭沟进，五里至岳家河，居民不过十余户，与三岔为一保，而耆老数人出村迎接，置香案，以糖纳颉师口中，要求“立学校”！肫挚之情，为之感动不止。吾国教育之发达程度虽去理想水准尚远，而人民向慕教育之心理则可信其已十分普遍矣。又五里至黑松岭，踰一小山梁，东侧有小丘，云为潘仁美之墓。不知杨家将之传说何以盛行于此地。自冷地口至此约三十里，山间本遍布松林，旧称“黑岭乔松”为洮州八景之一，即谓此也，前年岷县某军驻防于此，砍伐一尽。此去临潭尚有三十里。过戚旗，越白土坡，是为岷、洮间第一大山，高度约二千八百六十公尺。登高一望，万山纠结，其中一特立孤秀者曰朵山，一名大石山，临潭城即在其东十里所。下山抵扁都，去临潭尚有八里。又五里至寇家桥，临潭城已在望矣，移时遂入城。

今日之气候变化，颇有令人感兴者。初行时如常；过高楼时渐热，仅着夹衣；至黑松岭，忽乌云蔽日，狂风飙起，骤转寒如初冬，加毛衣后仍不耐；抵扁都时，则云散天晴，复酷热如初矣。温度随日光之有无及风向而变化，一日可兼数季也。自西大寨至白土坡间之地层，土石杂积，显为曾经山崩之变者。土石均为西北习见之黄土及砂岩、页岩等。白土坡附近更有冲积层掩覆其上（非现今河道），则地壳变动之时间当甚早也。

临潭城关

十二日　晴。临潭县清为洮州厅治，属巩昌府。今城建于明洪武十二年，通称为新城，其西六十里有故［古］城，称为旧城，分握境内之政治与商业中心。新城西南三十里之卓尼，为藏民政治信仰中心。三者适成鼎足之势。县境原甚广大，然其中八分之七为藏民区域，属卓尼杨土司管辖，自去年卓尼成立设治局，地图上之形势大为削缩，实际上于县政则无影响也。全县人口共七千五百余户，四万二千余人。物产以农畜为主，尚称赡足，惟以迭遭丧乱，元气一时难复。城周凡九里，北圆而南方，北半建于山巅，碉楼相属，望之如长城然。辟五门，东、南、西、北四门之外，西北角更有一门曰水西门。城关居民约三百户，城内偏于东南一隅，均汉民，以十字街为繁华中心。城外麇集于南关，均回民，原为商业中心，舍宇整齐，新城十日一集（逢一），即在其地，十八年（1929）国民军驻此，与回民冲突，城内外俱付之一炬。今行于其地，残壁颓垣，触目荒凉之态，入于城中，颇有大而无当之感。

临潭之教育

晨起床后，即有多人来会，陈述地方上对教育之需要，颉师与约容日开会讨论之。旋即参观各学校。东街小学为县立完全小学，全年经费一千一百六十余元，以基金生息及捐项充之，现有学生一百八十余人。然成绩最优者，则推私立成德小学校。该校为地方有志教育之人士所办，已有十年以上之历史。校址在西街，宽裕足用，经费年共七百余元，由基金生息及县款补助。现有六级，学生一百五十余人，正副校长二人为义务职，教员五人，均为中等以上学校毕业者，师生精神甚为振奋。女子完全小学在成德学校之西，借用文庙旧址，成立于民二十三年，经费年八百七十元，今仅有学生三十余人。回民学校在南关，今年甫成立，经费年需三百元，尚无固定着落，现赖捐纳为主要来源。职教员均义务职，学生不收学费，并供给书籍制服等，今方有一班四十余人，校舍亦在扩建中。以上均为临潭学校之特然可举者，至普通初级小学，闻每校经费年仅六十元，一切在内，其简陋不难想见也。较有基础之学校如东街、成德等，教员薪金月仅五元至十元，亦殊令人惊诧不已。边地教育之艰难，盖有如是者矣。县立图书馆在县政府对面，成立于民国二十三年，有《四部备要》一部，已残，每年经费二百元，暂维残局而已。城西部之中山林，原为清抚番同知衙门故址，民国后改为县署，民十八年兵乱，堂庑尽毁，县政府遂移今址。其地有明初将军李达手植之树，本年复广植新株，将来可辟为公园也。

阎家寺

去此东北三十余里，有喇嘛寺曰阎家寺。寺中高僧宋堪布，曾留藏多年，在色拉寺考取堪布之位。去年博峪[①]事变发生，杨土司遇难，今春被礼聘往卓尼，主持卓尼寺。以后日（阴历四月十五日）为阎家寺大会之期，特赶回参加，适于今日抵此。遂随颉师前往拜会，承邀明日同往观会。

十三日 上午晴，下午雨。上午因有酬酢，傍午始动身。出东门，经寇家桥，至哈家滩（音 hā gā tān），浓云渐布，至李岐山，雨大至，遂入路旁小学校暂避。二村居民各有五六十户，均汉人，小学各一所，藉民房为校舍，实私塾之变形也。雨少止，复登程，余幸携雨具甚备，得无虑。前行曰马饮河，山沟长二十余里，水草丰美，宜为牧场。沟尽端有高山曰十八盘，陡而峻，逾山即为阎家寺矣。颉师因雨留宿于马饮河，次日始至。

晚餐桌上陈肉菜二盘，盐一碟，蒸馍及油香（一种油炸面制食品）二三样，另有酥油与奶子茶，随饮随斟，盖普通人家之年节食品也。饭后复进酸乳一杯，加糖少许，其味清凉鲜美，食之助消化，益睡眠，惟不惯用者不能多食。制法以鲜乳加热使温，入酸乳或醋少许，即自行发酵而成，状如初磨成之豆腐渣。

十四日 晴。晨起出门一视，云雾弥漫，山头尽蔽，“云深

① 博峪：民国时期文献中又称“卜峪”，因此“博峪事变”又叫“卜峪事变”。

不知处”，确为山中特有之景象。大会会期为阴历十五、十六、十七三日，而今日（十五日）为正日。善男信女早已云集，僧舍及附近民宅均告人满，当不下千数百人。寺外道旁亦布满临时货摊，约数十摊，货品以零食、饴糖及乡人所用之线带、木梳等为主。早餐方毕，有二藏民登楼，于门下向宋堪布恭行三叩首礼，堪布以手一一微抚其额，藏人即满意而退，其意盖谓已得佛之赐福也。旋与颉师、堪布等同出参观经堂，民众纷立道旁，争向堪布致敬，堪布微微答礼，致敬者似均满意无极，寺僧及民众平日对堪布皆称“佛爷”，执礼极恭，可知宗教力量之入人者深矣。经堂顶起脊而四壁则为立体式，其构造乃汉藏合璧也。内陈铜铸、木雕、布绘之佛像甚多。大会旋即开始，先之以晒佛像。巨像一轴，银地金彩，长七八丈，广二丈余，自房顶展至院中。展像前，喇嘛均着法衣，戴法冠，诵经念咒，并作种种法式。展像时，锣鼓齐鸣，仪式甚庄。展布后，复诵经咒，作法事，然后卷收。其下遂开始跳神。跳神一曰跳护神，护神者，佛之护卫神也，其用意所在，似为正神示威足以镇压邪魔者。是日共跳十种，童僧十数人，化装或作人形，或作兽形，婆娑神舞，以锣鼓为节，亦殊别具境界。惜于情节未能尽悉，但知其一曰“斩护神”，演护神斩鬼之事。相传鬼者乃年羹尧也，清初年氏率军平定青海，曾戮塔尔寺之八大喇嘛，今寺前有一列八塔，即被难者之墓，故年氏最为藏民所痛恨而演成斩鬼之节目。是日之护神饰一鹿，为护神中位最低者，意谓于邪魔鬼物虽法力最低者亦足以降之也。最后一种曰“十二护神”，为人数最多情节最热闹之一场，察其意更似纯为示威性质者，余则不能详矣。跳神结束后，时已下午，将作法事所用之草架及面物等，由鼓吹相伴，抬至寺前焚之。于是一日之会遂终。

阎家寺之来历，寺内外人士均不详，志书惟言：“阎家寺僧正阎苏奴达节，居城东三十里，现今无力承袭，厅房无案，故其顶辈管境，无处考察云。”余于大经堂后之藏经阁墙下得短碑三，从而略知一二。其一为《建修阎家寺碑记》，雍正十年立，分用满（满、蒙文余不能辨，以其列于三种之前，又时在清初，故以为满文）、汉、藏三种文字书镌，甚简略，要称动工于雍正元年，完成于七年，藏经阁一座，内列全部藏经，佛像满堂，外房二十八间，并记有帖尔浑扎萨克大喇嘛及陀也喇嘛二人之名。其二为《阎家寺查明常住地土碑文》，光绪十七年立，内语有云："阎家寺，因守寺者命名也。先年所置买常住田土二百余分，旧例有僧耕种，无僧交回本寺，年湮流弊，偷行典当者往往有之。延请本处公正绅耆，逐细查明租税花户姓名，并每年每月应供茶、盐、酥油，以及应纳租粮与草山银粮，本寺造清册三本，花户各发文契，且有合缝图章，以防将来流弊。……"又列其四至云："东至大滩、石咀为界，南至红水泉为界，西至大阳坡山顶为界，北至苏沟、药水泉、石咀、齐□□（二字不明）口各为界。"另一碑为铁铸，制于康熙四十五年二月，内容为协镇陕西洮岷巩秦阶文等处地方前总府《招集流散僧家归寺告示》，大意谓："阎家寺僧家因头目阎端竹派中茶马苦累，以致寺僧流散，寺院倾颓，经召集归寺之后，免其所苦累者。"故僧人铸为铁碑，以存永远。以此与《建修阎家寺碑记》比观，可知康熙晚年阎家寺曾一度衰落，至雍正初年始重振声光。则其寺之初建，恐最迟亦在明代矣。现寺内共有压床六人，高僧十余人，罗汉六十余人，徒弟约百人。压床为高僧所充，三年一任；总管事、管事等由罗汉充之，一年一任，均以四月十五日为交替之期。按寺内僧人似无如此之多，想系连云游在外者而言之。又压床每寺均为一人，此则特多，或为并曾任压床者而计之也。僧人汉、藏各半，如宋堪布即为汉人，亦可见汉、藏消长之迹也。

宋堪布之为人，温文尔雅，深具宗教家之风度，然其昂欠（藏语谓佛爷居室为"昂欠"，也译为"昂谦"）门上有钟馗之像，室内壁上悬有关羽像及藏文印章排成之大双喜字各一幅，此虽未必出于信奉，要为其观念中所存者可知也。又跳神最末一场之十二护神中，除最尊者为观音（千手千眼佛）及文殊，最低者为妇人及方神（随意饰拟，此饰一鹿）外，其中间竟有财神与文昌二神。盖喇嘛教在此间已失去其单纯性矣。

洮城片影

十五日　晴。上午九时，启行返程，逾午抵新城。自临洮登程以来，即时患牙疼，自岷启行后，疼尤剧，今日决稍事休息。

晚餐后独行出西门，转西北行，入水西门而归。西门内外均废墟残壁，凄景迫人。讯之野老，其地原居回民，内百余家，外四十余家，十八年之乱，尽化灰烬。城外有重兴寺遗址，藏名竹当恰盖（《赵氏宗谱》言为吐谷浑寺）。创始于唐，历宋、元二朝，至明洪武十二年重修，敕名重兴寺，宣德间更立僧纲司以主其事，其后历代迭有修葺，同治间毁于乱，今仅余明成化、清乾隆间二碑，屹立于衰草荒墟之间而已。水西门在半山间，其内有潭，水澄碧而味微咸，周不过百余丈而极深，无水汇入，终年亦不涸，名龙眼泉，俗称海眼，实一小型之内陆湖也。

十六日　上午晴，下午雨。六时起床。上午在寓所翻阅《洮州厅志》及地方名家族谱、诗文集等。下午一时随颉师出席县城各团体所开之联合欢迎会。颉师讲话，详申此行之目的及一路观感，剀切指明应行补助各点，补助以开办设备费为限，经常维持费须由地方自筹之，以期合建事业。至临潭地方应行发展者，除基础教育之小学校及民教馆须分别充实成立外，更宜注意职业教育及协调种族宗教关系，前者所以准备发展畜牧、农、商等事业，后者则谋消弭地方矛盾于未形，均极切要之论也。

会后独登凤凰山，山在城东北隅，城内最高之峰也。造巅四望，山势错杂，仍以朵山为最奇伟。

晚，摘录《厅志》。

十七日 晴。昨今粗阅各书，杂记所见如次。

《厅志》成于光绪三十三年，主修为抚番同知张彦笃，编纂采访为邑绅包永昌等十余人，凡十八卷。所阅者为民国二十三年卓尼杨土司重印本，分订四册。张氏序云：“局开于丁未八月，至十月而书成，前后计七十余日。”令人不无速成之感，然内容编摭尚称审富。序又云，“偶然有披图之想，考志乘则故府无有存者，从搢绅家借观之，又以兵燹之余，片纸只字荡焉无存。”可知洮州志书久已为难得之物矣。然书中颇称旧志，如卷二《形胜门》白石崖条下云：“即旧志所谓‘洮州形胜，白石峙其西，黑石距于东’是也。”又《山川门》度周川条下云：“旧志云：‘在临洮塞外，龙涸之西。……’”又《古迹门》甘松城条下云：“旧志云：‘甘松本生羌地，张骏置甘松护军于此。……’”则其时当曾见之，惟或不完耳。赵维仁《继园诗钞·八景诗序》云：“予于同治五年得明万历时邑庠生张志志所修旧志一本。”此则旧志之可考者也。杨氏之《重印缘起》云：“《洮州厅志》纂修方竣，适逢甲寅（民国三年）白狼之乱，版焚于匪。……予治军枌乡，每于军书旁午之中，考古证今，遗为缺憾。随多方购求，旋得原本于野士之家，厚酬而携之归，付梓成帙。……”然余检卷十三《列女门》杨权氏条，记民国三年“白狼”入境临潭城陷之事，则书中颇有为杨氏或野士增饰之处也。地方人士表示，本当更修续志，惟以年来人民生活困难，又事变纷杂，故至今无问津者。

《厅志·灾异门》详记明代以来地震水旱之事，想为地理家所乐闻，虽似未尽备，当不失其参考价值也。爰为分类录之如后。

一、地震三次

1. 明成化二十一年闰四月癸未，地震有声。

2. 明嘉靖十九年庚午，地震。

3. 清光绪五年五月初十、十二日，地大震。

二、山崩六次

1. 清光绪元年七月，旧洮东明山崩。

2. 清光绪二十五年，旧洮东明山崩。

3. 清光绪三十一年，旧洮泉古山崩。

4. 清光绪三十二年五月，西乡莽湾山崩。

5. 清光绪三十二年六月，端沟山崩。

6. 清光绪三十二年七月，陡芽山崩。

三、雨雹及大水共十三次

1. 明弘治二年四月辛卯，雨冰雹，水涌三丈。

2. 明弘治四年四月己酉，雨雹及冰块，水高三四丈，漫城郭，漂房舍田禾，人畜多淹死。

3. 明弘治八年七月乙酉，雨冰雹杀禾，暴水，人畜多溺死者。

4. 清道光二十三年六月癸未，大雨雹，伤稼，刘顺川最甚。

5. 清光绪十一年，旧洮大雹。

6. 清光绪十三年七月初二日，东乡上占旗、石门口，北乡浦家里皆大水，高数丈，漂禾稼，溺六畜无算。

7. 清光绪十八年六月，北乡大水。

8. 清光绪二十七年六月二十二日，东乡雨雹及冰块。

9. 清光绪二十九年五月十七日，南乡大雨雹，杀禾稼殆尽。

10. 清光绪三十年六月，霖，初一至初六日止，民舍皆漏，洮河溢。

11. 清光绪三十年六月初三日，北乡大雹。

12. 清光绪三十一年五月，北乡大雹。

13. 清光绪三十一年八月初三日，西乡大雨雹，杀禾稼树木。

四、旱三次

1. 明弘治四年，旱。（按是年四月大水，见上）。

2. 清光绪十八年，东乡大旱。

3. 清光绪二十六年，旱。

五、大风一次

1. 清光绪二十九年六月十九日，旧洮大风，树多摧折。

六、夏大雪三次

1. 明天启七年六月，大雪，压折松树。

2. 清光绪十年六月二十五日，大雪，谷尽压。

3. 清光绪十三年七月初十日，大雪，深尺余。

七、大有年一次

1. 清光绪十九年，大有年。

八、饥馑九次

1. 清乾隆三十六年，大饥，民多饿死。

2. 清光绪十年，饥。（按是年六月大雪，见上）。

3. 清光绪十三年，饥。（按是年七月大水，复大雪，并见上）。

4—9. 清光绪二十七年至三十二年，皆饥。

临潭之族谱与明初移民

所见之族谱有金氏、赵氏、包氏、杨氏、陡氏等五种，参以口头谈话所得，知此地居民多为明初自苏、皖等地迁来者。或著明其先世里居，大都有指挥、千户等功名；或则仅称为明初自南京应天府苧［纻］丝巷迁来者。盖明初对此地之移民有二类，一为平定地方之将士，即令其就地屯田，故本籍多可考，是为前者。

如赵氏原籍安徽凤阳府乐善乡，永乐元年以平定吐谷浑来洮，二年奏功，“旋奉旨以世袭掌印正千户留洮，遂家焉”。包氏原居福建上杭县，“明初以武功授指挥千户世职，封武德将军，管理屯军，隶洮州卫”。均为明例。今境内村庄多以旗名者，如戚旗、朱旗、马旗、韩旗等，不下数十，是其遗迹也。另一类为纯粹遗[移民的遗留者或后代]民，当在地方既定之后，自人口稠密之江南，大批移民以实此虚边。苧[纻]丝巷或为其时集合之地点，犹北方之有山西洪洞县大槐树移民处也。故其本籍多不可考，是为后者。口头访问所得多属此类，如杨氏亦其一例。

西北之稀姓与命名

西北之稀姓颇多，来源则多不可考。陡氏《中郎世裔宗谱》之首有同治丙寅年（五年）熊其光（字仙锄）序，略云：“予尝考《稀姓谱》而知陡生之由来大矣。黄帝以二十四姓立宗，厥后百有余姓，凡七姓入于西域。单于宗族抖力作以，以月氏之变流入中华，抖遂仕晋为中郎将，易‘抖’为‘斗’，旋易‘斗’为‘陡’。生其后裔乎？”陡氏自称先世以商自陕西礼泉县李马村迁来，迄修谱时（同、光间）已七世矣，则其迁来当在清初。是否即抖力作以之后裔虽不可详考，要之，稀姓多由别族汉化而来，则较为可信者也。命名亦多奇异者，前日在阎家寺一匾额题名上曾录得多名，兹顺附于此。淡一斤哇，以初生婴儿之重量取名也；阎财神代、杨和尚代、何阎家代，取吉祥于神佛或人家也。马羊保成、林菊花成、窦土成，取吉祥于事物也。毛七五扎什，“七五”者，小儿初生时其家中老人之寿龄也，名之以取吉祥。此外有杨云次利、卢更吉梳努等，则藏名而冠以汉姓者也。

诗文中所见之同治变乱

诗文集三四种，多平凡，以《继园诗钞》及《味雪诗存》二书为较佳。前书著者赵维仁，字心泉，号继园，咸、同间人，赵文炯君之祖父也。文炯字明轩，曾肄业于北京大学地质系，现在本县经营商业。《继园诗钞》为未刊稿，余稍读之，前半多欢忻鼓舞之词，后则多怨，盖时使然也。其《天将雪》一阕云:“天将雪，密云惨淡风栗烈，路南路北行人绝。雪纷落，富家邀客酒同酌，贫家无薪衣又薄。雪渐狂，釜底昨宵已无粮，忍寒出门谋升斗，赤手归来身欲僵。雪不止，饮泣埋头犊衣里，大儿号寒小啼饥，四支卷缩不敢起。”自注云:“为潘某作。”贫民生计之艰窘情态，可谓显示无遗矣。《味雪诗存》已梓行，凡四卷，仅得见其三。著者陈钟秀，字辉山，亦咸、同间人。其《伤洮州》一首云:“不见干戈七百年(自注云:“洮自明定鼎，迄今七百年，不见干戈)，忽教城市满腥膻。防边自古推严邑，旷野于今剩土田。白骨何人收道路？青山无主锁寒烟！伤心万户归谁屋，犹说将军唱凯旋!”《继园诗钞》亦多伤乱之作，兹录其《书感》七首之五云:“二百升平岁，我朝治最隆。数夫攘臂起，遍地生刀锋。白马方将灭，黑山复称雄，迁延周一纪，十室九家空。惟见苍黎血，时涂草木红，虽存孑遗在，逃窜逐飞蓬。幸赖吾皇圣，推毂命上公，特诏明剿抚，枭獍竟痴聋。岂其遭阳九，难言变理功？人生当此际，的是可怜虫!”“百道纷出师，军粮一何剧！救民水火中，国帑原不惜。扰扰数年来，司农竭无策，小民争乐输，看看势窘迫，纵怀卜式心，奈少石崇力。辛苦行间人，晨昏无饱食，伟然壮士容，消瘦如鹤瘠，枵腹固不辞，嗟嗟复荷戟!”“南地肇干戈，征兵西北界，西北寇又起，捍患苦无奈。一人倡乡团，到处招乞丐。问孰主斯师？强梁众推戴。列名非不多，缓急实难赖，风声鹤唳时，弃甲仍抛械。饥则归行中，饱则逃队外，赏则争言功，罚则各诿败，所恨糜钱粮，翻添焚掠害。国家幸永清，何处安此辈？搔首一思量，泪下如珠大！”“麾下万貔貅，岂其尽忠烈？谁登大将坛，巍巍秉斧钺！刑赏诚严明，可使入虎穴。奈何协师中，错铸九州铁！甘苦不与同，功过不与别。强敌一朝来，奔窜如河决。公然返故乡，邻里俦敢说。下既误苍生，上尤负圣哲。嗟嗟食人食，仓卒如胡越！”“年年苦兵戎，尚谓在远方，今岁氛何恶，烽烟满故乡！巩秦如累卵，河狄若探汤，洮水周遭处，强半成战场。一村逢杀掠，连郡势仓皇。绅士严城守，商农执剑铓，可怜妇与女，觅死苦不遑。火炮宵偶发，起视心茫茫，那知度一日，恰似三秋长！”二人之诗皆就同治年间清统治者镇压西北回民反抗之事而言，于人民所受之痛苦与损失，亦皆直陈无隐。赵氏于所谓“乡团”与“协师”（清朝在洮州驻有协台，故地方常驻军队称为“协师”）之腐败情形，尤为刻画尽致，堪称纪实之作也。

临潭概观

全县概况，山地多而平地少，比例后者不及十分之一。高度平均约在二千二百公尺以上，故终年温度甚低，夏衣竟可不备。夏秋之交，气候变化尤剧，多疾风雹雨，其来甚骤，莫可预防，禾稼遇之则摧，故农民深以为患。农产物以豆、麦、青稞、燕麦、洋芋（马铃薯）等为主。蜂蜜亦有相当出产，每斤价一元二三角，药材次之。北部山中盛产木材及各种兽皮，莲花山为其中心。畜牧则以牛羊称最，前者全县约万余头，后者倍之，价格为四十元及二元上下，土山多草，牧地随处可得也。农田偶有灌溉之渠，仍以旱田居多数，惟有所谓沙田者，为西北特见之物。法以粗沙及卵石铺置田上，可保持田地之湿度、温度，并防止土中之碱质上升，收成每斗地可得粮八九斗，倍于普通旱地。故谚云：“沙压碱，刮金版。”惟地既蒙沙之后，不能深耕，故不能永久使用，铺沙一次，最良者约可使用五十年，一般为三四十年，而铺沙工作则极为繁重，须费尽人力、畜力，积篑而成。故谚又云：“累死老子，富死儿子，饿死孙子。”土质以色分有黑、红、黄、白等四种，黑、红为上，黄、白为下。

境内人口之分布，汉民约占百分之七十五，散居全境。回民约占百分之十五，除新城南关外，以旧城附近为最多。其余百分之十则为藏民，居于卓尼接壤处及东北部与北乡各地，多已汉化，阎家寺附近所见者即其例也。汉民妇女服饰大致与岷县相似，惟发上多罩以白布，疑以多风之故。

午饭后同登鼓楼。楼在十字街北首，明万历十二年李昫建，同治五年毁，十年邑人重建。高凡三层，临眺四方，全城在目。

临潭至卓尼

十八日　晴。六时起床，九时动身赴卓尼。出南门，逾大路山，至侯家寺。其本名为圆成寺，俗从僧正之姓而称之也。现有压床一人，高僧四五人，罗汉徒弟等共七八十人。压床之外，又有所谓经头者，罗汉充之，犹学塾之有大学长也。每年正月十五六日为其会期，每隔三年之正月十九日，有大会曰“打仗杆”。走施助［主］，高僧每人每日可得洋四角，罗汉一二角不等。寺产若干，人民承种，每斗地向寺年纳粮川地五升，山地三升。附近有藏族十余户，属其管辖。草草参观后，复上路，经上寨至红堡子，有私塾式之小学一，入内稍憩。复进，经马厂沟，逾一小山而抵上卓。上卓去新城二十五里，距卓尼五里，为县、局交界之处，西去旧城三十五里，新城往旧城之大路，即于此分途。其地为一极狭之山沟，居民四十余户，均傍沟为舍。有代用小学一所，学生十余人，简陋至不堪设想。自此顺沟直下，即达卓尼矣。

卓尼风景优美，在兰州时已有所闻，自岷西上后，更以日近胜境为幸。私忖临潭既与近在咫尺，想亦必有足观者，遂虚怀以待。然自入临潭境以来，一路均黄土童山，即平地亦少树株，反致心情疑怛不定。过马厂沟小山后，去卓尼已不过六七里之遥，乃仅上卓村前山头有松林一丛入目，此外更无所睹，山回路障，惟见巨石当途而已。转折里许，忽瞥见远山呈苍郁之色，显有殊于往所遇者，心知其为卓尼之山矣。复进数里，路忽右转，豁然开朗，卓尼城出现于目前，然除有远山聊近慰意外，左右之荒枯依然也。入于城中，南、西二门，相距不过里许，设治局即在城内，司令部及禅定寺在城西矮山上。颉师为宋堪布所邀，寓于寺中，余与同行者则寓于南门外柳林小学内。卓尼之幽姿，于赴柳林小学时，始得略接及之。

自南门至洮河滨约半里许，有新筑马路贯通其间，宽直平坦，道侧绿杨夹峙，学校即在其西。校门东向，右为参天巨柳，间以杂树，掩蔽河滨，左侧麦田新绿，碧野平畴，更无余色。道左为广场，与学校夹路相错，场之外亦为平畴与绿林，而隔以一小径并土舍数间焉。洮水横亘于南，素波激湍，蜿蜒东逝。对岸高峰连天，自巅至踵，遍布苍松，郁郁葱葱，如锦绣长屏，即上卓路上所瞥见者也。北岸之西、北、东三面，亦均有山相绕成环状，惟西面之山低平，然俱无树木。环中之地虽不及一方公里，而自然配置之清幽雅邃，能令游者望影息心，尘虑一涤，入甘以来，以此为初睹矣。土人云，藏区风景尤为秀丽，此不过如初踏园门而已，闻言更为惊羡不止。

卓尼杨土司及博峪事变

十九日　上午晴，下午雨。卓尼夙为杨土司统治之地，清代属洮州厅管辖。去年发生博峪事变后，建立设治局，以为设县之阶梯，而仍保留杨土司“洮岷路保安司令”之名义。地居甘肃省之西南角，西与青海蒙藏牧地相接，南与四川松潘为邻，东界西固、岷县、文县，北界临潭、康乐、宁定、和政、夏河等县局。境内旧分四十八旗，藏民数目尚无确实统计，约有万余户。其生活情形、汉化程度及与土司之关系，皆随地而异。一般言之，居近汉人者，其汉化程度亦较深，地近卓尼者，其关系亦较密。总观其生活，业耕稼者约占十之三，业畜牧者约占十之七，亦即汉化深浅与关系疏密之比例也。

昔日洮州境内统治藏民之官府甚多，有“三土司，五僧纲”之称。三土司者，卓尼杨土司，资堡昝土司，着逊小杨土司也。五僧纲者，牙当寺赵僧纲，麻儞寺马僧纲，卓洛寺杨僧纲，侯家寺侯僧正及阎家寺阎僧正也。僧纲、僧正本为寺官，因寺产多由民佃，故亦兼得治民之权。八家之兴起均在明代，至于今，资堡、着逊二家已衰落为小康之世家，卓洛杨僧纲则已几伍于贫民矣，惟卓尼杨土司尚能保持其巍然之势。故除杨土司及距离较远之牙当寺赵僧纲外，各家及其辖民多已划归临潭县矣。关于土司、僧纲之源流与世系，余将别撰专文以纪之，兹仅志二日间之见闻感念于后。

卓尼四十八旗，依相沿习惯及其位置所在，可分为八大部，曰：七旗下，四什哈，北山，上叠部，下叠部，黑番，洮上各旗及洮下各旗，七旗下在卓尼附近，四什哈在旧城附近，均为与土司关系最密切者。其次，洮河上游及下游各旗关系亦尚较密。北山在四什哈之北，叠部（俗作铁布）在南方叠山与白水江之间，自西而东，分上、下二部。此三部与土司之关系已甚疏，而其人则极为强悍。“黑番”在东南方，夹处于武都、西固、文县及四川松潘之间，距离为最远，关系亦最疏，本为岷县多纳赵土司之属民，赵氏亡后拨归杨土司，人民亦较柔顺，故无多事可称。

人民对土司之义务为纳粮及服役，役分兵役及差役二种，差役只近处藏民有之，远处则无。所耕之田，主权属于土司，人民耕其田而服其役，准耕不准卖，不续耕者则还之于土司，另授他人，粮额每户年纳一斗半，麻钱五百。供寺院用者曰“香火田”，供土司用者曰“兵马田”。兵役为有事即须应征，一切马匹器械概归自备。差役为轮值，每班四十人，半月一期。观其所施，实有古赋之遗风。惟田地虽有禁止私卖之制，然年久令弛，又以藏人多出家为僧，人口不殖，故私让与汉、回人者，所在多有，土司方面，因赋役无缺，遂亦任其自然。今藏区边缘数十里之间，多为汉、藏杂居之地，其由来与方式，即出于人民间之和平授受也。

自地形方面观之，其地适居黄河、长江二水支流之洮河与白水江（嘉陵江西源）之上游。洮河藏名碌曲，自西倾导源，东流经本区之中北部，两岸支流甚多，洮河水量之大实自此始。白水江藏名舟曲，亦称白龙江，发源于本区西南方之郎木寺附近，东南流，过西固、武都及文县境，经碧口入四川，于昭化县东北与嘉陵江东源相会，即《禹贡》所谓“西倾因桓是来”之路也。二水之间有大山曰叠山，高度超于雪线之外，自临潭来此经大路山时，遥见白山与浮云相乱，庄静雄奇，有令人 ·印于心而永磨不灭者，而山势之重叠相障，尤为生色，叠山之名，信不诬矣。山南之地即叠部，古叠州（北周建德六年置，隋废，唐复，后没于吐蕃）之遗址在焉。境内崇山峻岭极多，高度均在三千公尺以上，山间林木密布，牧草丰肥，实为国家蕴蓄无尽之宝藏。林木多为松桦，次以杨柳，其中野牲、磨姑、药材等副产物，触处可得，至于涵养水源，调节气候，增益风景等，乃其余事耳。沿河多平地，宜牧宜垦。据云，白水江流域之情形尤佳，气候温和，水源充足，地宜植稻，实为理想之垦殖区域。

杨土司之本职为世袭指挥佥事，始于明永乐十六年，历明、清二代，至民国十四年始改为洮岷路保安司令，受甘肃省政府管辖。有常备兵额三团，共二千人。已故司令杨积庆，字孖余［子瑜］，以光绪二十八年袭职，御下严酷，其时岷县驻军鲁大昌，夙与杨氏有隙，更从而煽诱之，终于演成去年八月间之博峪事变，除杨氏本人被杀外，卓尼全部局面亦因之而大大改观矣。

杨氏之司令部本与卓尼寺同在一处，十七年四月间为河州回军所焚，乃迁于洮河对岸之雁儿里。同年十月间马仲英部来扰，又焚毁之，乃迁于博峪。博峪一作泼鱼，西距卓尼八里，在洮河南岸博峪沟口之东，背山面河，左右有石峡足资控扼，又依险作工事二道，颇为严固，回军曾隔河攻之未逞，杨氏始稍得安全。自是司令部遂常设于博峪。

此次事变之中心人物为杨氏部下第一团团长姬从周，原定计划似以为杀死杨积庆及其子则所望之目的即达，初未虑及当如何以善其后也。准备既定，遂于二十六年八月二十六日夜间（阴历七月二十日）冒昧发动。所图虽成，而无以收拾全局，迁延月余，藏民乃有倡言为土司复仇者。以北山之麻利哇为首，不附姬等者为之应，遂攻入卓尼，直捣博峪，姬氏等猝不及防，逃于其东之大峪沟中，姬某中弹毙命，余众则逃往岷县等地。是为第二次事变。“麻利哇”者，乃其绰号，非本名也。既得胜后，饱取财物，旋即以分配不均而见杀闻。是为第三次事变。计三次事变相续而生，时间相隔不过月余，所获结果惟财破人亡而已。

自事变发生后，甘肃省政府即派省府委员田崑山前来查实处理，结果除以杨氏次子复兴继任司令（长子与杨氏同遇害）以维持司令部之存在外，另成立设治局以为推行新政之张本。杨复兴年方十岁，事务暂由参谋长杨一隽及司令部中人员共同处理。司令部亦仍迁回卓尼寺原址。

卓尼寺

卓尼寺本名禅定寺，建立时代未详，乃甘肃最大喇嘛寺之一，属寺甚多，有“内九寺，外十八寺，七十二小寺”之目，中以北山恰盖寺及大峪沟禾托寺与旗堡寺（一名囊多寺）等为最著。寺产甚富，人民承种曰“香火田”，纳粮如纳于土司者之数，供给寺用。寺内现有僧人数百，活佛二,一名札巴，一名伊利，俱为方转世不数年者。寺内地位最高者为僧官曰禅师，其下有管僧与大小头目等职。管僧司本寺僧人，大小头目司所属各寺事务，大小头目之下更有十七米纳，即班头也。活佛与堪布等则直属于僧官。僧人亦有高僧、罗汉、徒弟等之分，每年罗汉由考试晋为高僧者约五六人云。寺址甚广大，建筑原亦颇宏伟，经十七八年之战乱，卓尼三次被扰，全寺遂尽作劫灰，今虽已着手重建，欲复往日之故观，则非短期内所可奏功者也。今已落成者有殿堂四所：一曰讲经堂，即大经堂，在大门内，高可数丈，壁为白色，堂貌立体式而出檐，内陈各种铸画佛像，纵铺坐毡八列，每列可坐十五人至十八人，诵经时座前陈列酥油及馍，以时进食，不复出堂。一曰念经堂，读经之所也。一曰斩经堂，在大经堂之右，即咒殿，一称护神殿，内悬剥制之野猪一及野鸡数只，下列二熊，均保持其原生姿势，据言旧存本极多，有动物标本馆之象，十七年一役尽毁，深足悼惜也，今所见乃十年来渐积者。殿中广列野牲，其义未详，意者或取其威肃乎？藏民有所争执或须征信之事，每不诉之于官而来此赌咒明誓，以敢于发最重之咒誓者为胜利，盖以此为最有威力之神，对之不敢稍欺也。最后一殿曰萨利哇（藏语译音），为卜算书写之处。茶水炉在大经堂之左，内有巨铜锅四，其大可容全牛，外缘环列汉、藏文字及花纹，其一款识为康熙二十九年造。四锅之中，共起一高突，四壁立橱，以置铜罐铜勺等物，每一罗汉及其徒弟共用一份以盛水浆。除以上各殿房外，尚有僧舍、昂欠及司令部用房若干，或新建，或残余，昂欠与司令部尚垲爽，僧舍则多平卑不足道。此外则院中断壁残垣举目可睹，荒凉之情，未能使游者排之去怀也。

与殿宇同毁于难而为卓尼寺过去最负盛名者为藏文经版二部，此种经版世间只有二份，一在拉萨，一即此也。一曰《钢经》，凡一百〇八本，一曰《禅经》（禅音单），凡二百一十六本，每本三百叶。每年以二版轮流印刷一次，印刷时极其郑重，须先期择日诵经，始能开印。《钢经》每次仅印三部，每部价一千五百元，《禅经》每次仅印二部，每部价二千三百元，自康、藏、青海远至蒙古所需是项经典，均取购于是。而如此贵重之文化瑰宝，竟遭彼无情之惨劫，衷心痛惜之情固非笔墨所能寄者矣！三次破坏之时间，计为：十七年阴历十月二十六日，寺毁；同年十二月四日，《钢经》版毁；十八年五月十八日，《禅经》版毁。此项摧残，非仅藏人寺僧之损失，实人间学界所应同悼者也。

卓尼寺僧官始祖与土司同源，原系僧纲职，康熙四十九年，主僧池莲因贡赴京，敕赐崇梵净觉禅师名号，沿称至今。旧例土司生二子，以一子袭禅师，嘉庆十九年以无人承袭，由土司杨宗基兼摄，是后遂成政教合一之局。去年博峪事变后，省方既以杨复兴继任司令，乃恢复旧制，以其少弟丹珠呼图克图任禅师，而年幼不克任事，于是寺方共决请阎家寺宋堪布前来主持一切。堪布现年六十九岁，思想甚开通，闻颉师此来为考察地方情形设计补助教育事业者，特发议请在卓尼设一义校，令寺中小喇嘛就学，半日读经，半日读书。颉师闻之颇为兴奋，拟于考察完毕后命余前来董其事。余固极爱卓尼之幽美，自与藏民接触后，更感其诚朴可亲，故闻命即欣然受之。

卓尼之教育及其他观感

卓尼境内之学校，现仅有三处，其一即柳林小学，为惟一之完全小学，经费年数百元，学生八九十人，藏民亦皆汉化较深。此外二校分设于大峪沟之多坝及纳麻纳旗之拉浪，形同私塾。按藏民情形有其特殊条件，自未可以一般教育方法施之，故特种教育当与普通教育并重，甚且过之，是不可不予重视者也。

国人在卓尼所办之教育事业虽稀如凤毛麟角，而为西人侵略前锋之基督教会则早于数十年前伸展及此。今卓尼城之教堂凡二所：一为内地会，在城内；一为安息日会，在相距二里许之木儿里。内地会孙牧师，美国籍，居甘已十六年，能操极流利之洮州土话，于地方情形亦十分熟悉，收藏有关资料颇富，叩其教友则仅十余人。以如此荒僻之山陬小邑，竟劳外人躬冒风霜常居其地，而数十年来所获结果不啻为零，则其使命是否专为传教，实有令人不能无疑者，然其不避艰险，孳孳矻矻，历十年如一日之精神，则诚为吾人所应取效者。又谈其教得立足于叠部之故事云，友人某君初往其地，藏民拒不纳，火其屋者凡三，彼皆安之若素，随毁随建，而不废其行医传道之业，终得致藏民之信任。此在国人中实极为罕见，有志于藏民事业者，闻之其亦知所趋乎！

设治局之成立尚未及周年，房屋亦正在建筑中，暂借一民房为办公处所。其发展计划，原则为以贸易方式刺激地方之生产力与购买力。换言之，即以经营商业谋地方经济之发展，而以组织贸易公司控制进出口之方法行之。资本拟定为十万元，官商各半(现已有商股万余元）。经营方式，一为以物易物，一方则设法推行法币，以换回流散于藏民手中之硬币。经营内容与须办事项，首先为林牧，其次为交通与教育。交通分公路与电报电话二项，教育分学校教育与藏民教育二项，详细办法尚在拟议之中云。此项计划，余对地方之认识尚浅，无可详论，但感其原则颇肖十九世纪以来帝国主义者与中国间之关系形式，倘果竟如此发展，恐非国家之长久福利也。

卓尼附近巡礼

二十日　上午晴，下午阴，晚雨。《禹贡》导山章："西倾、朱圉、鸟鼠，至于太华。"鸟鼠山在渭源县，而朱圉山则历来说者均谓在今甘肃甘谷县境。清王树枏有《望朱圉山过羲皇故里》一诗，以其与鸟鼠之位置顺次颠倒致疑于旧说，而谓"朱圉"乃"祝敔"之借字，"卓尼"更为其音变。据陈子康之言，提出卓尼附近一形似伏虎之山拟之，以音近而形类也。其说虽为初创，而读之颇觉惬心餍理，今既至其地，为好奇心所使，遂留心访之。在临潭曾询悉即在上卓附近，然前日来此经上卓时，虽注意察之而未见。今日上午无事，乃邀西北防疫处临潭兽疫防治所主任朱建功君同往觅之，各得其所，盖即前所见其顶有松之山也，伏虎之形须自卓尼方面行来观之始显，故上次虽熟视而不睹也。因时间仓促，未能详作调查，仅识其处而归。

卓尼城周约二里许，略如土堡，自上卓流来之小河贯其中而注于洮。居民约百户，辟南、西二门。出南门东南行约二里，有桥跨洮河上曰木儿桥，桥南曰木儿里。西南行亦如之对岸曰雁儿里，即曾一度设置司令部者也，本亦有桥相通，十七年十月间为马仲英部焚毁，今有筏渡以相连络。雁儿桥故址之北端，正当卓尼西面矮山之尽头，余势构成河床，束水为急流如小瀑布状。山头之西部稍高起而屹立于河干者曰白塔山，旧有塔寺，亦毁于十七年之乱，今残壁犹存，地当山河之阻，适为卓尼之西屏，亦一形胜之地也。转过山头，势复开阔，篱舍四五，巨柳成行，马兰遍地，背承高山，面环清流，风景之美，侔于卓尼，名曰索藏。

旧有百户居之，为杨积庆之族弟，民国二十三年逝世，无后而绝。索藏与卓尼间之矮山上有小村曰平角。以上四村——木儿里、雁儿里、索藏、平角——合为外四着哈，而卓尼城内外居民则共为内十二着哈。“着哈”者，本土司亲卫之义，后遂成为区分民户之单位，为直属于土司者，此外之地即分属于各旗矣。

藏民居处，分土房与帐房二种，视耕稼或畜牧而定也。卓尼附近所见者皆土房。屋为平顶，盖受藏式寺院建筑之影响。墙壁用土，隔室用木，坚固宽大。以二三层楼房为最常见，下层畜生，中上层为住宿及贮物之用，屋顶可以行人，稍置盆景即是家庭式之小屋顶花园也。而厕所之优良，尤非内地村舍中者所可及，普通亦为二层，上层惟留一长方小洞，便溺于上而遗之于下，视纳秽于一坑者为清洁多矣。

卓尼至资堡

二十一日　上午晴，午小雨，下午晴。五时半起床，十时许动身赴新堡，沿洮河北岸东行，洮水入峡，路甚崎岖。经木儿桥北首，有碑记云：“斯桥之设，不知始于何代，每届二十余年即行改作。”下叙新桥以甲子（民国十三年）三月开工，英人安献令（甘肃内地会牧师）测量绘图，法人贺尔兹（甘肃华洋赈灾会会长、盐务监督）助款，粤人梁湛枢（赈灾会工程师）任工程员指导一切，仿兰州铁桥形式，下筑石墩而上修木架，落成后更名曰靖安桥。计共用款银九百六十八两，洋一千一百九十二元，大钱二百三十二串文。今桥又渐圮，司令部方派人修葺之中云。随路转折，进至博峪对岸，谷地稍稍展宽。左转登山，过一小峰后行于极狭之路曰羊鼻梁，左高山，右深谷，路曲如线，仅容一骑，诚险径也，乃舍骑步行，逾之即达资堡。一路所经，南岸均松山叠翠，丽景宜人，北岸则荒枯不毛，黯然之情迫人作思。盖两岸居民，南藏北汉，而此景象恰示二种意义，一为人力尚有未达，自然势力犹得完好保存者；一则已尽遭漫无检制之人力所破坏。因复思人力本为世间最可贵重者，而有时则为最可顾虑者，其咎盖不在力之本身而须视其用之者矣。

资堡昝土司与卓逊小杨土司

资堡距临潭县城二十里，为昝土司驻在地。昝氏兴于明初洪武间，永乐初赐姓为昝，万历初晋职为世袭指挥佥事，传至现任土司昝振华为第十九代。振华年方十余岁，在新城成德学校读书，事务由其叔天元代管。本辖藏民七族，四至远达百里以外，以藏民日微，今尚存四十八族二百二十余户。土司之下，有头目二人助理事务，旗族各有“长宪”“总管”“头人”等职事，人民对土司之义务惟每户年纳斗粮而已。今资堡居民三十余户，汉、藏各半，语言亦然，各行其通用者。藏民生活以农耕为主，其次充木筏水手，畜牧反居次要地位。汉人亦多为农耕。地价较贱，川地每垧仅二十元，山地三元左右。前年教育部曾拟设藏民学校于此，性质如完全小学而加授藏文藏语，常年经费定为一千五百元，建筑费一千元，地址材料俱已筹划妥备，适红军北上经此，军事行动频繁，材料尽失，遂致停顿，至今无复办之讯。

临潭城西十五里卓逊，有明授之副千户杨氏驻之，通称为小杨土司。今土司名廷选，亦来此做主人。谈悉属下现有六族四十八户，其中汉民则占三十户，一切生活语言均同于汉人，长宪、总管等职名俱无。按其情形盖犹不如一保长也。

新堡

自资堡东行约十里至新堡。新堡傍洮河北岸，为临潭东南乡之大镇，第二区署在焉。青石山障其东，相距约五里，为通岷要道；北循朱旗沟经扁都至新城；西溯洮河达卓尼。附近川地宽广，农产丰富，为临潭财赋之区，独任全县税款十分之四。地价每斗约五十元。尚无集市，盖临潭全域贫困之征也。对岸为卓尼属下“熟番”与汉人杂居之地，有渡船相通，双方关系颇佳。镇内居民约一百一二十户，均汉人，而河湟变后逃来之河州人居其半，多营小商业，过去有岷县某部驻军于此为之庇，因其军人多为河州籍也，故于剥削农民之余且抗不纳税，地方居民深衔惮之，乡人售物者至闻买主为河州人即靳不肯售，情形之严重可以想见，实地方之内在隐忧也。有初级及义务学校各一所，初校在村东一大庙内，四级一堂教授，教员二人，经费年共一百四十余元，以基金百余元生息，木筏捐提三分之一，及渡船年助二十五元充之。创办于宣统二年，为人力、财力所限，三十年来犹未能扩充为完全小学，村人均深引以为憾事。校后有空地四斗，地主某君情愿以半价售与学校，估计并改造教室建筑新舍共需不过五百元左右，然已为地方之力所不克任，观此乃知民间真正需要与困难之所在也。

藏地情况谈之一

新堡居民多作藏地生意者，晚间访杨树庭君，承述其所知，略记如下。普通作藏民生意者，资本以四五十元至百元左右为常额，二百元即为最多。携布匹日用品等前往而易其木材归，以年往一次为率，盖此本副业，且冬春水浅木材不便运出也。凡初赴藏地经商者，须有熟人为导，认定其中一家为主人曰“认主家”，致送相当礼物曰“按茶”。主家既经结认，以后即可自来，买卖均由主家介绍，极为方便，惟不可相欺，违则见绝于主家，而他家亦即不再受其认矣。礼物以茶、布等为上品，数量视情形而定，不必过多。藏地多林木，价格极廉，计径尺之松，每棵买价约一元，在新堡卖者可得利三分，运至兰州可获利五分，一般以本小力微，多就地卖脱。昔者以数十元代价即可买一山之林，自砍自运，获利最厚。近年附近之林业甚败，虽仍可买得，然乏良材矣。木筏经过新堡有捐卡，每筏收费二角，每年放下之筏约二千副。本年筏捐以三百三十元包出，提三分之一为本村小学经费，余充县教育经费。藏区情形，洮河南岸之大沟以十数，均饶林牧之利，目前最发达者为车巴沟，畜牧极盛，居民约千户。上叠部中最著名之部曰札哈那，地当叠山之扼，为通“南番”要道，山口之路极狭曰石门，两壁陡峙，势极雄险，民亦最称强悍，凡六族一寺，共三百余户，时出劫掠，惟亦可按茶认主家行交易。札哈那之南有大寺曰郎木寺，有土官十八人，不属卓尼土司、寺院管辖，产良马，往求者仅得牡马而不能得骒马云。

洮州之龙王与明初移民

二十二日　晴。六时起床。闲伫村头，东山有庙宇诱人，遂信步往焉。视之，乃一龙王庙。正殿供石牌位，书云：其前之过殿纸书门联云：“昔为常山虎将，永作洮水龙王。”后悉此二位龙王乃明初大将常遇春、胡大海也。按二氏原无武功于此，而明初于洮、岷一带曾大举屯田，其中当多常、胡之部下，积久遂潜移默变为与地方具有休戚关系之龙神。然治海并不在此，乃临潭西北境之一小湖，长十里，广里许，受溪涧之水而委之于洮，林木交映，风景甚佳，西藏藏民朝库伦者经过时，均以银宝投水为祝，其龙王为常爷，即常遇春也。今乃供之于此，“常”字下复误加一“山”字，遂使赵子龙凭空得享意外之供奉，而门联则更直以之为洮水龙王，相去益不可以道里计。不意乡俗迷信，稍加分析，竟亦有如此有趣之演变。

大峪沟与禾托寺

原定今日返临潭，以北乡莲花山一带有匪警传来，遂多留一日。余初拟乘间赴东部洮河南岸之拉浪一行，而相距六十里，当日未能往返，且闻无甚可观，乃改赴较近之大峪沟一察。早餐后启行，代教局长刘君为导，渡河策马，不一刻即抵多坝。大峪沟当资、新二堡间之洮河南岸，水流湍急而清澈，昨在北岸途中，遥望其注泻于洮，有如银条匹练，亘数十丈而不绝，今日亲履其地，情味更觉亲切。多坝在沟口之西岸，居民约三十户，藏民仅四五家，余均汉人，务农为本。私塾式小学一所，成立于民国十一年，校款由沟内各庄居民共负，计每家年出粮一升，大钱一串（原为五百），共可得洋二十五元，粮二石（变价为三十余元），往者司令部年助若干，今由设治局年拨六十元，现有学生二十七人。去年曾拟设一义校，后以无款而罢。

大峪沟以清光绪间为最发达，产物以木、牛、药材（大黄、党参）等为主。民国以来日渐衰微，今全沟分为二旗，犹有村庄十四，凡二百余户，乃其残余也。北部曰冬木索旗，辖四村，自北而南为多坝、拉鲁、霖江下及出蛇。总管驻多坝。南部曰大峪沟旗，有十村，曰杀烈沟、札那、其车、占占、卡部、塔古、丙古、奇部、札力及丫角，总管驻札那。自多坝至丫角凡六十里，住民汉、藏各半，比例约为北部汉七藏三，南部反是，中部则相停。汉人之入居自同治以后始，其方式均为和平转让，要可分为二类，一为藏人因贫穷而出售其产者，一为藏人绝无后（因男子多出家为僧，故极易绝后），招汉人为婿或养子，藏人死后为之送终，即承袭其产，照样为土司纳粮当差，通曰“吃田”。二类中以后者为较多。按藏人之产本无所有权，私让实有干禁例，惟以其出于无形，遂为土司所默认，古代历史多类此者，观此一隅可以三隅反也。居民无论汉、藏，精神均不振作，嗜吸鸦片者甚多。常遭叠部藏民之扰，来者每四五人即可抢劫一村，如去年九月间，牧地有牛五百余头即被其赶去而无如之何。物产仍以畜牧为主，牧场在丫角、札力、占占、其车等地，而以丫角为最大。牲畜主要为牛，价格，犏牛每头约五六十元，牦牛十元左右，每年由洮、岷等地牛贩前来收买，转卖于各地。至其向者衰落之原因，居民自称为：(1) 林木已伐尽；(2) 人民懒惰不努力，且嗜鸦片。然行观山头，林木之盛似不减于他处者，询之，乃年来禁伐之功效也，然材小犹不能售，故未能恢复昔日之繁荣。

离多坝溯沟西岸行，约五里至禾托寺。一路野花缤纷，碧流淙淙，林中时有雉鸟惊起而雊，几疑身入世外之境。禾托寺为卓尼属寺，位于大峪、博峪二沟间之山脊上。万松环簇，寺房层叠而上，宏阔雅静。舍宇甚多，新建大经堂一座，费洋二千元。左近松林均寺产，为用度所资，因施助甚少也。寺中藏有《全宝经》版一部。罗汉五十余人，除汉人二名外均为藏人，后者汉语不甚通熟。僧人衣舍，材料由寺给而自造，伙食仰给于“娘家”。寺内原有高僧三人，最近有自西藏考取回寺者一人曰“该世佛”，汉义犹科举时代之解元也。按“该世”似为“格西”或“姑须”之音讹。跳神大会年共三次，阴历正月十五、六月初四及十月二十五，而以最后一次为最盛。与卓尼寺之关系为压床由彼方派定，罗汉考升喇嘛亦在彼处举行也。寺中无牛，所用酥油均购自民家。在寺中时，高僧一及管家罗汉等数人出陪，并设酥油茶及炒面为敬。炒面乃以青稞粒炒熟磨为粉末制成者，来西北后久已耳熟，然从未一试，今日初尝。取小碗府茶，加以酥油，候其融化，以小杓加入炒面并蜂蜜少许，用五指调匀，而后捏成棒状，纳入口中，余颇甘之，连尽二碗。据云：“此乃藏民之日常食品，藏语曰糌粑，居近藏区之汉人亦多食之。”又云：“普通人家食之仅调以清茶，或惟食干面，再饮以白水，故视为苦味。”则余今日所食者盖炒面中之上品矣。忆故乡——河北——亦有此物，以糖拌食，视为罕物，幼时固尝嗜之，不意其竟为别一区域中多数人民养命之源也。

藏地情况谈之二

晚访尝经商于藏地之丁君谈话，丁君年已六十五岁，夙热心于地方事业。云：昔以资本二百元在大峪沟贩木材，运售于岷县，得对本之利。山中之木可略以大小分三种，径尺以上者为大木，每七八根至二十五根结为一筏；径半尺左右者为中木，每七八十根结为一筏，二者长度均在丈二左右；小木须四百根始结一筏。每筏脚价自新堡至岷县为二元。山中售价，中木每元可购十根云。古叠州之地，气候温和，地广人稀，桃果甚丰，宜种小麦，惟叠州藏民为阻，难入垦殖。郎木寺有上下二寺，上曰三支岔，下曰古地岔，各居一佛。“黑番”本岷县多纳赵土司故属，赵氏始于明宣德时，至清雍乾间，犯法致戮，民地拨归岷州卫、宕昌马土司及卓尼杨土司三处分辖，“黑番”即分属于杨氏者也。卓尼境之西洮河南岸之地曰双岔及西仓，其地五谷不生而多松林，头目唐龙国娃与毛理国娃，分据上、下二寺而相攻。后唐诉于青海马步芳以求援，毛则求援于岷县鲁大昌，马未之顾，鲁于二十四年春派团长顾某率兵前往，不意顾某乃一战而亡，鲁氏遂大举直扑上寺，毁之。唐逃亡南京，向政府控诉，甘省府乃派邓宝珊、裴建准二氏前往调处。结果由藏民偿顾某命价若干，并以一大松林归公，划属于临潭县，然鞭长莫及，有名无实也。

再到临潭

二十三日　晴。六时起床。七时半动身返临潭，循朱旗沟而上。至朱旗稍息，居民五十余户，朱昌初级小学一所，每年经费五十元，粮六斗，由保中公摊，实塾学也。附近有小村曰歪尕嘴，居藏民四五家，均侯姓，与侯家寺僧正及昝土司为同族，今生活衣饰已与汉人无异。十一时许抵新城。

下午闻临潭地方法院院长张君言，迩来临潭司法案件以离婚事件为最多，约占三分之一，案由多为男子充壮丁出征而女方生活困难引起者。闻岷县亦有此情形，是直接有关于抗战者，主事者应有以善处之也。又称其次为土地问题，乃以十七八年之乱回民多失其田地，今回民要求上庄归地，故纠纷颇多，实为最感棘手者云。

再到卓尼

二十四日　阴，晚小雨。余自经卓尼之行后，对藏区深感兴趣，遂商之颉师，离团先行，约以三十日相会于旧城。午餐后遂独行再至卓尼。

路上与临潭县府出差之班头同行，谈悉共有二班，每班十人，无工饷，生活专靠“吃老百姓”。民十五六年每经手一案可得三五十元，今则只能得“按茶”之资一二元，“刁猾”者且硬不给，每月可经手二三事，合计不如前之一事也，言下不胜其今昔之感。

二十五日　上午晴，下午阴，小雨，晚晴。连日奔波，颇感劳碌。今日在寓所休息，并整理笔记资料。

二十六日　上午晴，下午阴。五时半起床，漫步至河滨。细缊之气，徐徐升腾，如丝如绵，如絮如烟，停者为雾，飞者成云，下自水面，上至山头，无不为其活动之所也，而松山隐雾，更有若为薄纱轻遮者。一夜清睡后，复得赏如此优美之自然诗画，心灵宜可无憾矣。

九时赴上卓，将一察王树枏氏所拟称之朱圉山也。自尾部上，至山巅松林旁，遇一牧童，得悉此山为上卓之山神，更无他名。林之东南有一砖砌方墩，方近丈，高八尺许，四无门窗，上插长竿若干，其北面上端横书二大字云“盛德”，其下一联云：“坛埠春风大，神恩由来多。”下山入上卓访问，遇一雷姓叟，据称：“此地本居藏民十家，其姓为李、王、雷、周、宋、郑……等。自祖上敬此山为山神，每家各植树五株，今所殖已十数倍于其初矣。每年阴历五月十五日，十家共同祭神，念经，插竿子（每家一根），以祈神祐，俾地方风调雨顺，人畜安全，田禾无害。”云云。或谓此地山神之设，昉于明逐元后，汉人来屯居，以地多雹患，乃请喇嘛为设山神以祀之。未知然否也。现村内有藏民十家，汉民二十余家，均业农牧。山下另有一菩萨庙，汉人奉祀，每年正月初八日为其诵经酧神之期。调查所得略如是，拟另写为《禹贡》札记以纪之，兹不详论。

约二时许离上卓返卓尼。初天气本晴朗，忽西风拥乌云而上，旋隆隆雷声震耳而起，私忖今日殆难免于“落汤鸡”之厄矣，乃迅步急行，于返抵寓所时，则已云散天开，计途中不过落雨数点而已。四时许阴云复合，雷声更厉，暗如昼晦，意者此次必将倾盆，孰知仅落数点，仍即杲杲出日矣。其时余云未散，双虹现于东方，东山相距不足一里，而虹竟现于其前，学童二五争奔就之，其将趋而摩之以手乎？事诚愚而趣，亦令人悲而悯也。于是策杖郊行，东山下杨土司墓地，荒草蓬蓬，零露沾濡，难于涉足。凭观少顷，反视河滨，暗云掩映，夕照林梢，艳绿夺人；回首南望，碧树青山之间，横敛炊烟一缕，心中不禁暗声叫绝。大自然变化之妙，作态之奇，诚有非吾人所能想像者，更有非笔墨语言所能传述者，惟入于目，感于心，永存之于灵泉深处而已。

二十七日　上午阴，下午晴。五时半起床。六时参加卓尼首次举行之升旗典礼，到场者有各机关、寺院、学校人员与驻军、民众等约二百人，由设治局吴局长等报告及演说，申明国旗代表国家，敬旗即敬国等意义。

拉力沟与朱札七旗

余此次重来卓尼，原拟与留此之刘克让君同赴车巴沟一行，到此后闻其处多居“生番”，语言难达，独往不便，而一时又无伴可结。会甘宁青电政管理局总务课长万幼璞君定今日赴拉力沟视察电政局之林场，万君在北大任事务职有年，在兰州数与相会，遂放弃原意，与克让同附万君之便往拉力沟一游。正午动身，傍洮河北岸西进，经索藏、多罗，踰一小山曰岸儿山，至多家，乘木筏渡河，再行数里即达。

拉力沟为朱札旗境，长约四十里，富于松林，现为卓尼境内木材出产最盛之地。民国七年，电政局以二万元购得一大山之林，专供电杆之用，最近因架设天水一带之川甘联络线，需杆甚亟，故万君亲来勘察督导以利工作。沟内仅有一村，名与沟同，在沟口之西岸，距卓尼约二十里。居民三十三户，均平顶土屋如卓尼所见者。朱札七旗大总丞驻此，托其寻觅宿处，无适当者。村内有富汉曰京客，现年六十六岁，其本名不详，幼时为僧，年长后复还俗，日俄战争时曾远游俄国，后又遍历京（北平）、沪各地，人以其曾居北京，故以“京客”呼之。家藏巨万，实为首户，仅有一女，招婿为子，方生一孩，人口简单不过如此，而广厦三重，可容数十人之居。前年万君来此曾借宿其宅，今再来时乃以无房对，又称杨土司寄物于此，恐有不便云云。初闻其绰名与往事，料为甚开通者，不意竟恰与之反也。幸万君深知其习性，不与多谈，即将行李径行搬入住下。结果，主客之间乃甚安也。

二十八日　晴。六时半起床。访总丞等询问地方情形，一以言语隔阂，一以若辈瑟缩不肯直言，虽经多方努力，终未能尽所欲知，兹略记闻见及揣论如后。

各旗之长官曰“总管”或“长宪”，“长宪”之义为“旗长”，可兼管数旗；各族中有“头人”，均由土司委派。惟朱札七旗之理事者曰“总丞”，民选而官委，乃以昔年民众与土司争讼，胜利后由上官判定特设者，故为他旗所无。而当日争论最出力者为朱札旗中之拉力沟、马底哈及加当三族人民，故总丞之被选权惟此三族中人有之。马底啥在洮河北岸，居民十一户，加当在岸儿山对岸，居民八户，普通村庄居民率若此。总丞有“大”“副”二职，在七旗中为地位最高者。大总丞驻旗内，除转达执行公事外，并可受理调解除人命与盗案以外之争讼事件，副总丞则驻寺内办事。任期三年，如中途不为人民所信任，随时可以更换。现任大总丞名麻次利，本年正月新任者也，前任者为加当人。七旗中又各有小总丞及总管（即头人）二人，由各旗自选，其职务同于大总丞，惟范围较小而已。凡受理讼件，两造须出钱为谢，计大小总丞每理一案为各一串五百文，总管七百五十文，由败讼者共付之。所谓公事，以土司拔兵征马等为主，田粮由人民直纳于司令部，不经总丞之手。

七旗之名为朱札、达力、卡车、阿吾岔、麻录、上下朱盖，皆在卓尼以西洮河两岸，合称为“七旗下”，共约有八十族，六百余户。朱札旗凡辖九族，曰拉力沟、加当、巴路庄，女子庄、雁儿里，以上五族在洮南；哈乩儿、哈谷、马底哈及多家，以上四族在洮北，共一百二十户，除因避难迁来之少数汉人外（拉力沟有十八年自旧城迁来之雷姓及新城迁来之惠姓二家），均藏民，以务农伐木为业。田地普通家有七八斗至二石之间。沟内松林均属于本村，本极茂盛，故能促成年来之发达，惜管理方法十分幼稚，实为前途隐伏莫大之危机。盖山内之木，人人得而伐之，伐下后即为其人所有。买木者可向村内任何人订货，其人即入山寻材，采伐后，以人力、畜力或水力（惟夏季可用）运至河滨，交易遂成，不仅培植无人顾及，即采伐亦滥无约束。村人但知图利，不知植本，其言谓：“藏地林木，自生自长。”一若天地专为藏人生长林木者。此在采伐率未超过生长率时或犹有可说，长此以往，旦旦而伐之，惟有续蹈大峪沟之覆辙而已。今巨材日少，非入深山不能寻得。径尺丈二之松，每棵价须一元二三角，昂于昔者甚多，故中小之木已多被伐云。行于村中，道边积置大小之木累累也。闻其言，睹其景，心中为之牵念不释者久之。

此地藏民虽已稍汉化，然其风情习性犹多如旧。耕牧并重，情形一如卓尼，而汉语之不甚通行，则显为异点。如相见必互道“Dai Mao Yi Na”，意为“好啊?”颇如操英语者相见时之道“How are you？”又遥相呼时用“A Rou！”更似英文之“Hello！”语意颇为优雅。总丞与余等谈话时，相称以“师爷”，至普通与汉人相见则称“掌柜的”，盖皆多年相沿之通称也。而一般汉人每谓藏人心多虞诈，又嫌其固蔽（俗言“死板”）不与外人便，其实一为出于汉人行动之反应，一则其生活本态之所当然也。如使用法币，汉人中之恶劣分子每利用其不能辨识之弱点，予以伪钞甚或冥钞，或以少作多（如一元作十元用），藏民虽诚朴，上当不过一次，再与汉人接，则无怪其多怀虞诈之心矣。今法币在此尚勉可通行，稍远即不能用，根由何在，不问可知。至一般藏民之性格，实可当“笃诚信实”四字而无愧。笃诚之极乃成保守，一事既建，在彼可视为永久如此，且不究其历史，至认为自来即是如此。与之谈话，恒闻“亘古以来，如何如何”者，盖其事物成变之观念殆已不具，由保守而达凝固之境矣。信实之极则转成驯服之性，对于土司有“我们只有一个达达”之言，其委心如此，他可想见。故其社会生活，实为自然经济所支配，一切自足，无求于人，自亦不乐为人所求。其固蔽之性固无足责也。惯于现代城市生活之人，于日常应用物品如未经“未雨绸缪”而进入其地，临时必感“有钱无处买”之苦。余与克让初均未计及此，幸万君携物甚备，得无患。此亦初涉藏区者所须注意者也。

山神为藏民信仰中之地方神，各地俱有之，大小亦随地而异。

此地以每年阴历四月十二及五月十三日祭之，由村中俗人自己念经举行仪式。

上午十一时许同万君及克让步行赴电局林场，地名石墙子湾，相距十余里。途中山头松林遍遮，路侧灌木丛生，绿草清泉，杂花竞艳，时有异鸟交鸣，突破岑寂。山势虽无想像中之雄峻，而翠岭峙列，衬以蔚蓝之晴空，间有云雾蒸腾，或飞或敛。置身此境，惟觉清空爽朗，更无暇作确切之目触耳接矣。自念山水之真趣，盖今乃始领略及之！遂又感富家于崇墉复垣中叠石浚池之毫无意义，真不如以之改作旅费，以时来此等地方一赏也。

电局之电杆，以每根六角之价包与司令部代砍代运，于沟口交货。司令部派定附近各庄“老民”（犹汉人称“百姓”）分砍，每人每日可砍二根，每根发价一角二分，而工作者仅实得一角，二分则由总丞等蚀去也。前来服役者不下数十人，各以庄相聚，询其情形，则除消耗数日之时间外，更须自带工具、炒面，夜间露宿林中，而所获报酬不过数角钱，故莫不叫苦不迭。

五时许登归程，斜晖残照，牧马归群，与初往时之物情心境，显呈不同。松之生长，喜阴而怯阳，故往时山头触目为林，返时则殊寥寥，几令人疑其非产林之区，亦山中趣事也。

返回卓尼

二十九日　上午、下午晴，午、夜雨。六时起床。昨日所经虽颇愉快，而归后精神甚为委顿，或谓为受瘴气之故，实余身体本非健壮，自旅行以来，生活流动，虽适心情，体力终不克胜，故知今日之事但需休息而已。遂决停止考察工作，且回卓尼休息。

傍午动身，沿河阴之路行，经加当、卓尼沟、雁儿滩等地，均风景幽丽，各具姿态者。分言之，加当正当岸儿山前洮河之曲，广滩碧茵，缀以合围之白杨数株，虽有好鸟交鸣，而无害其静趣，倘有桃花数列，即成桃源之乡矣。卓尼沟口巨树参天，深幽邃密，行于其间，恍惚中如徜徉于北平太庙后面之河边柏下也。雁儿里之滩地最广，均已垦成麦田，而河滨多黄花丛树，显豁中尤成其淡雅之趣。

在加当村边见有持杆巡于陇头者，询悉为看田禾者，村中共雇一人司其事，平日轮流供食，秋收后家给斗粮以为酎。如有偷窃禾穗或人畜阑入田中踏坏禾苗者，为彼捉获，即行处罚，罚款自四五百钱至数角一元不等，随情节而定，罚款即为彼所有。

雁儿滩在雁儿里之西北，杨土司之故宅在焉。宅建于民国十三年，十七年四月间卓尼司令部被焚，曾一度移设于此，旋于同年十月二十四日又为马仲英军焚毁，乃迁设于博峪也。途经其前，下马入视，巨宅一所，孤处荒郊，故址斑斑可寻，而所见惟断砖残瓦，长伴蓬蒿崩榛耳。出入不足十年，即已化为徒供游人凭吊之迹，世事讵可知乎！

马夫遥指滩南矮山上松柏数株之处曰："此土司之茔墓也。"初闻之颇以为异，以东山下已有其墓地也，继念是盖效皇室之分昭穆者，土司真为土皇帝矣。

司令部故址之西，滩地最广，昔杨土司曾有辟为飞机场之议，后未果。

初行时天气本朗晴，过卓尼沟后云渐合，至司令部遗址时已丝丝作雨，瞻前山朦胧尽白，亟取雨衣披之，乃方达渡口即已雨止云收矣。晚间阴云复合，渐沥未断。据云，山中气候变化无常，多类此，故记之。

晚无事，早寝。

三十日　昼雨，夜雪。天雨神乏，在寓休息。

三十一日　上午阴，下午晴。休息之余，抄录借得之材料。

院内有牡丹数本，肥葩方盛，而夜来为积雪所压，叶倾枝攲，几于败坏，心甚愍之，念西北果为苦地，虽花木亦难脱自然之厄也！手摇雪落，则复挺立如初，塞上春花，其亦秉秋菊之德乎？

下午到宋堪布处小坐，会禾托寺之该世佛及恰盖寺之札贡巴佛亦在座，承邀同便餐。二人均年在七十左右，在其寺中之地位为最高，惜皆不能汉语，未得详谈，但知札贡巴佛为转世佛，今受卓尼寺之聘来为压床。其与人相接均彬彬有礼，因知藏人文化实未可轻为蠡测，盖其文化自与中原者异本，吾人必须置身其中，始能得其真相，徒以骄居之“门外汉”资格妄议其为无文化者，诚无谓之极也。

六月一日　雨兼雪。明日为阴历端午节，新城、旧城俱有迎神赛会，惟卓尼以藏民区故而无之。原与颉师约以上月三十日同到旧城观会，而自是日起天气陡变，雨雪不止，势不能往，则惟有放弃所望，图作暂居而已。

下午雨稍止，闲行至平角附近，田间苣荬菜甚多，信手采取一包，归佐晚餐。当地人称之曰苦苦菜，仅以饲猪，不知可食，余教以食法，尝者莫不连称“好吃”云。

下午家家门首俱插杨枝，粽子与肉之销路亦佳，均节令之作用也。

二日　雪。连日雨雪不休，乘其稍停时，携伞闲步于河滨树下，淖浆满途，而碎琼覆翠，遍布乾坤，“玉琢世界”四字实不足以尽其美也。合冬夏之景为一，岂非此地独具之奇观哉！

自博峪事变后，卓尼增加驻军一连，附办卓尼军官教导队，借柳林小学为队址。今日为旧历佳节，队中从俗放假一日，并椎牛备酒为会，余以远客被邀参加，开会仪式后有来宾演说一项，临时不免敷衍一段。其后在藏俗歌舞杂献中，遂大嚼痛饮，尽欢而散。

所唱之歌计有四种，曰本地民歌，卓瓜（藏族帐房）民歌，叠部民歌及山歌。异声奇态，颇新耳目。晚间以简谱从杨景华君写其卓瓜调一首如下：

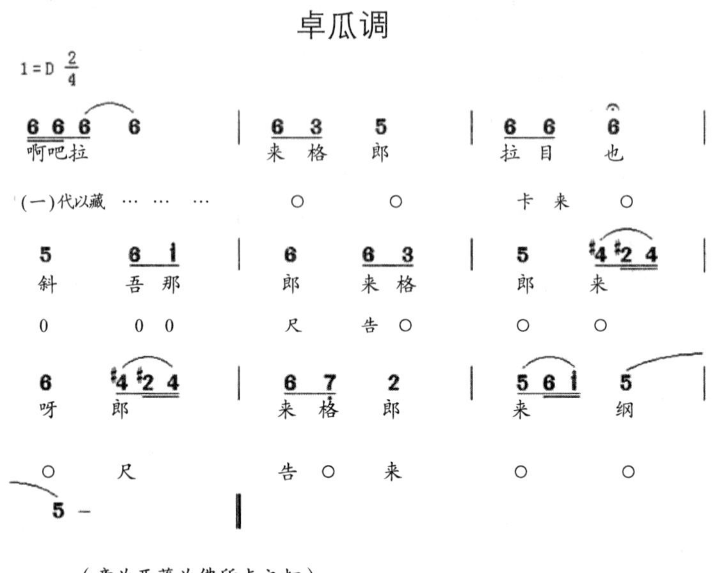

（意为西藏为佛所点之灯）

（二）都什，赞旦，莫如来。（意为：是红檀木的）

（三）都来，豪来，恰如来。（意为：里面棉芯是白的）

（四）都告，一仍，恼如来。（意为：灯火是和宝一样的）

（五）那你，不拉，大老来。（意为：从去年到今年）

（六）老老，召格，买龙少。（意为：年年吉祥如意）

首行（即“啊吧拉……”）为音谱，歌词反复六遍。有〇处即仍唱其谱之音以为衬音。每句最后之“来”字（如“尺告来”）通唱为“郎”，以与下面“纲”字相谐，“纲”字盖即“格郎”之合音也。“格”字发音如“gei”。

三日　上午细雨，下午晴。晨密云细雨，寒甚。九时许雨止，下午云渐开。每次雨后均见山头云蒸雾涌，稍晴之天空随即复阴，今日独否，想明日可有开晴之望矣。据云，凡风雷交作时，虽天阴甚重亦必无雨而散，反之，天如得阴即恒霖雨不止也。按以数日来之经验，其言盖颇不虚者。

博峪之行

四日　晴，晚小雨。早饭后天气渐热，脱去毛衣，仅着单夹，与昨日相较，至少当有一季之差也。

旧城之行既为连日淫雨所阻，而天晴兴作，遂乘机赴博峪一察。由司令部派一人为导，十一时许动身，过木儿桥，沿洮河南岸东行，与旬日前新堡之行为同向而异岸。木儿桥当木儿沟口之东，木儿里即在其旁，居民十余户，沟内仅有之居民也。沟口西岸之山上松林间，有寺宇隐约可见曰郭牙川，有活佛居之，亦卓尼寺之属寺也，附近风景最为清幽。桥南首有二十六年六月二十六日前土司杨积庆氏禁止藏民私售兵马田与汉人之告示一纸，隐于檐下，故犹未损，然余自经大峪沟之访问后，固知其徒为具文而已。如此次司令部派来为导之王姓某，即为“吃田”之汉人也。王某本为临潭西乡丁家堡人，以承继方式取得藏籍，曾随故土司深入叠部、“黑番”各地。据云，阿哇在叠部之南，地势平衍，多草原，有水火滩及大草滩，前者常陷没人畜，后者则草盛过腹，最宜畜牧。畜产多牛羊马匹，农产甚少，间有青稞而已。受女王统治，住毡帐篷，衣毡衫，语言难通。数年前彼为司令部招流散藏民“上庄”曾一至其地。“黑番”地分三大沟，气候温暖，盛产各种粮食云。

转折数里，洮河忽自北流折而趋东，转弯处有巨石突立于崖岸间，修而秀，俗名曰石媳妇子，势颇险扼，司令部迁博峪后，巩碉楼于其上。对岸当西河沟口，西河沟之上游即流经侯家寺、红堡子等地而南之刘顺川也。十八年混乱时，回军曾由此隔河攻袭博峪，为藏兵凭险击退。过此更行约半里，有第二碉楼障于途，再行半里许即达博峪矣。

博峪沟长约四十里，仅有沟口一村，与沟同名，居其右岸，横水置木桥以利行人。居民二十四家，中有汉民约十家，均住土房如卓尼状。以砍材为生，时受叠番之扰，居民苦之。语言则藏、汉俱通行，无异于卓尼。其地本为一极小之山村，因形势险固，杨土司之司令部于卓尼及雁儿里二次被毁后，遂迁设于此，为卓尼之政治中心者几达十年，因而食宿等业颇称一时之盛。自去岁事变后，司令部迁回卓尼，各业消歇，顿复原态，今临街屋面犹存当日繁荣之迹也。故司令部在村东首，甚宽大都雅。门北向，凡三进。外院今养马匹，昔为司令部各处办公地。中院为正房，院内花木罗陈，梨花虽残，尚未尽落，恐为余此行所见之最后者矣。檐下匾额甚多，室内宏敞轩朗，用具甚备，且有电灯及收音机等物，景象颇似北平中上人家之庭院，惟各室内物件均极凌乱。据云，自事变后，司令部即封闭此院，惟留管家一人看守之，室内一仍原式，丝毫未加整理。今管家某犹以时为修整展藏院内之花木如其生时，并为指点当日叛兵架设机枪之地点及杨氏抗拒情形等，闻之令人酸鼻。后院为花园，中有经堂一所，内住喇嘛，乃平日为杨氏诵经祈福者。矮房数间，工匠数人方糊制纸人纸马等，盖备今夏为杨氏正式安葬应用者也。

事变发生于二十六年八月二十六日午夜。杨氏及其次子（即杨复兴）寝于正房左间迎窗之炕上，叛兵架机枪于窗外而扫射。杨闻警即避身于壁下，俟其一排弹尽，即持手枪破窗怒吼而出，叛兵均惊避。杨氏逃于博峪沟边一树下暂隐其身，天寒无衣，适瞥见其卫兵经过，即召命速取衣来，卫兵归而为叛兵所得，杨氏遂终于不免。其被害地点在村南里许，以时晏仅于归途中遥寄一瞥而已。杨复兴蒙被而寝，变乱竟似无与于彼者，叛兵入室，彼且起而寻其父，检视被中，弹丸累累也，而彼身则毫无损伤，故一时莫不传为异事。

沟口堆置木材甚多，而大木殊鲜，率为径三寸长丈许之幼材，每元可买十根。戕害生机之事，竟随处可以遇之。

河西岸有关帝庙一所，红壁映入眼帘，说明汉人定居于此已久矣。

五日　晴。早餐后闻有“耍把戏的”在寺前空场上演出，往视之，有洋片、杂耍等，甚简陋，如北平天桥之一角。彼等专走内地各乡镇，今则趁端午节来此而遇雨愆期者也，每年来此一二次，因机会较少，来观者颇踊跃，每日计可获利四五元。按此事具有巡回娱乐班之性质，从事社会教育者可取其形式而赋以新内容也。场外有小铺十余家，以做僧人生意为主，柳林小学教师马静山君亦设一小铺于此，从而了解各事。

午后颉师等来，随之酬酢各方。

三访上卓山神

六日　晴。四时起床，五时许与颉师步行往上卓登临其山神之山。自上次独往调查后，致函于颉师，即以“伏虎山”称之，颉师误以为实，来此后方知为一时戏称，为之拊掌，而亟欲亲往视之。至山脚下，自尾部攀登，经其南之主峰而下。时天气晴和，造巅远眺，几十里以内之山景均在目下，尤以南望洮河如带，对岸耸翠叠秀，北瞩朵山似丘，虎踞群山之上，白雪绕缭，冉冉飞升，虽数分钟之瞻眺，实予人以永远不灭之印痕也。山鸟杂鸣而不见其迹，详察之，乃伏身于土中者，体相稍大于麻雀，不知其名。归时失路，峭壁嶙峋，与颉师相援而下，抵寓已近九时矣。回思此行所经之地，率为一过即逝，罕有再至者，独此山为之专造者三，则其信否为朱圉，可置另论，山神有灵，想亦当惊奇缘于知己矣！

颉师再来此地，爱其风景之美，竟有买屋久居之意，言谈中微露于众，遂有柳林小学郝子和君欲分宅相让。午间同往观之，楼房二层凡十余间，以四百元言定，并嘱余重来此办理僧人补习班时即可居之。

告别卓尼

七日　晴，下午过雨。五时许起床，循寺前之路西行，绕白塔山而至柳林小学。自旅行以来所经之地多矣，未有若卓尼之令吾心依依不释者也，虽云停留稍久，实亦其风光之优美与余心情之际会有以使然，今日将启程赴旧城，是行也其亦足当临别之一握乎！

十一时许动身，经索藏、多罗，右转入沙盖沟，过一小山梁后行于老虎湾，更经数沟而至羊升，入村塾之小学内稍息。村口外里许有大路于右首相会，即自新城或卓尼经上卓而来者也。一路所经均童山，然多蒙牧草，是为异于临洮、陇西各地所见者。沙盖沟与老虎湾之间尤多马兰，紫花绿叶，漫布山间，蝴蝶千百，翩跹无定，启人情绪，不能自已。頡师乃占一绝云："榴红照眼忆乡关，已染胡尘不欲还。五月寻芳飞乱蝶，马兰紫遍卓尼山。"闻者莫不深具同感也。

初行时天本朗晴，至羊升，乌云一朵自右方掩上，忽闻殷殷雷鸣，旋雨雹兼至，颇急剧，约半小时始止。雹大如樟脑丸，落地反跃如跳珠然。时在旧城西道堂所设之草地帐篷内，光景尤为新奇，因戏拟洮州一景曰"羊升跳珠"，事虽不可多见，尚不失为确实有征也。

自羊升至旧城已不及十里，惟雨后途泞，殊难于行。至范家咀，转过山头，旧城即在望矣，旋经南关而达于预定之寓所。经范家咀时即遥见叠部之石门，峻伟险绝，如视五指而实远在百里以外也。

洮州旧城概观

八日　晴，午雨，五时起床。昨日因有酬酢，未得一察城关情形，今晨独行入南门，转出西门，经西关复绕至南关。除南门附近一隅外，残垣断壁，途径多已不辨，景象十分凄凉。或已耕为麦田，鲜绿油油，令人顿生“黍离”“麦秀”之感，其所加于中心之痛楚，殆又非行于新城时所能拟及者矣。

《洮州厅志》云：“旧洮州堡在洮州城西六十里，原洮州卫地，明洪武十二年改筑新城，以其地为堡。……其地西控生番，北枕番族，南通叠部，惟正东一面毗连新城，洵洮州之门户，华夷之枢纽也。”按厅志所叙之形势，迄无重大变化，今为临潭县第三区署所在地。北、西、南三面十数里之外即为藏民区，相绕成为玦形。地势较高，数流自山间出，相会而南，构成一较宽敞之长方形谷地，环以平矮之土山。城居谷地中央，周凡里许，辟西、南二门，而二关颇大。西门外本为繁华中心，遭变后已成一片瓦砾，今南关颇呈蓬勃之象，当以此为复兴基地矣。城关居民共分四保，约六百余户，三千余人。民族比例约为汉一回二，如并邻近之村庄言则汉多于回，然自经济地位言，前者乃远不及后者也。

午时随颉师出席旧城各界在区署所开之欢迎会。区署在城内关帝庙旧址，藉戏台为讲坛。余偶感此地之自然人文条件颇似瑞士，而一则有如人间苦海，一则以世界公园称，是亦惟视人为之如何耳，其关键则在人民所受教育之高下及其文化觉悟程度，遂即举以相勖。

旧城之学校

下午参观两所县立完全小学。第一小学在城内都司衙门旧址，经费年共六百余元。职教员六人，学生六班，共七八十人，主要为汉人，分三室行复式教学，住校者四十余人。所用课本甚为庞杂，桌头多置《四书》，初级班尤甚，前在岷县仅见之于乡僻小学，而今乃见之于正式县立学校中矣。第二小学在西关西凤山下，校址为民十一年自建，前后二院，教室三座，甚朴实适用。经费年共五百余元，职教员四人，学生六班，共六七十人，主要为回人。自形式方面言，二校佳于一校，自精神方面言，则均不如新城之成德学校也。又本有女校一所，为教会附设，十八年变乱时毁坏停闭，遂未续办。

西道堂

清初金陵教民刘智，字介廉，博通儒、释及天方之学，译著甚富，约数百卷，其《天方典礼》二十卷及《天方性理》五卷等，以儒者之文阐明天方教义，尤为世人所称。清末洮州马启西氏，字慈祥，号公惠，世居旧城西凤山下。幼读儒书，游泮。长而博览群家，独善金陵介廉氏之学，绝意于仕进。光绪二十八年，建清真西道堂于其故里，以演述刘氏学说，阐扬回教教义为宗旨。自任教主，主持全堂事业。堂内教民完全平等，放弃一切经济财产等私有观念，抱共同之信仰，营共同之生活。其具体见解为："以清真教至上之真宰维系人心同一之本善，修己爱人，至于爱物。"又："视人生为必然之过程，在此过程中，必有人生之义务，由至诚而形，由形而生，由生而化，唯至诚而求永生焉。人当以己之生命为永远继续之永生而努力，故此生虽是过程，此生毫不空虚。"又："人人必须求生存而劳其形动其心，然所为在人而不在己，盖人与己之间亦不过至诚之一化耳。"今按，其本身实有不可埋没之高尚理想在，自回教方面言，则于教义亦无所违，惟用汉语汉字讲解回教之经义为殊于俗耳。然以此遂大招一般回教徒之歧视，群以“新教”称之，更有目之为“邪教”者。民国三年五月间，“白狼”活动于洮州，汉民与旧教回民损失俱大，而西道堂受害独微。时马安良为甘州提督，旧教回民多以马启西等通“匪”往诉者，安良遣卒于同年阴历闰五月十七日晨逮捕之，越二日而殒，同时死者数十人。事后其徒多被迫脱离，财产亦受重大损失，西道堂为之一挫，称为“西军之役”。其后堂内推马明仁、敏学成、丁全功等为代表，控诉于北京政府，累经数载，至徐世昌时期始判以：“信仰自由，各行其是，往事不再追问。”事既决，乃由马明仁氏继任教主，敏学成氏为副教主，重整旧业。民七年马安良死，与其部下成立谅解，教事各行宗派。西道堂无复外事之扰，乃得重趋荣长，建寺堂，办学校，饬农商，规模日具。十七八年之地方变乱，新教回民持中立态度，然道堂院舍亦遭波及，幸无大损，今残壁犹未修复，有事则临时搭席篷以行之。闻其初复故业时，仅向卓尼杨土司贷款一千元为资本，今则资产已值百万元以上矣，则其十数年来之发展实足惊人也。

以上为就其自印之《概况》及略闻于堂内人士之言而记者，兹更录其《西道堂之组织》（全依原文照录，标点为作者所加）于后，以见其内部之情况。

（一）宗旨　本道堂根据清真教义，并祖述清真教正统，以宣扬金陵介廉氏学说，而以本国文化发扬清真教学理，务使本国同胞了解清真教意义为宗旨。

（二）教主　本道堂掌教人，不能以教主子孙世袭或相授受，由全体教民推选贤能者继续服务本堂一切宗教事业。

（三）教主职权　教主领导本堂以下全体教民，遵守国家法律以尽国民之义务，遵守本堂宗教宗旨，领导全体教民掌理本堂一切的社会事业。

（四）道堂经济　本道堂内之经济来源，由于本堂内所管理经营之商业及农业所供给。所有属于道堂者概为公有，悉用于本道堂建设、教育及一切的公共事业。

（五）教民之义务　教民在本堂服务者，各尽其所能，分工合作。其在外私自经营事业者，于道堂内援助，量力所能。

（六）教民生活　本堂内教民生活一律平等。道堂外之贫苦不能谋生者，并救济之。

（七）教育　本道堂内之教民，除受回民教育外，并注重国家教育。无论农商各界子弟，小时均入本堂创办之县立第四高小学校（按，即今二校）受小学教育，学校一切不足之费，概由本堂担任。——学校虽属县立，本堂管理一切，——毕业后择其优良而有志愿者，资送中学或大学。

（八）婚姻　在本堂所属教民与教民间之婚姻均无财聘或装送之费，必先征求两性相悦，然后父母及介绍人呈明教主，请阿訇照清真古礼诵经完婚。

（九）丧葬　遵照清真教古礼，死后诵经乞讨安葬。量力所能，施舍济贫。

（十）教民之概况　本道堂之教民，除在本道堂内服务者二百余人及临潭本县所有外，其余分住在甘肃之临夏、和政、宁定各县，在青海之循化、化隆、民和各县亦有之。教民在外县者均多穷苦，在临潭县者概经营商业，虽穷苦者概有正当的职业。经商贸易区域，西至西藏，南至四川，北至青海之北，东至察哈尔等地。

附则

本道堂特向社会声明者，吾侪系中华民国之国民，清真教之信徒，绝不因教以分族，在中华民国法律保障之下，任何时期以整个国家与政府为依归。同胞中有乐闻清真教义者，亦竭诚欢迎之。

综述其意义，则西道堂为一完整之组织，由教主负全责。入堂之教民须尽献其生命与财产于道堂，而一切工作、生活、教育、婚丧、赡养等概由道堂为之安排。换言之，西道堂如一独立大家庭或单位小社会，人民动息生活于其中，均为组织中之一员，彼此间更无尔我之别，而共赴于人生之最高目的地。其原则颇可以“理想社会之模型”拟之，然实则一般人民之程度并未达如此理想之水准，故事实亦未能尽达如此完美之境界。如“教民生活一律平等”，乃只能见于同级者之间，而等级之存在则为实际不能消灭者。约略言之，教主及其左右为最高级，经商者次之，务农者又次之，而做工者为最下。同级者之生活虽相若，异级者则相去甚巨。世人于其中生活最低者有“气断工满”之评语，虽不足为对道堂之全面评论，而亦可反映其中存在之部分问题。又其内部无私有财产之分，而对外则挟其有组织之超越力量，于商农等业作极度之发展，普通商农皆难望其项背而无从与较，故世人对之不免有侧目而视者。

现教主马明仁等颇有经营管理才能，然其得任斯职之经过，据云，民七年与西军之纠纷解决后，道堂零落，一切待理。一日，马氏忽神情异状，连呼：“道堂还是西道堂，梧桐树上落凤凰。”旋乃晕倒，口吐白沫，苏醒后即谓先教主灵魂附体，故有异状云。众皆信之，遂推为教主，马氏乃改号曰“普慈”，于《天经》为“钦差天使”之意也。

以上为就有关西道堂之事，信笔书之。其教主马启西氏有撰题于西道堂及清真寺等处之对联十余首，十八年之乱多已随寺毁灭，幸道堂中犹存其《对联集》，可窥见其思想修持之一斑，兹录数首于此（标点为作者所加）。“德如春风，仁如春理，感物如春信，一生都在春光里；学是天成，品是天纵，启口是天言，万事不出天定中。”（西道堂大门）“入此门，登此殿，莫蒙混礼了拜去；洗其心，涤其虑，须仔细做起功来。”（清真寺礼拜堂）“本真诚以立圣行，成己成人，允矣道全德备；体大功而尊主命，善心善世，洵哉仁熟义精。”“人人具我真面目，弗失即是我；物物显他假形相，化尽就如他。”“把斋贵清心上地；拜主须养性中天。”“开之谓言解，解微，解妙，解一本诚，是大人致知学问；斋之取意齐，齐身，齐心，齐七情欲，正君子克己工夫。”各联对仗均工，亦略可见其思想所受于儒家之影响。最后二首盖为把斋与开斋而作者。

旧城与藏区间之交易品

晚饭后在南关一小铺内，承其经理李君谈与藏区之交易情形。旧城商业以走藏区为主，以其所需之物往，而易其所产之物归。藏民不用法币，故必须携带银圆，今旧城市面银钞并用，即以此故也。携去之物主要为布匹、铜器及日用品等。布匹以红色为上，酱丹、黄、蓝、青等色次之，质料有红标、市布、府布、套布、茧绸、直贡缎及人造丝等。铜器有铜锅、铜勺、铜壶等。日用品则有瓷器（多细瓷）、临洮黄烟、颜料、针、线、灯、念珠、铁器、鞍辔、面粉及玩具等。糖与鼻烟不甚销，又以牛粪作柴，其火昼夜不息，故火柴之销路极小云。换来之物以皮毛、药材及牲畜为主。皮毛有羊、猪、狐、狼、水獭、猞猁、扫雪、鹿、熊、獾、豹、虎（较少）、鼬、草猫、沙狐、狸子、狨子及番狗等。豹皮又分金钱豹、土豹及崖头豹三种。药材有鹿茸、麝香、牛黄、贝母、秦艽、大黄、甘草、党参、冬葱、山药、豹骨、虎骨（较少）、羚羊角及藏红花等。牲畜以马、牛、羊为主，羊分绵羊及山羊二种，牛分黄牛、牦牛及犏牛三种。

犏牛为黄牛与牦牛交配而生者，其力最大。雄犏牛不能营生殖作用。雌犏牛与黄牛配仍生黄牛，与牦牛配则所生者雄曰哈巴，雌曰哈穆，其种最下，仅可食肉，故鲜有令之生育者。牦牛体大力微，而乳肉俱佳，雌犏牛之乳肉亦佳，一般肉食者均仰给之。

自藏区输入之食品，除牛羊肉外，有熊掌、鹿筋、酥油、出里马（即出过酥油之干乳渣）、长寿果（译音作蕨麻，汉语亦称婆婆奶儿，乃一种草本植物之根）、蘑菇及狼肚（生于树下之菌类，体如大枣，状如狼牙棒）等。此外如松香及藏香、氆氇等西藏特产品，亦间有输入。

经商所达之地为叠部、“南番”、阿哇、毛儿盖、甘孜、玉树、拉加寺及果洛等。拉加寺住民为蒙古人，俗称“达子”，有世袭之土官王爷司之，人民住帐房，寺院则为土房，地多平山草原云。

录巴湾之行

十日　阴，上午小雨。五时半起床，经南关绕东城外向北行，约二里至寺稞儿。相传其地为吐谷浑寺院遗址，今则荒冢之外无所见也，而雨后蚯蚓甚多，蠕蠕塞道，减人游兴，遂取径而归。

旧城之南有麻儞寺、录巴寺等，前者为洮州五僧纲之一，距旧城约三四里，后者在洮河南岸之录巴湾，今日随颉师前往一游。九时许于细雨蒙蒙中动身，顺沟而下。麻儞寺俗呼为麻奴寺。《洮州厅志》言，始祖力车加绽为西藏人，历授封膳王，明洪武六年授西藏膳王千户世袭，其子八点旺秀于永乐间建立寺院，并得禅师衔，升世袭僧纲，兼管百户，分守关隘中马。其后子侄相袭，至嘉靖二十八年得敕赐“麻儞寺”名号。清顺治间奉委护理旧洮指挥守备兼管部落。今寺院遭十八年之乱，为八大人（马廷瑚）之回军所焚，除重要部分稍复旧观外，仍多在残破状态中。现有僧众六十余人，活佛三人。田地二三石，属民数十户。现任僧纲名马洛旓旦知江楚。按洮州民谚向有“杨家的兵，昝家的将，马家的旗”之语，谓三家之兵力最强也。马氏为僧纲，其与土司并列者，当以护理旧洮指挥守备之故，可知此语之由来亦久矣。

离麻儞寺更行四五里，道旁有元至正癸卯年（二十三年，公元一三六三年）立之“唐故大将军李公之碑”，高一丈五尺，宽四尺。碑石粗劣，下半已因风化而剥蚀，而土人相谓于此石上磨镰刀“特别锋利”，以致碑身受损尤甚。李将军者，西平王李晟也，相传往西十里许之菜子沟有其墓，故为立碑于此，而地即以石碑沟为名云。

再行数里至拉柴河口，即与洮河会口处。居民十数家，河滨积木甚多，特税局在此收筏捐，由商人承包，每月十五元，半年为一期（四月至九月），今为西道堂所包。税额为大筏一元，小筏五角。地有柴市曰“折巴”，乃藏语译音，即约定之日期之意，逢五、十之日为集期，到者甚众。

渡口在其下百步许，有二船，一属神召会，一属宣道会。造船一只需价一百五六十元，可用六年。铁缆一条需价亦如之，可用十年。每年船主可获利百元以上，船夫共分得八十余元。

渡口北岸迤西有“曾太守弹压叠番碑记”，光绪二十九年十月立。前叙“叠番”时出劫抢，掠及旧城教会人士，遂派队深入“剿办”，藏民势穷，乃“投诚谢罪，愿受约束”，由杨土司代请并为保证人。碑记四条约章云：

一、叠布（“部”字俗或作“布”）番民入口经过光盖山，不准携带兵器。

二、新旧洮城及洮河一带居民商□（录脱一字，应为“家”或“户”字）再不准番匪扰害。

三、内地商民贸易由叠布经过及住宿者均宜照拂，不准凌虐。番民入内地佣工贸易，汉、回自应互相关注，不得欺凌。

四、旧城福音堂教士，各宜保护，番民勿得故为欺侮。

以上四条，杨土司担保“番匪”永不干犯，具结遍详立案。

寥寥数百字，而昔日官府于边民之压制态度及其公开媚外，显示无遗矣。

渡河后至羊巴，神召会在焉，旧城南关之福音堂即其所立也。其西数里有羊巴城，一曰石堡城，形势绝险，中有八棱碑，唐天宝八年立，纪哥舒翰战吐蕃之功者也。据云，碑之八面有字，每面五行，每行三十六字，久已仆圮剥残，民初曾被盗卖一部分于美国人云。

自羊巴沿河下行里许至录巴寺，本亦为“番”寺，属垂巴寺赵僧纲管辖，后以寺衰僧散，乃于清末永期租与宣道会，今有美籍教士斐牧师居之，承邀入稍坐。斐牧师之居此较卓尼孙牧师为尤早，洮州话亦极纯熟，观此不能不为之暗自心惊也。

寺旁居民十余家，内汉民数家，乃因十八年之乱迁来者，而旧城邮局亦在是。吾人自他处接得旧城信件，其邮戳均为“洮州旧城”，然局址实在隔河相距十余里之此地，盖自十八年变乱中旧址被毁，移设此间后迄未迁回，因相为笑语曰：“邮局尚未上庄。”然谐趣终不若隐痛为重也。

离此更近约二里至录巴湾。水清山秀，翠林碧畴，相别数日之卓尼景物又得一亲接之机会矣。村当一小山沟之口，建筑情形与卓尼及拉力沟等地所见者同。居民二十五家，藏民以一户之差居多数，属杨土司管辖，汉民则属于临潭县政府。汉民居此在民十八年之后，其中来自临潭者七户，来自河州者五户。而旧城经商者数家亦暂避于此，其资本均在万元以上，住房则赁自藏民，三间房月金一元而已。藏民生活以农牧及砍柴为主，与拉力沟同。属于本村之林二十余里，小木随意可砍，大木则须得全村人同意始能伐云。旧城一校校长苏士元君，字循卿，其侄缵武，肄业于北平辅仁大学，其家为钜商，居于是村，遂入宅稍息。

“南番十二头”

循卿之三兄士侊，字星菴，通称苏三爷，现年四十八岁。自十三岁即以负贩走藏地，后丘几寺老爷（僧官之俗称）招之为婿，生一子，为主藏民事务者多年，于“南番”“达子”等地出入多次，近以年长思乡，退居录巴湾以东数里之达子多，以贩木为业。其婿周君，家居羊巴，亦业商，与循卿同来录巴湾，遂邀二君同往访之，承谈“南番”情形云：

“南番十二头”在叠部之南，介于岷江、白水江与黄河支流德特坤都仑河等三水上源之间，地多草原，民皆帐居游牧。十二头各有土官，而以班佑为之长，曾受清帝之诰命，今以内部主持无人，久已丧失其对余部之约束力矣。十二头名目列后。（音皆据其口述）

韦·拉建（上为地名，下为官名，后仿此）——汉语通作班佑，在德特坤都仑河上源。

多玛·那姆禁儿旺——在班佑之南约四十里。

阿儿几·玛几结——通作阿细，在班佑西北约四十里。

咱雷·那姆拉特儿——通作热拉，在阿儿几西北约四十里。

热（Ra）东巴——通作热当坝，在咱雷西北六七十里，更西北行三十里即至郎木寺。

连洼——通作郎洼，在班佑西北约四十里。

霞密——通作辖慢，在连洼西北约七十里。

当库儿——通作唐昆，在霞密之西约四十里。

保（Bou）龙——通作保窝藏，在连洼西北约六十里。

江岔（Ca）——在热东巴之东三十里。

霜岔（Ca）——通作双岔，在郎木寺之北。

作儿该·尼玛——在霞密之西二百里。

有与帐房相关之土房藏民，自分七区，约在帐房之东北百里许，不在十二头之数，普通极易混淆。七区之名目如下：

阿儿几茸（茸为土房之意）。

巴儿几茸——在阿儿几茸之南二十里。

汪宰——在阿儿几茸之西北。

包座——分上下二部，南上而北下，相距二十里，约在阿儿几茸东南五十余里。

丘几·和卡（和卡为区部之意）——当阿儿几茸、巴儿几茸及包座三沟会合处之左岸。前二水相会东流，包座沟水自南来相会，折而东北向，其西面即为丘几矣。

格洼·和卡——在阿儿几茸之东四五十里。

与“南番十二头”同称者有“达子十一根箭”。“达子”为蒙古人之俗称，地在青海境内黄河大曲之东南部，乃明时所封，分属十一土官管辖，而受制于拉卜楞之黄河南亲王。

藏区多平阔草原，开辟甚易，如修筑公路，经岷县、西固入四川，虽系旧道，实坎坷多险，不若自临潭经旧城、江木关、双岔、郎木寺、“南番”以达松潘之路为坦夷易趋也。

凡走藏地者在彼别有名号以相称谓。如苏家曰“Ga Ya 仓”，“Ga”之义为口，“Ya”之义为好话，“仓”之义为家，合之则为“仁义之家”也。周家曰“尕爸爸仓”，即“小叔叔家”也，因其先辈曾有秀才前往，故有是称。名称既定，则历世而不改。昔岷县有一驱白驴驮子走叠部藏区者，得“白驴”之称，死后其子继往，人乃称之曰“Bai lü（驴）ga ga（白）bu（儿）”义即“白驴的儿子”也。

达子多与卡车沟

达子多当卡车沟口之右岸，与拉力沟同为木材业中心，兰州巨商集此者凡四五家。居民有藏民十二户，汉民七户，后者皆以十八年之乱自旧城逃来者，生活多艰苦。卡车沟较拉力沟为深长，雨后水盛而激流清澈如常，于桥头凭观少顷，湍势崩腾，宛如玉雕蛟龙而赋予生命矣。沟口有平滩广茵曰尼坎滩，七旗下之总山神在焉。藏民以旧历五月十三日祭之曰“造山神”，请奔颇（即在家修持之藏僧）诵经，燔鲜松枝于山神之前，椎牛一头，取心洒血焚于火上，而后分割其肉，每旗族皆可得少许。凡修好释怨者，可乘此时机盟誓于神前。今日适为正日，初不之知，归途中见藏民多携肉而散者，始询悉其事，惜未得一观其仪式也。又闻十五日更念嘛呢经，设食款众，游人与售物者甚伙，成一临时市场，颇极一时之盛云。

途中野花甚繁，周、苏二君为指点其名，不下数十种，惜余非生物学家，有负此博大之自然标本陈列所也。又野果多可食，然为时太早，尚未成熟，故亦有口福不足之叹。

黄昏时返抵录巴湾，遂宿于此。

返回旧城

十一日　上午晴，下午、晚雨。晨四时许为山鸟吵醒，将圆之月犹未落山，布谷声声传自幽谷，颇有“子规啼月小楼西”之感，遂起登山，气象清新，心境至为愉快。

七时许同颉师等闲步于村后山沟中，异草杂花，蜂鸟相逐，云树悠悠，山水竞趣。旬日前所得于拉力沟者，遂又一度浮现于心头。

十时半启程返旧城，下午一时许达。旧城回教促进会与县立二小又合开欢迎会于二校内，随颉师前往参加。

旧城附近考察纪略

十二日　晴。九时许动身赴附近乡间一察，由区署派导者及马夫各一人。由西关经北关、校场向东北行，约三四里至卓腊，右转登山，山及沟皆与村同名。地属杨土司，居民汉、藏兼有，十七八年乱后，人亡地荒，迄今犹多未上庄。逾一小山冈后至鹿马儿，去旧城已十里，与东南相距里许之冯旗共为一保，居民皆汉人，较为富庶，如所会见之石老者，家有牛十五头，田三十石云。前行更逾一小山冈曰青土口而至长川，其全称为长喇嘛川，去旧城约十七八里。本为大镇，居民二百余户，什九皆回民，十七年旧历岁杪，驻军与地方武力相冲突，腊月二十三至二十五日，激战三天，守者终不支，阖村因以尽毁，死者以千计。至今全村上庄者不及五十家，而犹汉多于回，残墟破壁，触目皆是，则当日摧残之剧烈，较旧城实有过而无不及也。多数人未来上庄者，一因尚多心怀不安，不敢即来，一则经商胜于务农，有钱者已改行而走藏地矣。全村已耕之地约二百石，尚有若此之数遗于荒芜中。农产物以燕麦为主，次为青稞、豌豆等。村北龙王庙内有小学校，创设于民国十一年，今有学生二十一人（汉十六，回五），而四级俱全，教员则仅一人，经费年只六十元，以基金一百六十元生息及保中公摊若干充之，挂图教本尚属整齐，残破中令人稍感宽慰。南距八里之沙堡，亦汉、回杂居地，小学情形亦同此。

离此西北行，渐左转向西，更左转向西南，复逾一小山冈曰申藏梁以达申藏。离长川三里所右方有村曰小干儿，地属杨土司，居汉民十余户，皆“吃田的”也。前行更有二村遥峙于道之南北曰塔那与西当，居民前者回而后者汉，地本属于卓洛杨僧纲，今则久已失其支配力量矣。西当之北有高山矗立曰立木尖山，奇峰如削，峭拔于群山之上，自旧城即可遥望其雄姿，惟童赭无草木，逼视意反索然也。

申藏居申藏沟中，在旧城东北十里许，可以遥相望，与其西二三里之甘藏各有居民数十户，同属于卓尼杨土司之巴龙什旗。昔日为回、汉、藏杂居之地，今则同为土地纠纷问题之中心。所谓土地纠纷问题者，造端于十八年之变乱。藏区土地多由汉、回人承种，即所谓“吃田”或“通军”也，变乱中杨土司与回民军结怨，遂依旧法没收回民所耕之田而别招汉人承种。事后回民持恢复故产之理由数度要求上庄，甘省府亦数派大员前来调查处理，如二十二年夏之民政厅长林竞，二十四年夏之民政厅长王应榆及其后之马凤图等，然俱无结果。牵涉于此问题者凡十八庄，皆环于旧城附近，仅一小部涉及昝土司，大部为与杨土司有关。去年杨积庆氏逝世后，回民方面又渐趋活动，近且已作直接行动，强将已耕种之地重播他种，致田中二苗杂生并长，又运材建屋于甘藏一带，势颇严重。临潭黄县长今日为此事前来查处，故田间聚集之人民至伙。闻原居回民本无力为此大举，而西道堂方大置田产，以廉价收买其文契，使出面争地，争得后即为道堂所有矣。

申藏村西之矮山曰申藏坪，村人奉祀之山神在焉。离此西行，经坪南而达下甘藏，上甘藏与之相去里许，可以遥相望。更西南行，经仓禾、楞坎等地，山与沟及藏庄皆同名。至木儿当，时已六钟，遂止宿焉。仓禾分上下二部，为卓洛杨僧纲所属，今亦有名无实矣。

木儿当在旧城西北十五里，适居协藏沟入口处，为河州大道所必经，历次变乱实首当其冲。居民皆藏民，十八年之乱前本有二三百口，今则不过三四十口，共为十一户，内八户为杨土司之“百姓”，三户为昝土司者，又新增汉民一家，乃最近自临潭南乡宋家庄迁来者。杨土司之巴龙什旗总管今驻此，昝土司之“百姓”则由西南数里之阿子滩头人司之。生活以耕牧为主，全村共有田地约五十石，大部为耕种一年即须停息一年者，曰“扑地”或“息地”，盖以地气高寒，土力有所不及也，至旧城附近即无此现象。少部分不必停息者曰“花犁地”。作物以青稞燕麦为主。牲畜多为牛羊，牦牛每头价十七八元，犏牛四五十元，绵羊二元。牛车几乎家家有之。食品以青稞炒面为主。雇用小工，供饭之外，日给钱二百文而已。住房皆平顶土房，村口有饮牲用之小池，亦此区之一特点也。饭后登屋顶，凭栏纵目，斜晖瑞霭中，远峰皆作乳白色，东照满月，西映太白，絮云朵朵驰逐其间。闲眺移时，日间之疲乏为之顿释。

十三日　上午晴、下午雨。六时起床，即跃马赴协藏沟，云山叆叇，朝气袭人。田中布满叶似除虫菊、花似紫藤萝之野草，曰铃铛草，乃本年停息之地也。约里许至暗门。暗门者，明初所筑边墙之关隘也。墙为土筑，高厚略如北平之旧皇城，惟易朱颜为黄土之本色耳，拦沟越山，起伏不定。暗门在沟东北边山脚下，今以垣多颓毁，路已自沟中直越矣。暗门内有古堡二，分立于路之两侧，左下而右上，相传为元时所建，同治之乱，藏民曾聚保于下堡中。驱马至此，满怀塞上之感矣。暗门内外之山坡间有二村曰俄藏与日札，当二小山沟之口，为卓洛杨僧所属，十七年旧历腊月初一日，附近藏民四百余人被害于此。

出暗门行二三里至俄化，是为协藏沟四庄中之最内一庄，已入北山范围，与邻近各地共称为“口外四旗”。居民由世袭土官曰“洪布”者司之，对土司不上钱，不纳粮，仅服兵役曰“打拨儿”（译音），四旗共出人马各一千，犹为宣统年间所定之制，而言者竟谓：“亘古以来，就是这样。”出家者赴距此东北三十余里之恰盖寺。兹表列四庄之概况于次。

庄名	距暗门里数	土官名	现有居民户数	民十八年前居民户数
俄化	约三里	杨次旦	十五户	三十五户
几要	约十里	三土官分管	十二户	五十五户
康古儿	十四五里	杨武杰	十三户	四十户
大札	十七八里	杨车相	十七户	七十户

俄化杨土官现年二十五岁，辖民二十余户[①]，分布于四庄之内。全家本为十三口，十八年乱时尽罹劫难，惟彼以在恰盖寺为僧得免，事后乃还俗主持土务。卓尼事变中一度为主角之麻利哇即本庄人，乃村中之首户，与土官为盟友，遥瞻其子立于门下，因言语不通，未能接谈。人民生活仍以耕牧为主，田均扑地，每家可有七八斗。作物大部为青稞，余为菜籽、洋梗等。牲畜以牛马猪羊为主，鸡鸭则无。食品主要为炒面。住房与前所见者亦大同，惟稍矮小，面前多竖杆悬白布书以藏文经语，名曰“经旗”，随风飘荡，效力即如诵其经，所以祈福禳灾也。

全沟自东南至西北长约四十余里，由大札以上至买吾新寺约五六十里，漫无人烟，中隔一山曰完科梁，为河州道上最险僻之地，杀人越货，时有所闻，行者视为畏途。在历次乱事中，各庄受害最大，如十七八年之乱，被扰达十余次，由前表所示户数之比较，即可知损害之惨重矣。按自同治年间发生变乱以来，地方上向有“吃血酒”之规例，参加者各以经典互顶头上，并以酒肉交换饮食之，盟约一定，从此互不相犯。如光绪间变乱，回、藏间即以此相保无事。此次事变初起时，汉、回、藏之间亦曾共吃血酒于卓洛，约定“三教互保”，然终于未能相保，因之而贻害无穷也。

留俄化约一小时，归木儿当用早膳。饭后启行，十时许抵卓洛。路上山多枯黄，惟卓洛村西一山蒙以绿草，茸茸可爱，上缀白色之山神堆二，尤为动人，是为阿盖山，乃四什哈之总山神也。

---

① 表中为“十五户”。——编辑注

四什哈为包吾什旗、巴龙什旗、他那什旗、着逊什旗之总称，与七旗下同为卓尼杨土司统治力量较强之地区。每年阴历六月十五日，四旗藏民共会于此举行大祭。

卓洛为旧城西北十里之大镇，分上下二村，上村小而下村大，通称卓洛即专指下庄而言。民十八年前本有居民一百二十户，今则仅存四十余户，内汉民七户，大部皆回民，而有代表藏民余势者一家，即杨僧纲是也。杨僧纲为洮州五僧纲之一，与卓尼寺相联系。肇始于明初，自称为洪武间由西藏迁来。《洮州厅志》称："始祖杨永鲁系着藏族番目，明永乐十六年，以功授'昭信校尉洮州卫指挥使司着藏旗百户'，分守隘口。永鲁之侄锁南藏卜于宣德二年为僧，宣传佛教，授都纲司世职，招中茶马。"其后迭获赏授，似颇烜赫，然后世渐替，同治间所属之寺被毁，竟无力复建，残余僧人四五人，拨归卓尼寺。志称其管辖藏民二十三族一百一十三户（光绪间），现仅辖有四十九户，分布于上下卓洛、八舍、旧日卡、拉卜山、倚子多、塔那、卜家仗等地，其"百姓"则藏、汉、回兼而有之，对僧纲之义务仅为年纳粮少许，轻小之讼事受其裁决。然僧纲无恒产，故年来其政治约束力已随经济力量之薄弱而低落，以至于消失，人民多自动转属于县政府者，僧纲亦无如之何也。如日札之藏民三十余户，以二十四年春间僧纲在其附近掘秦艽，村人认为妨害畜牧，即宣告与之脱离关系，由县府编入卓洛保，共为三甲，即其一例。今僧纲名凤彩，居舍为残寺旁之矮屋三间，简陋如窭人之室也。

回民以敏、马、丁、黎四姓为最多，分别信奉新、旧教。新教西道堂设有分堂，新建成之房舍甚修整，堂内有教民三十余口，耕地约五十石；生产有余归之于旧城本堂，不足则取给之。旧教回民本占最多数，十八年乱时所受之损失最重，现仅有二十六家，多数仍未上庄。村内有仅存之礼拜寺一，新、旧教回民共用之，参观时犹见学童五六从一老阿訇学经文于其中也。

生产方面以农耕为主，家可有地二至十石，均花犁地。作物以燕麦为主，约占全额之半以上，其次为豌豆与青稞，约各占十分之二，极少量为小麦、洋芋、菜籽、洋梗等。收获量，燕麦每石地可得四石，青稞、豌豆各三石。畜类以牛羊为主，马匹较少，耕地驾车均用牛。走藏区作生意者有七八家云。

约午时离此赴古尔占。南行入山，天渐雨，取雨衣披之，远山朦胧一色，回视无雨处则朗晴若故。经古占山，下山右折，路滑难行。至古占川，山势渐开展，前望古尔占在目，而村北之牛头城先现于右前方，雄踞一小山头上，内有碉楼二座，自云雾中望之，恍如浮于洋面之艨艟巨舰也。

古尔占一作古占，在旧城之西十里，当数川之会口，形势略如旧城。北倚牛头山，完科沟自北来，经阿子滩，傍牛头山之东侧而南，曰菜子沟，右会达加，左纳干泥等沟，山川交错而构成中央之小盆地，当年大匠盖一仍旧城之作风以成之也。其地实为旧城之西屏，附近亦较富腴。居民一百一十七户，均汉民，是由于明代屯田之故，南、西、北三面数里之外即为藏民区。居民原有一百三四十户，乱中多被杀者，致减少为二十余户，所见街头蹀躞之老者，或颈部犹有瘢痕，则当年惨剧之景象不难想见矣。生活以农耕为主，田多花犁地，作物以青稞、燕麦、豌豆为最多，小麦、菜籽、胡麻等次之。牲畜以牛、羊、驴为多，马最少，全村共有牛约二百头，驴二十余头，犏牛价约四十五元，稚牛二十五元，马须五十元以上。工艺方面多木匠，锯木之解匠次之。赴藏区作生意者亦颇有之。

初级小学与义务学校各一所，同在村东南之旧庙内，且同在一教室内上课，盖二名而一实也，以经费来源不同而分立二名耳。前者以基金二百八十元及村内之罚金五十元发商二分生息，年得六十余元充之，后者由县府转发上级协助款项年额一百二十元，各聘教员一人，轮流上课。学生共五十人，本村者三十九人，其东南数里之古尔巴村者十一人。课本之庞杂为此行所观者之最，《大学》《中庸》《论语》《孟子》《三字经》《百家姓》《幼学故事琼林》

等之外，学生案头更多放置《马可福音》《使徒行传》一类册籍者，如此繁杂之教材，不知教师如何讲授也。又闻学庸一类书籍乃学生家长坚求课读者，则又可见社会风气之闭塞也。

村北有土寨曰古占寨，相传为明洪武间逐退“达子”后所建者，今其中有汉民八户居之。又龙王庙一，曰“镇守西海感应五贵都大龙王”。西海者青海也，龙王据称为明将安世魁。安氏之事迹未详，要之当与明初移民屯垦有关。牛头山更在寨北，牛头城在其上，即途中所见者也，相传为吐谷浑城遗址，凡前后二城，雨止后攀登一探，惟见禾黍油油而已。

在此逗留几二小时，承保长魏君及初小教师牛君等为述有关情节。四时许登程，经辛庄（杨土司属）、吊路及西凤山下之达子沟，返抵相别二日之旧城，已近六时矣。

临潭古城与古潭遗址之探访

十四日　晴。余前闻临潭古城及古潭之遗址在旧城之北数里所，今日上午无事，遂独往觅之。行四五里，已达申藏、卓洛二沟会口处，除西岸一土堡外，一无所见。方疑怛不定，迎面来一老农，姓李，居旧城北关。经其指点，始悉古潭即在二水会口处，城址在其东，今形迹已无存，田边多积有砖瓦碎片者，即城址所在也。又云，父老相传，此城已废三十余世。土堡曰八龙堡，本居杨土司之属民，后迁居其西之山上，即今八龙庄也，堡遂空废，此事亦已历十余世矣。二水会口之北有平浅之山头突出曰将台山，乃以明初沐英驻军而得名者。

旧城之主要农作物

又承李老者谈，旧城之主要农作物为青稞、豌豆、小麦、菜籽、胡麻、燕麦及洋芋等。就田地使用言，以青稞为最佳，次年接种青稞或豆麦俱可，豌豆次之，惟小麦为劣，仅能接种菜籽，一般种麦者于收获后多停息一年以复地力，山阴寒地则根本不能种麦。每斗地所用种籽，青稞与豌豆均需八升，小麦需七升，大燕麦与大豆（即蚕豆，罕种之，通称豌豆为小豆。）需一斗半。下籽一斗获粮四斗者称四分田，为上好之田，三分田次之，对半田为下云。

八龙池、古城与龙骨泉

十五日　晨小雨，晴。五时起床，精神甚惫，连日奔波太剧也。而颉师邀与重探古城及潭之遗址，盖闻余昨日之发现后已触动其游兴矣，遂会同苏士元、丁立夫等君缓步前往。苏君等在前，颉师及余在后，随走随谈，举首一望，则非昨日所行之路，旋乃舍径登山，造巅而得一湖。时小雨初霁，风光明媚，突临斯境，心情立为振发。询之，始悉其名为八龙池，山曰八龙山，八龙庄即在其下。池广约三亩许，南面有泉，细流涓涓不绝，平日为放山者饮牲之所，天旱则附近居民恒就之祷雨云。颉师兴会甚浓，即景遂成一绝："八龙山上八龙池，荡漾云光上藻丝。顾视群峦齐拱下，几留峭顶映湖湄？"盘桓有顷。下山时顺道一观八龙庄，居民十三户，藏民仅二户，余皆"吃田"之汉民。

下山后由余指路，行至昨日所至之古潭及城之遗址处，循览一周，拾得砖瓦数片，颜色古黝，惜皆残破，且无文字，徒足当纪念之用耳。苏君等初犹未知有此遗址也，乃导游北关外之另一古城。至则果得东西向之城基一道，长不及里，似为故城之北墙，其南今为住宅区，通称为古城云。《洮州厅志》曰："洮州古城遗址今存者不止数十，但历代废置沿革及其名称皆不可考。"可知洮州古迹之多为人遗忘，原不足怪，而"临潭"之名，唐初已有之，余探得之古城及潭之遗址相传已历三十余世，当在千年以上，或即为吐蕃所陷没之唐城，而其以“临潭”命名之由来遂得确切之解释矣。

时已近九钟，丁立夫君家在北关，承邀入宅稍憩。十时许又同游龙骨泉。泉在城东北三里许苏家沟北面半山上，地名神仙洞，数年前曾发现龙骨而得斯称。泉小水微，更无草木，景色远不如八龙池。然倚坐石上，叠部石门翘首在望，白云与雪山相辉映，远景可弥其阙。颉师即景又立成一绝：“雪簇南山是叠州，石门金锁望中收。白云锁住石门里，添得雪山几个丘？”众闻之，莫不同声称妙也。下山后到苏士元君家稍坐，众出纸请颉师书，遂逗留于此，傍晚始归寓。

西道堂纪念会

十六日　上午、晚大雨，下午阴。今日为阴历五月十九日，乃西道堂先教主马启西氏逝世二十四周年纪念日，随颉师前往参加，来宾甚盛，各方所赠之屏幛礼品尤伙，遍悬壁端。午时开会，教徒由阿訇领导行十拜礼，并聆其诵经。其虔诚信奉之情形，实予人以深刻之印象。

旧城商业一夕谈

晚与丁立夫君谈旧城之商业情形于其家中。丁君世奉回教（属旧教），现在区署中供职。据言：旧城之商业以对藏民交易为主，走藏区者，除西道堂有相当规模之组织外，均为单家，资本在千元至五千元之间，搭帮而不合股，合股者仅偶有之。每帮在十至二十人之间，以牛驮载货，携帐篷、炒面、米粮、使用器具及自卫枪支等，路上同行，至交易地点后，则各投主家，由主家介绍或直接进行交易，交易用货币或物品变换均可。普通为年走一次，远至甘孜、玉树等地。行前在旧城庄号领货，归后缴纳贷款或土货。每走一次，千元资本约可趁五百元之利云。民十八年之前已达千余家，势极发达，经事变损失惨重，银货二项粗计当在百万元以上，间接损失更无从计算。兹将十八年前后之商帮与输入、输出情形列表于后。(西道堂在外)

商帮（括号内为十八年之后者，下表同）①

帮口	家数	资本	经营货品	备注
京帮	四五家（三家）	三十余万元（一）	皮毛、羊肠	京谓北平
陕帮	八九家（五家）	四十余万元（一）	布匹	
鄂帮	三四家（一家）	十余万元（一）	布匹、猪毛	
豫帮	二三家（四家）	十余万元（一）	药材	
外省共计	二十家上下（十三家）	百万元上下（二十万元上下）		
岷县			药材、皮毛	
临洮			木材	
兰州			木材	
外县共计	数十家（十家）	五万余元（三万余元）		
本地	数百家（百余家）	七八十万元（十余万元）	皮毛、杂货	

输入（由内地运来）

货品	数量	单价	总值	备注
府布	一千五百卷以上（三百卷）	五十元（七十五元）	约七万五千元（二万二千五百元）	每卷三十二匹，自湖北孝感来
套布	二千卷（四百卷）	四十元（一百一十元）	八万元（四万四千元）	每卷一百匹，自孝感来，印经旗用
粗斜布	一万匹（五千匹）	八元（十元）	八万元（五万元）	自津、沪、汉等地来
细斜布	一千匹（五百匹）	十元（十二元）	一万元（六千元）	同上

① 表中部分数字疑有误，下表同。——编者注

续表

货品	数量	单价	总值	备注
大米	一千担（一千担）	五十元（九十五元）	五万元（九万五千元）	自武山县洛门镇来
青盐	八百担（二千担）	三十元（四十元）	二万四千元（八万元）	自青海来
蜂蜜	一百桶（一百桶）	一百五十元（八十元）	一万五千元（八千元）	自岷县来
辣椒	二千包（五百包）	十五元（二十五元）	三万元（一万二千五百元）	自甘谷来
府茶	五千块（五千块）	二元五角（四元五角）	一万二千五百元（二万二千五百元）	自兰州来
松潘茶	一千包（四百包）	四十元（三十元）	四万元（一万二千元）	自四川松潘来
糖	五十担（五十担）	一百元（一百元）	五千元（五千元）	包括白糖、红糖、冰糖，自四川中坝来
黄表纸	三十担（一百担）	八十元（一百五十元）	二千四百元（一万五千元）	自四川中坝来
黄香	一百担以上（五十担）	五十元（八十元）	五千元（四千元）	自临洮来
黄烟	一百担（五十担）	二百元（八十元）	二万元（四千元）	同上
耕犁	三千片（二千片）	五角（八角）	一千五百元（一千六百元）	自西固来
瓷器	二百担（五十担）	四百元（三百元）	八万元（一万五千元）	自江西来
火柴	五十担（一千箱）	三十元（三十元）	一千五百元（三万元）	自静宁来（自岷县来）
洋货	五十担（十担）	二百元（一百五十元）	一万元（一千五百元）	
其他			四丨万元上下（十万元上下）	
共计			一百万元上下（五十余万元）	

输出（运往内地去）

货品	价值	备注
皮毛	五十万元以上（五、六万元）	
牲畜	三十万元以上（十万元上下）	
药材	三万六千元以上（三万余元）	
木材	—（十万元上下）	
马鸡翎		车巴沟特产，鄂帮收之
猪鬃	—（三万余元）	
其他	—（十万元上下）	
共计	一百一十万元以上（四十余万元）	

上表所列者仅为粗略之概数。此外铜器之去藏地者，十八年前达二千驮，每驮约值三十元，共值六万余元，十八年之后不过值三万余元而已。制造者原有二十余家，今则仅有五家。又食粮每年走卓瓜藏区者亦在一二百石之谱。二项皆为本地所产，与上表情形有异，故未列入。西道堂为经营农、工、商有特殊组织之单位，故上表亦未列入。十八年之前，其资本只在十万元左右，有田二三十石，今则积资已达百万元左右，田地在一百石以上。在外经商者一百二三十人，农耕者数十人，堂内留居者二百余人，上午做工，下午休息，生活甚有规律。用饭时众人合餐而男女分席。凡奉从新教教义者皆可受其扶助，贷与资本从事藏地生意，但不能以之置田产，数额无限制，普通为一千至三四千元。今借用其资本者有五十余家，共二十余万元云。

谈毕时已更深，窗外大雨滂沱，难以返寓，遂留宿其处。

离旧城赴夏河

十七日　晴。五时许起床，归寓整理行装，准备就道赴夏河。卓尼司令部特派杨头目率藏兵十余人前来护送至买吾，因前行经终日不见村落之草地，途中必须加强戒备也。十一时方动身，路滑难行。遥望北面山头多覆雪，是昨夜所降者也。西北行渐登山，踰大湾坡而至古占川，与四日前所经之路恰交成十字。旧城友人相送至近古占川处始握手道别。过古占川后，经阿子滩至干不他，歇马打尖。地距旧城约二十里，属四什哈之巴龙什旗。前行过暗门，逾大路石山与江口寺山，经江口寺之南，复越东朱纳山而行于完科川，更前行经一小村曰湾曼儿，约十余里而达完科儿，是为夏河道上必经之宿站，亦杨土司势力圈最外一据点也。

完科儿分上下二庄，相去二三里，供行旅住宿者为上完科儿。去旧城约五十里，属阿禾儿角缠旗，即与协藏沟同称为口外四旗者也。上完科儿居民十五户，每户约五六人。生活重在畜牧而辅以农耕，平均家有羊五百只，牛百余头。宿店三家，内一家为回民，店主皆旧城人也。藏民着皮衣皮冠，妇女则曳长裙之服而束其腰际。头饰，已婚者垂无数小辫于后，未婚者中间留一大辫而旁衬小辫数缕，上各缀以巨大之银环珠串等。男女皆着长靴或赤足。居舍为土房，而屋顶相连接，任人通行有如街道，家各有梯以便上下，较在卓尼等处所见者更有村内交通之利，且便于村庄自卫，涵义可谓深远。附近山皆童秃，故木材甚贵，运木须至六十里外之洮河滨。今日所经各山概平浅。自江口寺至湾曼儿间之川地，长十里许，皆黑土而荒无人理，遍生马兰，湾曼儿至完科儿之间，始稍见青稞、燕麦、菜籽等，此种地带实可容纳大量垦殖人口也。

完科儿背后之山曰白石山，《洮州厅志》称："其形截然壁立，高数仞（'数'下疑脱'百'字），山多白石，故名。……上有险岭九条，旁罗要口九道，西通远番，北曲折蜿蜒贯穴藏大山（即协藏），迤逦而东，直接长岭坡。洵天生峻险，为洮州屏蔽。"按"九条设险"为洮州八景之一，惜未能攀陟一快壮游。黄昏中望之，除稍高巍于邻山外，觉无他异可言。忆百日前游康乐时，于赴八松途中，有高山隐见于树末而雪覆其巅者，即此山也，当时曾想倘置身山下不知感受何如，今果置身其下矣，则亦不过如此耳，乃知观景须得适当之位置，否则虽迩犹远也。

夏河日记

进入牧民地区

民国二十七年六月十八日　晴。六时半起床，九时自完科儿动身，由杨头目征来之藏兵十余名，各着皮衣皮冠，荷枪护送。前行里许，即右转登一大山曰尼凯哈，甚高峻，盖与白石山为一脉相延者也。山巅阴处犹有积雪，乃前夜所降者，掬而啖之，觉心神一清。过山后路较平缓，泉水北流，则已入于大夏河流域矣。行于平浅之草山中，时见成群之牛羊而无房舍。约午时顷，歇马于山坡间，地名尖司马郎哇，已入草地二十余里。取出在旧城准备之煮肉蒸馍等，打茶进食。休息后更进十余里，渐下山，行于山沟中曰西宁汤，不数里至沟口，左有当吉汤，右有日多马沟，及数小沟相会，谷地稍宽展，是为买吾河。循之西北行四五里，经一小村曰撒索麻，即至买吾旧寺矣。卓尼杨头目等护送至此为止，拉卜楞保安司令部另派黄副官长前来伴行。

买吾旧寺

买吾一作陌务，为洮州、夏河间藏族部落之一，分五旗，各有头目，而总辖于土官之下，藏语谓之洪布。原为循化厅地，光绪初年拨归洮州厅，夏河县建立后，名义上改隶县属，实仍为自成一部也。居民共八百余户，多以畜牧为业，散居草地中。寺院有三：一曰日多马寺，去此东南二十余里，在日多马沟中；一曰买吾新寺，在东北十里所，二寺各有一头目，地则同为旧城赴河州大道所必经也。今所至者为买吾旧寺，其地有三头目，一为那多，在寺东四五里，一为奥洼，在寺北二三里，一为低几，在寺西南十里许，各有居民五十户上下。土官居处曰德利，去此西北十余里，明日赴黑错途中将经之。

寺院附近之居民区曰甲科，藏语为街道之义，分上下二部，傍水相连，东上而西下。上甲科有居民四十余户，下甲科有二十余户，房舍均为赁自寺中，每间年纳租金七八元。其中藏民仅六家，绝大部分皆为汉、回人，而十七八年间逃来之难民，计在四十户以上，来自旧城者有十二户，多为回民，来自河州者有三十余户，多为汉民，皆以作小生意或充脚户为生。田地皆为寺有，非藏民不能购买或租佃，故汉、回民无耕稼者。甲科中有商铺十余家，商货为布匹、香、针线、辣椒，火柴、日用品等；有工匠十余家，分银、铜、铁、木等，资本一般为二三十元，多者不过百元，亦有走藏地者，多为回民商人。居此之汉、回人与藏民同样须到寺上及土官家中当差，惟无拔门兵之义务而已。寺中僧家多放高利贷，至月利一成，十元之本，对年即可得十二元之利，小商人多忍痛借之者。

甲科中有初级小学一所，民国二十一年开办，由夏河县府年给经费二十元，二十四年后增为四十元。今有学生十七人，除回民二人外皆为汉民，每生年纳学费一二元不等。四级俱全而一堂教授，课本与杂书并列，一如在临潭所见者，更为特殊者则校舍乃附设于客店内，夜为客房而昼为教室，校长即店主，又夏河县特税局分卡亦在此，纳学、商、财于一堂，可谓别开生面者也。

藏民生活以畜牧为主，普通之家可有牛数十头至二百头，羊数百只至千只，最少亦在百只以上，马与猪较少，数头至十数头而已。价格，牛每头在十元至三十元之间，羊为二元至五元左右，由洮州、河州、夏河等地贩子前来收买。农耕者仅略有之，惟种青稞，自撒索麻以下至寺院附近，可稍稍见之。食品以牛羊肉及青稞炒面为主，而颇嗜酒与黄烟、辣椒等。居住帐房，藏语曰卓瓜。甲科中住房皆平顶，可通行若街道如前所见者。五旗共奉之山神在西宁汤内，即途中将下山之处也。

寺院在河北面郎喀木山之下，建筑式样略如卓尼寺，粉壁绿山，数里外即映入眼帘。藏僧曰阿姑或阿喀，共有二百余人。转世佛二,一曰单阳保，已五十余岁，一曰导旦仓，方转世数年，现在拉卜楞寺习经云。寺房主要有六大部：居中南向者为大经堂，其后为压床之昂欠，其右为祈求子孙之佛殿，其左为德隆昂欠或沙沟昂欠，更左为单阳保居处，最东则为导旦仓也。

在寓所略事安置后，同颉师出甲科至寺上一观。寺之右前方有白塔，塔后方板筑新屋，藏妇若干，或负筐上下，或持杵捣土，皆齐声高唱藏歌，令人别感逸趣。闻寺中向不准妇女入内，而建筑房舍则皆用其力，诚事之至为矛盾者也。在寺上略览一周，即循河滨之路归。河水清浅，而滩地甚阔，野草杂花逼束岸边，水流为之狭细，斜日挂于西山，背影迷离。遂觅石就座，以解途中之困乏。时偶忆临洮张晋康侯氏之五律一首云："寒云滞小溪，树树锁烟低，二月春将半，孤村莺未啼。花牵流水细，山背夕阳迷。莫恨湖光冷，东风自不齐。"（《春寒》）实足为此情此景之写照。颉师旋吟成一绝曰："解得浮生十日忙，溪山坐对两相忘；买吾寺下西流水，无尽流连向夕阳。"所写者更为切实生动矣。

在买吾洪布家中

十九日 上午晴，下午阴，黄昏时雨。六时起床，闲步至郎喀木山后之郎喀木沟中，盖藏语干沟之义也，无甚可观。十时许动身，经德利以赴黑错。离买吾后渡水，逾一小山曰单鄂哈柔，如直赴黑错则行左首之路而不登此山。更进经二小村曰吉柔与日赛，复越一小山曰兰罗而达德利。村内居民三十余户，生活情形与寺院附近所见者同。土官居舍深宏宽大，楼房二三重，架构牢固，院内铺以石板。土官杨占苍，字盈堂，现年二十岁，乃近始受之于其父步云者，名义为拉卜楞保安司令部第二团团长。牧地在东方约百里以外之处，有马牛各数百，羊在千只以上。午餐承其供备西北驰名之“手抓羊肉”。活羊一只，牵来过目后剥解下锅，约历四十分钟即成案上之盘中餐矣。巨块累累，无从用箸，故须“手抓”。食者以刀割取，沾盐末及香料而啖之，味果鲜美异常也。

黑错寺（今合作）

约三时许离此，西南行过蒙鹿、上下加拉等地，二庄间有小山曰加里凯哈。约五时抵黑错寺，投寓于下甲科中。

黑错附近为低浅土山抱成之矩形谷地平原，南北长约六七里，东西宽不足二里，山上下皆蒙以牧草。黑错河——藏名由曲——自南来，斜穿西北角之山咀而去。北山曰加务勒日山，意译为八宝山也，寺院即傍其侧坡而建。东山与之斜对，曰登直山，山头独有松林一丛，为佛爷之供养神林。甲科在其西侧脚下，与寺院相距半里许，南北向并列街道二条，而以东西之位别上下，较买吾甲科为稍大，情形则相若。居民共一百三四十户，藏民三十余户，汉、回各五十余户，皆以乱自河州与旧城等地迁来者。居民事务由寺中派定头人四名司之，例为汉、回各二，任期无定。商铺五十余家，比例约为汉三回二。铁匠四家，制造藏刀等。每月有市集三次，期为阴历初八、十五、二十九等日，逢期时数十里以内之藏民均来交易。交易品除粮食、土产物及日用品外，更有特殊货品即武器军火，此项货品不公开陈列，但凭中议定价格后，银货两交而已，今步枪每枝价约银币三十元左右。甲科中尚有修理枪械者，惜未得一观。

学校有夏河县立初级小学一所，本为私塾，民二十四年改为正式小学，经费年仅四十元，现有学生三十一人，内有回民五人，又女生二人。学生负担，四年级年纳学费四元，三年级三元，一二年级皆二元，又每生年纳房租钱六角。学校无星期日，而每月逢集期放假三日，可谓能因地制宜者。回民建有清真寺一所，已历二十余年。甲科之南有宣道会新建之福音堂一所，外国传教事业在我国内地竟无孔不入，观者不能不为之触目惊心也。

“黑错寺”本名格登结郎，与青海保安隆务寺为同一系统，直属于拉萨格登寺（三大寺之一）。政治上清代时为循化厅所属，民国十七年夏河县成立后始改隶焉。寺院直辖之地为四沟八十庄六百余户，由寺中指派老人十四名司其事，任期三年。四沟之名称方位如下：

1. 座孜凯哈——“凯哈”义为山口。在北面，长十里，与薄拉交界，居民约二百户。

2. 卓克麻利克黑——“克黑”义为山沟。在西南面，与薄拉交界，居民约二百户。

3. 纳尔葛克黑——在正南面，长八里，与买吾交界，为洮州大路必经之地，居民约一百八十户。

4. 瓯曼克黑——在正东面，长五里，与哈亲交界，居民约一百七十户。

人民生计为畜牧农商兼而营之。农产物以青稞、燕麦、油菜籽等为主，“南番”“达子”群众等均来此采办粮食云。农户普通可种地七八石，多者至二十石，每石地向寺中年纳斗粮。寺中又放高利贷，一般为年利五分，商民多借用者。

黑错地既适中，且较富裕，故与邻境多有争执。如与其西面之薄拉，即常因争草山而不和，与拉卜楞寺及夏河军政方面关系亦不融洽，盖皆非出于偶然也。

二十日 多云。锁藏佛为寺中活佛之一，前在旧城时曾随颉师会晤之，昨日到达时蒙设帐欢迎，今上午又命其管家来邀赴寺上参观。管家乃其兄也，经指点各处情形，汇记之于后。

黑错寺之规模甚大，横踞八宝山之阳，广约里许。主要经房偏在东部，或红或白，与碧绿之草山相间，殊为生色。重要殿堂计为大经堂二,一红一白，红色者最大。其次有三大古佛殿，供奉燃灯佛与释迦牟尼等。又弥勒佛殿，观音殿，护神殿，转经堂，九层楼，金刚庙（即马王庙），及各活佛之昂欠等。红大经堂后面有一佛殿，则锁藏佛之前世所修者也。九层楼在寺之东南部山坡下，全为红色，高十余丈，巍然峙立，成为巨观。道光年间一苦修喇嘛名吉次米拉，仿照藏中某寺之楼而建之，闻藏中之楼为双九层，宏伟尤过于此云。楼外环以围墙，墙上有双行排列之白色小塔共一千五百个，其义为米拉对寺中喇嘛发展数目之祝愿。第一层所供奉者为三世佛及千手千眼等诸佛。第二层供奉宗喀巴及其弟子，共千佛。第三层安置米拉之骨殖。第四层供奉牡丹佛，据云为云南之佛。第五层中央供奉米拉之师，共三人，中间者曰扎吉马拉，左边者曰扎吉耶拉，右边者曰扎赛马拉。更左之像为买瑞强哇，更右则为米拉之石像。自一至五层，壁间遍布小佛像，总数共十万，皆米拉之化身也。第六层曰道尔精床，义谓头顶佛也，其上则更无佛像。最上一层之窗外，有粗铁缆环楼一匝，其下之侧坡仅盈半砖，而颇有扪擦之迹，据云，能持缆环行一周者功德无量，由形迹上观之，乃颇有修行此功德者也。

寺中之组织不甚详悉。人致全寺共有阿嗒约二百五十人。其下有转世活佛魏尔仓、锁藏、单孜仓、静孜仓、木道仓、辛果仓、毅仓等。僧官曰改规，压床曰法台，其下僧人依进修之程度分为格西、格亨、格次利、盘代等各级。寺中管理事务者最高为襄佐，有总揽一切之权，其下有吉哇二人，一管财政，一管召集兵马；又涅尔哇一人，管理民事，下有臧都，甘巴等。臧都六人，共同讨论决定要事。甘巴四十八人，或谓即老人也，然与前闻之数不符，未知其然否。每年阴历正月十三至十五日有晒佛像、跳神及供酥油花灯等会，五月二十一至二十三日念大经曰“吉尔西”，惜留此日浅，未能作进一步之了解。

二十一日　晨雨，阴。锁藏佛在寺东浅山上设帐房，邀作一日之会，即所谓“浪山”，乃藏民夏日常行之事。是日虽沉云密布，而红楼与碧山相映，野花芳草，僧俗杂坐，或习藏语，或作笑谈，味极隽永。穷荒之中而有此雅会，实为人生不可多得者也。

哈家寺

二十二日　阴，下午晴。上午十时离黑错，由寺东之路北行，锁藏佛与僧众等相送于路口，其管家更伴行至数里以外始返。所行之路曰排里沟，极狭，且无草木，出沟口向右转即至哈家。哈家河谷地较宽展，多青稞麦田，风景转佳，其上游即买吾河，自东南方来，西流而去，下游会黑错河而入于大夏河也。

哈家寺有喇嘛三四十人，僧纲曰江罗，执事者为吉哇与涅尔哇各一人，其下亦有甘巴等，又有乡约，每庄一个，任期一年，可以解决轻小之诉事等。寺属之地亦有四沟，情况大致如下：

1. 香腊沟——在西面，长十里，与隆洼接界，凡四庄。

2. 排里沟——在南面，长十里，与黑错接界，凡一庄。

3. 刚毅沟——在东南面，长五里，与买吾接界，凡二庄。

4. 阿温加布沟——在北面，长五里，与麻隆接界，凡一庄。

甲科中有居民三十余户，均为自河州移来之汉民，或开店铺，或租种寺田。田租为主客平分，房租则每间约为年纳一元。夏河县立国民小学一所，成立于民国二十四年，经费年仅四十元，今有学生十八人，内女生二人，分为四班。喇嘛威势甚重，学校更多受其歧视压迫，如房租年需十余元，远在一般房租之上，非其经费所能负担，致由学生公摊。又学生行走于街上，其书包衣物常为僧人信手取去，上山打柴时更多受阻格（隔）。校长赵清，临夏人，去年方毕业于某中学，道及其事辄为之下泪云。

隆洼寺

在哈家稍事休息，即沿香腊沟而西。香腊村在河北，其西南面山下有一小村曰山哈里，当擦峪沟口之西面，沟中多林木，其上游即黑错河，出口后与哈家河相会，哈家与隆洼在此分界。更西行五里至隆洼口，隆洼河自西来会，折而西北流，路遂改沿为溯，又行约十里乃至隆洼。在隆洼口之东面与西面各有一小寺，东寺在南岸山上，曰扎希寺，西寺在北岸山坡间，曰尕寺，后者乃隆洼寺之属寺也。自隆洼口行来，山间林木葱郁。田中禾苗茂盛，时有除草藏族妇女点缀其间，而流水淙淙，野香盈鼻，令人观感一新。与上午之旅途相较，胜之远矣。

隆洼寺为沙沟德隆寺之属寺，麻隆寺亦属此系统。寺内现有阿喀三十余人，其管辖区域皆在隆洼沟内，居民不超过二百户，有头目曰草迷者司之，每庄各出一人轮流充任，三年一更，略如他处之头人或老人也。又有沙沟寺派来之根察布，协助处理地方事情。居民对土官不纳钱粮，但有出“乌拉”（应差）及拔门兵之义务。全区每年为拉卜楞司令部送粮一百升，为夏河县政府送炭五十驮，每驮约二三十斤，是为地方人民之重大负担。山间林木为藏民公有，径四寸长丈许之木，每元可买七八根，迩者河州驻军常来砍伐，故大木已甚为稀少矣，是更为地方富源之重大损失也。藏民之间因争执伤害致死者，有赔偿命价之惯例，普通为偿以牛马二三十头，本人力不足者，亲邻皆有协助之义务，惟杀盗贼者无所偿。甲科中居民仅十一户，皆自河州迁来者，除一户回民外均为汉民。购买日用品等，须到河州或夏河。

民间之量器，各地大小不一，名同实异，形成一定之复杂性。如隆洼之升，长宽各五寸，高三寸，与他处相较，则河州一升当此三升，夏河一升当此五升，黑错（买吾、哈家同）一升当此三升。

傍晚在寺上参观访问，下山时夜色已深，而野花送香，与潺潺流水，并振发清兴。颉师遂成一绝云：“月黑泉流声更悲，寺前栈道夜行危。忽然风卷香盈鼻，知是闲花开满崖”。寥寥数语，清兴即有所着落矣。

夏河途中

二十三日　晴，晨、午有小雨。七时半动身，不数里即登大麦山，势颇峻险，造巅远眺，层峦无际，极尽妙观。山间有新砍下之松木，遥望之如牙签，稍近则如象箸，是亦一不可多见之景也。下山后行于碧草广滩上曰大麦滩，已为大夏河谷地，乃纵马而驰，不数里至大麦店。天忽雨，遂稍息打尖。雨止后再进，约五时抵夏河。

自大麦店以西，经长石头、褡裢桥、和尔哈家、三索麻等地。长石头兀立于河干，高数十尺，方不过二三丈，四壁绝峭，而有松一株生其上。相传昔者沙沟寺主与嘉木样佛一世同拟建寺于今拉卜楞寺地址，寺主骑狮方行至此，迎面来一老妇，告以嘉佛已捷足先至矣，寺主闻言立折其狮背，遂僵化成为巨石云。实则此一带多片麻岩，故峰势陡峭，谷地中亦多怪石也。前行有巨石盘结如小山状者凡三，河水自西来，为石所阻，向北绕之而东，大路本行于南岸，至此于石之南端设桥，改行北岸，故曰褡裢桥，形势甚为险厄。和尔哈家共为三庄，附近有一小寺。三索麻或作沙扫马，乃藏语新开地之义，藏地多以此为名者，去夏河已不足五里，转过山咀即在望矣，中间更经一小村曰孟奴何即达。

拉卜楞寺之跳神说法大会

二十四日　晴。上午拉卜楞保安司令黄正清氏及拉卜楞寺大襄佐来访，承邀赴襄佐昂欠早餐，食羊肉酸奶等，饶有西餐风味。饭后同到河滨柳林中看跳神者。跳神即寺中之定期舞蹈大会，每年阴历正月十四日、三月十五日、七月初八日、九月二十九日等均为例定之跳神日期，各有不同性质之内容与形式，今日所演者则为七月大会之预演也。其情节为一千二百年前之米拉瑞洼（一称米拉布衣，与达摩同时），独自苦修于山洞中，一日方诵经时，猎人公保多吉放犬逐鹿，鹿走避于米拉之下，闻米拉讲述之经义而皈依。旋犬来亦闻讲经而皈依，鹿与犬各安居其旁。猎人追踪而至，向米拉索犬与鹿，米拉为之诵经，猎人终亦皈依于旁。以实际情节显示佛法之伟大力量，颇能予人以深刻之印象。据云，凡于宗教及寺院有意见者，藉跳神之机会可尽情宣示，不为渎神，如今日之会，即可由猎人口中发出也。又情节中人物本为单角色，为增加场面之繁华与对话便利，俱饰为双角色，猎人则饰为父子二人，此乃演出技术上之变通，固无害于其本义也。

夏河县之教育

下午参观大夏街小学等处。大夏街小学为夏河县立之唯一完全小学，经费年达六千元，六级俱全，学生共九十八人，不分性别与种族，而藏民入学者甚少。藏民文化促进会，民国十六年成立于兰州，十七年迁至拉卜楞，同年十一月间成立拉卜楞小学较，初借民房为校址，二十年暂与大夏街小学合办，二十五年春始迁入自建之新校舍。今六班学生共八十人，内汉、藏各三十五人，回民十人，年龄最大者十九岁，以十四五岁者为最多，学生之书籍文具均由学校供给，藏民且供给衣食。经费年约五千元，由省府与地方各补助一半，地方补助费则以牲畜附加税为主要来源。二校似皆颇有前途者。县图书馆藏有《万有文库》一部，并有阅报室等，荒陬之邑殊为难得也。

至于地方教育情形，可谓尚在萌芽状态。闻政府强制推行小学教育时，藏民常出钱雇汉民子弟前往如支应官差者。大致春季开学时就学者尚多，其后则逐渐减少，故俗谚有“春满堂，夏一半，秋零落，冬不见”之语，可知地方教育欲图发展，犹须作极大之努力也。

夏河县之市区

夏河县市区情形甚为简单，通称为塔哇，以一小山沟分为上下二部，合之犹不如普通一小镇。南滨大夏河，北为高山，西距拉卜楞寺约二里。“塔哇”乃由蒙古语“塔本”之音转来，本义为五，初建寺时，有五家居此看守，遂以为名。今县政府及学校等均在下塔哇中，商肆则多集中于上塔哇中。繁华区在近河一面，山根之下皆为居民区也。闻拉寺之西三十五里沿大夏河之草地曰桑科滩，地势平衍，将为建筑新市区之地址云。

拉卜楞之沿革概略

二十五日　上午小雨，下午晴。拉卜楞乃藏语“拉仍”之转音，本义为大佛之宫舍，而昂欠则为众佛之居处也。其地本为黄河南亲王之王府所在地，清初亲王献地于嘉木样佛一世以建寺，后遂发展成为大寺，今王府犹在寺西，与保安司令部相近。拉卜楞寺极为宏大，东西广约二里，南北长达里许，南傍河滨，北倚山根，寺院率为高三四层之藏式楼房，殿舍簇聚，几无隙地，其壁或红或白，其顶或黄或绿，鳞次栉比，雄伟之姿非普通建筑所能比也。对岸山上多林木，陟而观之，全寺尽列目下，深感是乃藏民创造之文化结晶，殊为令人惊叹不置。

拉卜楞之地势，四面环山，中贯以大夏河，成一小型河谷盆地，俗谚有“金盆养鱼”之称，足以状之。海拔高度在二千九百公尺以上，附近山岭有高达四千公尺者。大夏河本为古之漓水，藏名曰桑曲，东流入黄河。古大夏河原为其东南之一水，东流入洮河，即今之广通河或西改河也，乃以赫连勃勃之事迹而得名者。自《明一统志》始误以漓水当之，民国以来又相继设立夏河、临夏等县，皆以之取名，遂成久假不归之势，然论古证今之士不可不知之也。

自清代以来，此地向属于循化厅，民国初年，相沿仍为宁海军驻防之地。嘉木样佛五世转生于西康理塘境内，民国九年来寺，其长兄黄正清氏与之同来。而驻军与地方间多矛盾，十三年至十五年间更发生二次战争，一战于桑科滩，再战于甘家滩，拉寺全被宁海军占领，损失颇重。嘉佛走避于黑错、买吾、完科儿、莲花山及欧拉等地，后转至兰州。时刘郁芬受冯玉祥之命主甘政，以宁海军恃强凌弱，于十五年年底，决定拉卜楞地方脱离西宁道，直属于甘省府，以省保安队代替宁海军驻防，请嘉佛回寺，一切恢复原状，但过去之损失双方互不赔偿。至十六年三月，筹立设治局，十七年二月正式设县。黄正清氏此时奉委为番兵游击司令，招抚流亡，维持治安，其后地方遂由恢复而步上繁荣发展之途，惟十七年腊月间，马仲英部由旧城来此，寺中稍受损失而已。

夏河县之面积人口，尚无确切统计数字，约计为四千八百余平方里，七千五百余户，三万四千余口。拉卜楞保安司令部直辖者曰十三庄，共一千二三百户，其外之地则各有土官即洪布司之，自成族落，与司令部成间接关系，略如卓尼杨土司与远番间之情形。十三庄皆在寺院附近，最初仅有塔哇，后增加唐勒何、撒哥儿、撒衣等三庄，其后又增加柔扎、满克儿、楞格堂、福地、沙扫马、衣寻堂（即又江）、蒙勒赫（即孟奴何）、勒周、往球等，遂成十三庄之名。然勒周又属于河南亲王，而南日等庄则未计入，今实际庄数为十有九，惟一直沿用十三庄之称未变。

河南一字亲王

河南一字亲王为蒙古和硕特部之后，今青海境内同德、同仁二县间大部地方均为其牧地。所辖牧民称为“苏户”，共十一部，即所谓“达子十一根箭”也。十一部之名称如下：吐麦，吐尔胡，外思，大残，阿日凯（亲王常驻之部），措胡日，什藏阿日哥，卡苏姆，和向，许胡萌（大），许胡宁（小）。十一部各有一头目，为亲王所任命，三年一更。共有牧民约三千帐，居处皆为圆顶之蒙古包，与藏民不同，而语言则已全用藏语矣。今拉卜楞王府内有管家主持一般事务，亲王仅每年阴历七月间来住数日而已。

夏河境内之主要物产

二十六日　晴，下午、晚小雨。六时起床，连日在各机关略作访问，今汇记有关地方生产情况于后。

夏河全境，除山地外，绝大部分均为牧地，耕地仅沿河近村之小片地方有之，故牛羊皮毛为境内之主要物产。而拉卜楞寺为甘肃、青海间之最大喇嘛寺，宗教生活之影响有利于促进地方之贸易。因之交通条件虽仅以肩负马驮为主，而物产之丰富与人民之需要，已使其经济地位远过于洮州旧城矣。

输出物品以皮毛为主，居总额十分之九以上。羊毛每年约四五十万斤，每百斤价约二十七八元，去年曾上涨至五六十元，卢沟桥事变发生后，销路停滞，价复回落至二十元左右。皮张如羔皮年产万张以上，每百斤（约三百余张）价自五六角至一元一二角。羊皮年产约五六千张，每百斤（约四十张）价自八角至一元三角。牛皮产量在千张以上，每百斤价三四元至五六元不等。野牲皮惟狐皮、狼皮较多，狐皮每年可收数百张，狼皮在百张以内，狐皮价自十元至二十五六元不等，狼皮价约五六元。外销之牲畜主要为马牛羊，马每匹价在二十元至六十元之间，每年约可销六千匹。犏牛适于耕田驮物，每头价约五十元。羊价每只自三四元至五六元不等。本地有屠户二十七八家，均为河州回民，居民以肉食为主，故其业甚发达也。

本地出产之大量皮毛，为坐庄收购之外帮商号促成厚利。在上下塔哇中共有商号百余家，约汉、回各半，然其中最有势力者为河州帮，如隆盛和，马绍翰所设者也；德源成，马步芳在青海所设之义源祥之分号也；和源号，马矿务所设者也；此外玉盛公、义盛魁、复兴隆等均属于河州帮。外资所设者有普伦、西城二洋行，均以德国资本为主。各商号所收者，其最后归宿多为运销于海外，虽有丰富之原料，而无与于本国工业之发展，可为一叹。

外销之皮毛以天津、上海为目的地，而兰州为转运站。自拉卜楞至兰州走旱路三天，在兰州换皮筏沿黄河下放至包头，再经火车运至天津，最快需二十日。自西兰公路通车后，由兰州装汽车至西安，换火车以分达天津、上海，时间乃大为缩短。本皆由客商自运，二十五年冬季起，邮局开始收寄羊毛包裹，以骡驮发至兰州，经汽车外运，自拉卜楞至天津，每公斤收费三角五分，是年十至十二月三个月内，即运出四千余包，每包重六七十斤不等，占输出总额十分之七。全年中以九月至次年三月为旺季，故夏河邮局之业务甚忙碌也。

输入货物以来自北平、天津、上海、汉口、杭州、成都等地者为主。北平来货多供藏民使用者，如铜壶、小刀、僧帽、珠子等。天津、上海来货多为日用品及洋货等。汉口、杭州、成都来货则为绸缎、茶叶等。四川来货多以骡牛等驮载，经草地而来，其他各地则皆经由兰州转运。

人民与寺院之关系及其生活情形

二十七 阴。日来访问地方情形，关于人民与寺院之关系及其生活方面者，有如下数点。

十三庄之土地均为寺中所有，故建房者每间须年纳钱二串(每串铜元二十五枚)，种地者每下种一斗之地纳粮一斗，开垦荒地者则每斗地纳租五升。汉人亦可至寺中领地垦种，并可转让于他人，每斗地需价百余元。农作物以青稞、菜籽、蚕豆等为主，每斗地约可打粮三四斗。寺上(以司令部、襄佐及本房地主之昂欠为限)如有修建等事，则须轮流应差，一般每年可轮值二三次，藏民更有服兵役之义务。藏民村庄由头人管理，每庄少者一人，多者至四人，皆由村民公举，任期一年，秉承寺中之涅尔哇与司令部之命令以行事，可处理细小之诉案，较大事件则由众头人开会讨论决定之，更大者则归之于涅尔哇矣。在寺中，襄佐为最高主事者，其下即为涅尔哇也。今寺院、司令部与县政府均可受理诉案，藏民多趋前二者，汉、回民则趋后者。在寺院起诉有开口费、裁判费，原告与被告均须交纳，每项至少在一元(硬币)以上，败诉者交罚款更无定额，故除深受喇嘛教影响之藏民外，有事皆不愿问津也。

民国初年，内地人来此者均不得携眷，约至十七年左右时，官吏眷属渐能居住，然犹有“不得生孩子”之禁。自嘉木样五世转生后，汉人文化传入日广，致有僧人称之为“汉佛”者。然年来拉寺与地方皆甚有发展，可见文化融合原为人民向往之事，自然顺之者昌也。

当地藏民之家庭生活费用，可以县府派来做护卫兼向导之白瑜为例，其家共有五口，全年费用为一百七十九元二角，平均每人三十六元弱，此已可称为小康之家矣。

午参加各界之欢迎会，下午有公宴。

参观寺院（一）

二十八日 阴。今日由寺中杨喇嘛引导参观寺院。

首至之处曰杰道仓，即欢喜金刚部院，为密宗续部之一院，在北部靠近山根，乃嘉佛四世所修建者。其次曰豆格拉亨，在山根高处，供奉千手千眼佛，有鸟、兔、猴、象共息于树下之壁画，为著名佛教故事之一。大意谓古印度嘎喜地方（今印度中部恒河北岸之班纳斯 Benares），有鹧鸪、兔、猴、白象各一，安居林中，序齿以相敬重。鹧鸪指林中之亚主达树以为证，象言初见此树时，方高与其身齐，今已成为枝叶茂密之大树；猴言初见此树时亦与其身等高，则其时间早于象所见者；兔言曾舐其初发芽时两叶上之露水；鹧鸪言此树乃其所食果实粪出之种子所生者。于是共推鹧鸪为长而受其命，共同行动时则猴骑于象背，兔在猴上，而鹧鸪更居其上。相约守杀生、淫、盗、妄语、饮酒五戒，并各感化其同族。于是禽兽皆不相为害，地方因以昌盛。当地之国王大臣等皆以为自己之福德所致，后经一位隐士指示，始明究竟，于是皆自愧弗如，乃努力修德，国内遂以大化，并因而感动邻邦云。

其下所至之地为冰特勒鸠佛殿，乃二层之金瓦寺，亦嘉佛四世所建，其后楼为最大之咒房。又至冬日讲经院，藏名扎西寺，嘉庆年间清帝赐匾曰寿禧寺，供奉弥勒佛。

又其次至大经堂，即嘉佛一世所修之太桑楞扎仓，乃显教最高机构之闻思堂所在地，喇嘛所学之基本理论及其程序阶段等皆由闻思堂司之。藏民至此顶礼膜拜者极众，户外地板为之洞穿，致一年中须更换数次。内有如来因妹思家图，前藏三大寺（即哲本、色拉、格登寺）及后藏札什伦布寺等图。又列银塔数个，每世嘉佛之骨殖均安置于塔内而不焚化，小佛则化骨成灰后方置塔内，每塔皆值银数十万元也。

其下又至杰巴仓，乃密宗之主要部门，通称为“第二经堂”。又至曼巴仓，亦为密宗续部之一院，一称药王寺，乃寺中之医学院也，为嘉佛三世所修。又至桑给那柔，一曰寿安寺，有铜佛像，高四丈余，制于北京，为拉寺第一大佛像。又至那茫仓，供奉文殊佛，旧寺已被焚毁，今为新建者。又至丁科尔仓，一称时轮金刚院，嘉佛二世所修，亦属于密宗续部，主司藏历。中有北天图，记二十五王子之事，又有雷音寺图，丁科儿塔图等。又至子孙菩萨殿，有三千佛像，均为子孙佛、长寿佛等。嘉佛五世入藏前即在此殿念经。

最后参观喇嘛所用之大锅，共有五个，每个可容米四十斗，盐一斗，四头牦牛之肉，酥油五百斤，白糖、葡萄干各一百斤。可谓量大惊人矣。

拉卜楞寺建于清初康熙年间，至今为藏民区中仅次于拉萨之宗教中心，直接受其支配之寺院，除拉寺本身之六大寺与十八昂欠外，更有散布于各地之一百零八寺，远及西康、西藏、北平、五台、蒙古等地，其主要部分则在甘肃、青海间黄河以南之大部地方。所谓六大寺，即太桑楞扎仓、杰巴仓、丁科儿仓、曼巴仓、杰道仓，以上五寺为旧有者，亦称五大寺或五大扎仓，今日皆已参观。嘉佛五世今修建聚多巴扎仓，亦属密宗续部，乃有六大寺之名矣。十八昂欠为与嘉佛或拉寺有关之较大活佛所建立者，如郭蒙仓，德瓦仓，光汤仓，那茫仓，加仓，嘉那赫仓，年扎赫仓等，皆其中著名者也。今寺中较大活佛已有三十余人，而仍沿用十八昂欠之名。所谓一百零八寺者，亦习惯之称法，未能循数以稽之也。今寺中喇嘛共约三千人，包括一部分游方于外者，小佛不下数百，可知其规模之宏伟也。

寺院之组织与内容，实至为庞大广泛，除研究佛学哲理外，天文、历算、医学、论理学等莫不有其独特之造诣，是为藏民所创造而自成系统之文化，欲求全面了解，恐非穷一二年之时力钻研，不能得其概略。今日所观者不及全寺十分之一，且走马观花，隔纱观景，惟能略记其所触及者，远不足言识其轮廓也。

今日参观时，各扎仓昂欠门前皆以白粉画作云纹之形以示欢迎。又横贯寺中之大路，除活佛与司令部之车马外，一般车马皆禁止穿行，而余等连日乘车经此皆通行无阻，可知所受之殊遇多矣。

寺院附近巡礼

二十九日　阴。今日无事，巡行于附近各地。寺南多松之山曰登择山，唐勒何与柔扎二庄即在山下，前者居西而后者居东。二桥横跨于大夏河上，一在寺之东北端，处于寺院与塔哇之间而通向柔扎，曰赛姆修麻；一在寺之西端，处于寺院与司令部之间而通向唐勒何，曰赛姆拱巴，“赛姆”即藏语桥梁也。在二桥之间寺之南面有一小方场，为藏民晨间交易之地，曰从拉，出售土产物品与日用品等。寺旁多置木桶状之转轮，曰古拉，中有经文，任人推转，云有诵经之法效，藏民多远道特来推转之者。自左而右为正转，倒转则大忌之。

寺院北面有一小山沟曰尕寺沟，乃藏民天葬之所也。葬处有固定之位置凡四，置尸于其上，请喇嘛诵经而后任鹰类啄食，以食尽者为吉祥。鹰体甚伟，藏名曰谷岔，日间多翔集山头，以待为之送食品者。

草地之行

三十日　晴。六时起床，安排行具赴甘家滩草地，由司令部之水副官率藏兵数名为护卫兼导者。甘家滩在夏河之北，经一山沟，至沟脑后逾山即达。甘家滩甚为广阔，滩外之山势亦平浅，实已在夏河之山上，故登山之路峻且长，下山之路则缓且短也。甘家滩水东北流，与甘坪滩水相会后而东流，在甘坪滩口内之北面，实业部新建之西北种畜场在焉，为今日预定之止宿地。其处距夏河通称四十里，然马行于上午九时动身，下午四时始达，中间打茶休息不过一时左右，实际当不下六七十里，草地里程皆出于估计，未可以常格论也。

草地中自山坡至平地，一望碧色，而间以各色野花，如蒙以缀花图案之无边绿毯者然。休息时藏兵拾牛粪煮茶供饮，以羊皮风袋鼓风，不数分钟水即滚沸。草地中无木柴，而牛粪随处有之，羊皮风袋又极便于携带，是皆藏民在切合现实环境条件下之创造发明也。

甘坪寺与仁爱族

七月一日　晴。上午参观种畜场以西数里之甘坪寺与仁爱族[①]帐房，帐房在河滩中而寺在其北面山坪上。甘坪寺为红教寺院，属于保安大寺之江广增佛，寺中地位最高者为管家，其职长任，有助手二人，管家出缺时由其继任，共有阿喀十余人，主要来自仁爱族。最特殊之处为寺僧可以暂时回家转成俗人，再到寺中则仍为僧人，故寺产与家产亦无明确界线。寺中之主要活动每年有二次，阴历正月十五日前后，族中人均来寺中献财物，寺中则以大锅煮饭，供众人饱餐一顿，并由僧人诵经，谓之“拱萌嘉”。又四月十五日为其节日，禁食一日，谓之“避灾散食”，而无浴佛跳神等会。是皆为与拉卜楞寺不同之处。

① 甘坪寺与仁爱族：甘坪寺为格鲁派寺院，但寺主夏嘎巴活佛是青海亚玛扎西奇寺院寺主，属宁玛派即红教；仁爱族应为仁爱部落，即今仁爱村。——编者注

仁爱族现有五十余帐，有老者四人管理全族之事。依季节变化移徙于附近数十里之区域内，大致夏秋多居山顶以避蚊，冬春则居平滩山阳之地，约每隔二月迁徙一次，周而复始。其邻近地区，北为铁务（即瓜什济），西为加务，南为拉卜楞，东为白石崖寺。每年五六月间西移与加务邻近，七八月后渐北移与铁务相邻，常因争夺草山而互斗，被打死者由对方偿以命价，每命约需三四百元，其费用及损失皆由全族负责公摊。铁务、加务皆在青海循化县境内，颇得青海驻军之支持，故甘家方面与拉卜楞司令部之关系甚密，以期从而得到支援也。

仁爱族之牲畜以马牛羊为主，羊多为绵羊。其财产计算单位曰“安格”，马与牛各当一安格，羊则十只为一安格，而公牛、公羊、儿马、羔羊均不计数，全族共有约二千五百安格。各帐所有之马牛羊数，大致有如下表。

类别	头数	帐数
马	50 匹以上者	3 帐
	20 匹以上者	约 10 帐
	5 匹以上者	10 余帐
牛	50 头以上者	4 帐
	30 头以上者	10 余帐
	20 头以上者	20 余帐
	10 头以上者	10 余账
羊	1000 只以上者	3 帐
	600 只以上者	10 余帐
	300 只以上者	20 余帐
	100 只以上者	10 余帐

马每匹价约五十元，羊每只约三元，羊毛则每元可买四五斤。剪羊毛多在阴历六月下旬，以便七月初运至拉卜楞出售也，羊每

只约可得毛一斤半。商人亦多前来收买者，常以先期货以款而后按期收货，取息甚高云。

帐房均为黑牛毛毡所制，喇嘛及特别富有者始得居白帐。每帐为二大片合成，每片长四丈，宽二丈，合成一方帐，底部较宽，四角以杆支之，相系以绳，中间支以小杆，顶留一缝以便出烟。中间为灶，环灶铺皮毡，以为坐卧之处。入帐后让客人坐于右方，以奶茶、鲜奶及糌粑等食品敬客人，予人以十分亲切之感。帐中四面遍置毡袋，初以为所贮者为粮食，后乃知皆牛羊粪，灶中所燃者即此物也，故于行近帐房时，即感异香刺鼻，然藏人颇重视之，甚至用以净碗器，盖出于现实生活所养成之习惯，殆未可以单纯之清洁观念论之也。又帐房冬冷夏热，大雨则漏，藏民皆能安然处之，是亦长期生活锻炼中所产生之适应能力欤？

日常生活以干肉糌粑为主要食品，挂面则称为上品矣。干肉为其自制，面类皆自夏河交换得来。至于日常生产与生活工作几均由妇女操之，如拾粪、晒粪、放牛、挤乳、背水、做饭、做酥油、酸奶、剪羊毛、熟皮革、捻毛线、织毡、织褐等，男子在帐中终日无事，惟吸水旱烟而已，但发生族外战争时，战士皆由男子充任。是族以“仁爱”为名，亦即其全族之姓，乃从母姓，故男子或作喇嘛，或出赘于他家，在家庭中不占主要生产地位。观于此，其或犹存原始社会之遗迹乎？

凡交寺院及一般支应等公费曰“派户”，每年每安格约须负担二角至五角左右。在帐房中见藏妇织牛毛毡者，甚迅速。女工可雇用，供饭之外，每月仅需工资三元耳。

帐房之旁皆有番狗守卫，甚凶猛，躯体倍大于常犬，殆即古之所谓獒者，须先呼其族中人为约制之始得行近。放牧之羊群亦多由其守护，甚为藏民所重视。惟其性喜高寒，离草地后辄死，故内地未能育之。

设置种畜场，目的为改良夏河牧区之品种，然与牧民接触困难甚多。闻建屋所用之石灰砖瓦等均为自行烧造，所用木料则自二十余里以外之瓜什济运来。四丈之木，山价二角五分，砍价一角五分，运价每丈一元，四丈余者合四元四角，运费十倍于物价，可知交通不便之山区中，货弃于地者多矣。场内现有羊六百余只，牛七十头，马九十匹，驴六头，骡八匹云。

白石崖寺

二日　晨小雨，晴。五时半起床，七时动身，赴白石崖寺。循北山坡东行，不数里即得古城遗址二，地名亨估拿卡切，“卡切”即古城之义也。二城相距不过里许，东城稍大，约半里见方，残破之瓦片甚多，又一大石础埋置地中，径约二尺，周边有刻线一道，制作甚精，然未能推断其年代。数年前有外人来此，曾于其地掘得古瓶，因思国内知识分子之来此者如凤毛麟角，而外人则随时盗去大地所埋存之古物，国人岂可不深以自儆耶！闻在甘坪滩之南晒经滩口内北山坡上亦有一古城遗址，惜未能前往一观。

约十一时许抵白石崖寺。寺在大力甲山之下，藏名曰智格。大力甲山为石英岩所成，色光白而势峻伟，为西南而东北之走向，长五十余里，宽约十里，自甘家滩东望，巍然屏蔽一方。汉代曾设白石县，与今之喇嘛寺俱以山色得名者也。主其寺者乃女活佛，名刚日堪周玛，来自西藏，已转三世矣，三年前圆寂，今犹未寻得其转生者。女佛在拉卜楞寺有昂欠，寻找转世之佛，须经拉寺大佛推算指出方向，然后依之寻找。寺内有经堂二，女佛昂欠在寺北，皆甚精致，经堂内有金塔，昂欠中之佛像架镶以玻璃，是皆为小寺中所罕见者。闻寺中马牛等牲畜甚伙，实一富有之寺也。现有阿喀三十余人，皆来自附近藏民区，衣食自理，念经走施助（主），每次可得布施二角至五角。主持寺内事务者为僧官曰改规，又经头曰文在，均一年一任。又有拉寺放来之赤哇一人，专司经义之事，三年一任，活佛不在时则代行其事。每年阴历五月十七至六月十七日，有长达一月之诵经大会曰“切道”，不跳神。

相传昔有老人曰甘杰完智塔（“完智塔”为经上之名），曾入藏学法，归后即建此寺，僧众多达五百人，距今已有三百三十年，死后未转世。如此说有据，则其建立当在明万历后期，即十七世纪初年，犹在拉寺之前也。

寺之旁有甲科，居民十五六户，其三分之一为靴匠，每人每日可成藏靴一双，售价二元五角，能得八角之利。住屋皆简陋而较整洁，外屋之半为走廊，故甚狭，内屋地面较外屋高尺许，铺以毡褐等，即坐卧之处矣。

在白石崖寺女佛昂欠之下，过一小山沟，其旁有一石洞，窈不可测。相传可通二百八十里以外之河州罗家洞（在今永靖县太极村附近），一说可通六十里以外之循化五山池，皆揣测之谈也。又谓有蛇居之，故人莫敢入。数年前某外人游此，曾入洞探之。颉师夙好寻奇探险，众亦皆欲入洞一观，遂由喇嘛为导而往。至洞口，先以巨石撞地发声，并高声呼哨，如有猛兽毒蛇潜伏于洞中，可惊之使出也。然后引火为炬，扪索而前。洞底甚滑，为上坡路，殊为崎岖。行数十丈，洞忽左转，转折处为一深渊，稍一失足即有不测之虞。前行足下愈滑，火把亦将不继，遂未成其志而返。想来日自有能揭开此洞之奥秘者也。

八角城

二时许离此南行去八角城，相距约六里许，四时方达。八角城南傍甘家河，为四角凹入而成形 ✣ 之堡寨，南、东、北三面皆有门，藏名曰甘计卡昂。城内有居民三十余户，除藏民外，有汉民七八家，回民一家，均业农耕，作物与夏河同。田地属于拉卜楞寺，地租约每十五斗地年纳租粮七斗，地力较薄，每种一年即须歇一年也。

晚饭前头人来言，有青海军士二人寻马至此，气势汹汹，似执定所失之马为村民隐匿以便勒索者，经颉师为作书证明确无其事，持去乃已。闻村民常遇是类飞灾横祸，今日因得颉师主持正义，遂化险为夷也。

祖盖寺

三日　晴。五时半起床，七时半动身南行，过甘家河，至祖盖寺。甘家河东流经铁隆沟入于大夏河，南岸有高山曰观音山，祖盖寺即在其下，为红教寺院，无所属。经堂供奉之佛像有三，中间为吉鲁茸智化，右边为诺别列贾哇，左边为卓玛。寺中之活佛亦有三，大佛曰东宁煞茸，二佛曰些伦那木章，三佛曰阿罗克矫基。第三佛于去年逝世，尚未得其转生者。阿喀共二十余人，半数以上皆有妻，平日不必穿袈裟，活佛亦同此例，如些伦那木章即有妻。其寺旁亦有古拉而皆向左转。闻四川松潘一带有左转古拉之寺院，夏河一带则殊不多见也。

返回夏河

离祖盖寺后，沿甘家滩东山坡之路回夏河，途中小泉极多。行至晒经滩沟口之对面，见西山根下，即前日来时所行之途中，有七人皆骑马荷枪，与吾等相距约三四里，尾随而行。吾等打茶休息时，彼等亦即停息。旋来一牛驮队，自南而北，正与彼等相值，即闻枪声忽起，牛驮中有骑马者纵马而逸，而牛驮则为若辈驱走矣。此七人者盖土匪也，吾等一行共十一人，皆骑马，然仅有枪四支，彼等遥望未能悉辨，故尾随伺机而未敢立即行动，适商人驱牛驮而来，遂李代桃僵矣。于是在惊疑之心情下，策马疾行，以脱险境。

过山后入福地沟，下山之路甚陡，而路旁多小香窑，前年班禅自同仁县来夏河，道出此途，拉寺僧众在此迎接，是其遗迹也。

下午四时许，返抵夏河。

四日 雨。昨夜睡不甚好，殆以连日奔波过于兴奋之故。上午大雨，在寓休息。下午雨止，散步于河滩上。

拉卜楞与邻近地区之民族分布情况

五日 晴。在寓所整理资料，其中有前夏河县长龚瑾《拟改河曲为特别区建议》一书，关于民族分布情况，有扼要记载，录之于次。

> 此区域中住居民族比较单纯，除黄河以南有蒙古霍硕特一字亲王等三族及土尔胡特一旗蒙古族外，其余均系藏族，语言文字习惯生活等几完全一致。考其居处，蒙古二部居恰克柳图河流域（藏语此水曰色曲——原注，下同）与黄河东岸及洮源等地，其占地南北二百余里，东西四百余里，可谓广矣。其人数合计四千余帐（此多系蒙古包，与黑帐房有别）。藏族第一推果洛，部分最多，其牧地居玛沁雪山迤南，黄河南北两岸均有该部游牧踪迹，全部二万余帐。三阿树居果洛西南，再上如鸦砻江流域（藏语咱曲喀哇）与青海所属之加迭喀宋各族接界，全部一万五千余帐。三阿坝又居果洛之南大、小金川及梭磨河之上游，全部三千余家，该地已入半耕半牧时代，夏帐冬房，生计比较富足，在此地域中比较开明者矣。察科居岷山中，全部一万五千余帐，有碉房，有庄稼，其强横不让于果洛，其首领俗称“宋奔嘉卧”，其

意盖谓有三十万人民之王也，恐非其实。作格十二部居三昆都仓河流域（藏语尕曲、加曲、麦曲地，地图有黑河、白河之称），全部一万余帐。卓尼杨土司所属之铁布（按铁布又谓叠布，古称叠州，松潘志书亦载铁布七寨，现铁布归杨土司所辖），居叠山之南（即西倾支脉，洮河以南之分水岭也）白龙江上游，全部一万余帐。此外居黄河内曲者有欧拉三族，地滨黄河西岸，全部八百余帐。鹊科四部，有鹊科麦马、鹊科奈马、阿完仓三部居河北，齐哈玛一部居河南，盖横跨黄河者也，全部二千余帐。作格尼玛居黄河外曲与黑河之交西倾山西麓，全部二百余帐。阔才居西倾山东麓，全部一百余帐。以上皆为最大部分，其余细小各部尚多。总计在十万以上之黑帐，四十万以上之人口，各有其土，各子其民，此疆彼界，虽有定地，然强侵弱土，岁靡宁时，对于所属人民随意掠夺赠与，亦属常见之事，纯粹古代部落现状也。

所举各部大体皆与拉卜楞寺有关系者。其下又云："迄今尚有不知民国者，惟'光玛仓'三字（皇帝，又王法之称）无人不晓。对于国家既无义务可尽，又无权利可享，直视同化外。"

可知我国不仅地域辽阔，且种族繁衍，而人民之落后状态尤不可不予重视。故除经济须积极开发外，政治教育等工作亦须急起直追，方可跻于先进国家之林也。

甘肃人民之特税负担与鸦片流毒

六日　晴。今日继续整理资料。拉卜楞特税局有二十六年份之《甘肃全省特税兼禁烟分局比额》表册，可以从数字上窥见各地人民之特税负担与鸦片为害情形。所谓禁烟之原则为"寓禁于征”，实即实行公开买卖以便于抽税之饰词而已，故甘省各地鸦片之流毒甚剧，然则所标之“禁”字，名实相违亦已甚矣。据云，夏河境内禁烟事务较清淡，因藏民并不嗜之也。自本年三月起，其事务已与临夏、永靖、和政、宁定等县合并。今附列其比额于下。

分局名	特税额	禁烟正税	烟照	附注
省城	320000.00元	426666.67元	24000.00元	
泾川	264900.00元	13333.33	7200.00元	
一条山	130100.00元	120000.00元	1200.00元	
张家川	93800.00元	26666.67	7000.00元	
岷县	81600.00元	2666.67	2400.00元	
大河店	56300.00元	26666.67	8400.00元	在成县
碧口	67000.00	40000.00	1800.00	在文县
黑咀子	70000.00元	—	—	现并省局
西峰镇	36900.00元	40000.00元	4800.00元	
临夏	38100.00元	26666.67	1800.00元	
夏河	69700.00元	—	—	
酒泉	46400.00元	90000.00元	2400.00元	
天水	59000.00元	53333.33元	36000.00元	
武都	36300.00元	4000.00元	3600.00元	
海原	25700.00元	10000.00元	600.00元	
甘州	5217.00元	400000.00元	7200.00元	
秦安	22400.00元	26666.67元	7200.00元	
靖远	21400.00元	400000.00元	2400.00元	
永登	35000.00元	30000.00元	1800.00元	
凉州	47600.00元	460000.00元	6000.00元	
固原	26700.00元	80000.00元	8400.00元	
武甘	18100.00元	40000.00元	3600.00元	武山、甘谷
平凉	24800.00元	18333.67元	1200.00元	
徽县	18400.00元	26666.67元	6000.00元	

续表

分局名	特税额	禁烟正税	烟照	附注
定西	14800.00 元	2666.67 元	4200.00 元	
华亭	18600.00 元	26666.67 元	2400.00 元	
杨家店	18300.00 元	26666.67 元	1800.00 元	在两当
临洮	15600.00 元	40000.00 元	6000.00 元	
永昌	10700.00 元	—	—	
安敦	31300.00 元	40000.00 元	2400.00 元	安西、敦煌
山丹	11100.00 元			
石岭子	5600.00 元			在西和

附说明：禁烟正税包括运销税每百两十五元，票价八角，加义务捐一成，土花（印花）每百两贴六角。烟照分九等，均一月一换，最高者五百两以上收费二十元。另有坐销税，与正税同。本年起照费包商承办，惟正税委办。

七日　晴。今日为抗日战争一周年纪念日，夏河各界在拉卜楞小学操场举行纪念大会，随颉师参加。会后同往寺院与塔哇间之空场上举行“阵亡将士纪念碑”奠基礼。礼毕，司令部招待午宴。

参观寺院（二）

八日　晴。今日由杨喇嘛引导继续参观寺院，入寺后余因故与颉师等相失，探寻时误入经院内，见众喇嘛方在柳荫下研讨经义，精神集中，情绪热烈，乃识此寺僧学习方式之一也，可谓一项意外收获。与颉师等相会后，仅参观一嘉那赫仓，“嘉那赫”为汉人之义，乃汉人出家而成佛者也。

参观后过河登山，遥望寺之全貌，即绘一草图，以记其要点。日来天气晴暖，喇嘛“浪山”者甚多，河滩草地上随处支设白色帐篷，为自然美景增加几分点缀。然未有设帐于对寺之山上者，因寺中有禁令，违则将遭重罚也。

九日　上午晴，下午阴，有小雨。晨起床后赴河滩漫步，见二屠户赶四羊赴屠场，羊左突右窜，终不肯前行，似已知为驱之而就死地者。乐生恶死乃生物之本性，而羊则尚未至屠场，何来此先见之明？岂其亦能积累经验，见其同类往此路者皆不得返，因而知其非善途耶？

今日仍由杨喇嘛引导参观寺院。所至者为年扎赫仓、金塔、加仓、光汤仓、香相堪布仓、江科儿仓、德瓦仓、郭蒙仓、悟真寺等处。悟真寺亦称绿瓦寺，寺顶覆以绿琉璃瓦，甚为出色，内有千佛琉璃塔及宗喀巴点化五佛之故事图等。郭蒙仓一称慈寿寺，供奉燃灯佛，又有如来千佛寺，宁海军骚乱时被盗去七百尊，后郭蒙堪布在蒙古等处募化方予补齐。德瓦仓即普祥寺，有普贤千佛寺，排列小佛像达十六层之多。江科儿仓一曰慈显寺，乃新疆达王之子皈依于嘉佛一世，后入藏得堪布之位，遂建寺于此，“江科儿”者，藏语“口外”之义也。香相堪布仓为去年新建者，甚为都丽，而其侧院则为卖马者寄居，寺院与商贩已密切结合矣。

寺中所见之经堂、经院、佛殿、昂欠等，其殿堂皆为巍然宏峻之藏式建筑，各昂欠中亦皆布置整洁，壁间遍置经卷，有令人一见而肃然起敬之感。至于一般僧舍，皆为低矮之平房布列于各昂欠之旁，无甚可记者。

九层楼及其他

十日　晴。今日由杨喇嘛引导参观九层楼，楼在塔哇之西门外，距寺稍远。内部实为五层，计其顶部则为六层，有如来佛之巨像。建于民国四五年间，其体制与高度皆逊于黑错寺所见者。

塔哇中居回民一百五十户左右，多数来自河州，其次为旧城等地，共建清真寺一所。下午顺道往观，内有附设之小学校，群众本有组织“回民教育促进会”之要求，省县当局未予支持，一时不能成立，故在寺中先附设一校也。

耶稣教会有宣道会与神召会二所，皆在河之南岸。其主持者，宣道会为季牧师，神召会为位牧师，二人皆美国籍。信徒寥寥不过数人，草地中更无所谓信徒，而若辈则常走藏地，多携礼物，且不与教外人同行。其诡秘之行踪，虽当地人对之亦不能无所疑也，游清真寺后前往参观，季牧师走藏地未归，得见位牧师，经其敷衍数语而出。

夏河杂记

十一日　阴，晚细雨。居夏河已逾半月，耳闻目察，除已逐日记载者外，尚有琐事数则，汇记于此。

“奔颇”为在家修持之喇嘛，或亦有寺院，可以娶妻，俗呼为“崩崩子”。塔哇中即有之，昨日游九层楼时曾见之于途中，前在卓尼卡车沟见祭山神者由此辈诵经，今又见之于此，可知其分布甚为广泛，但散漫无组织耳。

此间各业皆有行头，如肉铺三十余家，有行头四人，而其一为总行头。从事劳动工作者，建筑房屋每日工资男工四角，女工二角。在羊毛栈整理羊毛者，男工每日二串，女工则仅一串而已。

藏民用水皆由妇女以木桶自河滨取水负之，桶高约二三尺，上口稍大，径尺左右。负之登楼，桶满而不溢，技亦高矣。

藏民食品以酥油炒面为主，有人戏编食谱云：“早上酥油和炒面，晚上炒面和酥油。十二点钟一改变，还是酥油和炒面。”虽为谑词，而颇能反映实际情况。

……

下午司令部在河滩设帐篷，召藏女八人盛装歌舞。此本藏民节日之习俗，因留此日浅，司令部特为布置，俾得一饱眼福。

朝藏者之经历谈

十二日 上午雨，午止，晚晴。有朝藏妇女四人日内方归，邀之共午餐，因得略闻其赴藏往返情形。四人之名字里居如下。

拉姑，二十三岁，郭宁沟才龙村人。

结合牢，三十三岁，哈家人。

文卓，二十八岁，满克什人。

卓马吉，二十五岁，上塔哇人。

往程行六个月，住藏四个月，归程四个月，共计用时在一年以上，拉萨、日喀则等地均走到。在拉萨住二个半月，每日主要活动为拜佛与转古拉，早晚拜佛各一次，上下午转古拉各二次。在市场上见到英国人、缠头回民及来自北平之汉人等，并有印度兵三十余个。生活以讨食为主，不感困难，初行时携有针线、枣、甘草等，以便换取酥油炒面，不久用罄，则惟有乞食矣。途中共过河川五十余道，多草地而少林木，至玉树始见有土房。野牛、野马、野驴等甚多，大群多至三四百只，野牛甚高大，常阻塞道路。约在玉树以下十二站处见有大猴成群，高二尺许，每群约二三十个，逢人则以石块掷击。途间所逢之新奇事物甚多，所述者不及其十之一也。按朝藏为藏民较普遍之习惯，虽出于宗教信仰，而于途中须克服种种困难，更可以增加无限之见闻知识，实有深远意义，是亦宗教信仰之一积极作用也。

离夏河赴临夏

十三日 晴。五时半起床，收拾行装，处理杂事，九时半动身。旅伴洪谨载君先已因事赴兰州，刘克让君因事须留夏河数日，俱约定在临夏相会，故此行惟颉师与余二人，另有工友及护送之水副官等。中午至大麦店打尖。五时抵撒索马，计行六十里，遂止宿于此。

大麦店之下十里所，北岸有村曰山堂，凡二庄一寺。附近河道曲折，野花竞艳，景物秀丽，令人精神清爽。山堂以下河南岸之高山曰阿一山，乃藏语乳头之意，取其形似也，林木茂密，最为土匪出没之区，行人经此者多怀戒心焉。

沙沟寺

撒索马在大夏河南岸，与沙沟寺隔河相对，有桥可通。沙沟寺藏名为德隆寺，规模甚大，附近之霍尔藏与隆洼等十寺皆属之，而总属于保安隆务寺，撒索马乃其甲科也。直属之村庄凡十一，曰：缴强，撒索马，西库日，佐布沟，丹光滩，西山，南龙，达儿宗，拉库，庞五滩，阿则赫，皆在左近之地。与夏河县之关系仅为名义上隶属而已。寺中有大佛一，已于二年前去世，其转生者尚未寻得。阿喀六十余人，徒弟若干人。寺内事务由襄佐执掌，涅尔哇承其命管理藏民兵马等事。田地皆由藏民耕种，汉、回人不得领种，以可耕之地甚少也。撒索马现有回民八九家，汉民七家，皆以开客店及作小生意为业，有寺中任命之头人二名管理之。住房皆为寺有，七八间房年纳租金三十元左右，不用时须退还寺中，不准私自押卖。寺僧多放高利贷，取大一分之息，商民受其盘剥殊甚。四年前曾为大佛所禁，规定最高年利每百元可取十五至二十元，实际上阳奉阴违，实惠未能及于贫民也。

上、下霍尔藏

十四日　晴。六时起床，继续沿大夏河东行，将至王尕堂时，一水自南来汇入大夏河，其上游即黑错、哈家等水也。自王尕堂以下，大夏河改向北流，至桥沟附近，更转向东流。在桥沟之西亦有水来会，曰铁隆沟，其上游即甘家滩诸水也。铁隆沟之南更有自西来会之水曰观音沟，其中多林木，乃自观音山而下之水也。自桥沟以下，河水历峡，山势峭拔，水流湍急，大路亦改行左岸，多陡崖峻坂，行者心危。最险处须穿过一石洞，乃民国十二年宁海军将领马麟雇工开凿者，当时以一千元代价包工于某石匠，结果某石匠赔地二石，约合四五百元，因之而破产，而马氏则得开路之名也。此外尚有开凿崖坡之路数处，皆为险径。下午四时许至清水，止宿于此。今日亦行六十里，然实短于昨日之程。

王尕堂一带川地较广，田园林木映成幽境。其下有小村曰红墙，附近山中有煤藏，可供开采。河对岸有小寺曰郭哇寺，为红教寺院。观音沟口有一较大之寺曰咱咱寺，即霍尔藏寺。寺南有古城遗址，相传为宋代所建者。霍尔藏分上、下二部，观音沟以下之地均为其所属，旧有百户四人，称为霍尔藏四头，是为又一藏民单位区域也。

桥沟有居民三十余户，多为河州避乱而来者，汉多回少，而皆以开商店为业，从事农耕者皆藏民。清水有居民二十余户，亦汉多于回，其来历与生计亦同于桥沟，有街长一人，为夏河县所放，任期一年。种田者亦惟藏民为限，汉、回人之粮食则购自临夏县韩家集。

桥沟附近之寺院曰古堆寺，主事者称三喇嘛，打尖时得与之相会，现已任职七年矣。沙沟、黑错、霍尔藏、古堆为本区域内之四大寺，同属于保安隆务寺系统。

清水附近之寺院为晒经寺，属于霍尔藏寺，原为清水、小河、华林等三小寺，三十余年前合建成一寺。现有阿喀五十余人。寺之旁有风洞、麻尼塔等。相传其地因唐僧取经归时晒经于滩上而得名，显然为出于附会，惟其地多风则为确有之事也。数年前寺中修古拉，掘出古矛七十三只，而仍埋置于原地，是古代戍所之遗迹也。寺僧多放高利贷，年利三分，即百元可生息金三十元，债款总数达十万元以上，其中有一僧独放二万余元者。

途中山多松柏而殊鲜大木，乃因年来多为河州权要强买滥伐之故。如最近自桥沟以上至观音沟一带有林五处，径尺以上之树约五万株，发价每万株自四百元至二百元、一百元不等；桥沟以下有小树二万株，则不予计价。所费不过千余元，即取得数万株林木之采伐权，可谓超额掠夺者。今清水一带河中浮木极多，皆新砍下放者。山下有帐房三处，一为三喇嘛所属之藏民，一为被强制服役之临夏百姓，一为河州驻军，共数千人，均在此参加伐木工作，观此景者莫不感愤懑填膺也。

清水之西有小村曰头道河，为晒经寺辖区之西境，与清水之间有石墙，相传为昔时“征番”后所筑以为界防者，确切时代未详，要当在明代之前也。

土门关

十五日　阴　小雨。六时起床，以阴雨延至九时许，方于细雨蒙蒙中动身。行二十里至土门关，山多桦林，风景甚佳。明初筑边墙以防“西番”，在河州境上设二十四关，土门关其一也。今关口有居民十余户，关口以东即入临夏境内，山势平缓，川地开阔，田园布置及村舍建筑，与关口以西显有不同。气候亦相差甚大，离夏河时麦田始秀，入临夏境则多已收割上场矣，二地相去不过二百里，高度影响气候竟达一月左右。

过土门关后雨渐止，经双城，打尖，约六时许抵临夏。今日共行八十里，双城则约当其中也。

本文节选自王树民著《陇游日记》，见中国人民政治协商会议甘肃省委员会文史资料研究委员会：《甘肃文史资料选辑·甘青闻见记》，第28辑，兰州，甘肃人民出版社，1988。

黑错、临潭、卓尼一带旅行日记（节选）

于式玉[①]

拉卜楞保安司令与拉卜楞大寺当局隔数年即有一度祭太子山山神的典礼。安宅[②]我们两人为机会难逢，也就雇了四匹马，请了两个人一同到太子山。在未动身之前，有许多朋友来警告我，说太子山太高，路又不易走，往年去致祭的人，每年都有滚山而死的，劝我以不去为宜。但是，我的好奇心重，觉得别人能去的地方，我总是去得的，步履人后，总不会有大问题，于是我便去了。走了两天，于旧历六月十三日（七月二十九日）[③]到山顶，十四日黄司令与随从都到，十五日正式致祭。十六日在山上休息一天，次日全体拔帐篷回拉。这一天正是国历的八月二日。以上几天的情形，安宅写有《太子山瞻礼记》，此处不赘。此处只记我们于祭典完毕，单独游览黑错、临潭、卓尼[④]一带的旅行。这一次的旅行有不少不在西北得不到的经验，也许是旁人希望知道的。

---

① 于式玉（1904—1969），致力于民族事业和社会教育事业。中华人民共和国成立前曾在拉卜楞寺院地区开办女子学校，并与其夫从事藏族民情风俗及宗教的调查。1954 年后，先后任教于西南民族学院和四川师范学院。主要著作有《黑错、临潭、卓尼一带旅行日记》等，其中关于藏学的文章，已收录于《于式玉藏区考察文集》和《李安宅、于式玉藏学文论选》中。

② 安宅：即李安宅教授，作者的丈夫。

③ 1942 年。——编者注

④ 黑错、临潭、卓尼分别是今甘肃合作市、临潭县、卓尼县。——编者注

八月二日同黄司令及拉卜楞附近十三庄的随行壮丁同时下山，因为昨天午后下了一场雨，山路稍滑，气候也变冷了许多。身上穿着两件绒线衣，一件老羊皮大氅，并不觉得怎样暖。草上的水气，夜来变成一层霜。若不是理智地分析，真以为就是三秋的季节了。在往山下走的时候，只有一条斜坡上的羊肠小路，前后几百余人，还赶着无数的牛驮子。山上长满了丛生的灌木，开满红黄白紫的野花。浩浩荡荡的大队人马，走在这层峦叠嶂的万绿丛中，煞是有趣。自己也颇觉得是一位马上英雄了。正行走间，有一个牛驮子落了下来。驮上的东西堆在地下，而系东西的绳子则仍挂在牛的脖子上，牛横占着那一点小路，并无人来整理；大队的行列，又不容站在那里等待。所以在我前头走的藏民，因马术高明，都由山上绕道过去了。及至我到跟前，本也想跟踪绕过，但对马的驾驭不灵，它不听我的支配。任凭你如何“吁”！“哟!”它就是站住不动。安宅在后猛打它一棍，它吃惊一跳，后腿滑下山去，我即在这一刹那，失去了知觉。及至他们由半山把我抬起来才醒，睁眼一看，马还在我的下边。据说，我落马之后，马是由我身上滚过去的。当时有好些人以为我已经完了，不过出人意料之外，除去左腿膝间到午后开始感到疼痛之外，别处并未受到任何损伤，午后大家都停在药沟，支起帐篷来的时候，安宅向司令要了一杯烧酒，尽力在我的痛处拍打一阵，将皮肤拍得青一块，紫一块，这时只觉得皮肤发烧，内部的疼痛则似乎完全消除了。据说当时若无人懂得这种急救的治疗方法，倘使毒气郁结在内，左腿或者要永久留下点残疾，也未可知。这次遇险的原因，事后才完全明白了：原来我骑的马，背上有一个很大的疮，它一路往上走时已很痛苦，不肯前进，若再打着它往下走时，自然要费力挣扎，加上路狭而滑，也难怪它失足滚山了。我们的马，是托人替雇的，又有别人代为照应，因此对于它生疮的事，是将帮忙的人打发回了拉卜楞，我们由黑错到临潭的路上自己照应时，才知道的。凡事必得自己亲自经眼，这是一个经验。

当天午后在药沟支起帐篷以后，黄司令打发人来看过几次，又送了许多杏、瓜等吃食之物。我怕他太不放心，便自己去了他的帐篷。在那里吃过晚饭，安宅又去爬山，我因为腿痛不自由，便坐在那里听他们谈天、休息。

药沟这个地名是译义，因为此地草药很多，当时我看见有许多人都采了不少的东西，可惜我因为腿上疼痛，未及详询他们所采各药的名字与用途。

次早四点起身，随大队走到药沟口，有隆洼的壮丁（藏兵）二百余名，骑着马，荷着枪，间或有手执长矛者，列队在道旁。当司令到时，众皆鸣枪欢迎。他们穿的衣服，红蓝绿紫都有。一律翻戴着羊皮帽子，蓝顶，红腰，下边露出一圈白毛，使人一见即联想到北平戏台上扮演出来的“鞑子兵”。在此与返回拉卜楞的人分手告别，安宅我们两人两马乃随司令部驻黑错的骑兵队向黑错行进。这一骑兵队成立在两年以前，队长为藏民李虎臣氏。他原籍欧拉，七八岁时到拉卜楞大寺出家，十七八岁时曾历游拉萨、印度、莫斯科、北平等地，归后还俗，要在社会上为藏民做一番事业。在司令部做副官十来年，于两年前升为队长。到黑错成立藏民骑兵队，那是藏民正式穿上军装，受一切正式训练的开始。现有士兵三十余人，已有十几人到临洮[①]受训，回来时便是教官。现正筹划建筑营房，以作将来正式扩充的准备。藏民现在确是处处在想法走上新生活之路。司令部这队骑兵，乃是藏民实行军人的纪律化生活的开始。据李队长说：他初来黑错成立这个骑兵队的时候，颇遭黑错喇嘛寺的反对，百方阻挠，不许李队长在黑错停留。结果两方开了火，寺方屈服，骑兵队才有今日的规模。我因此想到，做事只要有决心和毅力，敢于不怕艰苦，挺起胸膛来干，便无不可成的事，若说环境困难，事不可为，便似乎是庸人

① 临洮：今甘肃省临洮县。——编者注

的遁词了。我们随着骑兵队，在滴滴打打的号声中，经过了无数青稞、豌豆、油菜田地，也走过了长满马莲的草滩。每当走到这样的地方的时候，我总以为马莲的叶子除了一般人拿来捆东西以外，一定还可做其他东西的原料。马不吃它，因为是泄剂，不知可否提炼出药品。它的纤维既很坚韧，更不知可否造纸？这都要专家来说话。就我自己能力所及，恐怕至少也可编制几个东西来应用，夏河县境内这种东西实在长得太多了。说话间，太阳已经高高升起，顿觉炎热，脱下早晨穿的皮大衣，搭在马上，松开缰勒，任着马蹄缓缓前进。约十一点钟，到了哈加。此地有一个小喇嘛寺，居民为汉人，僧俗各约五十家；藏民村庄离寺较远。我们大家由李队长率领，在此稍事休息，有新编保甲长款待瓜子、纸烟、馒头、茶水等物，因为都是李队长的老朋友。哈加这个地方，出产很少，日用所需，都靠二十里外的黑错每月一次的集市，由临夏、临潭等地运来的货物。午后一点钟左右又开始出发，经过一条山沟。看着绿草铺满的青山，听着石缝中潺潺的流水，间或也有不知名的小鸟被马蹄声惊起，一面叫着，一面从眼前飞过，即在这样的景物中，我们踏进了久想一游的黑错。当时，太阳还是高悬在天的。

李队长十分客气，硬将我们安排在他的家里。马也由士兵牵到槽上照料。队长有一位藏族太太，生了一个姑娘，八岁了，极是圆满幸福的家庭。黑错乃一大盆地，较拉卜楞宽广数倍，但市面萧条，只在盆地中心有三条小街道。户数不过三四百，商户也只有几家小杂货铺，售卖零用物品。

……

第二天，四点起来收拾行李，因这一路将会越走越热，所以将一切皮衣都寄存在李队长处，只穿了绒线衣——实际绒线衣也太热，但没有预备单衣，只好将就了。李队长派了一个骑兵领路，县政府警察分驻所的祁先生来伴送。我们一起，随同一个赶了一群马往牧场去的十二岁的小弟兄，在早晨六点钟左右，开始向洮州的路上进发。这一路，满山遍野，都是一尺多高的绿草，晨曦照在草头的露水上，闪闪发光。同时又有红一片、紫一片、白一片、黄一片各式各样的山花，点缀在其间；牛羊骡马，一群一群地低着头吃草。我们从它们跟前走过，羊还惊得乱跑一阵，牛马则大模大样地并不理会，连抬抬头望一眼都不肯，总是沉着地吃着。最有意思的是这些地方獭拉十分多。此物长得大于猫，形近鼠，它的皮每年在拉卜楞可收数万张，多运销俄国。它出外寻食的时候，往往离窝不太远，我们几次看见，同行的人策马驰去，它便跑到窝边，拱起两只前爪，向你摇摇摆摆的逗，及至人要赶到时，它便一躲钻进窝里去了。它的窝，几条洞相连，而又极深长，它一到窝里，便没有办法把它弄出来了。

我们这样在绿草铺成的花毯上跑一阵，任着马蹄走一阵，用我那半通的藏话与那小弟弟谈着天。正前行时，他忽然在马背后打了一鞭，一会的工夫便跑得看不见了——原来他是先到前边二十里李队长一个朋友处，叫他们煮茶，为我们预备早饭去了。我们的马也跑了一阵，在距山脚下人家还有三四丈的时候，他已领了这家的主人出来迎接了。这使我想到，藏民一个十几岁的孩子，便可单人独马地办事，到了“下边”①，恐怕十一二岁的孩子还正在父母跟前撒娇呢！主人一边为我们挡着汪汪叫的狗，一边让我们进了家。一家人都很殷勤地招待着，看着我们每人吃过一碗酥油和的炒面，还叮咛我们有机会一定再到他们家来。我们告别这一家的时候，也与祁先生和那英俊的小骑兵告别了。

离开这家走了不远，便遇上一个识路的商人，他也是由黑错起身，要去洮州新城，且有寺上派的藏民送他。五人结伴同行，便觉心宽了许多。有时谈笑着追一阵獭拉，有时便信马由缰地走。走过藏人的黑帐篷时（因用牛毛捻线织成，普通称它为黑帐篷），

① 下边：相对于青藏高原的藏民居住区而言，指中原汉族地区或内地。——编者注

情形乃大不相同，因为被他们的狗追着，深恐马万一惊跑，便会掉下来为狗撕碎。常是在惊惧万分的情态中，两位藏民断后，打着狗，我们三个“中原人”（藏人对一切汉人之称）镇静地勒着马，才一步一步，慢慢走出狗的“势力范围”。这样走了六十多里路，出了常闹劫匪的地带。我们给领路的弟兄一元钱，打发他回去，即与商人同行。约十一点半，到了这一路上唯一的一个村庄——完科洛。这半日的路程上，碧草无边，锦花满地，再加上溪间流水细语，空中小鸟飞鸣，使我们享尽了大自然的音乐；间或黄羊三五成群，在可望而不可即的地带游弋。这样万物并生的境界，只能用“美”“静”二字来形容，比起蒙古地方的“天似穹庐，笼盖四野，天苍苍，野茫茫”来，另是一番滋味！

完科洛是由洮州往黑错、陌务、哈加等处的要道，有藏民四五十户，此外，就是三四家开店的河州人。在这一类的地方打尖，普通都是吃“浆水面”，安宅看见白面想吃烙饼；我因腿痛坐在炕上休息，他便自己动手，用商人带的油，烙了五张，吃了四张，结果店家算了一元五角钱（此处每元可买八九斤面）。饭毕出去照顾马匹时，发现我骑的马背上有压坏的疮，才明白它走起来为什么总是斜行。太子山上所以滚山，也是因为这个疮的缘故。当时我们心里深怨雇马的人给我们这样坏的马，而自己却把好马骑回拉卜楞去。因即要了些水，给马洗疮。商人因为骑的马瘦小些，距洮州旧城还有六七十里，怕一站赶不到；我们两人则看天时尚早，总想一天赶到，早去早回。若不然，在外多留一天，除去马的草料费不计外，每匹马的赁价，就是硬币一元，合法币多少，还在每天增加，那不是很重的负担吗？结果，我们把马收拾起来，三人又同行了一会。那商人在离完科洛二十里的一个小寺上住下，我们两人又伴上两个去洮州赴牛会的藏人同行。但是人家马壮行速，我的马自从发现有疮之后，骑在背上总是心里不安，它纵然走得慢些，也不忍打它了。终于两位藏人走到前头看不见了，我们则在天近黄昏的时候，仍然打听不出究竟距洮州还有多少路。有人说二十里，有人说十里；也不知何处有村，何处有店。两人走在这样陌生的地方，心里万分焦急，也顾不了马的好歹，腿的疼痛，便打着马拼命地跑了半点钟。在一切都现着模糊的时候，遇见了一个汉人的村庄，名叫鸭子滩。再一打听，才知道距洮州还有一里，天既黑了，人也困了，马也乏了，真是一步也不能再往前行了。安宅下马，打听住处，这个说那家是店，那个说这家是店，谁也不肯收留，后来安宅走到一家店门口说："你们留客我也住，不留客我也住，就在这住了！反正有人住的地方总不能让人露宿、喂野兽。"说着，把马拉到槽上，喊了一阵，他们才客气起来。找到店主人，他声声叫"老总"。倒茶，喂马，做饭，一切都好办了。出门发横，原来觉得十分害羞，但好话说不通，不通的背后又是危险，将怎样办呢？及见他们因我们发横反倒和气了，我更觉得老百姓可怜。因为官家常如士兵那样，都是住店不给钱，反或拿着东西走，老百姓原是惊弓之鸟，听他们声声叫"老总"，当然不为无因的。用一毛钱买了五个鸡蛋，煮了自己带来的挂面，饱餐一顿，两人便睡在一扇门板上，打发过一夜。第二天我们开了八角钱的草料钱，然后才上路。

九点多到洮州（即临潭）旧城，经过西城外，一切房屋都因十七八年之乱只剩了些破烂的墙根，走到西门，才看到有几家正在修补破房。我们把马拉进一家当日新开张而房屋还未修完的店里。喂马之后，第一件事便是找地方解决我们自己的饥饿问题。进西门，穿过城内到南关，除了在关帝庙的第三区公署，以及汉人的第一完全小学、回回老教初级小学等还有几间完整的房舍外，其余也像西关一样，尽是许多断壁颓垣。洮州本是草地藏民与川陕等处通商的重镇，百物繁盛的区域，自遭十七八年，二十三四年[①]两次内乱之后，乃一落千丈，而使商业重心移于夏河。近二年有逐渐重

① 十七八年，二十三四年：指民国十七八年和二十三四年。——编者注

兴的意思，南关一带已有数家商店开张，但恢复旧观尚是谈何容易的事。

据说民国十七八年城内有几万人，马仲英兵围四城，纵火焚烧，无一幸免者。今日荒凉满目，怀想往事，凭吊冤魂，能不凄然？一路走出南门，找到一家饭铺，每人吃两碗面，已觉天气太热，深嫌我们上太子山的衣服不中用了，但临时动兴来此，热也没法。草帽是从夏河出发以来第一次看见的，买来戴上，算救了头部的灼热。饭后拜访区长，并从区长处知道本城住着一连军队。乃又访了连长。区长、连长都姓李，客中相遇，一见如故。与连长相谈数分钟之后，有人请他去看戏，我们便一同到了戏场。

洮州在未遭兵劫之前，年年有牛马市，草地远近藏民都将牛马赶到此处来交易。事变之后，此事便已停顿。去年为第一次恢复的试验，所来牛马尚不多。今年第二次努力，较去年繁盛数十倍。当日会场有新戏，亦有旧戏，旧戏是本地的秦腔班子，新戏则由私立第二完全小学的学生来主演。后者组有伊光剧团，情节都为宣传抗战建国的事，那群可爱的小弟弟们，精神都十分饱满，动作既灵敏，服装也整洁，所表演的虽不能完全没有破绽，但对初次创办的他们来说，也就是难能可贵了。兹将他们唱的《洮州歌》及校歌抄在下面，以见一斑。

洮州歌

黄叶菜，黄又黄，洮州地方天气凉。三月四月穿皮衣，六月不见庄稼黄。老百姓全靠做生意，耕田务农莫指望。一年到头走番地，十月、六月两会场；张三赶来一群马，李二赶来牛一帮，土拉保驶来十捆皮，麻沙目赶到五百羊，马又大来羊又肥，一天到晚卖了个光。中央钞票一大捆，花红柳绿胜现洋；割肉吊面回家去，长钱为的养爹娘。爹娘看见儿子来，站在门前立等望；娃娃看见爸爸到，摇摇摆摆说短长；妇人看见丈夫来，熬茶煮饭忙上忙，上有父母下有子，快快乐乐集一堂。人情世故我看透，不受苦的没指望。

其二

黄叶菜，黄又黄，洮州是我的老故乡，大大小小做生意，男男女女浪会场，要发展我们的经济，要恢复我们的地方。开会多伟大；开会多堂皇；看那杂货摊，看那大饭庄；东边儿来的马，西边儿来的羊；还有学生演新剧，还有老先辈把戏唱；穿武装的中央军，穿褐衫的是老乡；别说尽是西番婆，也有乡下大姑娘。衣服虽不同，面目都一样，问他来此干什么？无非还是浪会场。前拉后扯进馆子，吃了杂碎喝了汤；身边零钱别花完，买些果子买些糖，等到晚上回家去，恭恭敬敬奉爹娘，要请老人尝一尝。

校歌

洮水涌，朝日临（读聆），回民儿童大本营。读的中国书，说的中国话，我们不分任何界限。我们不讲狭义的民族。过去的畛域要它完全化除。读书是天职，扫除文盲，开发边区。同学们，携着手，向前去！把我们的身和体，炼成铁般的坚固，将来贡献给国家民族！将来贡献给国家民族！

我们观看小同学演戏时，由李连长介绍了回教新教主马明仁先生，相谈之后，才知道第二小学就是他一手创办的。闻该校全年经费有五百六十余元，开支不足，便归他们董事添筹。校中有教员四人，学生百余人，校长是本校校友，办事十分认真努力，所以学生的精神也是蓬蓬勃勃的。他们午前表演新剧之后，全体到场的学生八十余人，均由教主做东，在操场帐篷里聚餐。我们也被邀参加。看到他们教员学生打成一片的精神，处处感到一种新的鼓舞。边区常是学生请教员，有“学成食报”的意思；今竟换了个样儿，恢复了不少常在外边的青年味。

……

我想，看起来洮州旧城的经济，也就是马氏一家的经济。民国十七八年之变时，他采中立态度，而且家居城外，无论回、汉人等到家避难的，他都一概收容，一律招待。因此，不但自己未受多大损失，也曾活人无数。他们既系旧家，事变时受的损失比较的轻，所以别人的元气丧尽，无可奈何时，他们仍可一切照常，而且大加扩充了。他们现在是这样：凡回教同胞中穷无所归者，只要到他门上来，便无不借与资本，使去营商。若赔了，他一文不追，若赚了，则彼此均分。借贷的人，享受与主人一律平等。据旁人说，他们的人在营商的都是每年三月间出发，所有的衣物，概归公办，一切都是一样。到年底全体回家结算账目，利润公分。就平日来说，他家在一锅之内就食的，就有三百余口，食品都一律，他们家内有这样的组织，所以处处表现的是大公无私的精神，也无怪他们的事业能发达了！

第二天，本来就想到卓尼去，但经不住马教主恳切地挽留，定让我们在市场的台上向大众说几句话；同时，我们认为能使我的病马多休息一天也好，所以又在洮州多住了一天。这一天，第二小学的同学们，除了表演新剧以外，还有藏语、英语、国语三种语言的讲演，用藏语，当然是为了给许多来赴会的藏胞听；用国语，是为了普通的大众；而用英语的缘故，乃是表明中国的抗战是为世界和平而奋斗，有一点提倡国际宣传的意思。安宅当天讲《建设与教育》，谓建设需要任劳任怨的人，而不是一般观念中的“好人”，如一盘散沙则不为功，必要努力培植新观念的“好人”。新好人应具四种含义：一不做坏事，二要做好事，三不许旁人做坏事，四大家合力做好事。教育则正好为了培植这种具有圆满性的人才，积极性的国民。至于实施起来，需要两种方针：一种是普遍教育，是全国一致的，因为都是中国人；一种是特殊教育，是因时因地来制定的，因为时地不同，便需要有所侧重的教育。除了专门学校以外，这两种方针，固不妨在一个学校以内同时并用。洮州本地领袖，既努力建设，又提倡各种教育，正是这样的楷模云云。他说完之后，大家一定要我说几句，因为表演是群众的嗜好，我不欲多占时间，乃简单说一下女子教育怎样值得提倡。旧城男子小学有三处，而一般女子则闭于门外，没有受教育的机会。在世界这样进步的时候，未免有点畸形。本来回教之中，男女界限十分森严，女子绝对难与男子平等并立，但事在人为，开明的领袖，需要打开局面。我说完这段话之后，马教主对我说，他决定要在男校之中，先附开一个女子班，同时也在学校之中加添藏文，这样实事求是的精神、大无畏的精神，实在使人佩服！

洮州虽是各种民族杂处的地方，但是比起拉卜楞来，已属完全两样，一般藏民都住在离城较远的地方，他们的服装，已受了汉化。我们在会场上遇见的藏女，多半是身穿青布旗袍，上套一个小背心，由旗袍开膝处，露出两条大红裤腿，头上梳三条发辫，戴一顶软胎瓜皮小帽。这不知是否是受了前清服装的影响？本想调查一下此地从前有无旗兵驻防，因为时间所限，只好留下一个疑问于此了。

此地的汉人也与临夏等地不同，一般说话的音调相当的和软，而人的面貌也极其清秀。据他们自己说，他们乃是明朝由南京移住来此的。有关历史的材料，顾颉刚先生去年到此曾得了不少，现正整理中，不劳外人多赘。但以这次拉卜楞大规模到太子山致祭的神话来证明，这一部明朝的移民恐与那时的历史不无关系。原来太子山的山神，即明朝开国元勋常遇春等“八大关将”之一，八将既都在西北封了山神，那时的内地居民在此地是一种何等势力，可以想象得出。本地妇女所穿的鞋，也完全是明朝的所谓“宫鞋”样式，脚尖向上跷着。

当天由李连长在会场的来宾招待所招待我们午饭，晚饭又在马府打扰。萍水相逢，加惠如此，感歉交并。

七日，我的马背伤仍未愈，乃向马府借了一匹马，向卓尼出发；自己雇的马，则留在店中请店家代为调治。由洮州旧城到卓尼有两条路可走：一条是顺着山岭走四十里；一条是顺着洮河岸走五十里。我们为了要去卢巴寺看一位新近死了丈夫的费太太，便选了那条长一点的路。费牧师他们是美国人，到西北来传教，已二十余年。我们自己作为中国人，在“下边”敢来此地的不必说，就是抱奋勇精神来到西北的，也是多数都在叫苦连天，说西北生活苦，地方不可住。反观西洋人，再想二十年前的西北，人家能以那样的艰苦耐劳，不畏险阻的精神，处在这种环境中，相形之下，愧汗浃背。费太太见我们去了十分欢喜，她本想我们会住在那里一天的，所以为我们做了种种的预备。但我们旅行心切，又不欲打扰正在悲痛中的未亡人，只好谢了她的盛意，吃了一次茶，就告辞了。

卢巴寺距旧城十里，为二十余户的小村子，居民原为藏民，此刻全为汉人。地有青山绿水，十分幽雅。费太太说，最近在她住宅（原喇嘛寺址）的后山上，发现了一个千余年前的万人冢，本地人说，那是“野人”的坟墓，想是当初与“中原人”斗争之地。考古不是我们的本行，当俟来者。离开卢巴寺之后，爬了一个不大的高山，下山顺着平道，沿洮河往前走。洮河这一段流域，虽不在峡谷之内，但因河床中石块很多，所以流起来湍急万分，碧绿的水碰到石块上，激起一堆白水花，倒流回去，十分有趣。有的地方，禾田丰茂；有的地方，林木成荫，忽而有一些木筏子从我旁边如飞似的流过，既不知它从何处来，更不知它们流往哪里去。有时河绕山角，路抄捷径，河与我们相离，及至我们从山脊上越过之后，便又重相并进。这样幽丽深邃的天然风光，使我们心旷神怡。但因穿得多，天气热，不久又疲乏起来。安宅的马在未到卢巴寺之先绊了一下，跛了。我更因左腿前伤不敢策马快走。由卢巴寺到卓尼四十里路，十一点起身，直到午后三点尚未走到。这时雷声大作，有暴风骤雨之势，使人不知如何才好。虽然勉强打着马跑了一阵，但大雨还是倾盆而下。在我们衣服全都湿透之后，才遇到路旁一人家避雨。原来里面已经有一位和尚，先我们避在那里了。这孤立路旁的三间房子，外面有不大的一块地，种着几棵白菜，围以稀稀的几根篱笆。篱笆外边卧着三头猪，被雨打得哼哼不止。我们把马拴在檐下，把行李拿到屋里。外两间有一个炕，上边坐着一个五六十岁的老汉，点起一盏油灯，一面吸管烟，一面同和尚谈天。一个像他儿媳样的人，坐在门旁一块木头上，给孩子吃奶。屋地下堆满了农家用具与饮食什物，西间堆满了草。大概是老汉的儿子吧？两手抱着膝盖，眼望着天说道："这场雨下晚了，庄稼已经早黄了！"我因为身上湿透浑身寒冷与腿部不舒服，坐在地上靠着行李合眼休息，并未参加谈话。只听安宅加入他们攀谈，知道此家汉人不与各处一样，不是十七八年逃难来此的，乃是落户好几世了。谈到顾先生去年到此，只听和尚用藏语向老者解释他的人品学识，满口称赞。半点钟后雨停，我们又整装起来，踏着泥水走了五里，才到卓尼城。

卓尼，就城来说，是很小的地方，但杨土司——现在称杨司令[①]的辖区，面积却很广。我们在此，时间颇短，未能去各处参观，当日只在城内拜访了一次设治局的刘局长与驻防军的郭连长。第二天午前到司令部，适逢幼年司令上学去了，杨老太太身体不

① 杨司令：即杨复兴。中华人民共和国成立后，曾担任甘南藏族自治州副州长等职。——编者注

爽，同参谋长谈了半点钟。十一点起身，午后即到了洮州新城。

这次在卓尼短短的时间内所得的印象，觉得在抗战时间，大家确乎是努力工作着。当地的文武公务员，都能打成一片，以谋事务的进展。他们那里举办的事业，如喇嘛学校，使寺中的喇嘛，八岁至十五岁的，一律半日读经，半日读国语，真是西北方面一件了不得的事。我们到寺上参观时，许多小喇嘛都手里拿着一本国语书，在墙角屋檐下低头诵读。我不由得想说："诸位小同胞，努力吧！将来沟通汉、藏的文化，发扬藏民的智慧，建设大西北的光辉的巨任，应该负在你们的身上了！"再一件就是对禁烟问题的努力，像局治所管的铁布区域①一向号称"生番"，是平常人不大敢去的地方。可在政府三令五申戒烟的时期发现了烟苗之后，负责人绝不因"情形特殊"卸下责任，竟毅然派人去把烟苗铲除了。其次，在喇嘛中禁赌的事，听起来也很可佩服。局长说："在藏民中做事，绝对不能谈钱。"许多喇嘛因赌而被拘，申明法令，使他们都认了罪之后，由着他们自择，每人挨几戒尺开释了。当然他们是五体投地的。就这几件事例来看，已证明了当事人的负责治事的精神。既成的事实如此，谈到将来的计划，亦头头是道，旅客闻了，不禁心境为之开朗。

卓尼城的内外与附近居民都是汉人与"熟番"杂居，原来在旧城所见梳三条辫的藏民，便是卓尼的典型人物。当天我们在卓尼住的李家店，便是一个汉藏合璧的家庭，女店东与她的女儿都梳着三条辫子，他的儿子在本县小学读书，是十足的汉人。在西北旅行，人和马住在一个屋，是谁都知道的。在卓尼，倒是隔开了，但住室的臭气，反而特殊难闻。加以臭虫肆虐，尽管一夜捉了二百多个，结果身上还是被咬起了无数的红疮，过了十几天浑身抓破的伤痕依然存在。至于人喝水，马吃料，一切没人照应，更是当然的现象了。

---

① 铁布区域：今甘肃省迭部县。——编者注

八日十一点离开卓尼，我的跛马虽已寄在旧城，安宅的跛马，现在更是不良于行了。但是他的马术比我好一点，跛马不走则已，走起来仍是比我快得多，出城以后，总是跟不上。他起先是且走且放牧，及离卓尼约莫十里，路分两歧，便不知他走哪条路去了。等了十几分钟，遇见村女，问明去新城的正路，才努力向前赶，但过了半点多钟，也未看见他的踪迹，迎面来的人已经不少，更打听不出他的下落。正在无可奈何的时候，他忽然从后面一颠一跛的赶来了，谁知他走错了路，且牧马且候我，久候不见，才问出路途走错。这样三十里的路程，由午前十一点起身，走到午后三点钟才进新城。入城后费了很多口舌，才住了大名鼎鼎的李家店。住下之后，店家对我们和气起来，说："有草有料喂马，不用你们操心，概由我们照管。"我们觉得这是出人意料的事，便把马递到店家手里，由他们拉到槽上，自己出去拜访朋友。等五点多回到店里，先到槽上去看了看为我们代步的马，只见它们望着我们，仰着脖子，"咴、咴、咴"地乱叫，才明白店家并没有理过它们，我们只好自己动手。安宅的马这时候像跛得更厉害，有人说："擦了掌吧？给它挂上掌就好了。"但他牵出去挂上掌，回来仍不好。有人说："窝了筋吧？找一个脚户看看，扎一针放放血就好了。"安宅又牵了它到各处去找脚户，连找了三次，并未碰见一个会扎的，忽然想起来本地有个防治所，乃牵到那里敷了些药，原来触它各处都不见它痛，只蹄子怕着地，于是以为病在蹄上。上马之后，需要遛一遛，天已不早，无人替遛，安宅只能自己去。当他牵了一匹跛马在街上走时，人们见了都是笑眯眯的，不是笑他异地生客可有了倒霉的事！便是看他模样与马夫的身份不相称。然而不管怎样，有问题的人总是怕人笑的，站在干岸上笑人落水，本为我们的"国粹"之一，但养成这种脾性，以致违反了血气之伦所共具的同情之心，这是多么耐人寻味哟！

第二天，马似乎跛得更厉害，一早又到防治所去看，在右前胛上敷了些药，才好像触动了病根。这次由热心人替我们找了一个老头儿给遛马，我们也不得不在新城多留一天。可巧这一天是旧历六月二十四日，本处在城外三四里的雷祖山上有庙会，又加上本地小学也借着这个机会表演新剧，宣传抗战的意义，我们也就决定去参观一下。这里的庙会，同“下边”是一样，在神前烧香叩头，并在广场架篷，有卖布匹、小孩玩具及各种用品的；更有卖饭、卖水果等各种食物的。最热闹处，当属拉洋片（西洋景）的，敲得叮叮咚咚，说得五花八门，引得人拥挤不堪。不过这一天有一件事特别，与内地不相同，就是本城的老男老女都趁这个时候，东一堆，西一堆，聚在一块唱情歌。他们午前在庙上唱过之后，午后回到城里，并不回家，就在店里吃些饭，然后就一帮一帮在大街上走来走去地唱，直唱到天亮才散。这种风俗，据说岷县一带都有，不过我们“下边”人并没有见过，恐怕是受了藏人的影响。藏人每于过年之后，在正二月间，必有一天，一般少年男女离开他们的父母，到“公会堂”里大唱情歌。这便是他们讲恋爱的机会，汉人摹仿了来，但应该是一群少男少女做的事，被一群饱有经验的老男老女来代替了。老人表演，青年观摩，也是大有幽默趣味的事。不过藏民歌调清越高亢，汉人歌调曼长低沉，这也许是游牧与农耕两种民族习俗不同。藉着这种例证，更不难发现文化接触与独立发生等问题的症结所在。

我们到雷祖山之前，一清早便操心饮马。店家说回头就办，候了两点钟，我们要出发，更再三叮咛，托了少掌柜，复托老掌柜，店家乃说水是要买的，我们答应要多少钱给多少钱，只要它们饮好就是了。他们很痛快地千妥万妥承当下来了，我们才到雷祖山去。在那里绕了一个圈子之后，安宅终于惦着他的马，自己先回去了，我自己留在山上，看本地小学生演剧，他们演的因系创作，大体还算不错，不过精神方面不能逼肖，如汉奸要被枪毙的时候，还带着笑眯眯的面容。在认真处比旧城所见似乎要稍逊一筹。他们也唱了许多抗战歌曲，本来音乐能够启发人的感情，是最有力的宣传工具。可惜我们到西北以来，到处听见的音乐，都是走了调的，高低快慢，多与原谱不合，中国音乐教育的贫乏，于此可见一斑。

午后三点，我也下了山，回到店中看见安宅正在向店主发怒，原来早晨店家允许好了的事，在我们走后一件未办，安宅回来时，马既没喝水，草也未得吃，店东全家也都锁上门“浪山”去了。安宅自己因为马不能走，费了很大的事，才使它们到相距二里路的城外河边饮了水。等店家回来，安宅责他们对不会说话的牲口这样虐待，难道不怕来生变牛变马，受同样的待遇吗？不过他们像泄了气的皮球，再也没有反应。我们在新城的这一天，多半的工夫，就用在那匹跛马上了。黄昏时候，本城私立成德小学的校长与四五位教员，曾来访过一次，适逢我们两人都拉马饮水在外，次晨临行以前，安宅才抽工夫，去同他们谈了一点多钟。

新城的建筑，十分有趣，整个的城墙，只南边一小部平坦一点，北面完全是在山上。全城之内，也只有靠南门有一条街道，其余十分之八九都是庄稼，原因大概是取水不方便吧？因为此处吃水就靠南门内的两个井与南门外流动的一条小河，当然北部高山之上，也就难于居住了。

十一日离开新城，安宅赶着他的跛马走了六十里，回到旧城，牛马市仍在开着，旧戏仍在唱着。我们既到得晚了，只去各家辞了一次行。第二天十点，由邮差引导，我们上了回拉卜楞的途程，这一天，安宅又是赶着马走。所以晚上到完科洛之后，他已疲乏不堪，随便就在尘土积封的坑上躺下了。店家老太太为我们预备茶饭，直等到七点多钟才吃到口，一碗多半是汤，只几个面片的饭，就是一角钱。当晚八九个人，八九匹马，住在一个屋子里，“花拉、花拉”的马尿声，便是整夜的音乐了！

十二日早上七点离开完科洛，预计还是六十里路。但是，这一天因为经过的完全是草地，并无一个人家，草地的里程既大，又加上从早起就落起不大不小的细雨，马跛人疲，行在凄凄苦雨之中，以致对大自然未能尽情欣赏。事过境迁，颇觉可惜。今天起身比昨天早两点钟，但结果也是午后四点才到目的地——黑错。我们本想自己先到店中安排好了，再去李队长处报到致谢，以免再来一次骚扰。但是我们经过他家门前时，已为李队长瞥见，非再做东道主不可。在他那里吃过一次“手抓肉”之后，到警察分驻所访祁先生，适逢他们凑了几个人在一块喝清酒。他们猜拳的方法是一边唱，一边猜，为我生平第一次所见，觉得十分有意思。曲有许多，下边是一个例子：

一定要高升，双眼大花翎，三星拱照，四季闹五更，六位要高升，七巧八抬，九字要公平，十全大美，划拳讲输赢，冷酒一口吞，喝得双眼红，忽听醮楼鼓打一更。

这个曲子是唱完一遍“鼓打一更”之后，便猜拳。猜完之后，再从头另唱，来一个鼓打二更。周而复始，以至三更，四更，五更，都是一样。楼上猜拳唱曲，楼下骑兵队做体操唱军歌，村外便是碧绿无边的大草滩，马群牧童相互争逐着，谁说中国抗战建国的大业没有广大的基础呢？

十三日，祁先生看着我们的马实在不能代步了，乃坚劝派差，骑着民间的马回转。因这二日与出发太子山的情形相仿佛，不再记。不过自己雇马，本为的是不麻烦人，结果仍不免丁累了好几站的“乌拉”。疚歉万分，自己雇的马，讲每匹白天一元，出发时，每元加水三角，回头已涨至五角至六角。不但加水高了，而且兑换不着，使我们回来付马价受到不小的周折。一般藏民不识字，法币的额面数字不懂得，接受时每易受骗，只好认准硬币不放手，近因各机关购马的日多，乃更抬高了贴水的额数。假如政府不赶快想办法，则一般没有生产，只靠小薪水来维持生活的人民，将至没法维持。可能的方法，最重要而最根本的，自然是在产业上设法。帐篷生活的藏民，大半是经济自足的，他们买的东西有限，卖的皮羊牛马则正是内地需要的东西。内地买这一些，便非硬币不可，所以提倡藏民的工业化，以提高他们的生活程度，因以提高他们的购买力；同时再以有利于藏民的货物（如促成购买力、生产力的工具之类）来倾销，才是贸易均等的办法。贸易均等，然后金融不致畸形。我有求于藏民，藏民又有求于我，彼此相互圆转，自然不为硬币所累。治标的办法，也有两种：一、在法币上加上藏文数额；二、加铸大批银质或铜属合金的辅币（加一分、五分、一角之类）流通在藏民区域，以冀逐渐代替了银圆。不然，局部的民生维艰还是小事，大批的硬币外流，将至影响国家金融于不知胡底，深望金融专家暨政治当局有所注意为幸。

本文原载《新西北》第二卷，第三、四期合刊，1942 年；选自《于式玉藏区考察文集》，第 134 ~ 155 页，北京，中国藏学出版社，1990。

藏民祭太子山典礼观光记

李安宅[①]

太子山在甘肃夏河县东，临夏县（河州）南，属夏河县，距县治约百八十里。王全臣《河州志》（康熙四十六年撰）谓秦始皇二十八年（公元前219）太子扶苏监蒙恬军曾至于此，因以为名；并举城北三十里有扶苏崖，以为佐证。山之藏名则为“阿迷孃勤”，是西北藏民所崇拜的山神；原与黄河源左近的阿迷马勤山（申报馆地图作“阿尼马卿”）齐名，近已代替了后者在宗教上的地位。在一般西洋旅行家的揣测中，马勤的高度，应与喜马拉雅山的珠穆朗玛峰相伯仲，是地理学上亟待实地测量的问题之一。前几年，一位美国学者罗克[②]博士，已经准备好了，终因必经之路为果洛族的范围，不易接近而终止。我国学者，似乎还不曾注意到这个问题。正如西洋旅行家都以为治黄河水患，应该在河曲与长江上游距离极近处开凿沟渠，以通两水，再视两水的容量而利用闸的开闭，以为宣泄；我们自己也还没有加以注意、加以测量，

① 李安宅（1900—1985），河北省迁安县人。字仁斋，笔名任责。1926年燕京大学社会学系毕业，后赴美国深造。1938年赴甘肃拉卜楞寺进行藏传佛教实地调查，后任教于成都华西大学和四川师范学院。一生专治民族学、宗教学、社会学、藏学的研究，颇有成绩。宗教方面的专著有《藏族宗教史之实地研究》《拉卜楞——李安宅的调查报告》《宗教与边疆建设》等。

② 罗克（J.F.Rock）：即洛克，美国探险家，曾任美陆军测绘局顾问，探测过我国滇、康、藏地区。

更不用说实际凿掘的工夫了。此处顺便提出，以供相关学者考虑。

据闻，当初马勤为黄教[①]的护法，孃勤为红教[②]的护法，本有势不两立的情形。因为这样，后者抢了前者的夫人，追前者赶来，孃勤回头一看，箭中右目，遂盲。也有说太子山神双目都盲的，理由是他每年都下雹子，遍地成灾，取了粮食归自己用；民间遂每年请念密咒者，保护所有的庄稼（普通一户给念咒者两升青稞，一升约二十余斤。若遇灾便不给）。一次孃勤到某处取庄稼（行雹），被念咒者一把青稞打在脸上。青稞是火，便将他双目都烧瞎了。

孃勤既为红教的护法，拉卜楞寺建在他的势力范围（他的马场），当然要遭他的忌恨。果然，拉寺大活佛嘉木样二世（现为第五世）建立大经堂的时候，曾经受到他的破坏。但活佛法力无边，哪能受山神的拨弄呢？！结果，神被拘押一年，以后认罪服输了，佛乃嫁寺前“慈木瑞”山与他为妻，两相和好，孃勤也变为黄教的护法了。政治的姻亲，亦呈现于佛教的庄严世界中，确是一段趣闻。

但活佛以慈悲为怀，随缘乐善，尚不止此。孃勤皈依黄教了，寺院建立了，开会也不常遇到雹子了。但马勤与此地护法的夺妻之仇还未消除。为这件事劳动了三位和事佬：一位是红墙下边古堆寺的多迈活佛。他当和事佬的资格，是因救过孃勤。帝制时代，孃勤雹伤皇帝的御苑园，被禁了九年，是活佛将他放出来的。第二位和事老是嘉木样第四世活佛。他至黄河源时有意调解，但时机未成熟——见一黑马客来，请其原谅。第三位和事佬，便是现在嘉木样第五世活佛。后者与孃勤的因缘，已证于前世，自然不用说了。讲和的方法，当然不外讲经说法，使他皈依三宝，破除贪、瞋、痴等三毒。现在在黄河源仍不准念孃勤的经，因为那是马勤的势力范围。

① 喇嘛教格鲁派之俗称。

② 喇嘛教宁玛派之俗称。

佛教中承认际会，据谓马勤护法的时期已过，现在正是孃勤当令的时代。其实人重少壮，神界亦然；孃勤亦已退休，受人香火的，多半是他的太子，所谓“太子山”是也。山有三峰：主峰雄伟为孃勤王，次峰婉平为王后，中峰峻拔为太子。人称“王后怀中抱子”，形势本来有资附会者。其他“宰相”“侍从”“宫室”“辕门”等均有名有处，不及备述。

根据以上的神话，藏民每年朝山，必虔必诚，无远弗至，其为盛典，可想而知。拉卜楞藏民领袖黄正清氏[①]，虽因公务在身，不克每年预祭仪，也必置备重品，遣人供献。黄氏到任二十年来，只亲祭两次，不祭太子而祭孃勤正神，极有敬老之意。民国二十八年自己出马，而寺当局之“香佐”[襄佐]者亦奉陪，侍卫有“十三庄”[②]民兵与寺内僧侣，共约二百余人；作者居拉观光，为时暂而来地远，有缘瞻礼，当属意外的幸运——执笔为记，不顾及工拙也。行礼正日为夏历六月十五日，当国历七月三十一日；计七月二十八日由夏河起身，八月二日下山，三日到黑错，共七日。

因为要避免黄氏沿途的客气，作者与内子式玉雇马驮着帐篷，先一日走（即七月二十八日），这一天的人马，已经是浩浩荡荡的了；因为黄氏与十三庄的民兵虽尚没有起身，可是前站与送用品的“乌拉”[③]，都已络绎于途。藏民区域，用马致远，用牛载重；牛行迟而马行速，故计程不以里，只言牛站若干，马站若干。帝制时政府与寺院有事，派差输送，民间即轮流用牛载货。由此站送到彼站，再由彼站的人伕牲畜送到另一站，一切费用均由应差者自备，故将这样的差事叫作“乌拉”。辗转引申，不但赶牛运货的

① 黄正清：藏族，原名阿洛，四川理塘县营官坝泽马乡人。嘉木样五世之兄。因乃弟之故，任拉卜楞保安司令。1943 年 3 月其子黄文源（公保朗加）入赘黄河南亲王女承袭人扎喜才朗（原亲王之妹）后，其势更盛，成为拉卜楞地区第一实力人物。

② 指拉卜楞寺附近上下塔哇、唐那河、撒哈尔、德穷四个村落的十几个村子，并非只十三个。

③ 乌拉：藏语意为“差役”，这里指支差的人和畜。

差事是乌拉，即用马送人的也是乌拉。我们这一次所遇到的，即包括双重意义的乌拉。一个人骑在马上，赶着数头似庞然大物的牦牛或犏牛；牛性又似乎与人作对，偏是怎样不对就怎样走下去；遇着迎面也有重载的，相撞相挤，不是落山，便是入水，再则钻进荆棘丛中；更加上结队出发，一组一组的不知前后延长到多远，只见马上人手执长竿，来来回回地跑，呼啸着，呵斥着，挥动着，以使每一庞然大物都走上正轨，煞是一副本领。即这样，还不知霎时间某一头失踪了，挤在林木中了，或者驮子缠住项颈不动，或者脱落在路旁而逃跑了。在外人看来，倘若身负这样的重任，真是会应付不暇，哀号失声的。但藏民却不妨，时则驰骤，时则缓行，或下马扶持，或解载另结；不怨天，不尤人，落落如有余裕。而且不管是不是自己的驮子，只要有了问题，莫不争先恐后，就其近者而首先操作。这种合作的精神，这种行所无事的素养，也是内地旅行不易见着的。内地狭路相逢的对骂声、争执声、袖手旁观候得不耐烦的嘲笑怨尤声，当然不会出现在藏民之间。

我们这样同着乌拉走，或先或后，终于赶到前头，在大麦村打尖，过闪当、撒索马，在未至王朵滩前入桑姆沟（即一般所谓的白鱼沟）。沟内有小寺院，名“那木拉”。撒索马与那木拉均有一部建筑为内地寺院式。后者内部是新的，无塑像；前者则有一院落，一层正殿，两层配殿，前面大门楼，整个保存着内地寺院的规模，可惜内部尚未及见。以前参观过的白石岩寺，很显然的是先有内地式寺院，后有西藏式院。因为最后一殿不但建筑为内地式，而且佛像也是如此；更有一钟，汉字铭刻为“成化十九年”（1483），不过壁画已改为西藏式了。杂杂寺[①]与古堆寺之间，山峰有古城遗址，山下有马圈遗址；沟内龙多村亦有内地式的庙，情形与白石岩相同，只无钟，而且喇嘛寺本身也是颓废了的。以此类推，一切喇嘛寺呈现内地建筑的情形，正复不少；或为改建，

① 杂杂寺：又译为“咱咱寺”。——编者注

或系模仿，总于文化接触的历史及其过程，有极丰富重要的启示。除了古城与寺庙以外，再加上梯田的遗迹，片段的碑刻，充分的神话，更足证明西北一带藏民区先有内地文化、政治等势力的深入，以后始有藏民的内迁。藏民文化分布根植以后，再因经济的势力，来了回民的浸注作用；复因政治的势力，非回教的汉人，乃接踵而至了。这便是拉卜楞一带今日的现状。一篇旅行记，不能多举例证；不过顺便提出疑问，以供大家参考。至于问题的正式解决，便不是本篇的范围以内的事了。

那木拉小寺，当我们到时，各院皆空；由寺穿过，始见对面山上满布帐篷，原来僧侣俱在浪山期中（甘省谓游玩为“浪”，“浪山”即放假游山）。我们走至临近，山上派下人来，问：“阿爸阿罗到了没有？”“阿爸”自是尊称，“阿罗”乃是黄氏藏名的缩写。稍事问答以后，我们即重上朝山的正路。

过了那木拉，已入草原山带。有时沿着小溪，见了许多磨青稞面的水磨。不过水轮立着转，与夏河所见平着转的不同。有时溪边布满短树，枝叶茂密，马头接了马尾，还看不见骑在马上的人形，幽邃曲折，举世名贵的影片，恐不足以尽其形容；只有游墨西哥的油卡擅省，步履在热带森林中，可以仿佛之。不过彼处湿热，此地清新，仍不足以拟此地之美。过此以往，豁然开朗。满山满谷，都是奇花，都如锦缎。花分地带，一片红，一片白，一片各色相间；整个的背景则是碧绿无际，虽大规模的图案不足以显其富丽。在变化中有界线，在整齐中有错综。内地花园，争一花一木的奇特；间有的草茵，斗一尺一寸的方圆；此地则无花不奇，无木不特；大自然的手笔，正非人工所可摹绘。甚么帝王平民？甚么今生来世？大造化的机构中，只能欣赏，只会与万物冥合，不管你是怎样的行动着。你就是自然，自然就是你；人与牛马以至一切飞潜走跳，都与大自然息息相关，并育而不相害。道家的“齐物”要在这里来参证，儒家的“民胞物兴”也要在这里才亲切而有味。所以信马由缰也好，策马狂奔也好，怎也不显得你慢，不显得你快，不显得你与万物相对立。普通花木是供赏玩的，草地是备憩止的；到这里，则在万花丛中跑马，再也望不见碧油油的边际，说，就看你怎样说来?

越上越高，黄昏时，几位绯衣人停住马，我们也随即架起帐篷来。所谓帐篷，都是白布的，顺脊一杆，两端各以一柱支起；四周底缘，再将小绳套系在木栓上，钉牢入地。藏区游行都是带着这一类的帐篷，与内地所见的大同小异。藏民以放牧为生活的，则有另一种帐篷，即所谓“黑帐篷”，为牛毛织成，笨重得多。然在里面建灶、烧茶、做饭；左为男人，右为女人，一家什物，均贮藏在后面，颇与房屋无异。至于蒙古人的毡幕，则简直不能名之为帐篷了。毡幕与后一种帐篷，都是在里边生火。旅行的布帐篷则在前口生火。到一个地方，生火是第一件事，搬几块石头砌了灶，即捡柴，或者拾干牛粪，引着火，要用羊皮筒圆铁嘴的手提风袋加以煽动。这风袋，藏名“枯穆”。羊皮四周圆整，不透气；两端有一端敞着，以另一端紧扎在铁嘴上。用时，将铁嘴插入燃料中，两手提起皮筒的开口，一张一阖便有很猛的风吹向火里去。运用这个东西，看着十分简单，初次试验，则没有成功的。不过走草地而不会用“枯穆”生火，便只有饿死而已。生着火，熬好“松潘茶”[①]，舀在勺内，放上酥油，朝各方抛送祭奠了，才安心作自己的事。一般藏民，有这样的茶，和以炒青稞面，捏成面团，且吃且饮，便算正式的饭食。穷的，酥油都不加；富的，有时添炸食、肉食，也不是每顿都如此。酥油化在茶里，饮用以前，率多醮手擦面，以当面膏。所以藏民尽管与大自然相砥砺，而面色也是光泽丰润的。

我们用过这样的晚饭，安置好了，后面的乌拉，也陆续到齐

---

① 松潘茶：指金尖茶（砖茶）。因是从四川运去，故被称为“松潘茶”，其实是四川雅安地区所产。

了，所有的牲畜都是卸下驮子便自己去吃草；马去鞍子，牛则带着鞍子。人预备睡的时候，先将马由山上找回，加以绊索，使不远离各个帐篷的前口，方始半看守、半睡眠的寂静下来。帐篷口皆向沟溪，一列一列地环绕着；帐前有马，帐后有牛，人畜之间复有一堆一堆的野火。隔火看去，各种形色都在半明半暗地蠕动着；背景依然是高山，依然是野花。静听起来，溪流声、吃草声、牛溲马渤声、操作乏了的鼾睡声；天籁呢？人籁呢？总是一种调和的共鸣，不经人工的交响曲。在这种氛围之中，不自觉的入了梦乡。次早醒来，各处已是新火重举，帐篷围列以内原来深可及膝的草已经啃了个精光，而布满牲畜的粪溺了。

二十九日早四点半起身，十点许到了太子山顶。这是可扎帐篷之处，尚非极峰。下了马，揭下褥套，我已疲乏得不能动了。我原来是带着病出发的，昨日一切新奇，未觉怎样支持不住；今日已有昨日的劳累，再加上登山越来越陡，便终于寸步难行了。病，是在夏河由六月二十七日到七月十日，因头疼浑身疼而病倒了的。当时县政府正在创编保甲，已经答应帮忙而不能工作，焦灼得不得了。以后能行动，便勉强下了乡，那是七月十五到二十四日的事。好在乡下气候暖，见太阳的时候多，病好像完全好了。但一回夏河，空气永远是凄凄然，便又有点冷热交作。听说十三庄要到太子山祭神，乃更不及停留，操持了几天的马，于二十八日出发。此时卧在褥套上，看跟来的人支起帐篷，烧了茶，热热地喝了一碗，闭闭眼睛，及至他们打柴回来，我又可自由行动了。虽然腿软，心理却不麻烦，相信病是不致再发的。这时来了一位单身香客，系河州老者，即本县一位警士的父亲。我们给他喝茶，吃炒面锅盔，他乃谈兴大发。据说这座山平时是不轻易到的，因为草地藏民以抢劫为武勇，每每先打了人然后才抢东西；只是一年一度这时人多，他乃来走一趟。他说：“太子山有三大王：一虎林大王，二金龙大王，三白马大王，俱为明朝开国元勋

‘八大关将’之一。太子山以外，河州乩藏（青海的老主席马麟住家）有益国大王，鸡窝山有鸟山大王，卓尼野犛关有朱拳大王，榆中马卸山有常山大王及黑池大王。”后闻旁人说，益国大王是常遇春，还有某一位大王是胡大海。旁的大王，当然也有名有姓，当时手头无书，未及考证得出（有书时，又没有讲神话的人了）。然而不管怎样，神话上的证明，已知明朝的势力是曾普及这一地带的。作者于二月初四去甘川交界的拉木寺时，过了西仓及郭尔勤山，也见路旁刻石有“万历二十五年十一月二日临巩兵备道等收番”的字样。但汉人的神话穿上藏民的外罩，有如本记开端所述，更是研究文化接触的绝好资料。

我们起身前已闻太子山上有道士，乃至此并无人烟。向藏民追问无有知者。问这位老香客，说是有的，距山顶十来里。后问旁人始知是在河州的山那边，当天不能打来回。倘由河州出槐树关，登山找道士，还要捷便一些。这位道士，姓章名子敬，本系来自河州西门外万寿观。现住关内的王姓“瞎道士”，即其师。章因名声太大，不便于师，乃避于太子山。夏河有关帝庙，闻其住持也是王的徒弟，为章的师兄辈。瞎道人系一目盲，他的老师周道人，则系双目盲。双目致盲的缘故，据谓由于得罪了二郎神。神原居高寿观，后被周道人赶至双城的大庙山。神图报复，使面水内呈飞鸟相；王一注视，双目顿落云。

三十日早起，满山见严霜，以后居留山上三日皆如此。午刻黄氏到，因其心广体胖，不利步行，骑在骡马上；四勤务兵一牵骡头，一把骡尾，两旁各一，扶着他的左右手；且行且憩且饮茶，且不知流了多少汗。由此足见他的虔诚，也可知道山路的险峻。“香佐”则以出家人的锻炼，择捷径步履登山，先一小时到。午后天气清和，人马平安，皆大欢喜；黄氏与香佐乃乘兴举行初步的祭仪。祭在峰尖处，距帐篷尚需一二小时的攀登。黄氏绕道乘骡如前状，及至弃骡而步，则将两臂搭在前面勤务兵的肩上藉力而走。“香佐”

舍骡（马已不为功，非骡不能勉强）而步时，乃是选择捷径直登，比普通人还要快。旁人整个步行的多是几步一坐，且喘且前；也有靠着矫健有力者挽手前窜的。及至临近峰尖处，青烟缭绕，旌幡飘荡，云雾已在脚下，出没无定，极富缥缈神仙味！

藏民名祭曰“煨桑”，先堆柴，次放供物：布匹、哈达、炒面、果实，皆烧在一起，烟可彻夜不绝。黄教僧念一卷经，红教僧（大发辫，不出家）另念一卷经；众人时而绕烟堆，时而抛纸马、纸宝；时而呐喊，尽天人同乐的极致。不过这一次只是预祭，大多数人还不曾参加，明日始为正式。归帐篷时，连跑带滑，约有四十分钟。

我们预备的实物，除了和炒面酥油吃所谓“糌粑”者外，又有锅盔、挂面、葱蒜之类。颇自以为不恶了。但到山上一看，乃知大谬不然。原来人家“浪山”是喜庆，是宴乐，没有一个帐篷不在吃肉的。我们两人以外，还有一位藏民，是马主之一，算照顾我们的；一位祁先生，是我们请来游玩的，虽然他也照顾我们。人家都大吃特吃，那能教他们没有肉吃呢？原来没有带，只好留心买。还好，有人驱羊上山赶会卖羊来了。我们托人买了半只，价硬币三元半。合成法币给，他不答应，只能回夏河再兑换。不过藉此机会看看藏民收拾这半只羊，也的确增长了不少的见识。

最精彩的一段是灌肠子。先将羊粪一把一把地挤在帐篷外边，然后拿进帐篷来紧捏，一节一节，陆续捏下去；肠子外面绕缠着的油膜并不需要掐断，而是换着手，变着个儿，一手紧如一手地捏。捏到最末端，贮满了绿屎，掐下来抛掉，肠子仍归是整盘盘着的。这样捏完挤净之后，并不用洗，即准备灌东西，灌入的东西分两类：一类是羊血和炒面，加上盐及花椒；一类是碎肉，掺和上葱和蒜，血灌肠是不用葱蒜的。切肉的方法也特别，不用菜墩子，不用大菜刀；只借来一个木盘子，每人身上当然都有一把尖刀。这位庖丁从那半只羊身上割下一些肉，放在盘子里，一手一把尖刀，一刀向外，一刀向里，比齐了切；也算切，也算割，也算剪。只见两把刀来回地走，不多的时候便将一盘肉切得细碎。以下，便是灌肠的手艺。地上钉一个棍子，将一端肠口翻过来挂在上面，再将食管拿过来，插在肠口里，由食管注入血或肉糜，也像当初挤屎一样，一段一段，输送到底。这样，绝对比内地用漏斗、用勺子的，爽利得多。灌完之后，一盘一盘煮在锅内，熟了再一节一节割着吃。当我参加编户口时，看着帐篷里的人满手是血（因曾杀羊），并不拂拭洗盥，即在碗内合糌粑，颇有一度的恶心。这次详细观察了灌肠的手续，虽然庖丁也是两手血迹，反倒不觉怎样，而是望着锅内的蒸腾，亟欲一尝为快了。内地制作肠胃，尽量翻过来用水洗，还嫌带有脏腥味，多是加上食盐和油，反复的揉搓。他们倘若初次见到帐篷的情形，当不知做何感想！因此想到，我们看见牛粪也是避之惟恐不远的。但藏民两手拿着两片牛胛骨，铲动稀粪，一合一个，比内地的粪叉子还方便而亲切。一筐一筐的捡到家里，再用两手一团一团的揉起来，贴在墙上晒干，用作燃料，大有烙饼的样子。我在夏河见到此种情形，虽然不觉怎样讨厌（因已司空见惯），但也不会设想自己会去那样下手。这次看了挤羊肠子的底细，既然不加涤洗，还不一样也是留着一些残余吗？残余不也是草末和草汁吗？草末草汁可以入口，还谈得到区区用手的团抹吗？这样推究下去，残余与粪团，也只有量的不同，没有质的不同了。谢谢这一次的经验，我与藏民打成一片了！

正在这样心领神会的时候，有人来找我们到黄氏帐里用饭。我们本来是因避免他的客气，才自雇伕马，先一日起身的。但从这一餐起开了端，每饭必来邀，终于打扰了好几天。以后，相别的那一早晨，又蒙他同“香佐”共赠锅盔，酥油，奶渣子等物，真是却之不恭，受之愧甚。我们居夏河作研究，还不是常去打扰的食客吗？我们到他的帐篷寄食，自备的一切食物则犒赏了跟来的两个朋友——他们算正式的“浪”了山。

这一天，凡是朝山的，都到齐了。黄氏、“香佐”邀来的红教僧，以及幕宾，都在较高的山坡上架帐篷。其他僧侣，十三庄的民兵，还有来自黑错的骑兵队，更在下面比较宽敞的两段平坡上架帐篷。黑错自己来朝山的，则在山腰一平顶单独设立帐篷；“煨桑”也在较低的一峰，不及孃勤的峰顶。黄氏香佐等单有厨房，专以帐篷为会见及睡眠之用；旁的帐篷，则是各自起火的。总计黑错的帐篷十六，其他共三十五。

七月三十一日，当夏历六月十五，早四点半登山，五点半到峰尖，参加十三庄正式祭仪。先由黄教僧众二十名围起来唪经，红教僧两名另一边诵经。然后“煨桑”，炒面、布帛、宝袋，均比昨日加倍。黄氏主祭，手献哈达；分一条与作者，曰：“你代表全国学术界。”另一条与蒙藏委员会的调查员，曰：“你代表中央政府。”焚哈达时，黄氏的呐喊，高入九天（不能说“云表”，因为所有的云都比我们低得多），侍祭者与一切群众，共和曰：“咿！”亦声彻千山万谷。十三庄每人自献哈达及炒面者，均经黄氏代焚、代献，然后由他前导，向右转，绕祭坛数匝，曰转“古拉”。紧接着树起八竿经幡，系长竿缀满丝制条幅者；更飞纸马、纸宝无数，以飞高为尚。同时尽量呐喊“咿——”，间或加以“哈——哈——”，“嗬——嗬——”之声，均以愈开朗愈好。意谓天人共乐，非此不足以尽忻忭欢跃之情也。然后用毛绳将经幡联系起来，再在绳上缀以羊绒。斯时经声复作，黄红两派皆有铿锵之韵。但红教人少，诵声如吟诗赋；黄教人多，低沉厚重，则如波涛之澎湃汹涌。前者供纸制的天宫，糌粑制的各种宝器。后者更除“酥油供”（糌粑制供物）外，有谷、果、青稞、宝袋、净水、酥油等物。前者只一鼓、二钹；后者吹海螺，执木印，又有“香佐”一手鼓，一手铃，并且随时抛撒青稞。以后直辖民众的僧官“尼尔洼”者，起喊“哈加路”（胜利归于神之意），打破一般的音节，遂将仪式告一段落，有事者可以散去。时七点五十分。稍事休息，至八点半，经声再作，乃余波。“香佐”面前加置宝盘，内放豆、螺及钱币，随念随即摇动。然后供净水，执宝瓶，摇铜铃，更以宝瓶之水奠经幡，并灌黄氏以次每人的手。法水入手之后，率皆先用口尝，再抹于头上。此时黄氏为来宾解释，谓所念的经，是请全世界山神的经；一切山神都到，以求全世界的幸福；小山不克承当，自非孃勤莫属了。更谓此已远超云表，下望本可极远，但一有人喊呐唪诵，云雾便满山满谷而来。不过总会有一刹那，云开雾散，不负朝山者的眼福。据谓南望黑错，北望河州，西南望马勤，历历皆在目中。不久，“香佐”右手执小型宝杵，由侍者向大众分糖毕，至九点三刻而礼成。以后黄氏等复至峰下“佛耳”处，作者未参加，不详记。

所制供物，有太大不便献到峰尖者，午后一时半乃在帐篷附近“煨桑”。祭坛如前状，献哈达则分两次。第一次毕，散员转“古拉”。第二次，手连手的圈起来，表示十三庄一致团结起来的意思。献毕，民兵武装翻戴布顶白羊毛的帽子，成蓝布尖顶，红布缘，作前额折入状。最后转“古拉”三匝，齐喊“胜利归于神！”而解散。

晚饭时因为祭礼完成得高兴，黄氏与“香佐”均谈锋甚健，因给我们解释太子山神的来历。(本文开端所述，即根据此刻的谈话。) 据张主任说，黄氏到太子山的前一晚，曾梦汉人装束的老者，乃孃勤前来欢迎。原先曾有两位巫者 (此地名为法师)，在“发神”时 (即作灵媒时) 白昼能见孃勤的行迹。谓附近有一部落，其头人死后都至太子山当差；永世不得超生，为状至苦。最近一个，请人预作布置，临终时围满了佛经；但因为这样，再也不能断气，后来不知为了什么，移动了一部佛经，气就断绝了。法师一看，敢情又被孃勤所拘！黄氏敬信此神，本有许多的证据。就其大者言之：法师请来孃勤，谓：“当鼠年，班禅佛爷即向内地来。”这是发生三年以前的话，当时西藏的消息一点也没有，可是三年以后他果然来了[①]。谈罢归来，在自己的帐篷遥望：月明如洗，黑错团体的野火隐显相间，寂静极复静寂，几不知身在何地！

八月一日，黑错帐篷已移去。早饭后同张主任复由原路到峰尖。昨日的祭坛，尚有余火未熄。抄录了藏文颂赞的石刻残片，转过层石，降至“佛耳”。穴深不测底，外圆酷似耳轮。死水发臭味，但内藏无数年代所积贮的珍宝。藏民朝山者，每次必以钱帛、元宝或其他珍品投入其中，献与孃勤，亦“积聚财宝在天上”之意。闻心诚者始被悦纳而沉没，否则遭神摈斥而上游。我们来观时，也的确有宝袋浮在水面。至于是否为奉献者心有不诚，还是里面有布帛等可浮之物太多，则不得而知了。献宝本不限于此穴，将宝袋埋入地中者正多。但所埋者每易事后被人发掘，投入此穴则是千妥百妥的。闻当初有人窘乏时，若向孃勤借，山石自开。以后有人借而不还，石乃惜宝了。“前人撒土，后人迷眼”，与神交易且如此，怎样怪得世路的崎岖呢?

此时云踪无定，我们静静的候着，希望有一刹那的开朗，以睹王后、太子的尊面。忽然东风习习，吹送浓烟；浓烟腾起，散在面前；再吹再起，再吹再散。霎时之间，满坑满谷的重云，龙卷蛟翻，闪出一脉峰峦。大家拍掌称贺，咸谓王后出现了！再盼祷，再喧闹。但见风吹云走，停在远峰下；前排已停，后排又至；前停未待升腾，后至而来补充；烟海茫茫，终不得一瞻“太子”的丰采。因而有谓女客心诚，王后才纡尊降贵的；也有谓太子神采赫赫，当然不似王后那样慈祥可亲的。

闻去章道人处不远，半山有一平场，为孃勤行雹取谷以后的晒藏地；该处又有种种石作物，或为明人所遗。路远无向导，均不及见。

午后四点，再于帐篷附近“煨桑”。此次以红教经为主。祭坛

① 指九世班禅与十三世班禅失和被迫迁内地之事。

分南北两地，南者素供，如前述，黄氏同“香佐”协祭；北者荤供，有全羊、黑哈达，黄氏主祭。两祭皆无僧侣，无民众，只有侍者参加。唪经者在台下帐篷内，铙鼓并用，且摇牛角响器；民众集合在帐篷前，装束如昨日。首由一人进香，取出供物抛送。然后三人送方尖塔形酥油供于远处，全体鸣枪。再抛送毕，全体呐喊而散。指挥者仍为“尼尔洼”。

二日早四点半，全体拔帐篷下山，宿药沟之药山下。式玉途中滚山，马由身上压过，当时昏迷，不知所遭何事，同行人都为惊喊，以为“完了”。事后追述，相互谑语，谓“差不多没有给孃勤的太太当了差”；幸亏孃勤的保佑，未留残疾。闻往年朝山，时遇雨，山陡路滑，踏落石块，伤及人马，当时毙命本不是稀奇事。险过思惊，反不似当时的泰然。

三日早四点半，离药山，打发佚马先回夏河。我们两人两马同黄氏的大队行至药沟口，已有隆洼一带的民兵整队迎候，鸣枪为礼。我们与他在此握手相别，大队向归程北发，我们则随马队，在李队长的领导之下向南进。大队当日宿大麦山，次日抵夏河；我们当日宿黑错，次日又上了赴临潭的道路——即自已照顾病马寻觅不招客的旅店等困难的开始[①]。此是后话不提。长途归来，记太子山瞻礼，志盛，亦以纪念领受的种种厚情。

1942 年

本文原载《华文月刊》第一卷第二期与《新西北月刊》第一卷第三、四期合刊；选自《李安宅藏学文论选》，第 57 ~ 71 页，北京，中国藏学出版社，1992。

---

① 关于这段见闻，于式玉有《黑错、临潭、卓尼一带旅行日记》专记，见《于式玉藏区考察文集》，第 134 ~ 155 页，北京，中国藏学出版社，1990。

甘肃省西南部边区考察记

王志文①

一、自然环境

甘肃西南部藏民区域，包括岷县、临潭、卓尼、夏河四县局，位于中华民国之中心，其地为高原山地，自临洮以南，海拔 1900 余公尺，经分水岭而东南，地势渐高，至岷县高原 2287 公尺。由岷县向西南而行，经西大寨三岔至临潭之新城旧城，洮河左边之卓尼，其高度约在 2439 公尺左右；由临潭旧城再西行，经盖家庄、万罗、陌务，地势渐低，至黑错附近高约 2390 余公尺。更西北行越大陌山，至大夏河北岸，其地高约 1870 余公尺，夏河县则高达 2950 公尺，而至夏河西北甘坪寺，高达 3000 余公尺矣。由夏河至土门关，均为下坡，临夏县城高度，约 1800 公尺。过临夏西北行，经销南坝，其地高约 2700 余公尺，再行经牛心山，高约 2600 余公尺，由牛心山行经唐汪川，赴蕒坪中经尖山，其地高度约 2700 余公尺，尖山东北以下，高度渐减，于兰州城附近，其高度仅距海面 1600 余公尺而已。

本区重要水系，计有河流三条，一为黄河，西由青海之循化

① 王志文，生平不详。1941 年 9 月以甘肃省银行经济研究室主任身份深入甘肃西南边区进行经济考察，于次年撰写《甘肃省西南部边区考察记》。

县流入甘肃境内，至临夏北之永靖，与南来大夏河之水流，西南来之洮河水流相会合。此后再经皋兰县城北，而东流经靖远、景泰，而入宁夏境内。二为洮河，本河流导源于甘肃省西南角，与青海省交界处之西倾山东流于卓尼而至岷县，嗣后河流改向东北，复转西北，穿临潭县境。过临洮城西，经唐汪川，再西北流而入黄河。三为大夏河，古即漓水，导源于夏河县西南部，西倾山脉之东北麓，离夏河县城40公里，因所经地形之不同，更分为三段：自拉卜楞三科乎滩以南为草原地，自拉卜楞至土门关为峡谷地带，出土门关始入临夏平原，大夏河之流向，大致自西南而东北，经临夏城南，始折而东流，在临夏东北七里处尚有泄湖峡，故虽至下游，水势尚速，水色变清。最后至永靖城东入于黄河，全长150公里。

白石山与西倾山为本区二大山脉，白石山一名大耳加山，海拔4000余公尺，边青海大草原东端，起自临夏、循化两县间，南下至土门关，折而东行入和政、宁定、临潭各县境，绵延400余里，其名随地而异，或称太峙山，或称莲花山，主峰在和政西南50里，岩石耸峙，俗称露骨山，越和政而下，坡度渐减，形成高原草地，为藏民游牧所在，西倾山之名，见诸禹贡，又名西口山，番民称为桑巴山，海拔5000余公尺，终年白雪皑皑，如插翠屏。洮河源流出其东，大夏河源流出其北，西连积石山，东连昆仑岭，伏牛诸山脉，自西且东，横贯中国境内，称为东昆仑山脉，亦即江河流域之分水岭也。此外叠山横亘于白水山之北，西接江缠，东连岷山，其西北有两山对峙，状似石门，即著名之石门，为洮州襟喉，石门外为巴什点卡，即古叠州为藏民叠部所聚居处。

由于水流之纵横交错，地形之耸离海面，故本区气候，较为潮湿，温度亦较为寒冷。临洮气候，平均一月份为最低，约为零下7.5度，十二月次之，为零下4.6度，以七月份为最高，平均为22.6度，八月次之，约为21.3度，全年总平均为8.1度。岷县气候，以十二月为最低，为0.9度，次为十一月为3.2度，再次为一月，为3.4度。最高为七月，计167.5度，次为六月，为85.9度，次为二月为12.9度，三月为9.4度，四月37.1度，五月为62.4度，六月为85.9度，八月为61.9度，九月为79.8度，十月为38.5度，十一月为8.6度，全年总平均温度47.5度。临潭气候较岷县为寒冷，以一月为最低约为零下3度至5度，十二月次之约为零下5度至2.5度，再次为二月，约为1度至2.3度。最高为七月，约为90.5度，次为八月约为87度左右。卓尼气候与临潭相仿佛。而夏河之气候，寒暑恒较临潭卓尼等地为烈，其最低为一月，约为零下5度至7度，最高为七月，约为97度左右。

本区雨量，实较甘肃东北部西部各地为多，盖以河流较多，气候潮湿，而森林之调节，亦有相当之影响也。全年雨量，以夏季最多，约占61.5%，秋季次之，约占18%，冬季最少，约占7.5%，春季次之，约占13%。

本区地质据土壤学家之研究，以为由岷县以西，临潭、卓尼、夏河以至四川之松潘，西康之同普、思达，以及青海之玉树，似均属栗钙土，临潭、卓尼、夏河各族牧区，其中暗栗钙土及栗钙土分布最广，淡栗钙土次之，森林栗钙土更次之，由于气候之阴湿，所生丛草，年生年蚀，逐渐堆积，逐造成厚尺许之黑色表土，此种黑土颇与俄国著名之Chernozem者类似，其土性极为肥沃，所惜藏民游牧习惯难更，不能培植天赋耐寒植物，以尽地理耳。

二、民族历史与宗教

甘肃西南部，洮河以西统称为洮西区域，自古为藏民聚居处所。藏人古称羌人或西戎，秦汉以后，西羌势力日盛，宣帝神爵三年，先零种豪渡湟水，与羌寇金城，帝遣赵充国平之，赵以西羌起伏无常，实行屯田政策，是为汉人移民于本省西南部之开始。

隋时设洮西区域为抱罕县，其西为汉白石县，白石在今夏河县，属清水驿，清水西北，溯大夏河源流而上，通汉泥关大耳加山，甘家山为通番孔道。三国以后，吐谷浑起，其部落1700余家，据洮西各地，驻洮阳城守之，即今洮州旧城所在地也。隋大业五年，平吐谷浑置西海河源等郡统治洮西各地。隋末，吐谷浑复居其地，唐初击破之，并为同化吐谷浑起见，再度移民，使名将李道宗李道彦居临潭。唐龙朔三年，藏人曾一度统一各吐蕃灭吐谷浑，尽居甘松山之阳，洮水之西，南抵白兰，地数千里，而350余年历史之吐谷浑，亦自是灭绝。其时藏族之势力甚大，史称吐蕃，每俟积石军麦熟，即来袭取，莫之能禁（积石山在今临夏、循化二县间，亦即甘青两省之边界下临黄河山势极峻阴）。天宝间名将哥舒翰破之，但天宝乱后，边防空虚，吐蕃再事东侵，有清木之盟，洮西而外，陇南尽陷于吐蕃，唐失河湟，西边一旦有变，率警及京师。

宋神宗时王安石当国，命王韶收复熙河洮岷叠岩六州，王韶以番人嗜茶当以茶运至该地易取马匹，于是始置茶马司于临潭。洪武二年，李景隆重以茶50余斤易马13500余匹。南宋时熙河二州陷于蒙古部酋亦不剌、阿尔秃斯，于是甘肃西南部又多一蒙族。至元代采怀柔政策，大兴西藏佛教，明代诸帝为羁縻藏族起见，仍沿旧制，并封喇嘛为国师等尊号，其时藏民之势力，已渐衰减，同时由于西藏红教僧侣本身之腐败，于是有宗喀巴之改革宗教，是为黄教，其两大弟子，即达赖与班禅。成祖永乐十一年，曾遣使迎接宗喀巴至燕京，但未成行。

明太祖洪武二年（1369），大将军徐达西征吐蕃，是时部将汤胜克临洮，邓愈克河州，沐英克洮州，李景隆克岷县。对于本区之治边政策，颇有足称者：第一为移民屯田，当时各卫分兵屯田，称为屯丁，寓兵于屯丁，实为简而有效之方法，屯丁中尤以凤阳人为最多，今临潭新城以下汉人装饰，故仍不失明代安徽遗风（如女子服饰用高髻凤鞋——鞋尖小甚细而向上），而房屋之布置与形式，颇有江南古风。第二为筑城设堡，以备攻守。洮州新旧二城，仍有遗迹可寻（旧城远起吐谷浑，新城乃西平侯沐英所建）。第三为设茶马市场，使茶马互市，汉藏各得所需，河州、洮州、岷县各地，均设茶马司，此种设施，虽为商业互市性质，而与汉藏文化之沟通，实有莫大之影响。第四为封建土司，各番民有头目统率，遇事利用其头目号令，以统藏民，土司概许世袭，又封喇嘛为国师禅师，许其传道设教，藉教，借以约束番民，临潭卓尼杨土司兼护国禅师，即起于永乐年间，迄今已二十五世。

清康熙末年，废茶马互市之制，铲除不法土司。雍正四年，实行起科，当时藏族俱纳粮（或以牛马代粮当差与汉民无异）独拉卜楞（属循化县）一隅，几同化外，乾隆二十七年实行移驻，嗣后又设循化厅，分口外口内，以白石山脉为界，口内12族，口外撒拉回民8族，南番21寨，夏河县在当时称为南番，同时于今日夏河之桥沟，设把总一员，属于河州总镇，统辖当地军事，所有吏治，则全归循化厅，该厅派员驻厅拉卜楞，殆系代表或领事性质。

本区民族除藏族而外，尚有蒙回二种，蒙族所聚牧地，自黑错、拉卜楞以至色曲拉加寺，何时始入本区，颇难引证。据统志载，蒙古部酋亦不剌及阿尔秃斯，获罪其主，拥众西奔，瞰知青海饶富，袭破之，大肆焚掠，番人多远徙，其留止者反为所役属，自是甘肃西宁始有海寇之患。清学者张穆所撰古游牧记，以为一统志载“海寇”即蒙古游牧民族，而亦不剌及阿尔秃斯侵入西番地（青海又曰西海，水草丰美，番人环居之，专务畜牧，故俗称西番地）时在正德四年，此为蒙古族人青海之历史与时期。想蒙古族移驻本区，当为正德之后，清平罗藏丹津之乱，诏定游牧地带，分为和硕特二十一旗（后改并二十旗），绰罗斯二旗，土尔扈特四旗，辉特一旗，及察尔喀察汗诸门汗各一旗，合计二十九旗，分左右旗两盟，而其中和硕特部前首旗南左翼中旗，右翼中旗，及土尔扈特南旗，察汗诸门汗旗，均因在黄河南岸为独立旗，不受盟之管辖，和硕特为元世祖弟哈布圈答萨尔十世固始汗之后裔，拉卜楞为和硕特前首旗之游牧地。

回民之入甘肃西南部，据一般传说谓在明代初期，由哈密迁来者，即今循化撒拉两回之起源，回民移居原因，或谓因洮西荒凉多旷土，番民性懒不能耕种，回民具有吃苦耐劳，远征之精神，故有当局移来者，或谓回教与释教教义不合，时相残杀，以致逃往藏区者。两者皆有可信之处，但当时回民移居者尚少，自万历以后，回民渐遍洮西各地，而回藏回汉间之冲突残杀，亦渐发生，同治光绪年间之乱，洮西一带，悉成战场，民国十八年之乱，洮州旧城与卓尼著名之禅定寺悉成焦土。

甘肃西南部之民族，除回汉外，所有藏族其信仰均以佛教为中心，盖自元兴佛教，明沿旧制，清代扩之，佛教教义与信仰之习惯，业已熏染藏民心目。其习惯生子多为喇嘛以为荣耀，生死疾病，概请寺僧吟经，卜测灾祸，亦由喇嘛翻检经典，寺院如有所索，则踊跃输将，绝无吝啬，人死后如无党族即将所有财产，布施寺僧，每遇细故，辄酣战不息，而高僧之调停，则无不遵服，其笃信寺院喇嘛有如是者。

本区寺院，以卓尼禅定寺历史为最久，夏河拉卜楞寺为规模最大，其他中小寺院，虽遍布各地，似不足述。相传“卓尼”二字，其义为马尾松，因明永乐二年，建红教喇嘛寺有松树一株，正当寺址，大小高矮地位，几均适寺院之用，因未砍伐而用之，即以其名名其寺，该寺始祖“些的”与其弟“义的”寻牛来此，路远不便返藏仍居留寺内，当地番民称其遇牛之处曰“作那尕”，译名“有牛城”，嗣后其兄些的为民教，弟义的为寺主，以后相传承继，兄一子为土官，一子承寺主，如独子则二者兼之，天顺间（1457—1464）土司扎什之弟仁勒珊宝，游学西藏因不满红教教规，乃改为黄教，时有僧人3500余人，又六七十年后，寺僧什也善主游学于西藏拉萨之色拉寺，著月华经13本，名闻全藏而闻思、绩部、天水、供事、四经堂制始备。该寺于民国十七年马仲英乱时，十有八九被焚，而所存经版，亦遭波及，现在加工修理中。

禅定寺之喇嘛僧500余人，分为四仓，即伊黎、德巴、马当、德哇是也。所辖寺院号称108个，惟著名者，仅38个，其名为亚路寺、亚经寺、郭坐寺、普佐寺、囊囊多寺、给盖寺、杓勿寺、卡多寺、代麻寺、握藏寺、扎义寺、拉子寺、柏古寺、古加寺、牙古头寺、龙元寺、牛营寺、赛上寺、桑左寺、扎力寺、茶古寺、巴录寺、录娃寺、代力卞寺、拉索寺、则哈寺、那克寺、那古麻寺、代刚寺、撒浪寺、舍舍寺、加路巴寺、车力寺、多洛可阴队寺、窝藏寺、那古寺、哇藏寺、阎家寺，其中柏古、古加二寺为红教。

拉卜楞寺建于康熙四十七年（1708），距今已二百余年。乾隆四十一年（1776）赐额曰慧觉寺，其活佛名嘉木样呼图克图有小达赖之称。该寺建筑均系立体式（采西藏寺院形式），高达三四米，房上皆用铜瓦，外涂赤金，名曰“金瓦”。悟觉寺则用绿色琉璃瓦，大履榔比，光彩辉煌，登高纵目，俨如琼楼玉宇，每使游客欢观为止。

拉卜楞寺，为黄教六大寺院之一（前藏拉萨之哲棒寺喇嘛凡8000，色拉寺喇嘛凡6000，甘丹寺喇嘛寺凡4000，后藏之日喀则扎寺喇嘛凡2000，伧布寺喇嘛凡4000，青海塔尔寺之喇嘛凡1500人），喇嘛3000余人，全寺房屋百余栋，其寺院分为四种：（一）经堂，藏名扎仓，以金寺为中心，其中分为五扎仓（即曼把仓、大桑木楞仓、杰把仓、丁科仓、杰道仓，汉译为佛学院、密学院、佛事院、医学院、治事院），其中曼把仓规模较大，喇嘛最多，地处最高。（二）佛殿，藏名拉项，系各大活佛诵经处所，拉卜楞寺规模较大，活佛共十八人，所谓十八囊谦。十八囊谦者，即国莽仓、得当仓、桑拭仓、堪宝仓、贡唐仓、火岁仓、德瓦仓、阿莽切仓、加仓、加那化仓、扫扎仓、花来仓、家下郎仓，诋贡把仓、昂桑仓、囊左堪布仓、巧娃红可仓、年扎仓是也，上列各仓中，以贡唐仓最为华丽。嘉木样活佛之公府，则不在十八囊谦之内。(三) 诵经堂，内分两处，即冬季讲经堂与夏季讲经堂 (花园) 是也。(四) 喇嘛住宅，经堂佛殿，为喇嘛讲经处所，讲经毕即各返本人之住宅，此类住宅与平民所用者无异，惟外围墙垣均用红色。

拉卜楞所辖寺院甚多，在甘肃省境内夏河县者，计有曼诋、九加、葛伯、也日瓦则、尕青则、阿凹尔、卧空、卜拉、他娃、杂由、黄达、日葛、嘉杰、扎喜、曼隆、刚扎、白石崖、甘扎、尕麻、拉且、杂一、晒往、陌务、熟投、义仓、日郎、日麻可、刚拭、其葛日、花葛、唐突、人多麻、只杂、只曾、老瓦、尚丰、木多、阿日高、唐撒、杰仓、斜九、韦香、杂务、可强、达李、料材、瓦来等47寺。在青海境内者，则有果麦、拉益、金科、杂四香、色强、项来卡、尕多、藏宁、五欠四卜和五赛等10寺。在甘肃临潭县境内者，计有共拜、西仓旧寺、西仓新寺等3寺。在四川松潘境内者，计有协许、层扎、其卡、国门、曾大、年赛、卡秀、四瓦、康撒、康根、白衣等11寺。其在西康者计有理化、甘普、尕旦、拭尕、寻白、熟娃、阿杰、麻唐、羊下、科来等10寺。其在西藏者即有甘伯一寺。在蒙古者计有阿拉佛庆、太梦尕庆、佐汉乡、齐老太、阿子太、巴年阿则、陶赛钱宝等7寺。在甘肃临夏者，则有巴西、刘家、当郎等3寺，在北平有甘就寺，在五台有甘觉寺。

拉卜楞活佛嘉木样始祖，系夏河甘家滩人，清顺治四年生。康熙七年游学拉萨，在哲棒寺十二年，曾获格西学历，又师事达赖高足弟俄旺扎桑曲舟 (即第一世章嘉呼图克图)，当在拉萨各处讲经，名望卓著，康熙三十九年，任敦莽寺方丈；康熙四十七年，黄河南亲王济农，闻其名派员敦请回籍，建寺传教，乃偕大弟子俄旺扎桑等十八人东返，经巴彦喀拉山，次年闰七月，在扎西续开讲堂，翌年六月亲自上梁。康熙六十年卒，年七十五岁，其肉身尚存于大经堂内殿。

嘉木样即卒，以呼必勒罕相传为第二世，乾隆年间册封，青海同仁县人；第四世光绪年间册封，西康德格县人；今第五世国民政府颁赐印册，封为辅国禅化禅师呼图克图，西康理化县人，现年二十六岁（五岁时入寺），其师傅曰拿柯仓，学问道德冠全寺。第五世嘉木样之父母兄弟数人，其中长兄弟黄正清，即拉卜楞保安司令，其家世与政教关系如下：

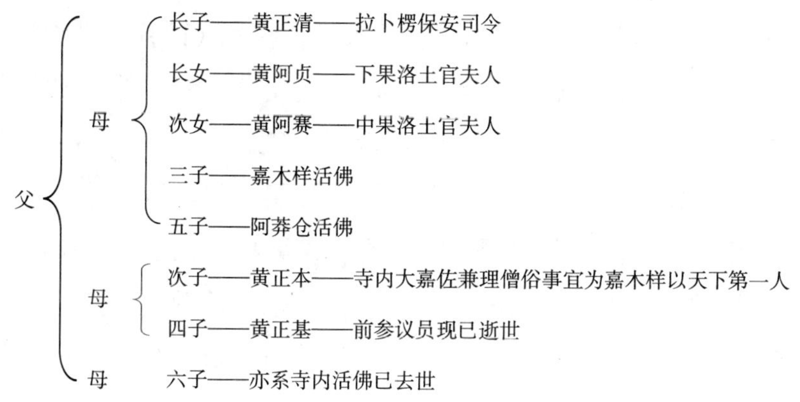

拉卜楞寺内所藏经典分为三种：（一）传自印度之藏经。（二）藏区高僧所著。（三）本寺高僧所著。嘉木样第一世之著述最多，共计十五部，其中五部讲经最著名。嘉木样亦有属民：（一）拉德意，为神民，受寺院之直接治理；（二）墨德意，为政民，受寺院间接指挥与管理；（三）厥德意，为教民，仅受寺院之指导。

本区各寺院之收益，概可分为三种：（一）本寺之房田租粮（藏民现有土地岁十九为寺院产业）。（二）寺中固有基金及茶油存余物品经营之利息。（三）其他临时捐募或人民之供奉。其支出方面，亦分三种：（一）寺内喇嘛之口粮。（二）寺内各殿每年举行法事之香火费用。（三）其他本寺对外之一切费用。各寺院之经济基础，以及一般喇嘛之进益，以拉卜楞本寺为最佳。

三、各县人口与藏民之分布

(一) 岷县

岷县为禹夏时之府州区域，兼属梁州，商周至春秋战国为西羌地，西魏文帝大统（535—551）始置岷州及同和郡；隋文帝开皇三年（583）改州为郡，以为临洮县，后改分临洮和政二县，复置岷州；唐肃宗上元二年（761）陷吐蕃；宋神宗熙宁六年（1073）收复后为岷州，初属熙河路，后改属秦凤路；绍兴（1131—1162）没于金，元于裕川县复置岷州，属于吐蕃等处，皇慰都元帅府属脱息麻路；明洪武二年（1369），元将李思齐以洮岷降，十一年（1378）曹国公李景隆奉制开设岷州卫，军民指挥使司，属陕西山县，领军民千户所四，西固军民千户所一，并历经司编户十六里，又徒岐同路在城居民居之，谓之“样民”，总计七十里，是年秋始建城垣。

岷县人口，据陈如平光绪三十二年（1906）《后岷县志》采访初稿载，全县人口共计237817口。其中汉族为118326人，回民900余人，喇嘛265人，士500人，农115826人，工800人，商1200人。据最近县政府调查，计十九乡六镇308保，2079甲，2419户，合计213641人（其中男109633人，女104008人），内回民约2000余人，藏民约3000余人，但实际上藏民人口皆小止此，藏民大部分布于本县西乡之西宁沟与南乡之竹里一带，其平时生活之指挥与管理，或由土司或由僧纲，各土司僧纲之历史与统辖之藏民如次：

（1）多纳赵土司——在城南40余里，始祖革恩觉为革也族生番，明宣德间（1426—1435），以平吴三桂乱有功，授世袭土司副千户，共管43族，隘口5处，其中族名为多纳族、栗中族、木真族、栗林族、车聂耳族、答哈族、竹力七族、只比族、占藏族、兹的族、扎柯族、叶多哈族、额力族、哥力族、莪卜只族、入树族、任藏族、当比族、朱柯族、墙匡族、尖树族、下尖树族、六工族、叶纳族、麻子川族、占藏鲁族、吾麻族、鹿儿霸族、西宁沟族、喇子族、达喇族、出路族、铁柱族、巴路族、康都族、色都族、策古族、节藏族、绿巴族、着藏族、板藏族、喇达族、恰主族等 43 族。

(2) 马土司——在城南 120 里，始祖马珍，明洪武间以功袭土官百户，管辖番民，计即隆族、野地喇哈族、马安山族、瓦舍平族、乔家族、阴平族、肖二牟族、水泉坪族、土崖头族、冉家山族、绿仁族、力则族、铁力哈族、油房沟族、火平族、竹园族等 16 族。

(3) 麻童赵头目——在岷县城南 80 里许，始祖赵党只官卜，明洪武间，以功授世袭土司百户，管理番民计峪儿族、答竹族、扎细族等 3 族。

(4) 攒都沟后头目——在城北 80 里，始祖姓名不详，其三世祖于成化间赴包斯藏公斡授世袭百户，管理藏民 290 名。

(5) 闾井后头目——在岷县城东 120 里，洪武二十八年 (1395) 世袭百户，管藏民 22 户。

(6) 圆觉寺后僧纲司——在岷县茶树峪，离城东北 50 里，始祖后录竹尖松，系大智法王班丹答释之后裔，明成化间 (1465—1487) 以征番有功；康熙十四年 (1675) 以平吴三桂有功，历传任僧纲司，共辖寺院 35 处，其名称为：大崇教寺、讲堂寺、撒藏寺、宏教寺、宏福寺、法藏寺、朝定寺、藏经寺、裕隆寺、三祝寺、石崖寺、鲁班寺、广德寺、永安寺、广善寺、羊巷寺、宏清寺、昭慈寺、崇隆寺、宝定寺、永宋寺、些多儿寺、诜林寺、年家寺、张家寺、喇嘛寺、毛家寺、新寺、荔川寺、土司寺、吉祥寺、哈撒寺、石门寺、格隆寺等。①

---

① 仅列 34 处。——编辑注

(7) 黑峪寺黄僧纲——在岷县城南300里，始祖系口外生番，于康熙二十七年（1688）投诚，奉派居黑峪寺，其所统辖藏民24族，其名称为：童古喇哈族、格卜族、不地里族、分叠城族、西六族、古义族、羊失喇哈族、瓜墨族、沙哈族、打堙族、宁堙族、古藏族、失巴族、绿积族、古代巴族、额都族、乘皂族、初麻族、牙港族、尖则族、汗班喇哈族、阿中堡族、童寨族等。[①]

（二）临潭

临潭新城，按《洮州厅志》载，自秦汉以来为诸戎地，曾吐谷浑筑旧洮城，永嘉（307—312）以后，周武帝逐吐谷浑，置洮阳郡，寻为洮州；唐属陇右道，领临潭县在郡西南，下临洮水，接吐谷浑界，唐末陷于吐番，号临洮城；宋元祐二年（1087）羌酋鬼章城洮州以居之；元为洮州，领可当县，隶吐蕃等处宣慰司属河州卫。洪武十二年（1379）讨洮州，十八年族叛藩三副使，事后西平侯沐英，筑新城于东陇山，以旧城为堡；雍正二年，改隶巩昌府；民国改为县，复为临潭。

临潭本为商业重镇，藏民贸易之中心市场，嗣履经变乱，如李自成之乱，顺治五年与同治二年之乱，以及民国以后，民国三年白狼之乱，十七年马仲英之乱，二十二年李和义之乱，二十五年朱德之乱，全城精华，悉被摧残，迄今难能恢复旧观。

全县人口，据《洮州厅志》载：光绪五年（1879）清查结果，汉民为3541户，计20430口，回民1250户，10116口，合计为30546口，编制时之统计，则为5672户，计40920口，其中回民1668户，10683口，此项数字系包括卓尼所属各户。二十九年县政府清查，计9106户，42420口，其中男子为20310口，女子23120口，另外回民约七八千人，聚居旧城附近。

---

① 仅列23族。——编辑注

本县藏民人口，计 21300 余口，其中约 8594 人，分居于上桑离（离岔或撒木擦），色赤寺（拉木寺之一）两仓等，各藏族由土司土官僧纲等分区管理，其各土司历史及所辖各族名称如下：

(1) 土司昝振华——居临潭东南二十里之资堡，始祖南秀节，系洮州卫，底古族，为西番头目，明洪武十一年（1378），率部投诚于曹国公，十九年（1386）随马桦征叠州（今称叠布），授洮州卫，世袭中千户所百户之植。永乐三年，传子卜尔结，赐姓昝，八年招抚剌章等 108 族，灭于正德五年（1510），袭植授世袭副千户，其子昝震于万历三年，授世袭指挥佥，十二年传至昝振华，辖藏民 7 旗，……其各旗族为：(A) 上西路旗，其中各族为：乌藏族、麻大族、申藏族、板藏族、干布他族、烟筒沟族等。(B) 下西路旗，其中各族为：宜舍族、目的破族、端沟族、青泥河族、业路族、口儿的族、拉布族、豪路族、木露族、塞路族、余家状族、牙布族、练哈那族、丹藏族、楮安族等 15 族。(C) 那摩那旗，其中各族为：洛藏族、窑头族、点哈山族、卓尾山族、若巴山族、若音族、羊尾族、羊化山族等 8 族。(D) 牙卡路旗，其中各族为：资社族、红崖族、的儿族、班扎湾族、新状坡族、娘夏族、东山族、次崖族、腰路坡族、眼藏族、南沟族、眼藏湾族、湾个嘴族、琵琶族、侯家状族等 15 族。(E) 录元山旗，其中各族为：录元山族、后沟族、洽巴族、南山族、下哈路族等。(F) 约沙旗，其中各族为：恼索族、和尚山族、什拉中族、羊俄族、沙路族、河目族、大湾族、刘旗族、竹古楼族等。(G) 拉卜什旗，其中各族为：力洛族、卡固族、纳儿族、上达窝族、哈布族、元里族、夏娃族、接拉族等。

(2) 土司杨廷选——居临潭县城十五里着逊，始祖杨寿系洮州卫人，明嘉靖间以户授世袭千户，其子杨国成，以征黑错寺有功，于光绪二十六年，袭云骑尉，十三传至杨廷选。其所辖藏民，计为着逊、达子坡、牙布、革泻、余家状、塔耳木多、大蜀等 7 族。

(3) 垂巴寺 (牙当寺) 赵僧纲——始祖阿王老布，原系西藏喇嘛，明成化三年 (1467)，入关在洮州卫与其侄阿送脑布，建泉巴江卡牙当寺；嘉靖元年 (1522)，授给世袭僧纲。至民国十六年，经县府将僧纲取消，现另派当地番民充当头目，该处计有僧人 400 余，藏民 10 族，其名称为：他移那族、牙当族、木多族、先梯族、洛路那族、扎扎族、果着族、当住那族、下路族、录巴族等。

(4) 都纲司杨彩凤——始祖杨永鲁。系藏族头目，明永乐十六年，以功授昭信校尉，洮州卫指挥使司，着藏族百户，分守隘口，永鲁至锁南藏卜，于宣德二年为僧，宣传佛教司还俗娶妻，致将僧人并入卓尼禅定寺，且于民国二十六年，有九日卡、八舍、日扎 3 族，自动向县府改请疏洗，故现在管辖藏族，仅为 20 族，计着藏堡族、班藏族、上阿子他族、下阿子他族、甘弥族、出路那族、伊子多族、上着落族、鹿角族、他那族、簸箕帐族、上拉卜族、下拉卜族、细那录族、沙哈甫族、捏日族、哈古族、巴里什族、达哈族等。①

(5) 僧纲马辙霄——始祖力车加绽，原籍西藏，历授封膳王千户世职，其子八点王秀于永乐三年承袭，后带僧人 500 名入关，驻洮州卫，建修麻尼寺。复因功授禅师衔，世袭僧纲兼管百户。六传至昂哈旺秀，因功诬理旧洮指挥守备，兼管部落。又九传至马辙霄，现管人百名，番人 21 族，120 户，其族为：阳坡庄族、黄胡族、老虎湾族、脑节族、牙当族、盘园族、普藏什族、菜子族、达加那族、加勺卡族、那子卡族、怵布唐哈族、着落甫族、仓禾族、鹿儿沟族、鹿儿台子族、板鹿他族、马巴族、扎扎族、巴的族、下藏族等。

(6) 僧正侯世祺——始祖侯世显，明洪武间，以太监奉旨诣乌斯藏奉迎如来大宝法王，逐建圆成寺十四传至侯世祺。现有僧人 43 名，统辖藏民计寺底下族、小族、大的坡族、术儿哈巴等 4 族。

① 仅列 19 族。——编辑注

此外尚有双岔土官毛里郭娃，名阿才，所辖藏民约600户，计土房200，帐房100，枪500余枝，该地有小寺三所：日勿乍寺、毛里寺、多子多寺，共有僧人300余，归郎木寺管。西仓土官切知刀，西仓郭娃，名拉马，所辖番民约800余户，内土房400，帐房400，枪700余支，另有郎木赛寺温布旦子僧戒，管理僧300余人，帐房60顶，枪120支，共有寺僧约600，温布名罗索江错，尤为众望所归。

（三）卓尼

卓尼为旧洮州府辖境，永乐二年，僧人些的，依马尾松树建寺，即以马尾松之别名“卓尼”二字名其寺；康熙四年（1665），赐名禅定寺，而“卓尼”二字依旧不变，乃成为当地之名称；民国二十六年后，设局治理，该地面积约35000方公里，全境人口约为35311人，而其中藏民几占87%强。当地藏区，向由土司管理，旧土司杨积庆为些的后裔，永乐二年（1404）些的率领叠番达拉等族，献地投诚，十六年（1418）因功授袭指挥佥事武德将军，四传至旺秀（正德年间约为1506—1521）赐姓杨；康熙十四年，其子杨翰梁平吴三桂有功，又十传至杨崇基，于嘉靖十九年，摄禅定寺，世袭僧纲；道光二十四年（1844）传至杨元，更三传至杨积庆（时为光绪二十八年即西历1902）奉命归流，民国后改委为洮岷路保安司令，旋于民国二十六年，废历七月二十日于事变身死，其子杨复兴乃兼任司令（现年十四岁），二子任禅定寺僧官（现年八岁）中央裨以护国禅师卫。更设卓尼设治局以治理之，惟切理番事务，仍多赖司令部之力量，其所辖番民名称如下：

（1）上治杓娃旗：离洮州城150里，各族为：力吾族、拉什族、的里族、求路族、拉哇族、江卜那族、瞎的族、郭加族、公哈族等10族。

(2) 班麻旗：距洮州城 140 里，各族为：勇占、礼郭、纳索边古、哈多、拉童、洛哇、多力等 7 族。

(3) 岔马童的吾旗：距洮州城 130 里，各族为：岔巴、札盖那、的吾多、的吾甫、麻童等 6 族。

(4) 约沙必拉旗：距洮州城 80 里，各族为：夏华的、多拉、约沙、哈扎、作那、拉盖、巴火等 7 族。

(5) 多力木旗：距洮州城 320 里，各族为：台你莪、拉子莪、西庄、则你莪、七古、拉子、你藏、道当、柏古、上答峪、下答峪等 11 族。

(6) 阿夏旗：距洮州城 320 里，各族为：那盖、阿大什、克浪、西居、拜赛、那古、你哇、自目、麻童、上下加、达舍、白土嘴等 12 族。

(7) 代马旗：距洮州城 150 里，其中各族为：多藏、交纳、力求、柏达、郭札、术木哈、卡加、鼻子、四拉多、巴拉卡、上下赛巴等 11 族。

(8) 阿禾旗：距洮州城 80 里，其中各族为：角缠、公江、公岔、拉的、卡颜、恶巴、哈童他、哈力那、才力车、些藏、灰老多等 11 族。

(9) 沙麻童住旗：距洮州城 80 里，其中各族为：哈力那、沙而多、哈巴等 3 族。

(10) 达拉旗：距洮州城 70 里，其中各族为：盖藏、高则、捏拉、勺藏、那录、冈古、加塔、七哇、冈全、古加、那旦、那盖、那知、甫娃、赛中、那录古吾等 16 族。

(11) 土桥旗：距洮州 320 里，其中各族为：火扎、土桥、岔哈、文布他、尚多、多力车、牙录、代录等 8 族。

(12) 善扎旗：距洮州城 120 里，其中各族为：巴什哈、乔古、甫拉多、阿及那、夏哈多、夏占多、私吾格、录吾、额路那、大你什、扎着他、郭火、他扎你什、足录、卡子、郭望甫、寻望的哈、扎古鲁等18族。

(13) 迭当旗：距洮州城120里，其中各族为：力吾、立住、宋巴、哈相、强沙、迭当什、甘棠、的令多、日人、拜的、录力茶、楞多、娃占、麻路、牙泉等15族。

(14) 巴沟旗：距洮州城160里，其中各族为：江缠、买力你、买力什、哈扎、格拉、银加、工巴、郭札、什空、郭杓、札自、麻丸、童多、多禾、肖吾、盘交、阿及那、丹哈等18族。

(15) 亦哇旗(距哇旗)：距洮州240里，其中各族为：大力、约巴、娘里、哈占、崖藏、多勿、拉哇、乔家、大冈、哈扎、朋多、那加、身自、亚西、卜冈、沙力、竹吾、牙乃、知有、麻乃、放尕等21族。

(16) 白力达加的吾娃买桑望甫多旗：距洮州城110里。其中各族为：的吾、杓洛巴、达加、火路什、夏路、你赛那、乔加多、桑望甫、大化路、哇买、他路那、桑望多、康大车、峪谷儿、洮力、峪泉那、柴尼等17族。

(17) 包吾什旗：距洮州城50里，其中各族为：宁古、阿自那、古占、歪则那、拉子、日子那、夏路、扎逊、古巴、路哈、杓巴舍、夏视、大哈等13族。

(18) 巴童什旗：距洮州60里，其中各族为：恶藏、古巴牙固、六角、古六茶子、那麻火、古泉、加哈泉、班丸牙童、纯扎、甘扎牙泉、六盖、巴童、卓哈那、麻扎、甘卜他、班扎麻泉、仓禾、朱子那、叠必那等19族。

(19) 小术布旗：距洮州城50里，其中各族为：杓洛、拨勺、思布、车拉、牙大、盘院、拉在岔、柏路他、卡杓哈、坐落什、宁扎什、拉子多洛、答知那、那子卡、甫扎哈等15族。

(20) 朱扎七旗：距洮州城63里，其中各族为：车路沟、大力那、知知、上下卡占、色树那、格古、拉加、无住那、什泉那、日人、沙的、泉日那、求细那、沙隘、泉巴、的古、买盖、达处、郭扎、哇日、乔大、拉力、加当、怕路扭子、勺尼沟、牙儿、巴吾、阿吾茶、拉扎口、麻的卡、多加、杓扎牙力、那儿、泼要、多落、乔盖、老拉哈、用路、你盖、哈占、用路光、口尔白、白路卡、术路、阿布岔、你住、拉盖、牙扎、的然、拉勺、多扎、立那、若娃、卓尼甫、西那、拉吾、童古、求然、求的那、毫路、莫勿、古路、求安、卓尼、杓藏、冰角、柳旗沟、哇路、术路、卡什山、杰巴山、麻儿、卜鱼、力赛等74族。

(21) 当多旗：距洮州城340里，其中各族为：当多必若、加的、疑勿、大哈、多那、秘旦那、柯力、当多、舍木等9族。

(22) 宁巴旗：距洮州城240里，其中各族为：竹泉、多内、委力、阿路、卡路、拉那、拉路、百扎、扎力等9族。

(23) 拜扎旗：距洮州城240里，其中各族为：你占、哇求、截扎、初代、丹哈、沙爱、合力、麻童、丹格、亚童等10族。

(24) 什巴旗：距洮州城240里，其中各族为：答童、敖教、色在、年下、牙古、撒路、窒住卡等7族。

(25) 哇巴旗：距洮州城320里，其中各族为：才卡、次泉、沙拉、念古、吾子、作什、作爱、牙爱、郭扎、麻路、朋多、爱巴、空白、日盖、卡买、扎哈、下台、肉铺、肉童多等19族。

(26) 买麻卡送旗：距洮州城240里，其中各族为：扎什、你泉、甲者、岔古、率如、卡浪、工古、你什、舍舍、阿自他等11族。

(27) 拉卜什旗：距洮州城120里，其中各族为：羊沙口、秋峪、夏哇、山丹嘴、南沟、泉元山、哈六、东山、哈家滩、牌路、阎家山、东古、力洛、什拉路、大沟、牙儿山、山旦、沙扎、卢家山、结拉、卡日山、阳我、纳儿、朱古泉、卡古、四下川、丁哈、哈布、白石嘴、牛营、夏家山、达窝、牙那等33族。

(28) 私吾什境旗：距洮州城15里，其中各族为：阿吾多、思古多、下哈、拉童、求扎、冰艾、白路、洛巴、的达、娘夏、求扎那、火儿扎、眼藏等13族。

(29) 那麻那旗：距洮州城120里，其中各族为：知巴、低那、因扎、浪扎、若童、冬盖那、纳浪大、纳浪小、驼落麻古、朝如、驼落卡古等11族。

(30) 冬禾索旗：距洮州城50里，其中各族为：答扎、秋各、多巴、那力、小族、郭索、拉路、云江、住舍等9族。

(31) 大峪沟旗：距洮州城六十里，其中各族为：扎那、乔力占、七车、占占、洽卜、冰卜、他占、扎乖、阿你那、其卜等10族。

(32) 口子下家人旗：距洮州城20里，其中各族为：口子下、娘夏、肉泉沟、捏人等4族。

(33) 术怕初阴阳二旗：距洮州城180里，其中各族为：纯哈、居白、豆吾、勿勺、夏扎、盖夏、车力代、车力买、拜扎、的力、卡买、银固、新旧帕子等13族。

(34) 阳山旗：距洮州城420里，其中各族为：拉六、曾布、目日、缠手、瓜子沟、下达念、上达念、力族等8族。

(35) 铁霸旗：距洮州城520里，其中各族为：喇嘛盖度、下木头岭、上木头岭、千杆、大古的霸、岔平沟、扎路、买童沟、王家山、驼什、铁霸、言坪、拉哈、加兰、多折、阴折、乔三、西谷、西川、瞎闰等21族。

(36) 阴山旗：距洮州城421里，其中各族为：上下骆驼、麻呢山、见道、谷来、旦代、康哈、驼老、岔冈、古当、角克等11族。

(37) 代巴旗：距洮州城520里，其中各族为：见的、古的巴、阿童沟、壤沟、阳坡、雨岔霸、的血坡、克麻沟、支六、术沟、崖石头、卓儿郎、峰园子、扎答、茶路、江哈那等16族。

(38) 下叠部截你沟旗：距洮州城420里，其中各族为：车路卡、牙力卡、皂子卡、代如卡、错日、泉六那、初六卡、你拉卡、可代卡、甫若、卡浪、你占、什拉、亦扎、则知、盖舍卡、扎古卡、你盖卡、拉哈、娘知巴等21族。

(39) 尼俄哇藏旗：距洮州城240里，其中各族为：次力那、你巴、纳浪宁、哇藏、板扎、麻呀、阿思、尼我、阿哈卡等9族。

(40) 俺子旗：距洮州城250里，其中各族为：你力卡、僧的、娘扎、童哈卡、什空、竹泉童卜、吾赛卡、次力卡、歪力卡等9族。

(41) 卡巴力秀旗：距洮州城240里，其中各族为：术自甫、娘查、苦牙、怕克、卡巴、力秀苦、娘哈、娘如、苦尼、错口什、力秀查等11族。

上列各族人口，据该司令部二十九年之调查，日扎卡什旗[①]计391户1640口，上治三旗268户624口，自力大加旗163户625口，桑望甫多旗计176户754口，善扎、迭当旗115户1142口，巴沟旗320户1965口，小术布旗79户316口，朱扎七旗672户2490口，色吾巴童旗[②]195户740口，着逊他那旗186户682口，大峪沟旗88户428口，那麻那旗89户381口，冬禾索旗65户258口，拉卜什旗98户437口。总计3023户，12926口，其他各旗人口，则尚无统计。

(四) 夏河

夏河本禹贡西戎地，殷夏周皆属西羌；东晋后为吐谷浑所据。唐龙朔三年为吐蕃所据；元属贵德州，正德四年，为蒙古族和硕特部酋长固始汗所据；清乾隆二十七年，属循化厅，嗣改西宁道循化县；民国后甘青划界，夏河改并甘肃省治，民国十三年因变乱设局治理，民国十七年后改为夏河县。

夏河城内居民计4130户34265口，男子13706人，女子20559口，内汉、回居民约200户，其余则为藏民，其分布数量尤众，但迄今尚无统计。据拉卜楞司令部之调查，桑科部250人，十三庄300人，甘家族250人，科材族250人，左格尼玛300人，

① 上列中无“日扎卡什旗”。——编辑注
② 上列中无“色吾巴童旗”。——编辑注

欧拉600人，乔科1000人，阿木曲乎族800人，被拉族400人，吉仓100人，下八沟800人，江木关400人，杂夷族200人，黑错800人，多化100人，上下卡加500人，陌移族800人，隆娃族300人，沙沟寺100人，下那木拉1200人，火尔藏800人，阿拉族300人，麦秀族100人，合计10650人。番民家庭，人口较少，设每户有一壮丁，每户人口平均以五人计算，则可知藏民之人口，当在29250人左右。

四、藏民之生活习俗

甘肃西南部藏民，依其与汉民距离之远近，同化程度之深浅，可分为半藏、近藏、远藏三种。半藏俗称半番，向化内附，为时已久，与汉人往来甚密通婚姻，习耕稼，生活习惯与汉民初无二致，近且多请改土归流（如临潭县沿洮河一带卓尼附近之番民是，该种藏民除语言尚近藏语外，其他风习，几乎完全汉化）。近藏俗称熟番，聚居城市附近通汉语，半耕半牧，居土房（富者亦有高楼暖炕者），惟服饰习惯仍存藏俗，此种藏民于拉卜楞一带为最多。远藏俗称生番，或称生户，即纯粹游牧民族，终年以游牧为主，插帐而居，不通汉语，不染汉俗，更不知庄稼为何物。

藏民之形状与面貌，初视之与汉民实无多大区别，惟其体格则较汉、回民为高大。据戈定邦先生测量藏民男子115人，女子16人，其结果认为，20岁以上者64人，其平均高度为170.3公分，其最低者为151公分；女子20岁以上者，其中最高者为165公分，最低者为142公分，平均为140.7公分。世界人类学者，以人类之身长，分为五类：即（一）男子身长129.9以下，女子身长120.9以下者为侏儒。（二）男子130至159.5公分，女子121至148.9公分者，为小（短）人。（三）男子160至166.9公分，女子149至158.9公分者，为中人。（四）男子170至199.9公分者，女子159至186.9公分者为大（高）人。（五）男子200公分以上，女子178公分以上者为巨人。衡以此种分类标准，则藏民男子多属于高大及中等身材，而女子身材则均属中等。

藏民之居住，除半藏而外，可分二种：一为土房，皆为立体式，砌石为墙，层垒而上，高度二三层至五七层不等，其顶为平顶，以为晒曝农作物及打打麦（青稞）之用，普通房屋均为二层，下层则放置农具或畜业牲畜之用；二为帐房，亦有二种：一为游牧居住用之帐篷，系用牛毛编制而成，长约十二步至十五步，宽约六步至八步，帐篷前门以外，三面系用草及泥土砌成一尺五寸之短墙，墙上墙内，叠以青稞面或牛羊皮马乾等件。帐篷中间，置以一尺高左右之泥墙，即为锅灶，并用以隔成左右两部分，右面居男，并置放碗锅牛油牛肉等食具食物，左面女，亦招待客人之所在地。二为小帐篷，其形式及质地与大帐篷相同，但较为狭小，盖以为旅行之用者也（番民每于冬季驱牛、羊、马等牲畜，赴各城换取食物或用品时，概用小帐篷）。

藏民居高寒地带，且以游牧为生活，故衣服多用皮制，无论春夏秋冬常只一个，日则为衣，夜则为被。男子衣服形式，圆领长袍，两袖甚长，集与身长相等，且系宽大无纽扣，仅用腰带束结，内无襟衫，下体穿短袴，夏日跣足，天寒时穿牛羊皮制成之高筒靴子，亦无袜子，帽子为尖顶高圆形，内用毡外用布或绸缎，周围圆缘羊皮或狐皮，腰边常挂长约八九寸（亦有长至一尺五寸左右者）之小刀，以为吃肉类及防身之用。

藏民妇女之服装，较男子为长，两袖较短，裸体穿衣，盖无衬衫衬裤（一部分汉化较深之妇女则穿衬裤），靴与男用者相同，女子披发被头而发编成小辫数十根甚至一二百根（上部为真发下部为黑线），因梳洗费时，故一二月方得洗理一次，耳戴银环，有大致三四寸者（如万裸箩一带之妇女），颈项圈上挂金银铜玉宝石等饰物。背上装饰最为复杂，但各处藏女，其形式亦颇有不同者，拉卜楞一带女子之背饰，大致可分为三部分：上部分为长带状，长约二尺，宽可三四寸，上端紧于发根上，下端接连腰板，腰板为背饰之中部，宽约尺许，长约数寸，腰板下部，为长方形宽带，长约二尺，宽与腰板相符，背饰外面排列之圆形饰物，其质料或为琥珀，或为珊瑚，或为金银圆，或为铜片，贝壳等，要亦视贫富而异，富者背饰之价值，往往在数千百甚至若千元以上者。

藏民饮食，以牛羊肉、酥油、牛乳及乳制品为主体，次为青稞面，饮则多用砖茶或松潘茶。进食时，先以酥油置碗中，以浓茶冲化，先饮茶（浮在茶上之油留而不饮），使碗中茶分剩五分之一左右时，即加以青稞炒熟之面粉，拌匀捏成块状，而后食之，称谓“糌粑”，糌粑食毕，藏民习惯概以手指上油腻，擦抹脸部，藏地冷风凛冽，非以油腻涂抹，实有裂肤之虑也。牛羊肉之食法，概以水煮，不等煮熟即取而食之，此种食法，尚能保持营养成分，兼以乳类酥油之营养成分极富，故藏民之身体，均较汉回人为强壮。至居民炊灶之燃料，其靠近山林者，则采伐森林为薪，若游牧之人及附近缺乏森林者，则全用牛马粪及羊粪饼（其法用湿粪和以草绒，糊诸草地晒干后堆积之）。

藏族社会，实以女子为中心，凡一切生产事业及劳苦操作（如畜牧、家事、农稼以及背水等事），均由女子任之，男子则反是，除担任部落中公共事业（如战争、守望、迁移、交换或办理交涉事件）外，常饮酒谈天，或负枪带刀，骑马闲游，故藏民家庭之经济权，概操诸女子之手，而男女间婚配离异亦全视女子之意见为转移，藏族男女配合极为自由，不经过结婚手续，即可结合，而其父母亦不之顾问，此外赘婿之风甚盛，盖以女子为中心之藏族社会，往往视男子为女子附属品，而婚后之行为，亦一随女子之主动。

藏民于卫生，从不讲究，考其原因，一则由于环境因素，盖当地气候寒冷，事实上无须洗澡等事，且终年皮衣，洗涤亦不可能，再则习于惰性，如大小便均随地为之，而不愿深加注意（如夏河城内，公共厕所亦随处皆有，而藏民男女老幼随路为之）。藏民普通之疾病约有三种：一为皮肤病；二为肠胃病，因而藏民食物大都生冷不洁；第三为花柳病，由于藏民性行为之不拘。藏民治病，要亦视其病情，富者每请喇嘛治病，诊法先凭脉理，男左女右或诊两手，再令患者解小便于碗内，搅混，察其色度之浓淡，或赏味以定病源病状，然后按病给药，分为早午晚三剂，药物大部为草根树皮以及珠玉宝石等，概不炮制，更无分量，研为细末，以茶匙酌给，或搓为小丸，用水吞服，或烧艾醮，或令病者延僧诵药神经等以速药力。较轻之疾病，多不服药，普通有二法治之。一为熏烟，先向病人之鼻熏以喇嘛之一度瓦（即干柏叶、糌粑块、旧皮履、头发之属）以为驱逐病魔，非至亲不得入内。第二种方法以酥油炒糌粑，用布包扎，熨病人之脑盖、手心、耳门、足心、胸膛、丹田等处，冷后再熨，或在红烧火焰上，以酥油烟熏病人口鼻。至小孩患病，概不服药，家炒小麦数升，或捏糌粑数十把，上置红糖奶油，散给村中孩童，或施粟米，饲喂寺院中鸡群，或煮粥数锅，集村中男女童子取食，并高唱佛号以节施主之灾。藏民对于近代医药，均不信仰，但亦有尝试其功效而求之者。作者晚宿万裸箩某村，有中年妇女折足唾号，傍宿邮差暗务语，代译之谓该妇昔患疮疥，得路人施药渐痊，而药物既尽，复又发作，伊见我等不类普通汉人（指商贾骡马夫之属）或携有药品，故请予施治焉，同行者常君还有硼砂粉及消毒膏等，便酌给药品，该妇去后，不久携牛奶一桶，以为感谢余等之礼物。由此观之，藏民之不信医药洵由知识浅陋所致，既睹其实效，则破除吟经等迷信，当亦有不教而自动为之也。

歌舞为藏民唯一之娱乐，亦为每一藏民娱乐之佳，其歌内容大致可分三类：一为吉祥祝福之歌曲（或有名之诗歌），二敬父母、敬喇嘛、敬洪布（官员）之歌曲，三为调情恋爱之歌曲，或独唱独舞，或合唱合舞，但其音调与舞姿极为简单，盖为原始人类之歌舞也。

藏民家庭制度之特点有四：(一) 以女子为中心，前节已详述。(二) 无姓氏，普通概以名字名其家庭，而各家庭间之名字，又大都雷同。(三) 宗族之缘源不明，每一藏民家庭，辄不知其曾祖若祖父为何人者，其原因由于：(1) 婚姻离合之自由，每有子女不知其父视为何人者。(2) 居处迁移不定。(3) 小家庭制盛行。(四) 家族关系之简单，藏民家族，普通只有父母辈之亲戚，除祖父（藏语二没你），祖母（二意），母亲（阿妈），父亲（阿加），兄（阿哈），弟（丑昂吾，拉不楞语“槟椏”），姐（阿系），妹（生姆），妻（拉格姆，卓尼语为“京面”），丈夫（尼热），婿（黑化，卓尼语“马化”），女（乌姆），子（外，卓尼语为“乍卜”），叔（阿革），外祖父（阿奶），外祖母（阿姨），表姐（同姐语），表妹（亚母），表兄（同兄语），表弟（同弟语）等称谓以外，其他亲属之称呼，绝无仅有。

藏民经济生活，无论其制度或活动方式，均有与汉人异质之点，兹略述于下后：

(一) 生活条件单纯，经济生活上之需要依然保持物物交换制度，藏民之衣食住行四大需要，除粮食因不能耕种，不得不仰给于外方外，其余则完全自给自足，而所以能自给之原因，并非其生产能力之强大，是以需要简单而且不多。例如饮食，除青稞面、肉类而外，更无其他物品，粮食虽不能自行生产，但牲畜有余足以换取其他需要；再如衣着，无论严冬酷暑，所需要者仅羊皮，概能自足，惟其藏民需要如此单纯，故市场上交易之形式依然保持着物物交换制度。藏区虽亦有其交换之媒介物货币——白元存在，但此种货币之所用，仅对汉人交换用之（因藏民估计两物之价值标准不同，且汉人对藏人需要之物品亦不一，非赖银圆之媒介，不能作满意之交换），初非其同一社会中交易之主要工具也。

（二）交易物品，无度量衡为标准。价格之厘定，以货币之价值为价格，由于藏民知识浅陋，对度量衡标准之计算方法绝无认识，故其交换，概以估计方式或普通容器为标准。例如购布，以一方块为单位（以布匹门面折方，亦即以布匹之门面测其长短。如布匹门面宽二尺，则所谓一方，其长度为二尺），购盐酒，则以碗为测量之单位，其次价格之厘定，均以货币为标准，例如购盐，并非以盐之客观价值，决定其每碗盐之价格若干，而以每元购盐若干碗，测定盐之价值，换言之每碗盐之价格若干，全视货币（每元）之购买力而定，故藏民对于货币意义，不以交易之媒介物，而视为交易之度量衡。

（三）一切依赖于自然之赋予。藏民生活上之需要，十有八九取给于自然，前已述之，而其利赖为经济活动之商品，如牲畜、皮毛、牛乳、牛油以及野牲（狐狼、鹿麝、水獭之属）、木材等，莫不依赖于自然之赋予，盖藏地人口殊少，而土地广大，天然之资源，固已足敷其生活与经济活动（换取食粮杂货之属）上之需要也。

（四）寺院为经济活动之中心。藏民对于寺院，有其经济上之义务，如租税之交纳，税募之应征，以及对活佛之供献等，此外诉讼、医药、婚丧等亦什九求诸寺院，藏民如需靠贷，亦只向喇嘛融通，故寺院不独为藏民信仰之目标，抑且为经济金融之中心也。

五、农业与农村经济之剖视

本区户口，据最近各县局调查（其中一部分远番未列入）合计约为59456户，其中岷县43276户，临潭9106户，卓尼3023户，夏河4051户，农户之分配，以岷县之百分率最大，占61.6%；其次临潭、卓尼，占61.4%，夏河最小，占12%，各县农户之分布，岷县约为35313户，临潭约为5591户，卓尼约为1856户，夏河约为450余户，合计43210户，各县农户分配总平均率占全部户口54.1%。

本区面积，以临潭、卓尼二县局为最大，计20420方公里，夏河次之，计9123方公里，岷县最小计8111方公里，但耕地面积则以岷县为最大，计91594亩，临潭、卓尼次之，计42566亩，夏河最小，计14952亩（根据任承寓先生之估计，据县府调查为1400余亩），可见岷县之农业，实较任何县份为发达，其较发达之原因，或系（一）岷县汉民较多，平时以耕种为主要职业，不若藏民之以游牧为生活而不能垦殖。（二）当地气候，因地势稍低，较临潭、夏河各地为宜。

以言土壤，本区位于青藏台地（Tibetan and Eorderland）之边际及中部山岳地区（Central Mountains Beltand）之四陲，为一高原草地，由于气候较为险温，植物年生腐，有机质堆积，较为丰富，遂造成，色泽深黑厚存尺许之黑色表土，此种黑土，土壤学者称为“黑钙土”与俄国著名之（Chernozem）者相类似，黑钙土性质极为肥沃，故俄国黑土地带，为农业最盛之区域，但本区人民，因农业知识之缺乏，不能若俄国之能利用其天然条件，殊为可惜。

岷县西部气候，大致与临潭、卓尼相若，秋霜约在阳历9月下旬，晚霜止于次年5月中，雪始降于8月下旬，终止于次年3月，其中无霜雪时期，当为150日左右。夏河秋霜，约在9月中旬，晚霜止于次午5月下旬，雪始降于8月，终止于次年3月，其间无霜雪时期仅120余日，故晚熟及不耐寒之作物，在本区均不易生长，农作物之种类最普通者为小麦、青稞、燕麦、蚕豆、豌豆、蕾苔之属，作物栽培之方法与时期，各县大致相同，兹列表于后。

岷县、临潭、卓尼一带农作物栽培时期表

作物	耕地次数	耕地时期	中耕次数	除草时期	播种时期	收获时期	每亩种子数量（斗）
小麦	/	9月中底	一至二	6月上中	4月初	9月初	1.0斗
大豆	/	9月中	一	5月中	4月中	8月中	0.9斗
豌豆	/	9月中	一至二	5月中	4月中	8月底	0.9斗
玉蜀黍	/	9月初	—	—	3月中	7月初	2.0斗
黄豆	/	9月中	—	5月中	4月中	8月中	1.0斗
马铃薯	/	9月中	—	6月初	4月底	9月底	5.0斗
荞麦	/	3月中	—	—	4月底	8月中	1.2斗
燕麦	/	3月中	—	—	4月底	8月中	1.5斗
青稞	/	3、9月中	一至二	6月间	4月底	8月中	1.0斗

夏河作物栽培时间表

作物	耕地次数	耕地时期	中耕次数	除草时期	播种时期	收获时期	每亩种子数量（斗）
小麦	/	9月中	一至二	6月上	4月中	9月中	—
青稞	/	3、9月中	一至二	6月上	—	8月下	1.5斗
燕麦	/	3月中	0	—	5月中	—	1.0斗
豌豆	/	9月中	一至二	5月下	—	9月下	2.0斗
马铃薯	/	—	—	—	4月下	9月上	1.0斗
蚕豆	/	9月中	一至二	6月上	4月下	9月上	1.7斗
蕾苔	/	9月中	一	6月上	5月下	9月下	0.5斗
马铃薯	/	9月中	二	6月中	4月中	10月上	5.0斗

作物之产量，以岷县最高，盖以岷县农作技术较为进步，而其东区东北各区之气候，亦较有利于农产。当地各种作物面积，以小麦为最多，计31930亩；其次豌豆，计9947亩；再次大豆，计9473亩；再次马铃薯，计8930亩；再次黄豆，7969亩；再次玉蜀黍，7459亩；再次青稞，7421亩；再次杂粮，计5245亩；再次荞麦，计2264亩；燕麦最少，计1396亩。而每亩作物之产

量，以大豆为最高，计每亩90市斤左右；其次小麦、马铃薯，每亩均为80市斤左右；其次豌豆、玉蜀黍每亩均为50市斤左右；再次黄豆、荞麦、燕麦等，每亩均约50市斤左右。杂粮产量，每亩约为20市斤左右。各种作物之产量，折合约如下表：

作物	产量
小麦	39228市石
大豆	14210市石
豌豆	9947市石
玉蜀黍	55943市石
黄豆	5977市石
马铃薯	13382市石
荞麦	1495市石
燕麦	1046市石
青稞	9170市石
杂粮	12634市石

临潭、卓尼两地，作物面积，小麦占16.31%，青稞占40.5%，燕麦占11.4%，马铃薯占17.37%，豌豆占3.2%，芥子占2.2%，至其作物产量，计青稞每亩地可产10.5市斗（约合105市斤），小麦每亩地可产7.5市斗（约合75市斤），蚕豆每亩可产5.75市斗（约合57斤半），豌豆每亩地可产7.5市斗（约合75市斤），燕麦每亩地可产15市斗（约合150市斤），马铃薯每亩地可产25市斗（约合250市斤），芥子每亩地可产7.5市斗（约合75市斤），比较其他各县（如岷县等）农作物之生产最为少。

临潭、卓尼农地，因其气候严寒，不能充分风化，故栽种植物，每经五年之后，即须休间一次，当地耕地面积，迄无详细统计，惟据民国十六年，各县册报载，该县现耕地为42566亩，时临潭、卓尼未分治，故实际包括卓尼，尚休耕地五年更换一次，则可以推测每年休耕地面积当为8514.06亩，而每年实际耕地则仅

34052.6 亩。吾人尚根据上述作物所作之百分比，以及各种作物之产量，推测本县（包括卓尼）之农产物生产总量如次（单位市斗）：

作物	所占面积百分比	折合亩数	每亩所产	总产量估计（市斗）
青稞	40.5	13791.384 亩	10.50	14809.532
小麦	16.31	5554.1168 亩	7.50	41655.0876
燕麦	11.40	3882.0192 亩	15.00	58230.288
马铃薯	17.37	5914.97136 亩	25.00	147874.284
豌豆	9.20	3071.56256 亩	7.50	23026.7192
大豆	3.20	1089.6896 亩	5.75	6265.7152
芥子	2.20	749.1616 亩	7.50	5618.712

夏河县农作物面积，据任承寓君之估计，为 13456 亩，各种作物之面积，以青稞为最多，计 37.50%，约为 5706 亩；豌豆次之，计 14.43%，约为 2158 亩；小麦更次之占 12.32%，约为 1842 亩；马铃薯再次之，占 9.50%，约为 1413 亩；蚕豆又次之，占 9.29%，约为 374 亩，燕麦，菜籽最小各为 2.50%，约各 340 亩，此外休闲地指数为 10.01%。[①] 兹列表如次：

夏河农作物栽培面积表

作物	占作物面积百分数	亩数
小麦	12.32	1843
青稞	37.50	5706
燕麦	2.50	336
豌豆	14.43	2158
蚕豆	9.29	1387
菜籽	2.50	336
马铃薯	9.50	1413
休闲地	10.01	1346
合计	100.00	14525

① 文、表统计数不符，原文计算有误。——编辑注

至作物产量之总指数，为 89.99%，根据上列亩数估计总共产额，其中谷类产额为 8273 市石，豆类产额为 2154 市石，马铃薯产额为 5175 市石，详如下表①：

作物	产额
小麦	18402
青稞	57572
燕麦	4376
豌豆	17631
蚕豆	14746
菜子	2154
马铃薯	51575
合计	166456

兹以各县农作物数字估计本区总产量，则其中麦类为 83443 市石，豆类为 36301 市石；玉黍蜀 55943 市石，马铃薯为 33326 市石；杂粮 12643 市石；芥子 561 市石，兹列表②于后：

种类	产量（市石）
小麦	45233.70
青稞	29408.10
燕麦	7306.60
马铃薯	33326.90
豌豆	14013.70
大豆	14836.50
黄豆	5977.00
蚕豆	1474.60
玉蜀黍	55943.00
菜子	215.40
芥子	561.80

① 文、表统计数不符，原文计算有误。——编辑注

② 文、表统计数不符，原文计算有误。——编辑注

续表

种类	产量（市石）
荞麦	1495.00
杂粮	12634.00
合计	222426.60

本区人民食物消费习惯，以小麦、青稞为主，其次为马铃薯与豆类，总计全区农作物之堪充食物者，约为2000213.7338市石，本区现有人口当在32万人左右。其中一部分番民现有人口，假定平均食粮之消费量为一石五斗至一石八斗（一般研究食粮问题者，均引此数推测，此处姑借用），则每年粮食之需要，当在50万石至55万石左右，与上述生产数量比较，本区粮食实不能自给，依照各县之个别供需情形而论，其粮食不敷程度，以临潭、卓尼为最大，其次为夏河县，岷县更次之。

本区农民耕地地权之分配，据岷县、临潭、卓尼、夏河等县370户农家经济调查之结果，自耕农占43.55%；半自耕农占24.7%；租耕农占31.75%；而各县情形，则颇参差，兹列表于下：

县别	自耕农	半自耕农	租耕农
岷县	42%	37.5%	20.5%
临潭	72.2%	25.3%	2.5%
卓尼	57.3%	32.9%	9.8%
夏河	2.7%	3.1%	94.2%

查各地农田分配，往往视其环境而异，但亦有其不移之规则在，如人烟较为稠密之地区，自耕农最少，租耕农则居多；反之，人烟稀少之地区，自耕农较多，租耕农较少，而自耕农无论何地必介于两者之间，上表岷县、临潭、卓尼三县局自耕农居多数，租耕农则为数极少，尤以临潭一地为然，此种现象，为该地人烟

稀少所致，而岷县自耕农之百分比较小，亦可证明当地人口较多，耕地分配，不若临潭、卓尼两县局为多；此外夏河县自耕农居极少数，租耕农占大多数，当地地广人稀，竟有此种现象，其所以致此者，实以当地土地，悉为寺院所有（拉卜楞原为黄河南亲王牧地，康熙四十七年，亲王既迎嘉木样建寺弘法，乃将属地布施，故当地土地所有权，均归寺院统辖）。农民自力开垦而不归寺院者，仅属少数也。

当地农民人口之分配，各县亦不尽同，岷县农户平均每家人口为6.1，临潭为5.35，卓尼为5.26，夏河为4.51，总平均为5.305；此皆汉人或熟藏农家庭情形，至藏民家庭人口则极少，平均为4.01左右而已。

本区农民经济，各县虽不尽相同，但其竭蹶困难之状，则大致类似，兹将岷县等370家农户重要收支情形，列表于后：

甲人口在三人以上五人以下之收支情况

（子）岷县农户收支状况

（一）支出

农场支出	**915.00**	**家庭支出**	**1724.00**
肥料	147.00	饮食	1250.00
种子	103.00	衣服	370.00
农具	75.00	婚丧	12.00
饲料	391.00	教育	7.00
出赋及捐税	199.00	杂费及其他	85.00
支出合计		2639.00	

（二）收入

作物收入	1057.00
副业	455.00
牲畜及其副产品	990.00
合计收入	2502.00

（丑）临潭农户收支状况

（一）支出

农场支出	850.00	家庭支出	1435.00
肥料	150.00	饮食	1000.00
种子	100.00	衣服	350.00
农具	50.00	婚丧	10.00
饲料	350.00	教育	5.00
田赋及捐税	200.00	杂费及其他	70.00
支出合计		2285.00	

（二）收入

作物收入	912.00
副业	388.00
牲畜及其副产品	900.00
合计收入	2200.00

（寅）卓尼农户收支状况

（一）支出

农场支出	789.00	家庭支出	1445.00
肥料	102.00	饮食	1105.00
种子	121.00	衣服	240.00

续表

农场支出	789.00	家庭支出	1445.00
农具	41.00	婚丧	50.00
饲料	405.00	教育	———
田赋及捐税	120.00	杂费及其他	50.00
支出合计		2234.00	

（二）收入

作物收入	950.00
副业	250.00
牲畜及其副产品	915.00
合计收入	2115.00

（卯）夏河农户收支状况

（一）支出

农场支出	880	家庭支出	1390.00
肥料	95.00	饮食	1150.00
种子	175.00	衣服	120.00
农具	35.00	婚丧	50.00
饲料	440.00	教育	—
田赋及捐税	135.00	杂费及其他	70.00
支出合计		2270.00	

（二）收入

作物收入	920.00
副业	120.00
牲畜及其副产品	1250.00
合计收入	2290.00

兹为便于叙述起见，再分别列其收支总数及差额如下：

县别	收入总数	支出总数	差额（盈＋亏－）
岷县	250200	263900	13700（－）
临潭	220000	228500	8500（－）
卓尼	211500	223400	11900（－）
夏河	229000	225200	3800（＋）

从上表分析，可以发现各县农村经济上之二种特质，即（一）收入方面，牲畜及牲畜副产品为重要项目之一，而副产物之收入，不若东南各省之占重要地位；（二）支出方面，家庭支出数字，远较农场支出为大（家庭支出为纯粹之消费，而农场支出则属生产上之费用，后者之消费愈大，则其生产效果亦大。如家庭支出愈大而农场支出愈小时，则其经济上之困难最不易复苏），而收支不敷，拮据困顿，则除夏河一县而外，尤为本区各县之通病。

查本区农民生活所以如此艰难者，考其原因，不外二端：（一）限于自然条件作物之生产价值太低；（二）副业之收益太少，此二项症结，在理论上言，似不难解决，但实际上行之匪易，盖欲打破自然环境之限制（若俄国对于高寒地带之开发），非有优越之科学知识与设备不可，本区农民耕种知识与技术，若与东南西南各地比较，落后将在一百年以上，中国农业上科学设备，较之苏俄更有天壤之别。故今后农作物生产量之改进，仅能从（一）选种（选择耐寒作物及品种较良者）；（二）改良种植方法（如改善施肥，选择较佳之生植时期以为耕种等），两方面下手。但此二者之成效如何，亦未敢必，副业收入之增加，可从数量之增加与价值之提高二方面下手，以言临潭农村副业，则二者均须注意，但（一）从数量之增加因受自然条件之限制，其困难正与增加农产相同；（二）价格之提高，则于离开热闹城市较远，交通不便之情况下，亦为必然之趋势而难立即改善者也。

六、林牧现状及其前途

本区居民之从事畜牧者，可分二类：一为以畜牧为主要职业者，各县番民属之；一为以畜牧为副业者，各县汉农及熟番属之；各县畜牧以夏河为最盛，其牧区北接循化，西北毗连同仁、贵德、同德，西南接多县以及西康之甘孜，南连松潘，东南接临潭，东滨临夏，其面积之大，几与浙江一省相埒，高山大河交错其间，积成天然畜牧区域，其牧民共35庄，大小18族，总计70余户，人口达3万左右；其次为临潭、卓尼之洮河以及白水江两岸，水草丰美，允称畜牧奥区，岷县以畜牧为主要职业之居民甚少，但藉畜牧为副业者，则达8832户，足证畜牧一项，不失为岷县农民经济上重要之一环。

本区畜类，包括马、牛、羊、驴、骡等数种，马以夏河之南番马为最著称，产于河曲，以及毗连川青之土尔扈、左格尼玛、欧拉、确果、夏梅、妥科目、布花他各族。体格伟大，胸深体广，颇与外国之改良种重型马（Grat horse）者相似，其体重最高者约为1300磅，最低者800磅左右，其头粗大秀美，鼻梁隆起，成美兔头状，头部与肩部之结合甚佳，鬃毛颇厚，而性情比较蒙古马为温顺，易于调度，生殖力亦强（一般农民用以繁殖挽骡），倘能加以改良，则适宜于骑兵之用。羊之种类凡三,一为同羊，亦即大尾羊，其显著之特征为尾大（重量有20余斤者），无角，毛质细致，后躯特别发达，以岷县出产最多，二为小尾羊，或称小尾藏羊，其大小与山羊相似，惟角螺旋形而向外伸开长15公分（亦至40公分）左右，秉性粗野，善于奔驰，但毛质细美，纤维极长，最适宜于毛纺织之用，以洮州两岸，以及夏河之甘家、欧拉、左格尼玛、土尔扈等族出产者为最多；三为蒙古羊，体重达百斤左右，头额大，鼻隆起，颜面颇大，全身白色，而四肢常为黑色，牧者月角（牝者缺如）其毛细长而光泽特佳，以夏河土尔扈等地为最多，此外尚有山羊一种，惟因肉用、毛用，均远逊于其他各种，故当地居民畜养者甚少，间置数头于绵羊群中，以做领导之用。牛以犁牛、犏牛（犁牛与雄耕牛交配生殖者）为最多，黄牛则甚少，犁牛外形至为特殊，最显著者为胸腹部、四肢及尾具有特长之毛，而头与前胸之毛较短，毛色暗褐，耳鼻均较小，角为圆锥形，角面光滑，长约二三尺，其肩高约五六尺，身重在1500余磅，腿甚短，习性随负重耐寒，犁牛对于经济上价值，除其肉可供食，皮可供用，毛可供织外。其载重至远，尤不失为本区高寒地带上之重要工具，而其乳质（尤以犏牛之乳）既多且浓，每天可取乳30至40磅，产乳期延至8个月，全年可产乳7200—9600磅。犁牛之遗传法则，亦甚饶兴趣，普通以雌犁牛与雄黄牛相配，则生犏牛，犏牛腹部、腿部之毛较短，即不似犁牛亦不类耕牛，身体雄壮多力，其耐久性较耕牛、犁牛为尤强，雌者之乳汁，即浓厚亦丰富，犏牛雄者如与雌者再行交配所生后代俗称“尕鲁巴”，不易生长，常患疯狂症死。故土人对于此牛多不待其长成而即将其杀死者，如以犏牛互相交配，则其后代不似犁牛，亦不似犏牛，若以此二者不相同之中交配，则仍为犁牛（以上据杨希尧所著《青海风土记》所载，但迄今未能证明其确否），至其遗传法则，概如下表：

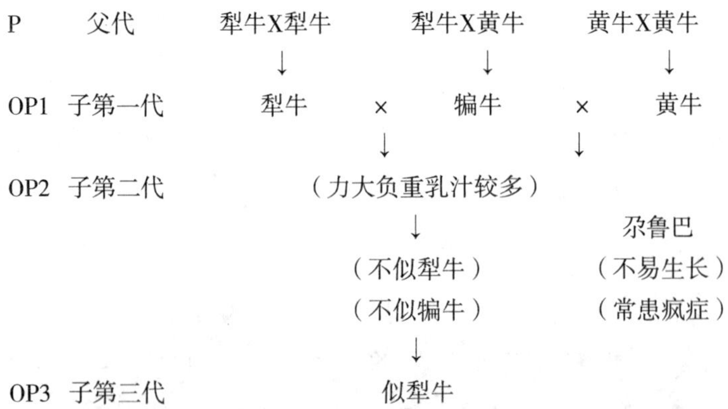

犁牛、犏牛之生产，几普遍本区各县，而以夏河、临潭等地为尤多，盖当地无论汉民、藏民均赖此为农耕畜牧之主要工具也。(藏民以牛毛织帐篷，而迁移之时，牛群遍野，为其很好之工具)。此外驴骡之生产在本区并不十分重要，亦无特殊之点。

本区藏民，几十九以畜牧为生，而近藏汉民之兼营畜牧者，亦所在多有，惟实际数量，颇难调查统计，估计各类牲畜马约为650536头，山羊约为15536头，驴约为4012头，牛约为165069头，骡约为16429头，绵羊约为1521255头。

地名 \ 畜类 数量	牛	马	骡	驴	绵羊	山羊
岷县	3750	1500	920	100	37000	1200
临潭	18669	802	499	1111	20255	7836
卓尼	28900	27000	15000	—	205000	3500
夏河	113750	35750	—	2100	1169000	3000
合计	165069	65053	16429	4012	152555	15536

上表岷县及临潭畜产，番地尚未估计在内，卓尼畜产，上叠部一带，亦未列入，夏河产量，仅为拉卜楞属信民13庄(干家族、可木曲平族、告岔族、三苦平族、润芳族、大才族、勃平族，土扈尔族、古拉尼玛族、欧拉族)等5700余户牧民之估计数字。①

畜牧为本区重要资源，殆属无疑，而与当地居民之经济生活，尤有重大的关系，藏民以畜牧为业，衣食住行必需之条件十九，赖牲畜与畜产，此为适知之事实，即当地借以为副业之农民，畜牧之收益，亦占重要地位。试观上述各县农民经济收入项中，岷县农家全部收入2502元中，牲畜及其副产品收入达990元，占39.57%，而与作物之收入相若；临潭县农户收入2200元，牲畜及其副产品收入为900元，占40.9%；卓尼农户收入2115元，牲畜

① 文、表统计数不符、计算有误。——编辑注

及其副产品之收入为 915 元，占 43.26%，均与作物收入之数字相等；夏河农家收入 2290 元，牲畜及其副产品收入达 1250 元，占 54.6%，较农作物之收入反多。

然细考本区畜牧事业之前途，则颇有可虑者，第一为牧场范围之逐年缩减，牧场范围缩减之原因有三：(一) 由于放牧无度，致细草不宜生长，遂变成荒土；(二) 由于粗细杂草 (如马芩草等) 之滋长，渐使牧草灭迹 (因马芩草等为畜牧所不食，年年滋长，而细草为牲畜所喜食，不加蓄养，愈牧愈败)，致不能再用；(三) 由于农耕种地面积增加 (或因休耕地不敷更换而增殖者)。此三种原因，致使牧场面积减少。第三种原因耕地扩张一即，在理论上似无可非议，据 (C.G.Hopkins 在 Soil Fertility and Permanent Agricul-ture) 书内计算耕地之经济价值，超过畜牧之经济价值五倍以上，但以临潭之农作物生产效用与畜牧环境而论，其耕地价值是否如理论上所言，实不无疑问，故上述三种致使牧场面积减少之现象，一般言之，洵有注意研究之必要也。

第二为每单位畜牧地面积中，牲畜量之减少，据农林部防治所某君谈，藏民游牧，以往之牧场面积，已不能蓄养当时之数量，如往昔每方里平均可养羊 35 双至 40 双，现在只能养 25 双至 30 双，否则便有饿毙之危险，此种减少之原因：(一) 由于牧草茂盛程度不及以前；(二) 不能谋畜类饲料杂草增加。

据夏河之宣道牧师 Wm N.Buhl 谈，番地培养牧草，其成功较培植农作物为容易，所惜番民只知游牧天然草山，不能培养牧草。该牧师驻在夏河已二十余年，平时往来临潭、卓尼以及夏河一带，无远弗届，对番民之实情知之甚详，所举《只知游牧天然草山，不能培养牧草》一节，当为本区每一牧地单位中牲畜减少之主要原因。此种原因，倘再任其继续存在，则当地畜牧之前途，实有无限隐忧。

第三为畜类品质之降低，以及死亡率之增加。当地畜类品质之降低，虽无统计可证，但细察毛色复杂，根据品种学原理而论，即可知今后品种之衰退，已为必然之趋势。死亡率之增加，一方面由于品质降低之影响，他方面由于蓄养之不加注意。据调查当地畜类死亡率之统计，羊：5—10 个月内，死亡率为 39.2%；10—20 个月内，为 31.7%；20 个月以上者为 30.4%。马：1 岁至 3 岁者，死亡率为 29.7%；3 岁至 5 岁者，为 21.1%；5 岁至 10 岁者为 10.6%；10 岁至 15 岁者，为 11.7%，15 岁以上者，为 24.5%，此种死亡率之数字，实可惊人。

品种之改良以及死亡率之减低，为畜牧事业上两大技术问题。前者为积极的，后者为消极的，但此二者均非当地游牧民族或务农之汉民所能为力，改良品种最佳之方法，当为引用优良种畜。但事实上，外国之优良羊种，政府当局尚不易罗致，何况农民、牧民！其次为分群，使不互相杂交，但番民居住，尚难居毳幕，对于牛羊牲畜，自不遑计及，至死亡率之减少，注射防疫与隔离，当最为妥善办法，惟求诸知识简陋，墨守成规之农民、牧民，又甚难为力耳！

本区林木之输出，年达 500 万元左右，以经济观点而论，已有相当价值，而调节雨量与气候，其影响于各县自然环境者，尤为深钜。

本区森林之分布，可分二区：一为洮河区域，其森林自洮河南岸之叠山起，向南延绵，越白龙江沿岷江而入川境，直抵松潘之白水河、南平一带，东起岷县西固，西止双岔苟日得寺（毗邻青海省境），其地平均海拔约在 3000 公尺左右，前资源委员会曾派顾谦吉先生分两队调查。东队由临潭县、卓尼经白玉沟、卡车沟至车沟灞，共穿行 300 余里；西队由西仓新寺经双岔南行越叠山至苟日得寺及甘、青、川三省交界之“三不管”地带，共穿行 300 余里，周映昌先生曾根据二队经行之森林里程（160 余方公里约 500 里），以及丁文江、翁文灏、曾世英等氏二百万分之一中华民国新地图，暨甘肃陆地测量局军用地图，估计本区（包括白龙江两岸）之森林面积，为28000方公里，实际调查之成材株数，达4408000株。二为大夏河区域，森林大半分布南岸阴面山坡，西北接拉卜楞，东抵土门关约150里，北有大煤山沿隆窟至卡伽，约四十里，此外清水沟南30里，亦有森林，本区森林之蓄积，据周映昌先生实际测量拉卜楞东南山坡30公里，云杉林210株之结果，估计本区森林面积达453600余立方公尺，株数为3150000株，其中直径6—10公分者占38%，11—20公分者占34%，20公分以上者仅占28%而已。

上述二区森林之种类，以云杉（Picea asperata）、冷杉（Abise）种类为最多，均集中于山之北坡，盖云杉、冷杉，性喜寒冷阴湿之地，而南向山坡，则所受辐射较北坡者为多，积雪易化，土壤干燥，所能生长者仅柏树、桦木之属。

本区森林，几为兰州、宁夏，各地木材之主要供给地。洮河区木材，类多由临潭、卓尼两地入洮河经岷县、临洮入黄河转运各地；大夏河区木材，则由夏河经临夏转兰州各地，本区森林虽大抵郁闭，大部尚未破坏，然交通便利之处（即接近洮河、大夏河两岸）已被摧残不堪，木材商人唯利是图，因各地城市建筑材料之急激需要，往往多以“剃头式”之方法，竭泽而渔，附近居民为取给燃料便利起见，任意采伐，且有若干不肖军人，利用其武力，罔顾国家资源，恣意竞取。由于上述恣意摧残之结果，使大好森林，日趋衰退，昔日浓荫密布之洮河、大夏河两岸山丘，今则尽成重秃矣。

综上所述，具见本区两大资源，畜牧与森林，前者由于不施人力而逐渐退步，后者由于人为的摧残而趋向衰败，政府当局苟不极其注意，严加限制，或积极改进，则今后本区之经济建设，固难一时完成。而自然之赋予，先将消灭，其影响于后代之国计民生，岂浅鲜哉？

七、雏形工业及其展望

本区系高原地带，由于交通闭塞，工业至不发达，各县中除岷县、夏河有少数雏形之手工业而外，临潭、卓尼各地，则绝无仅有矣。

岷县手工业之种类，包括纺织、火柴以及金属器（铜铁器等）数种，概系家庭副业，其有工厂规模者，仅火柴、纺织工业两家。火柴工厂，为中和火柴股份有限公司，资本10万元，近新增加20万元，该厂创始于民国十年七月，内部设备，计钢锅6口，铁锅11口，铁板12方，木架1000个，木盆600个，木锯12具，锥刀20把，切刀12把，钢锉3打，木桌30具，木凳60具。现有熟练工人15人，学徒16人，女工2人，童工2人，杂工2人，工头7人。每年应用原料约木材2万根，价值3万元；白磷800磅，价值240000元；硫黄4万斤，价值16万元；纸张4千刀，价值3万元；玻璃粉760斤，价值1140元；胡粉820斤，价值1066元；颜粉500桶，价值3500元；铅粉250斤，价值1250元。原料来源除颜粉、白磷为外国货外，其他木材、硫黄、纸张、玻粉、铅粉等均为本省或四川等省出产。每年出品火柴约700担，分销于岷县、漳县、武山、临潭、卓尼、渭源等县。岷县平民教养纺织工厂，资本仅26000元，内设备织布铁架2架，木架13架，载重机3架。每年应用原料，计白洋纱1600斤，价值22000元；来自宝鸡、四川各地，毛线1800斤，价值6000元；来自通渭各地，羊毛24000斤，价值48800元；来自临潭各地，土纱300斤，价值3600元；来自天水，各色颜料，大小100余桶，价值7000元。来自西安厂中工头1人，熟练工人4人，学徒26人，杂工2人，至每年出品，为白布100匹，棉人字呢26匹，毛毯360条，栽绒毯40条，五丈长人字呢20匹，分销岷县、临潭各地。夏河仅民生纺织工厂一家，资本 5000 元，制造品出产每年栽绒毯 300 件，毛呢 80 匹，销售本县及临夏各地。

毛褐麻布，为当地农家副业产品，尤以临潭、卓尼、岷县各地为最者，其质地甚为坚固，经丝线亦均匀，故平面细腻，而色泽之配合，即尤有佳于陇南各地之出品，毛褐原料，概为绵羊毛，麻布则为胡麻茎皮。全年产量，岷县麻布 30 余万尺，毛褐 50 余万尺；临潭毛褐 40 余万尺，麻布 30 余万尺；卓尼麻布 20 余万尺，毛褐 10 万余尺。以上三县合计年产麻布 80 余万尺，毛褐 100 余万尺，以现在麻布价值，每尺 5 角，毛褐每尺 3 元计，则此项副业全年之价值，已达 340 余万元左右，对于当地居民之生计，不能谓无相当之关系。

本区工业，依照上述情形而论，实无足述，但自然赋予之环境，固亦有其有利于各种工业之优良条件在，如毛纺织工业、制革工业以及脂肪工业，倘能予以提倡，则其前途，洵无可以限量，其优良之条件，约有下列各端：

A 气候适宜——纺织工业，需要较寒之温度与相宜之温度。英国之兰加市，美国之新英格兰诸省，其所以成为世界著名之纺织工业区者，气候之适宜，实为主要原因，此外骨粉工业，脂纺化学工业，亦在需要适宜之气候。近来世界科学进步，气候之限制不成问题，但在科学落后之中国，尤其是与世界文化相距甚远之甘肃西南部，适宜之气候，仍有选择之必要与乎利用之价值。本区各县，终年平均气候较为寒冷，并以草原与森林之影响，潮湿度较深，有利于上述各项工业之发展，实较兰州及陇南各县为佳。

B 原料供给便利——岷县羊只之分布，据调查为 38200 头，临潭为 28091 头，卓尼为 208500 头，夏河为 1172000 头，合计约 1536791 头左右，[①] 平均每年产毛一市斤半（最普通之估计标准），则全年羊毛之产量，当在 2305186 斤左右。此项原料，对于毛纺织工

① 与前文表中数字不符。——编辑注

业之供给，无论从空间的、时间的关系上观之，均有莫大之便利。

至若皮革、骨粉以及脂肪之原料，较毛纺织业之原料更多，盖羊毛为国际贸易上之其良需要品，尚有商贾收买，皮张、脂肪皆因交通不便而难出口，至若兽骨，或用为泥墙之骨干，或随地丢弃，故更无人利用俯拾皆是之废物，苟能加以利用，则可成为最有价值之工业品矣。

C 附近工人，供给便利，机械工业中，精细之劳工，因不易罗致，但若纺织工人，本区男女居民均能从事，且本区各县居民耕种时期，全年仅一百五十日至二百日左右，所有时间，均可从事副业之生产，再在当地农业，因限于自然条件，出产较少，而对外之相对价值，尤较附近工业品为低，故对于手工业之提倡，尤易吸收劳工。

D 连带依赖于他种工业或其他环境之程度，绝无仅有——纺织、制革、制骨粉等工业，不若炼钢工业之必须依赖于煤矿工业者，故其独立性较大，只需原料与工人两者无问题，即可单独进行，而其发展程度之深浅，亦不必视其他工业之条件而受其影响也。

上述各点为整个工业条件中重要问题，以藏区实情而论，则毛纺织、皮革、制骨粉工业之提倡与推进，颇属必要，所成问题者，厥为资金，应用于工业之方式，其一为银行贷款当地民众，自动推广手工业，其一为假手政府或企业家之规划，创办大规模之工厂，愚以为两者应予并用，前者应利用生产合作社之组织，俾能增高现有毛纺织工业之产量与品质，后者则胥赖政府以及企业家之提倡，本区工业，苟加以振兴，则十年二十年以后居民之经济生活，必有更大之转机。

八、商业经济与金融之趋势

本区商业市场，以岷县及临潭旧城为首，夏河次之，卓尼附近，虽为木材、麝香等物品产地，但因交通不便，商业资金流通滞阻，仍以岷县、临潭旧城为集散市场，岷县商业以木材及药材为主，临潭旧城及夏河，则以皮毛为主，而（一）历年出超。（二）商业季节性特别显著。（三）资金之供需不调，以及（四）金融利率之变动以硬币之差价为转移，则除岷县而外，为番区各市场共同之现象也。

岷县进口货物，以布匹杂货为大宗，布匹大多来自西安、河南各地，杂货则来自四川，全年进口数量，约五百万元左右，兹将主要进口货列表[①]于下：

货物名称	来源	单价	全年输入量	总值
店张布	陕西（卷）	500 元	1500 卷	750000 元
临颍布	河南（卷）	600 元	2000 卷	1200000 元
雁塔布	陕西（板）	200 元	500 板	100000 元
各种缎子	四川（匹）	300 元	2500 匹	750000 元
粗色川线	四川（捆）	250 元	3000 捆	750000 元
细茶	四川（斤）	5 元	20000 斤	100000 元
冰糖	四川（斤）	5 元	5000 斤	25000 元
赤白糖	四川（斤）	3 元	20000 斤	60000 元
棉花	陕西（斤）	6 元	20000 斤	120000 元
纸烟	四川（条）	80 元	10000 条	800000 元
卷烟	四川（百支）	3 元	500 万支	150000 元
洋蜡	陕西（箱）	130 元	300 箱	390000 元
铁货	四川（百斤）	250 元	50000 斤	125000 斤
纸张	陕西（担）	800 元	200 担	160000 元
合计			5480000 元	

上表进口货物，粮食一项尚未列入，因其数字不详，但以前述粮食供需程度估计，每年粮食之进口，至少在 100 万元左右。

出口货物以药材为大宗，尤以当归为主，他如清油、蜂蜜、

① 表中数字与文中不一致。——编辑注

木材之属，亦颇可观，兹列表如下：

货物名称	销路	单价	全年输入量	总值
当归	川、陕、豫、宁	200元（担）	15000担	3000000元
大黄	陕、豫	600元（担）	2000担	1200000元
秦艽	川、陕、豫	200元（担）	500担	100000元
羌活	陕、豫	150元（担）	500担	75000元
党参	陕、豫	500元（担）	500担	250000元
大小木头	兰、临、陇	10元（根）	100000根	1000000元
米枋	陇、漳、临	100元（付）	2500付	250000元
清油	兰、临、陇	24元（担）	1500担	360000元
蜂蜜	西宁、临夏	150元（担）	400担	60000元
皮毛	川、陕、兰	2元（斤）	30000个	60000元
合计		6355000元		

依上列二表数字而论，岷县对外贸易年可出超，但因粮食之供给不敷，则不得不仰给于外，而当归、大黄等药材，有时因交通滞阻，无法外销，故当地贸易，时或表现入超现象。

临潭县商业，以旧城为最盛，新城虽为政治中心，但与旧城比较，实有霄壤之别，旧城商业所以如此繁荣者，共原因有三：

（1）新城为政治中心亦为历次变乱争夺之中心，十七年马仲英之乱，二十二年李和义之乱，二十六年卓尼土司杨积庆之事件，新城精华，摧残殆尽，迄今未能恢复原状，其所有人口，移往旧城者甚多。故新城虽为全县政治中心，而人口不若旧城之多，商贾亦大有逊色。

（2）临潭商业，以番地出品为多（若皮毛药材之属），而其商品之需要，亦以番民为属多（因粮食布匹茶盐之属，因粮食布匹，汉民尚能自给，而番民则不得不仰给于他人）。旧城西北近拉卜楞，南连上下叠布，西达双岔毛里西仓，均为藏民聚处，其集散较新城为便利。交通之便利与否，固不失为决定商业品流通趋势之一大因素，而集散市场之距离尤为重要，此临潭旧城商业特盛之一大原因。

(3) 回教人民，具有勇敢冒险之精神，故临潭商业大权，自清代以后，始终操诸回民之手。回民人口，据五区李专员谈，和政县人口数，占全县人口90%，临夏县城人数，占全县人口60%，洮沙县城人数，占40%，因临潭北边及西北边境，回民之人口较多，当地商业，不免与临夏、洮沙、和政各县，较为密切，而旧城与上述各县接连最近，无形中变为回教各地商业中心（旧城商业大权，操诸回教新教之手），盖以当地回民较多，且深入番地收货者什九为回民故也。

临潭主要产物，据当地人民谈，畜产类有：羊、羊皮、豹皮、狐皮、狼皮、猞猁皮、水獭皮、鹿皮、羔皮、石豹皮、扫雪皮以及牛油等，药材类有：党参、黄芪、川芎、大黄、麻黄、贝母、知母、甘草、防风、柴胡、车前、秦艽、蒲公英、益母、牛蒡子、地骨皮、荆芥、木贼、芍药、羌活、独活、丹皮、茯苓、白及、升麻、茵陈、天仙子、黄芩、金樱子、冬花、薄荷、茜根、续断、前胡、旋覆花、贯仲、骨碎补、乌药、夏枯草、紫草、鹿茸、牛黄、麝香、鹿角、熊胆、蛇蜕、蜂房、蜜蜡等四十九种，木材则有：松柏、杉木、杨、柳、十竹、青枫、桦木、榆木之类，但通常出口者，则不尽土人所言，据民国二十八年特税局以税收数量，推算旧城贸易物品及其数量，约如下表：

物品	数量	物品	数量
哈尔皮	70000	水獭皮	200
牛	6000	猪鬃	20000
羊羔皮	200000	麝香	2000
羊	200000	大黄	200

续表

物品	数量	物品	数量
狐皮	4000	秦艽	100
马	3000	川猪皮	8000
狼皮	2000	羊肠子	200000
狗皮	3000	肚剖皮	8000
黄鼠皮	5000	贝母	300
木料	160000		

（以上数字皮类系张，牲畜类系只或匹，药材按担计，惟麝香按个计，羊肠以付计，猪鬃以斤计，至木材系以根计。）

民国二十九年出口物品，较二十八年为尤多，倘以现在市价计算，总值约达 12023000 元左右，列表如下：

货物名称	来源	单价	全年输入量	总值
羔皮	拉卜楞	4 元	150000 张	600000 元
粗细狐皮	南山一带	70 元	3500 张	245000 元
墨尖梢狼皮	同上	70 元	1500 张	105000 元
用猪子皮	同上	7 元	7000 余张	49000 元
水獭皮	沿河一带	380 元	250 张	95000 元
黄鼠狼皮	南山一带	9 元	5000 张	45000 元
青黄油哈尔皮	番地	7 元	62000 张	434000 元
扫雪皮	同上	200 元	50 张	10000 元
狗皮	同上	30 元	3000 张	90000 元
混装猪油	铁布沟黑错	15 元	8000 斤	120000 元
猞猁皮	南山一带	260 元	20000 张	5200000 元
羊肠	番地	9 角	10000 余支	9000 元
儿马	桥沟、南山	500 元	200 匹	100000 元
科马	同上	600 元	1300 匹	780000 元
大黄	铁布沟	500 元	1000 担	500000 元
麝香	双岔	100 元	2000 个	200000 元
秦艽	同上	300 元	50 担	15000 元

续表

货物名称	来源	单价	全年输入量	总值
松香	番地	1元	10000斤	10000元
羊毛	同上	2元	20000斤	40000元
木料	沿河一带	7元	120000个	840000元
羊	旧城附近	50元	10000头	500000元
马		1500元	1000头	1500000元
牛	哈洼南山一带	400元	3000头	1200000元

上列输出贸易，12023000元中，计皮毛类价值，6913000元占全部输出57.47%；牲畜类价值，3880000元，占32.27%；药材类价值260000元，占2.16%；木材类价值840000元，占6.98%；羊肠猪油等价值130000元，占1.0%。

旧城进口物品，以棉花、布匹为最多，次为粮食，再次为青盐、纸张等杂货，约如下表：

货物名称	来源	单价	口量	总值
粗大布	陕西、河南	800元（卷）	2500卷	12000000元
匹头	西安	250元（匹）	2000匹	500000元
棉花	西安、武都	7元（斤）	7000斤	49000元
青盐	青海	8角（斤）	100000斤	80000元
纸张	四川	4元（合）	4000合	16000元
粮食	岷县等地	200元（石）	1000石	200000元

上述进出口价值之比较，可见每年出超6463000元以上。今后此种趋势，将依旧存在，盖可断言，其理由有二：抗战时期，都市中外来物品减少，势不得不利用土产之皮张，药材等物代替，而兰州各地人口增加，上列各项出口物品其需要尤将有增无减，此其一；藏民不事耕种，其需用粮食杂货，仰给外人，故不得不用当地特产以换取也，此其二。

临潭旧城，不独为该县商业中心，抑且为卓尼之转口市场。盖以交通言，卓尼距临潭仅四十里，较岷县为近；以习惯言，旧城夙为藏区商业重镇，故每年临潭对卓尼之贸易，亦颇重要。兹将卓尼输出入转口临潭之贸易情形，列表于下：

（一）由临潭转输卓尼物品

物名	数量	价值
杂粮	60000 石	900000 元
布匹	700 卷	420000 元
青盐	20000 斤	14000 元
杂货		250000 元
合计		1584000 元

（二）由临潭转口输出物品

物名	数量	价值
羊皮	100000 张	400000 元
狐皮	1000 张	70000 元
狼皮	1000 张	70000 元
水獭	50 张	19000 元
猞猁皮	5000 余张	1300000 元
羊毛	10000 余斤	20000 元
木材	35000 根	245000 元
麝香	1000 个	100000 元
马	1000 余头	1500000 元
牛	2000 余头	800000 元
合计		4524000 元

以上卓尼输入合计 1584000 元，占临潭旧城输入总值 181%，输出合计 4524000 元，占旧城输出总值 3.76%。

夏河县对外贸易之种类与性质，与临潭旧城相仿佛，但贸易额则较大，兹列进出口贸易表于下。

(1) 夏河二十九年度出口货物价值表

货物种类	数量	价值
羊毛	150324 斤	150324 元
牛毛	1494 斤	448 元
马尾	697 支	11182 元
白羔羊皮	30924 张	742196 元
黑羔羊皮	5555 张	883305 元
生牛皮	880 张	39947 元
老羊皮	16024 张	33650 元
马皮	124 张	2570 元
哈尔皮	6434 张	517816 元
狗皮	1811 张	173856 元
狼皮	554 张	15666 元
雌狐皮	1332 张	61272 元
沙狐皮	146 张	6643 元
羊苦肠	27760 根	166560 元
牛羊油	23506 斤	30160 元
各色斜石布	50 匹	10000 元
山羊羔皮	100 张	1250 元
獾皮	100 张	13396 元
大黄	8210 斤	8210 元
猞猁皮	10 张	1440 元
猪鬃	850 斤	10200 元
合计		2882071 元

(2) 夏河二十九年进口货物价值表：

货物种类	数量	价值
青稞	600 石	9000 元
糖类	5115 斤	20460 元
斜布	100 匹	20000 元
市布	100 匹	20000 元
粗茶	3190 斤	6238 元
纸张	300 合	7200 元
棉花	1000 斤	54000 元
青盐	80000 斤	240000 元
青油	30000 斤	66000 元
面粉类	2500000 斤	1750000 元
挂面	4000 斤	40000 元
铜器	20 担	10000 元
酒	5000 斤	20000 元
瓜果	300 担	15000 元
合计		2277898 元

(3) 夏河三十年度一月至九月份出口货物价值表：

货物种类	数量	价值
羊毛	911696 斤	9612093 元
牛毛	2691 斤	88803 元
马尾	476 斤	5712 元
白羔皮	9471 张	109237 元
老羊皮	2523 张	17661 元
牛皮	1511 张	36868 元
马皮	1800 张	25560 元
牛羊油	8213 斤	8705 元
狗皮	1105 张	14360 元
狐皮	918 张	68750 元

续表

货物种类	数量	价值
哈尔皮	9876 张	543180 元
羊苦肠	888 根	16096 元
狼皮	28 张	980 元
羊筋	10 斤	300 元
大黄	1124 斤	8972 元
木料	2082 根	10410 元
黑羔皮	2034 张	25184 元
合计	10602871 元	

(4) 夏河县三十年度一月至九月份进口货物价值表：

货物种类	数量	价值
糖类	9630 斤	57780 元
茶类	12746 斤	62730 元
铜器	1250 斤	18705 元
松香	1526 斤	2287 元
肥皂	20 斤	100 元
斜布	90 匹	18000 元
土布	160 匹	6400 元
缎料类	170 匹	153000 元
绸料类	94 匹	65800 元
毛巾	1080 条	5400 元
药材	36 斤	360 元
纸张类	200 刀	6000 元
白面	7000000 斤	7000000 元
大米	300 石	90000 元
青稞	1000 石	200000 元
食盐	200000 斤	400000 元
挂面	2000 斤	30000 元
合计	8116562 元	

上列二十九年度出口货物合计2882071元中，皮毛类价值2667141元，占全部输出92.25%；牲畜及其副产品价值196720元，占6.82%；药材类价值8211元，占0.028%；布匹类价值10000元，占0.34%。其入口货物总计2277898元中，油、盐、糖类价值326460元，占全部输入14.33%；粮食类价值1799000元，占78.97%；布匹类价值40000元，占1.75%；杂货类价值11438元，占4.93%。三十年度出口货物总计10602871元中，皮毛类价值10558388，占全部输出99.57%；牛、羊油及羊肠、羊筋等类价值25101元，占0.23%；药材类价值8972元，占0.08%；木材类价值10410元，占0.09%；其进口货物总计8116562元中，糖、盐类价值457780元，占全部输入5.5%；布匹类价值243200元，占2.99%；粮食类价值7320000元，占90.8%；药材类价值2647元，占0.03%；杂货类价值92980元，占1.14%。

兹为便于叙述起见，将本区进出口贸易比较表列下：

县别	年度	进口总值（单位元）	出口总值（单位元）	差额出超（+）入超（-）
岷县	二十八年	800000	6355000	5555000（+）
临潭	二十九年	28000	12023000	11995000（+）
卓尼	二十九年	1584000	4524000	2940000（+）
夏河	二十九年	2277898	2882071	604173（+）
合计		4689898	25784071	21094173（+）

综观上表，具见本区各县贸易，均呈出超现象，而全区出超额则达20927173元。

本区对外贸易，虽呈出超现象，但商业资金之活动性，则颇为刻板，且时呈枯涸之状，考其原因，厥有四端：

（一）当地贸易其季节性别特别显著，如皮毛、药材、木材之属，秋末冬初以及春末各期为其贸易季节外，其他时期则颇为疲弛。故际临贸易季节时，商业资金之需要特多，反之则特少。

（二）当地进出口贸易，依照上述情形而论，约为485万元与2578万元之比，出口价值既特巨，而进口价值复特小。故二者资金之应用，供需不能调剂。

（三）当地商业种类，颇为单纯（除药材、皮毛、布匹等事物外，再无其他商业）。各商业之性质，且又类多相同，故各同业间，无论其资金盈余或不足，类多相似，故不能互相调剂。

（四）距离金融市场太远，且交通不便，不能做灵活之调拨。岷县、夏河虽有金融机关，但亦依赖于兰州方面之调拨，盖以当地所能吸收之资金太少，每遇应介汇款遇多，头寸紧短时，不得不赖由兰州送款。

金融利率之决定，全视“现在资金”与“将来资金”之供求关系，但当地商业资金，其“现在资金”与“将来资金”由于上述各种原因，事实上不能联系，故利率之测定，胥视“现在资金”之供需关系而定，即当资金供给数量特少，而需要紧迫时，其利率约较平常（月息二分至三分）增加二倍或三倍以上，而“现在资金”增加之时，因其数量有限（进口太少，销售后所得资金亦不多），亦不过较平常减少一厘至三厘左右，此种现象，实为一般商业中罕见者也。

当地金融利率之转变，除岷县外，另有一种畸形现象，即依照差价之涨落是也，查硬币与法币发生差价，为政府法令所不许，然当地硬币之差价，不独继续存在，且有日趋严重之势，试观下表：

时期	硬币一元合法币价格	每元硬币与法币之差价
二十六年十二月	1.50元	0.5元
二十七年三月	2.2元	1.2元
二十七年六月	2.5元	1.5元
二十七年九月	3.8元	2.8元

续表

时期	硬币一元合法币价格	每元硬币与法币之差价
二十七年十二月	3.8元	2.8元
二十九年三月	4.8元	3.8元
二十九年六月	5.0元	4.0元
二十九年九月	5.0元	4.0元
二十九年十二月	5.5元	4.5元
三十年三月	6.0元	5.0元
三十年六月	7.0元	6.0元
三十年九月	7.5元	6.5元
三十年十月	10.0元	9.0元

上表三十年十月差价与二十六年十二月之差价相较，增加至十八倍，其间仅十三个月时期，竟有如此差额，而每期间递增之比额，则尤属惊人。

硬币上涨，有其自然与人为的原因，物价高涨法币之购买力减低，在番民心理上认为法币跌落，于是更重视硬币之价值，致使差价愈增，此自然之趋势也。人为的原因，由于数量之减少，又可分为二种：第一由于国家为实行法币政策起见，收购硬币，于是硬币数量逐渐减少，而藏民等亦认为硬币之实贵，而特加重视，抬高其价值；第二为奸商之收运，番币之外流始于抗战后第三个月，其路线有二：一由循化、同德、王德一带，运往西宁，转绥远出境，一由夏河、临潭、卓尼，各县经叠部一带，运往松潘各地，现西宁每硬币一元，值法币四十五元，松潘每元值法币五十元，其收买价格愈提高，而旧城等地硬币对法币之比价亦上涨。

硬币与法币之差价扩大时，旧城商业金融之利率，立即可见其提高，故商业金融利率之提高，每可预测硬币与法币两者价值之趋势，商业资金利率追迹硬币与法币差价而涨落，盖因商人收货，概以法币兑换硬币，而后以硬币与番民交易，故法币价值之涨落，商业资金利率，每随之升降焉。

藏民保守性甚重，对于每一事物观念之改变，殊为困难。硬币在藏区既有相当历史，其信仰自属根深蒂固，故欲劝诫其使用法币，颇为不易，就管见所及，似应采用下列三项原则着手：(一)由政府成立商品供销机构减少藏民使用硬币之机会（如将藏民最需要之粮食、盐、茶等属交换其特产），使其不至过分重视硬币。(二)供销机构以建立汉藏民族间感情及信用为主，并严禁其他商人在该区活动以免运收硬币牟利影响法币信用。(三)推行法币与供销机构同时并行，惟使用这钞票，应加印藏文，式样形式并须划一，数量宜少，使其珍奇；以适合藏民之心理，引起其使用法币之兴趣，尚能由政府于试办之初核定兑现办法则推行更可尽利矣。

九、结论——边区建设问题

综上所述，吾人对于当地之情况，当可窥见一斑，而归纳言之，约有下列各项特征：

(一)自然环境之特殊，若气候之寒暑不均，河流之局于一隅，山岭之重叠阻隔，影响于人民之生活与习惯，至深且钜，而于经济之建设，政治文化推进，限制尤甚。

(二)民族宗教信仰，因生活习惯复杂，及历史上之影响，无形中使各种民族宗教间隔阂甚深。

(三)政治之形态，始终滞于封建典型，若寺院之各自为政，部落之割据独立，此种影响，最足以引起政治之纠纷，与乎各族各部落之残杀。

(四)神权高于一切，不独影响教育文化之进步，抑且足以限制民族之思想。剥夺人民之经济利益。

(五)经济资源之蕴藏甚厚，而尚在处女状态之下，始终未能适当开发利用。

边区建设问题，范围甚广，然彼此关系，固若神经组织之互有联系，论者每以为难于下手，虽然尚能认清本末，明了缓急，则其建设似不难循序推进，偶以为甘肃省第一区夏、临、卓三县局行政保安会议决议各案，若（一）树立保甲制度。（二）办理畜牧贷款，增加畜牧生产。（三）设立洮西垦牧公司，发展边地农垦畜牧森林。（四）兴建本区公路。（五）建设本区邮电网。（六）发行藏文法币。（七）设立贸易公司办事处，办理贸易。（八）建设边区卫生。（九）训练教育与行政人员。（十）测量各县局地形等（详见本集附录）。洵不失为建设边区之重要原则，尚能分期进行，由效自属可期，惟藏区情形特殊，一切设施，应力求慎重，兹更请略陈一得之愚：

第一，注意边区工作人员之选择。边区工作人员，应具有二大条件：一为刻苦耐劳，二为清廉自矢，盖不能刻苦耐劳而以享受为目的，或以开机关做官长为希望，或敷衍塞责，以欺蒙上峰，既不能奋发精神，竭力殚精以赴，事业之难以成就，当属必然，非清廉自矢，则利令智昏，以为藏民知识谫陋，可以欺诈，或以为藏区利源业多，可以掠取。其结果不独难以成事，抑将破坏民族间感情，失掉藏民信仰，而使政府之政策，尽成画饼。故刻苦耐劳，清廉自矢，为边区工作人员最要紧之条件，无论为政治之设施，教育之推进，经济之建设，其人员之选择，均应以此为前提也。

第二，注意事业之效力，“大处着眼，小处着手”应为开发边区之圭臬。当见若干机关，门面辉煌，人员熙攘，依然一大机关、大公司，而其工作则始终未能展开。此种现象，最属可欺。倘在藏区，则其结果不独靡费公币，抑将影响藏民之信仰，盖藏民知识浅陋，墨守成法，不肯轻从劝进，苟不以显赫之效果，为之诱导，实难促其信从，倘政府提倡之事业，一经失败，又可能收倡导之功？故边区建设，须抱宁缺毋滥之决心，其事业不宜太广泛，若未考虑周详，无相当之财力人力，难期成功者，固不易轻举，致失藏民之信仰。

第三，应以下层民众为基础，甘肃省西南边区，范围广泛，故其建设，胥以动员民众为原则。若保甲之编组，交通之开发，水利之振兴，均宜动员当地民众以为之，盖如此不独可节省人力物力，抑且寓训练于工作之中，对于当地人民知识之提高，无形中亦将有无限裨益焉。

第四，应以发展民生为前提。各项经济建设之兴办，不论其为垦牧公司，或为贸易机关等，一面应以开发资源为目的。一面则以发展人民生计为原则，其设施与推进，但问与当地居民之生计是否有关，对于居民之生活是否有益，固不必斤斤计较于本机构之盈亏与否。如此方足以使当地居民，相信政府之努力，悉为人民设想，乃对于政府之政策与事业，愈能拥护爱重，而居民之经济生活，亦可赖以充分发展。

第五，应力求贯彻，一切建设，不办则已，办则须力求贯彻，制度之推行，应切实编组。若保甲长职责权利之发挥，尤宜合符其精神，若保甲之组织自不能以“土官”“头目”称保甲改长之新名词为已足。他若经济文化教育卫生等建设，不论其性质如何，内容巨细如何，均应一本“贯彻”二字，切实以赴，俾增值政府之威信，提高建设之效率。

上述数点，卑之无甚高论，顾攸关边区建设之前途，亦非浅鲜，质之明达，以为如何？

附　录

民国三十年六月二十五日，本省第一区行政督察专员公署及保安司令部以开发边区，实施管教养卫，必须建立保甲制度。办理联防保安及整理边区，三县疆界并辅以经济开发始克有口，因呈准省政府于夏河县属黑错地方，召集夏河、临潭、卓尼三县局党政军首长及各地寺僧首脑及重要土官、总管、头人等，举行行政保安会议，经决议通过议案十则，内容具体切要不失为建设边区之要则，特摘于后以供参考。

编者附志

甘肃省第一区
夏临卓三县局行政保安会议决议案

甘肃省西南边区，其行政区划，分隶于夏河、临潭、卓尼三县局，为藏民生聚之区。自国民政府奠都南京，中央轸念边陲，诞敷教化，藏民感于政府求治之切，受民之殷，深知国族复兴，匹夫有责，不容故步自封，而政府新的设施，亦渐为我藏民所深切认识。惟旧制虽多改进，而新基未全确立。当此抗建时期，本区广袤千里，自应加速为政治的经济的教育的卫生的设施，上下合作，一德一心，以期增加抗建力量，为我边区策长治久安，永臻乐利。兹就我边区应行建树事项，斟酌轻重缓急择要列举十案于下：

一、树立保甲制度案。

查保甲制度，在纵的方面，为政府推行政令之机构；在横的方面，为人民自治之基层。我国内地，业已到处实施，惟我藏民住区，除各县局附近略有试编外，其余各地，尚仍沿旧习。微特政令无所资以推行，而人民亦无所藉以渐创于新化。自宜一律实施编组保甲，以期边区政治得有长足进展。但边区与内地过去既有不同之治制，则于统一原则下，亦应体察实际环境，量为变通，以期易于实施。其办法：

(1) 编组保甲时，关于乡镇之划分，以不变更各该地域旧有之范围为原则。查边区地域，均依部落划分，历时已久。若欲割此就彼，易启部落间之纠纷，如循原有地域，建立乡镇范围，在行政区划上既适合习惯，于管理上亦便利滋多。

(2) 乡镇保甲长人选，就各地土官、寺僧、总管、头人等，除声名恶劣者不予录用外，应择其优秀分子，比照原有职级，加以委用。查现在边区，政权教权，尚有分有合，土司土官，亦沿袭偶存，至总管、头人，事实上各地都有，其职务本相等于保甲长。其中极多优秀分子，如予以选拔，不特驾轻就熟，亦且咸与维新。

(3) 编组保甲以地域为单位（不分汉回蒙藏混合编组），但有特殊情形者于必要时，亦得分别编定之。

(4) 保甲门牌，宜印汉藏两种文字。

(5) 凡一切关于编查保甲之经费，应由各县局造其预算费，呈请省府核发。

(6) 凡乡镇保甲经费，于分配编查完竣后，亦均由县局造其预算费，呈请省府按月核发。

(7) 编组保甲时限，于开始编查之日起，限一个月内完成。惟边远地区，得延长期限，但至多不得逾期六个月。

二、普遍办理畜牧贷款，增加畜牧生产案。

查本区系畜牧地带，以牲畜为主要生产，全区恃畜牧为生者，但就帐房而论，不下六万，其牲畜额平均每一帐房以羊 150 头，牛 50 头，马 50 匹计算，数目已属可观，惟衡以全区草量，则与饲养额相差尚远。惟遇藏民迭遭天灾人祸，现甘政进入正轨，藏区虽至安定，而元气未复，牧户牲畜数仍未能恢复旧观，迫论增加饲额。常此抗建时期，急应增加畜牧生产，以应抗战需要。查本区系属中国银行贷款区域，应呈请省府转函中国银行特办本区畜牧贷款以期救济牧户，增加生产。其办法：

(1) 于夏河之拉卜楞及临潭之旧城名设立中国银行办事处，

批发巨额款项，办理畜牧贷款。

(2) 关于畜牧贷款之本息偿还期间，应特别延长，依畜牧繁殖之实际情形，予以六年期限。

三、设立洮西垦牧公司，由省府银行暨洮西各县局僧民合资二百万元，以发展边远地农垦畜牧森林事业案。

查垦牧公司等组织，本仅可由私人经营，毋庸本会讨论。第私人经营之公司，专为某一部分私人利益，其流弊至多。又本区人民，虽缺乏经营公司之技能，但寺院、土官、头人多拥有大量土地，或保有大量森林，或仅有相当牧场，设帐畜牧，然地域各囿于一附，技术落后，农垦更无足道。故为开发边区计宜政府与当地民众合作，以发展农垦、畜牧与森林，庶上可以符国策，下以容民生，兹议定大纲于下，并由全体代表作为发起人，详细组织及章程，自当由公司筹备会成立后，自行拟定照章请立案。

洮西垦牧公司组织大纲

(一) 本公司定名为洮西垦牧公司。

(二) 本公司暂定资本二百万元，由藏区人民甘肃省政府会同各银行分行筹募。

(三) 本公司股本分 2000 股，每股发币 1000 元 (股金可以藏区土地及地上所有物既牲畜等照市价作抵)。

(四) 关于股东大会董事会之详细办法，悉依公司法及特种公司法办理。

(五) 本公司业务分农业、造林、畜牧三项。

(六) 本公司设总经理、副经理各一人，秉承董事会之命处理公司一切事宜。

(七) 本公司因业务上需要，得聘用专门人才负责农林指导及生产品产量运销及生产工具制价事宜。

(八) 本公司第一年计划垦牧 20 万亩，第二年 40 万亩，以后每年垦牧亩数加倍逐增。

（九）本公司每年盈余之分配，由董事会照章决定之。

（十）除本会代表为发起人外，凡赞成组织本公司者均得为发起人。

四、兴建本区公路，以利交通案。

查本区虽地势高峻，但系高原，故平衍之处甚多。惟与外开交通，因路政不修，故商旅艰于行路，而风气闭塞。现内地公路多以四通八达，欲期开发本区，则兴建公路，实亦为开发之先决条件。是宜请省府责成主管机关，后速计划实施。现建设厅洪技师莅会报告，本会聆悉以后，知兴建公路，不日当可实施。惟本会以为边区公路，即一时未能如内地，至少亦应贯通各重要地方，使能互相联络。因是，本区公路，宜有如下之环通。

甲，岷夏公路。由甘川公路岷县起，经临潭新城、旧城，过卓尼之完科洛，夏河之黑错，阿米曲乎而至拉卜楞与兰夏公路衔接。

乙，夏郎公路。此路自拉卜楞至阿米曲乎，仍为岷夏公路，再由阿米曲乎西南展乐，经拉力关而至川甘边境之郎木寺。

丙，郎旧公路。此路由郎木寺东行经车巴沟而至边区临潭之旧城，与岷夏公路衔接。右三路：第一线，洪技师业已勘察。第二线所经多系草原，无大困难。第三线，山岭略多，但亦不过在车巴沟之一段。至与序，假定一、二、三,三线分期兴筑，以六个月完成一线，一年半以后边区交通即可大改旧观。惟藏民生活多艰，征工当职踊跃，而一就工具应请由公家供给，工资亦宜略予提高，使应工者足敷食用。

五、建设本区邮电纳以利通讯案。

查本区邮电除夏河有军政部无线电台一座，及邮政局所，卓尼于去岁设电站政外，边区中心地带，仅黑错有一邮电机构，西部则全无通讯机关。如以商业眼光，经营边区邮电，诚然不敷。但为推行政令，确保治安计，则此传播之利器，非从速建设不可。且设立以后，于目前虽不敷开销，文化提高以后，仅可取偿于将来，是宜呈请政府于兴建公路之际，同时即沿公路架设电线，并设立话报局以利便通讯。至拉力关与本区最西南角之乡郎木寺，即在目前公路未通，亦宜请政府设立邮局，于该二地后速设立邮政代办所，以兴立邮政始基。

六、请省府函在甘各银行于夏河、临潭、卓尼择地设立办事处，印发藏文法币以便流通案。

查本区边远地方，法币尚未流通，而近区藏民，亦仍法币与硬币交用。说者或以为藏民爱硬币而不喜法币，不拥护国家金融政策。不知藏民爱国，并不后人，其所以法币未尽流通者，半由于奸商操纵，半由于藏民不识汉文。例如拉卜楞旧志之商店，遇有藏民交易，往往索硬币，以硬币有黑市可资操纵也，至四行法币，则又形形色色，同是五元，大小不一，一元与五角颜色相同，十元与五元大小相同，如不认识数字，极难辨别，于是商人行其诈欺，以小说大，俗名“抓番子”，以至法币到手疑虑丛生，一人受欺，闻者变色，遂至法币通行，横生障碍。若将流通本区之法币，加印藏文（或于一元票即羊一双，五元票印羊五双，十元票印羊十双），并以法币之大小，区别其币额之多寡，则藏民与交易之隙，一见即知其元数，奸商自无所售其欺，再加在甘各银行来区设办事处，并由政府严密稽查，并禁商人索取银币，则本区法币之流通，自能不胫而走。

七、请甘肃省贸易公司于夏河、临潭、卓尼各设办事处，公平办理贸易，以期货畅其流案。

本会丁敬聆，赵委员训话之际，已知甘肃省贸易公司，即将前来本区，以便利我藏胞之供求。本区物产虽不甚丰：但牲畜数额，甲于西北，林木之利，亦为本省所仰给，其他兽皮珍品，尤指不胜屈。若就运销土产供给日用品，总合互计，以现在布价推算，继可达 2000 万元以上，藏民苦奸商操纵日久。本会欣闻是认，特成立决议案以示郑重而表欢迎。

八、建设边区卫生案。

查本区一般人民，遇有疾病，绝少治疗机关，往往求神问卜，以免减轻病魔，因此辗转耽误，遂致死亡率成为全国最大之处。倘政府不设法救济，则人口将愈形锐减，影响国族至非浅鲜。本会敬聆，赵委员训话及卫生处李医官报告，欣悉政府已决定捐款五万元，将在黑错建立一所卫生院，李医官数日来治疗结果，认为藏民患性病、肠胃病、沙眼、痘症者甚多，究其原因，固由于藏民不知卫生，同时过趋速信，但卫生行政，为政府设施之一部门，而保健事业，又为国家保护民族之一重要工作，自宜积极诱导，切实施行。为边区祛病患，为民族增健康。现查夏河县已有卫生院，惟因药资缺乏，设备简陋，尚未足以总管理及医疗之常。五万元建筑黑错卫生院，似可有相当规模，但以目前药品及医疗器械之昂贵，如将设备费包括在内，恐经费亦嫌不敷。又一区地大而交通不便，人民狃于积习，对于延医疗病，尚未养成习惯，公共卫生，更属无此知识。为普及人民卫生知识，及便于治疗起见，更宜特设巡回医疗队，以辅助卫生院工作之不足，而弘宣传效用，因是本会认为关于本区卫生建设，应请政府实施下列各项：

（一）请政府充实夏河卫生院之设备。

（二）请政府从速于黑错建设一卫生院，并尽可能充实其设施，俾成为边区完备之卫生院及模范医院。

（三）请政府于临潭、卓尼及郎木寺各增设卫生院一所。

（四）请政府本区组成巡回医疗队，其组织大纲：

（1）定名为甘肃省西南边区巡回医疗队，直隶于甘肃省卫生处。

（2）此巡回医疗队以巡回各地特别是草地，作保健卫生防疫医疗等工作。

（3）此队工作不限于本区，凡青海、四川、西康等省边疆相连地方，为藏民所居住者，均得就便工作。

（4）巡回工作，年分二期，每期工作暂定为四个月，其余月份为返回夏河或黑错卫生院，办理工作报告，经费报销，领取药品，及下次出发应用米面、服装准备之时间。

(5) 因边区交通不便，物资困难，每次出发之前，应将本期应用食品、服装、药械等物，置备齐全，始能起程。因之是队经费亦须年分两次发给，每次各发其年应领之经费。其报销亦年分两次报销。

(6) 是队因系流动工作，故在工作期间内，所有职员工役，均应照职级支给旅费，但在返回办理报销期间，是项旅费停止支付。

(7) 是队主要人员，应设队长兼医师 1 员，护士 2 员，翻译 1 员。

九、请省府特准夏临卓三县局合设干部训练班，训练行政与教育人员，经便利保甲与国民教育之推行案。

查本会以政治建设，首须树立保甲制度，故第一案即议决实施保甲组织，纳人民于轨物，并符政府法令。惟乡镇保甲之实施，并非将旧制改头换面，即可谓为实施。新政须有新政之精神，有新政之运用。若以夏临卓三县局乡镇保甲合计，其从事乡镇保甲之工作人员，应有 1000 人，即上层乡镇保甲工作人员，至少亦须 200 人。虽旧有之寺僧头脑、土官、总管、头人等，大都系优秀分子，尽可从宽选用，但如何编组保甲，如何办理异动，如何指导乡镇保民大会，甚至如何举行国父纪念周，如何举升降旗典礼，如何发动精神总动员领导国民月会，类多无此经验，亦即无此知识。又如国民教育，本会以为提高藏胞文化，使与全国国民同臻于水平，其须切实推行，非特在当前为急要，抑且补牢嫌晚。但不顾全区，师实究有几人，若从信遵功令，于保甲编成后，乡镇设中心小学，保设国民学校，亦属等于虚设，无备实际，故树立保甲制度，应速培植办理行政之人员，普及国民教育，尤应先从事于主办国民教育之人及师资之培养，便使了解国民教育之重要及如何授予儿童以国民必需之知识与技能。藏民教育，较内地困难，因藏民语言文字生活习惯各异，既不易借材异地，自亦只有就藏民中之优秀青年加以训练，以期选增递进，而达于足以办理普及教育之阶段，故设立干部训练班，训练行政与教育人员，以便利保甲与国民教育之推行，在本会认为开发边区之基本工作，亦即推行政令之发动机，查训练机关，在省有西北训练，不过藏民语言文字既异，生活习惯不同，若更使大批藏民责以长途跋涉，将使藏民畏即不前。若由三县局仿各县成例，各办训练班，则训练之人才，恐亦难得。且三县局既无地方款，藏民之服装膳食等费自身既无力负担，更不如其他各县之可由保甲筹，其一切费用，自均须仰给公家，故应请省政府以本区为一单位，即由夏临卓三县局合搞干部训练班，由省府援发款项，资以统筹办理，关于训练地点，名额，经费预算，训练大纲，课程要目，以及训练期间，均由三县局长会呈专署，转呈省府核示施行。

十、请省府派测量人员或转函陆军测量局，测量夏临卓三县局地形制定详图，以便治理案。

“行仁政必自经界始”。经界不清，政治设施，自不易因地制宜，本区在过去虽有地图，但非实测，疆界道路，率皆参考其他图籍，以意绘制。故按之实际，方向里程之差竟有出乎意料者，若以之作为根据，在军事上易于贻误，在政治区划上更属茫然。又本区各部落间，疆界纠纷独多，即三县局间，亦多无明确之界限，即甘青川康四省边界，亦漫无一定，以故往往于悬案之上，更增悬案，争端一起，无所依以资解决，如能实地测量，绘成详图，则形势明疆界正，而悬案亦易于解决。

本文根据下列两篇文章对照编校：

1. 王志文著《甘肃省西南部边区考察记》，载中国西北文献丛书编委会编《中国西北文献丛书（135卷）·西北民俗文献（19卷）》，兰州古籍书店，1990年版；

2. 王志文著《甘肃省西南部边区考察记》，甘南州志办公室翻印本（手刻本），1991年4月。

百年甘南实录．1卷

策划：李万瑛　才让加　罗焰
责任编辑：罗焰
字数：377千字
印张：29